関西発の名列車

山陽最急行から トワイライトエクスプレスまで

寺本光照

特急「つばめ」。1959年10月20日
近江長岡～柏原　写真:佐竹保雄

まえがき

2016（平成28）年4月29日、京都鉄道博物館がグランドオープン。旧梅小路蒸気機関車館を含む広大な館内には機関車から電車、気動車、客車、貨車まで44形式53両の車両が動態または静態で保存展示されている。これらの大半は博物館のお膝元である国鉄～ＪＲの関西地区で列車を組成していた名車揃いで、列車もまた「名列車」として現在にまで語り継がれ、関西在住の筆者にとって、幼いころには憧れの対象であったほか、学生時代以後は撮影に出かけたほか、乗車などでお世話になったものも多い。博物館を訪れる人々の中にも在りし日に幹線を走っていた艶姿をダブらせ、当時の思い出に浸っている方が少なくないのではと思う。そうした思い入れもあって、今回「関西発の名列車」なるタイトルで、本書を発表させていただくことになった。

さて、関西の鉄道は1874（明治7）年5月11日の官設鉄道大阪～神戸間開通以来、140年以上の歴史を誇る。この間、官設鉄道は東京・北陸方面に延伸される一方、京阪神三都から分岐する現在の山陽・関西・大阪環状・福知山・山陰・奈良線などは私鉄として開業し、1906（明治39）年の鉄道国

もくじ

有化により国鉄に編入。さらに阪和線となると1930（昭和5）年に電鉄としての開業で、戦時買収で国鉄の一員に加わっている。このように関西の鉄道はそれぞれ異なったルーツをもち、路線を彩った列車たちも多士済々である。

本書では、関西における主要拠点駅を大阪・神戸・京都・天王寺・湊町（現・ＪＲ難波）、それに新大阪とし、6駅から発車する名列車を6つの時代に分け、写真や時刻表、編成図を交えて時系列に解説するとともに、特色ある列車を個々に取り上げ記述した。しかし、6駅から各方面に向かう列車の活躍の跡をすべて本書に収めるのは、ページ数との関係もあって難しく、鉄道創業期から国鉄末期の時代までが中心となり、ＪＲ化後はテーマ別の総論的な記述となったことはお許し願いたい。

最後に本書の執筆にあたり、貴重な資料や写真を提供してくださった方々、編集に携わっていただいた（有）ヴィトゲン社、発表の機会を与えてくださったＪＴＢパブリッシングの木村嘉男氏に、心から感謝するとともに、厚くお礼を申し上げます。

2016年10月22日　寺本光照

特急「サンダーバード」　2002年11月10日　蓬莱～志賀　写真:安田就視

カラーで見る
関西発の名列車

美しい須磨海岸を走る山陽鉄道の列車。明治時代中ごろ　所蔵：三宅俊彦

関西を始終着とする優等列車は明治時代末の官設鉄道急行に始まる。後に国有化される山陽鉄道や関西鉄道など、関西では私鉄がおのおので名列車を走らせていた。その伝統は、現在の関西圏私鉄にも受け継がれている。ただし、当時のカラー写真は皆無で、着色絵葉書でしのぶばかりである。戦後の関西発の優等列車は特急「へいわ」にはじまる。そして、その後の高度経済成長をばねにして、東海道本線をはじめ、山陽、北陸、山陰本線などを基幹に次々と魅力的な優等列車を繰り出したのだった。

ここでは、戦後まもないころの貴重なカラー写真を含む30点ほどの写真で、関西発の名列車の活躍ぶりを振り返っていただきたい。

特別急行「1·2列車」の絵葉書。
所蔵：三宅俊彦

特急「富士」の展望車スイテ37000の豪華な車内の様子を写した絵葉書。昭和初期　所蔵：三宅俊彦

特急「つばめ」に続いて1950年5月、大阪〜東京間にデビューした特急「はと」。展望車はスイテ37。1955年4月9日　京都　写真：野口昭雄

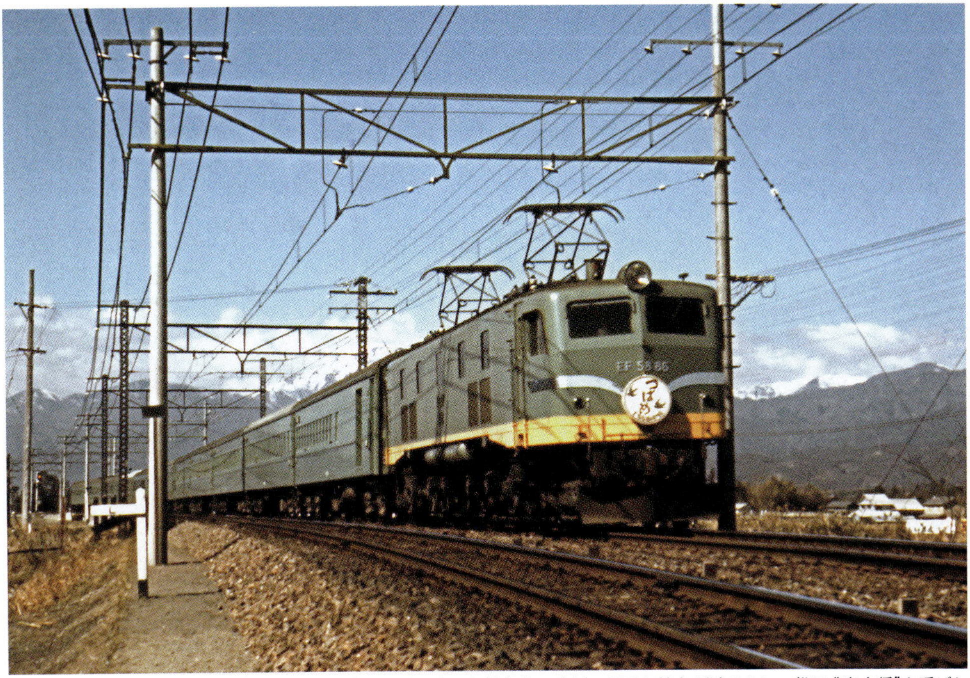

東海道本線全線電化でEF58が全区間を牽引するようになった特急「つばめ」。同時に塗色が改められ、俗に"青大将"と呼ばれるライトグリーンになった。1960年2月28日　大垣〜穂積　写真：鹿島雅美

電車による初めての特急が大阪〜東京間で走り始めた。その日のうちに行って帰れるスピードで、ついた愛称名は特急「こだま」。
1962年8月　大阪　写真：篠原 丞

1961年10月のダイヤ改正の目玉は気動車特急のキハ80系だった。山陽路には特急「みどり」がデビュー。1962年1月　舞子〜明石　写真：野口昭雄

1960年6月に設定された福知山線経由で大阪と城崎を結ぶ準急「丹波」。1962年8月　大阪　写真：篠原 丞

「こだま」形特急電車151系と同じ走り装置を準急用に用いた153系による準急「比叡」。1963年1月　米原付近　写真：野口昭雄

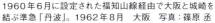

京阪神快速に登場した長距離用電車の80系だが、当初の関西急電色を1957年9月以降は湘南色に改めて活躍を続けた。1962年8月4日　大阪　写真：篠原 丞

東海道本線の線増として誕生した標準軌仕様の新幹線が1964年10月に開業し、新大阪〜東京間に超特急「ひかり」、特急「こだま」が運転を始めた。写真は試運転。1964年6月　米原〜京都　写真：野口昭雄

関西本線経由で湊町〜東京を結ぶ急行「大和」。1968年9月22日　湊町　写真：福田静二

近郊型113系から急行用153系に替わった京阪神新快速。「ブルーライナー」と呼ばれ、塗色もすがすがしい色合いが選ばれた。
1972年9月　元町付近
写真：野口昭雄

東海道新幹線開業で関西～九州間特急になった「つばめ」は、1965年10月から151系に替えて交直流両用の481系が運用についた。1967年1月3日　須磨　写真：篠原 丞

天王寺発の紀勢本線回り名古屋行の気動車特急「くろしお」。
1972年9月21日
紀伊日置～周参見
写真：安田就視

湖北の雪景色の中を大阪発金沢行の交直流両用475系電車急行「ゆのくに」が走る。
1975年1月19日　余呉付近　写真：福田静二

1967年10月から運転が開始された寝台電車特急「月光」の昼間運用となる特急「みどり」。581系での運用はわずか1年だった。
1967年10月8日　塩屋～須磨　写真：佐竹保雄

益田と大阪を福知山線経由で結ぶロングラン急行「だいせん」。キハ58系5連。
1974年5月3日
田儀～波根
写真：寺本光照

ビュフェ車を誇らしげに連結して新大阪～下関間を直通した急行「ながと」。1972年2月22日　三石～吉永　写真：寺本光照

山陽本線の難路セノハチを越す博多発新大阪行特急「はと1号」。583系12連。
1972年2月24日
八本松～瀬野
写真：寺本光照

1964年12月に登場した北陸本線大阪～富山間の特急「雷鳥」は、1975年からは湖西線回りとなり、さらに到達時間が短縮された。1976年3月　近江塩津～新疋田　写真：野口昭雄

大阪～富山間を結ぶ急行「立山」は、長きにわたり一般形客車で運用されてきたが、ようやく475系にバトンタッチされ面目を一新した。1976年3月　近江塩津～新疋田
写真：野口昭雄

大阪と山陰を播但線経由で結ぶのが特急「はまかぜ」。1982年7月から強力形のキハ181系が運用に入った。
1983年11月　茨木～千里丘　写真：野口昭雄

和歌山～新宮間が電化され、特急「くろしお」は振子式電車381系に置き換えられた。1986年11月　周参見～紀伊日置
写真：安田就視

キハ181系に置き換わった山陰本線の昼行特急「あさしお」が餘部鉄橋を渡る。1983年11月1日　鎧～餘部　写真：安田就視

元国鉄宮津線は第三セクター北近畿タンゴ鉄道となった。同鉄道から京都へ直通する特急「タンゴエクスプローラー」が運転された。写真：野口昭雄

新車681系への置換えで特急「スーパー雷鳥」が1997年3月から「サンダーバード」と愛称を改めた。2007年5月　新疋田付近
写真：野口昭雄

福知山線の電化により大阪～城崎間を電車特急「北近畿」が走るようになる。車両は485系だった。1989年4月30日
中山寺～川西池田　写真：篠原 丞

新大阪～倉吉・鳥取間を第三セクター智頭急行経由で結ぶ特急「スーパーはくと」が登場した。同鉄道自慢の振子式気動車HOT7000系がＪＲ線にも乗り入れる。1999年2月14日　新大阪　写真：安田就視

1989年7月21日、団体専用の臨時列車として日本海縦貫線を走り通し、大阪と札幌をつなぐ「トワイライトエクスプレス」が運行を開始した。2013年9月9日　鯖江～北鯖江　写真：福田静二

山陰本線京都口の電車特急「きのさき・まいづる」にも2011年3月改正から新車287系が投入された。
2011年9月　京都　写真：野口昭雄

1章

阪神間鉄道開業から敗戦まで

(1874〜1945)

C 53の牽く京阪神間の客車列車　1930年代ころ　桂川橋梁　写真：大西友三郎　所蔵：福田静二

1 わが国2番目の鉄道として大阪〜神戸〜京都間開業

●京浜間より1年半遅れで鉄道開業

わが国の鉄道が最初に開業したのは、新橋（後・汐留、現・廃止）〜横浜（現・桜木町）間で、140年以上も前の1872（明治5）年9月14日（太陽暦10月14日、これより後はすべて太陽暦で表記）のことである。

その少し前に成立した明治政府は、欧米の先進諸国に負けない強力な国家づくりを目指し、その一環として、当時としては最も優れた交通機関であり、迅速に大量輸送が可能な鉄道の整備を急ぐ。政府が最も重点を置いていたのは東京〜京都間を結ぶ東西幹線だが、建設にはルート選定を含め多少の時間を要するため、さしあたっては沿線人口が多く採算面で期待でき、しかも短期間での開業が可能な京浜間と京阪神間から着手したのである。

京阪神間は地形そのものは平坦だが、大阪湾に注ぐ大中の河川が行く手に立ちはだかる。六甲山系から流れる芦屋川・住吉川・石屋川は天井川なのでトンネルを掘らなければならず、また武庫川のほか淀川の分流である神崎川や中津川（十三川）には鉄橋を架けるという大工事となる。特に鉄橋は日本では製造を請け負える鍛冶屋がなかったので、イギリスに注文するしかなかった。そのため橋梁工事は難工事であるとともに巨額な経費を要したのである。こうした経緯もあって、大阪〜神戸間の鉄道は京浜間より約1年半の遅れをとるものの、1874（明治7）年5月11日に大阪〜神戸間32.7kmの旅客営業を開始する。中間駅は西ノ宮と三ノ宮だけなので、起終点を含む4駅は先に開通した京浜間の6駅（新橋・品川・川崎・鶴見・神奈川・横浜）に次いで全国7番目の開業である。また、三ノ宮〜神戸間が複線で開業したのも特筆される。距離にしてわずか1.6kmだが、わが国の鉄道では初の複線区間だった。阪神間鉄道開業の3週間後の6月1日、神崎（現・尼崎）と住吉の両駅が営業を開始する。

ところで、起点の大阪駅（初代）は田園地帯の曽根崎村梅田に開設される。当時の大阪は、世界一の人口を誇る100万都市東京に次ぐわが国2位の人口40万を数えたが、市街地は現在の地下鉄谷町線沿いの上町台地を中心に広がっていたため、梅田は地理的には場末だった。しかし、京都〜神戸間に鉄道を建設する場合、現在の新大阪〜尼崎間でほぼ一直線となる北方貨物線上ではなく、中津川を2度も渡る大迂回ルートの真ん中に大阪駅を設けたのは、線路を少しでも市街地に近づけるための措置だった。

開業当時の大阪駅は地元では「大阪すてんしょ」などと呼ばれたように、ゴシック風煉瓦造りの2階建て駅舎が目を引いたが、ホームそのものは京都方面への延長を考慮した相対式2面2線の簡素なもので、写真を見る限りでは“地方幹

大阪駅（初代）。1874（明治7）年5月に完成。本屋は煉瓦造り。「写された大阪-近代100年の歩み」（大阪市立博物館）より

京都駅（初代）。1877（明治10）年2月開業。中央に時計塔を置いた煉瓦造りの2階建て。所蔵：山口雅人

線の一中間駅”もいいところだった。

一方、神戸駅は終着駅らしく新橋駅や横浜駅同様、頭端式1面2線のホームを有するほか、機関庫や客車庫、車両修繕工場を併設する運転上の拠点駅でもあった。開業時の駅舎はイギリス製煉瓦造りの平屋建てで、現在よりも南東方向にあり、当時としてはモダンな建物であった。

大阪〜神戸間開業時点での列車本数は8往復で、同区間の所要は1時間10分だった。京浜間の1号機関車150と同系の120タンク機や5000テンダー機などが“マッチ箱”と呼ばれる小型2軸客車を牽いていた。

●“陸蒸気”が3時間前後で京阪神間を快走

大阪から京都への延伸は一気にというわけにはいかず、まず1876(明治9)年7月26日に向日町、9月1日には京都駅西方の大宮通仮駅まで開通。そして1877(明治10)年2月6日に京都まで達し、当初の建設予定だった京都〜神戸間75.8kmが全通。前日の5日には明治天皇臨御のもとに盛大な開業式が執り行われた。京阪間で開業した中間駅は、大阪側から吹田・茨木・高槻・山崎・向日町である。営業開始の日付からは高槻と向日町が全国14番目、吹田・茨木・山崎の3駅が16番目、そして京都が19番目の開業となる。この間、同じ官設鉄道でも東京側は京浜間だけでストップしたままなので、こと鉄道に関しては関西がイニシアティブをとっていたわけである。

京阪神間の“終着駅”となった京都駅(初代)は現駅のやや北側に位置するが、いずれにしても中心市街地のある祇園など四条通から南に離れた寂しい場所だった。京都駅がそうした場所に設けられたのは、住民の煙害に対する懸念で市街地に設置できないこともあるが、当時すでに大津への延長計画があり、地理的な理由のほうが大きかった。つまり京都から大津へ最短距離で抜けるには目の前の東山にトンネルを掘削するしかないが、当時の技術では阪神間の石屋川のような小規模なものならともかく、全長1km以上に及ぶ山岳トンネルなどは挑むのも難しかった。そこで、伏見方面に南下し現在の名神高速道路が走る谷間を迂回する経路が選定されるが、それからすると京都駅の位置は、大津への迂回ルート上にあたるだけでなく、中心市街地からもさほど遠くないとあって好都合だったのである。

開業当時の京都駅は中央に時計台を有する赤煉瓦造りの2階建て駅舎で、駅の配線は写真では相対式2面2線だが、列車の折返し運転に備え機回し用の中線が設けられていた。列車本数は京都〜大阪間10往復、大阪〜神戸間11往復で、うち下り5本・上り4本が京都〜神戸間を直通した。列車の所要時間は明らかにされていないが、『懐かしの東海道本線』(新人物往来社2001)に掲載されている1876(明治9)年9月時刻表によると、大阪〜大宮通間は所要1時間43分なので、大阪〜京都間は1時間45分前後、京都〜神戸間となると3時間前後と推定される。鉄道開業前は徒歩で2泊3日を要していた区間が、1日で往復が可能になるのだから、鉄道は交通の革命児でもあった。

2 官民の双方で神戸から東京・下関へ直通

●明治政府の財政難により私鉄が誕生

京都から大津への鉄道は稲荷山の南側を迂回して山科盆地に出ても、そこから大津へ向かうには逢坂山が構えているため、ここだけはトンネルを掘って進むしかなかった。これといった機械もなかった当時、600m以上もある山岳トンネルをノミ、タガネ、ツルハシで掘削することは不可能と思われたが、逢坂山トンネルの導坑は1879(明治12)年9月に貫通。それも日本人だけの手でやってのけるという快挙だった。これにより、京都〜馬場(現・膳所)〜大津(現・浜大津)間は1880(明治13)年7月15日に開業。地形の関係で馬場ではスイッチバックを要したが、神戸〜大津間は鉄道で結ばれた。官鉄が大津への開業を急いだのは、琵琶湖上を汽船で結ぶことで、建設中の長浜〜金ヶ崎(後・敦賀港)間鉄道に連絡。関西から北陸へのルートを形成するのが狙いだった。

ところで、わが国の鉄道は明治政府が直営する方針だったが、当初の鉄道建設を外国人に依存したことで出費が嵩んだほか、1877（明治10）年2月の京都開業直後に勃発した西南戦争で巨額の軍事費支出を強いられる羽目になり、政府の財政は危機状態に陥ってしまった。しかし、神戸～京都間の鉄道は西南戦争で軍事輸送を担当し、その効用が認識されていたため、国家戦略上でも鉄道建設は急を要する課題だった。

そこで、1881（明治14）年5月にわが国最初の私鉄である日本鉄道会社が創設され、上野～高崎間を皮切りに現在の東北・常磐線を軸とする鉄道を建設する。この日本鉄道は政府の手厚い保護のもとにあった私鉄だが、輸送面で着実な実績をあげたことが刺激となり、以後は民間資本による鉄道開業が相次ぎ、1892（明治25）年までに全国総数52社が発起された。

1888（明治21）年1月に設立された山陽鉄道もそのうちの一つで、11月1日に兵庫を起点とし明石まで、12月23日には姫路までを開業させる。兵庫～姫路間の列車本数は6往復で所要は2時間10分だった。これにより、大阪から姫路までは、途中神戸～兵庫間で徒歩連絡を強いられるものの、計算上では4時間前後での到達が可能となる。

●官設鉄道“東海道線”全通

官設鉄道に目を移すと、懸案だった東京～京都間幹線は、1886（明治19）年7月になって、それまで優勢とされていた中山道案に代わり東海道案に決定。当時“中山道線”の一部を含む長浜～大府間の鉄道はほぼ全通を見ていたため、未開業の横浜～大府間を直ちに着工。突貫工事さながらに1889（明治22）年4月16日に開業を迎える。そして、最後まで残された馬場～米原～長浜・深谷（近江長岡の北東、長浜～関ヶ原間鉄道との分岐点）間も同年7月1日に開業し、ここに東海道線新橋～神戸間605.7kmが全通する。全区間が平坦線である馬場～長浜間が後回しにされたのは意外だが、同区間の琵琶湖水運が“代替の交通機関”として活用できると判断されたからである。

なお、当時の鉄道には官鉄・私鉄を問わず路線名といったものはなく、東海道線はあくまでも通称であった。

東海道線全通により、東京と関西を直通する列車が新橋～神戸、同～京都間に各1往復設定される。前者はわが国初の夜行運転で、時刻は新橋発16:45→京都着10:10→大阪着11:39→神戸着12:50、神戸発17:30→大阪発18:36→京都発20:05→新橋着13:40。後者は昼行列車で新橋発 6:10→京都着23:20、京都発 5:35→新橋着23:50の時刻で運転され、両列車とも一部の小駅は通過扱いとされた。

なお、東海道線では神戸方面が下り方だが、本書では列車の運転区間や挿入の「時刻表」は、支障のない限り関西を主体とした表示とする旨、お断りしておく。

列車の編成の詳細は明らかではないが、官鉄は東海道全通に備えてイギリスからボギー客車を輸入しているので、直通列車はそれを主体に組成されていたと思われる。当時の写真や形式図からは、下の図のように上・中等合造車の車内はロングシート、下等車は転換クロスシートである。用語からは下等のほうがデラックスな感じだが、2人掛けの

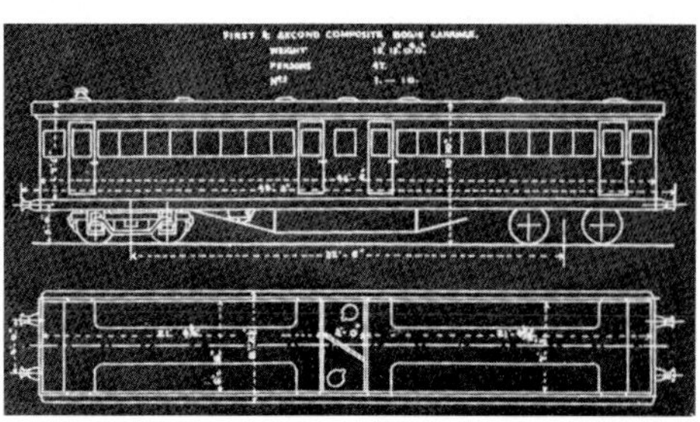

上等・中等合造ボギー客車の図。車内は中央通路式。
「日本国有鉄道百年写真史」より

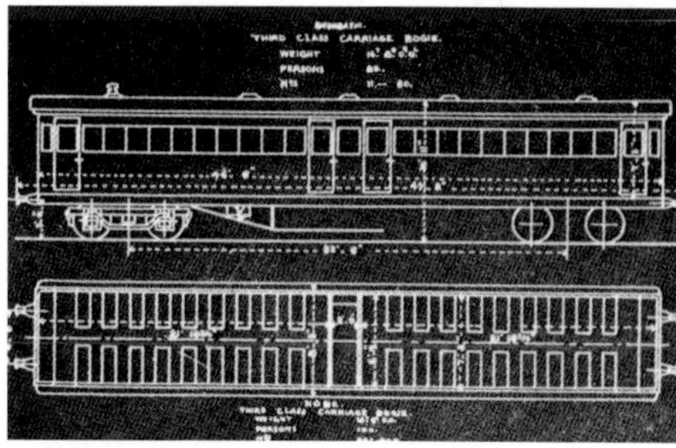

下等ボギー客車の図。車内は2人掛け横手座席式。
「日本国有鉄道百年写真史」より

木製ベンチのようなもので長時間乗車には忍耐を必要とした。車両の幅が狭かった当時としてはソファー風のロングシートのほうが、居住性がよかったのである。ともあれ、これにより京阪神からは徒歩で2週間前後も要した東京へは、京都からは日着、阪神間からは車中泊での移動が可能になる。しかし、全通当時はよほど急ぎの場合を除き、途中駅で下車して旅館で宿泊を重ねながら汽車旅を楽しむというのがステータスだったようだ。

●山陽鉄道が急行列車を運転、官鉄も続く

官鉄東海道線全通2カ月後の1889(明治22)年9月1日には山陽鉄道の兵庫～神戸間が開通。これにより、神戸駅では官設·山陽両鉄道が連絡するため、駅舎を移転し、構内配線を直通運転が可能なものに変更するなど、大改造が実施される。2代目駅舎は煉瓦造りの2階建てでホームも2面となり、貨物や検修施設を含む構内の線路延長は延べ8.1kmに及んだ。なお、鉄道創業期の機関車はすべてイギリスをはじめとする外国からの輸入品だが、860は、1893(明治26)年に駅構内の官鉄神戸工場で製造された国産蒸気機関車第1号である。

山陽鉄道は東海道線や日本鉄道本線（後の東北本線)に比べ、鉄道建設はスローペースだったが、1894(明治27)年6月10日には中国地方最大の都市であり、軍事上の拠点でもあった広島への延伸を果たす。8月1日に日清戦争が宣戦布告されているだけに、軍事輸送面でも鉄道開通の意義は大きかった。その山陽鉄道は10月10日改正で、神戸～広島間に急行を運転する。実際には同区間の直通列車3往復中、昼行1往復の神戸～岡山間に通過駅を設け、神戸発 9:00→広島着17:56、広島発10:45→神戸着19:32の時刻で運転しただけの列車だった。

当時「急行」の名がつく列車といえば、官鉄東海道線新橋～横浜間の区間列車しかないので、この山陽鉄道列車が現在まで系譜の続く長距離急行のルーツとなる。山陽がこうした列車に急行の種別を設けたのは、同区間でライバルとなる瀬戸内海汽船の存在があったからで、「急行」はいわば旅客誘致のためのキャッチフレーズで、急行料金を徴収するなどの考えはなかった。

この急行は翌1895(明治28)年10月21日から京都～広島間列車として運転される。官鉄·私鉄間の直通乗入れは、東京では官鉄と日本鉄道による新橋～品川～赤羽間で実施されていたが、関西地区では初めての試みだった。だが、京都·大阪·神戸の三大都市が1本の路線上に並ぶ関西では、東行の長距離列車は神戸、西行は京都始発で設定するのが旅客サービス面で望ましく、特に山陽鉄道にとって京都乗入れは旅客を取り込む意味でも兵庫～神戸間開業時からの悲願であった。

山陽鉄道はその後、徳山、三田尻（現·防府)、厚狭の順に部分開業を繰り返しながら、会社創設13年目の1901(明治34)年5月27日に馬関（翌1902年6月1日、下関に改称)までの全通を迎える。この間、京都始発急行の行先もそれに合わせて延長されるとともに、1898(明治31)年8月1日からは大阪～三田尻間に夜行急行が登場する。時刻は大阪発22:20→神戸発23:35→三田尻着11:44、三田尻発21:15→神戸着11:24→大阪着12:36である。そして、馬関全通以後は急行の一部が最上の列車として「最急行」や「最大急行」の名で運転される。

また、山陽鉄道は瀬戸内海汽船との競争を宿命づけられた背景もあるが、積極的かつ画期的な旅客サービスを行った会社としても知られている。前述の長距離急行の運転をはじめ、至急小荷物の取扱い、客室乗務員のルーツといえる列車ボーイの採用、食堂車の連結、夏場の蚊帳の貸与、1·2等寝台車の連結、3軸ボギー車の導入、電灯による車内照明など、特権階級である1·2等客限定が大半といってしまえば身も蓋もないが、これらのサービスはすべて山陽鉄道が官鉄や他私鉄にさき

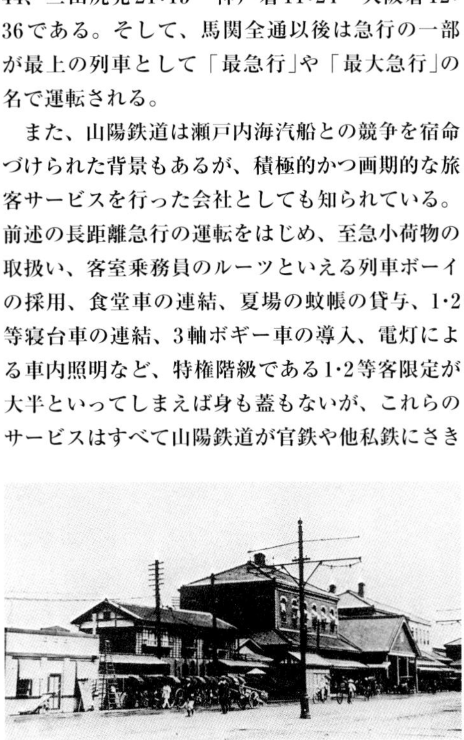

神戸駅（2代）は煉瓦造りの2階建て。
「日本国有鉄道百年写真史」より

時代を駆けた名列車－1

最急行・最大急行（山陽鉄道）

山陽鉄道「最急行」はアメリカ製（ボールドウィン社）の機関車が牽いた。
所蔵：三宅俊彦

山陽鉄道は1901（明治34）年5月27日の神戸～馬関間の全通と同時に実施されたダイヤ改正で京都／大阪～馬関間急行4往復中、昼行の1往復（1～3等、1等食堂車連結）を途中主要駅のみ停車の「最急行」として運転をはじめる。これに備えて同鉄道ではアメリカから高速性能に優れた２Ｂテンダー機5900を輸入。時刻は表－1のとおりだが、注目すべきは自社線内の神戸～下関間529.7kmを12時間35分で結び、表定速度は42.1km/hに達していることである。当時の長距離列車では官鉄の新橋～神戸間急行ですら表定速度は36.6km/hだったので、利きがいまひとつの真空ブレーキを使用していた時代としては、表定速度が40km/hを超えるのは驚異的といえた。

1903（明治36）年1月20日には官鉄と山陽との間で一体化したダイヤ改正が実施され、山陽鉄道の最急行は「最大急行」に“格上げ”のうえ、京都では官鉄の新橋～神戸間夜行急行に接続するダイヤに改正されて、京阪神間での時刻も利用しやすいものになる。官鉄線内を走る京都～神戸間は調整もあって官鉄列車に遠慮したような走りっぷりだが、ダイヤを独自に組むことができる山陽線内では、下関～神戸間を11時間20分で結ぶ上り列車の表定速度は46.7km/hにまでアップする。停車駅付近での減速や勾配区間でのスピードダウンを考慮すると、平坦区間ではつねに70km/h以上で走っていたわけで、ときには100km/h前後は出ていたという証言が残っているほどの猛スピードでの運転だった。そのため、機関士や助士は胴にさらし木綿を巻いて高速運転時の動揺や振動に対応していたという。

しかし、機関士たちにとって限度を超えたような運転は、旅客の安全を保証できるようなものではない。半年後の7月1日に最大急行は大阪～下関間の運転となり、神戸～下関間所要も下りが11時間55分、上りが11時間31分に改められる。安全運行のためのスピードダウンだった。

最大急行は、1904（明治37）年2月10日の日露戦争開戦に伴い、2月14日から官鉄東海道線と山陽鉄道が戦時ダイヤに移行したため、廃止を余儀なくされる。その後の改正で一時復活を見るものの、戦争前のような輝きはなかった。

表－1　山陽鉄道「最急行」と「最大急行」の時刻

改正年月日	列車種別	列車番号	時刻								
1901(明34)年5月27日	最急行	303	6:00	→	7:24	→	8:35	→	15:42	→	21:10
			京都		大阪		神戸		広島		下関
		316	23:28	←	22:01	←	21:00	←	13:39	←	8:05
1903(明36)年1月20日	最大急行	305	7:50	→	9:20	→	10:30	→	17:21	→	22:00
			京都		大阪		神戸		広島		下関
		318	19:38	←	*18:30*	←	17:20	←	10:40	←	6:00

途中駅のうち上り大阪と神戸は着時刻を示す。ただし*斜数字*は発時刻

がけて導入した事項である。なお、当初上等・中等・下等で表示されていた客車等級は、官鉄では1897（明治30）年11月に1等・2等・3等に改められ、順次私鉄会社もそれに倣った。

サービス面では先を越された官鉄も、1896（明治29）年9月1日改正で新橋～神戸間に急行を運転。1898（明治31）年8月1日からは夜行急行も設定し、特に1903（明治36）年1月20日改正では、神戸で接続する山陽鉄道ともども充実した運転が繰り広げられる。京阪神三都駅からは、官鉄と私鉄の違いはあっても１～３等の座席車と特殊設備車両を連結した急行が東京（新橋）や山陽西部を目指していくが、翌年2月の日露戦争開戦後は、官鉄・山陽とも戦時ダイヤとなり、終結するまで急行運転はとりやめられてしまう。

戦時ダイヤ下では鉄道は兵士、馬、物資などの

時代を駆けた名列車－2

新橋～神戸間急行(官設鉄道)

浜名湖の弁天島第1鉄橋を渡る官鉄の新橋～神戸間「急行」を写した絵葉書。所蔵：山口雅人

官鉄東海道線全通から7年後の1896(明治29)年9月1日、神戸～新橋間に初めて急行が設定される。時刻は表－2のとおりで、上りが神戸発6:00→大阪発6:53→京都発7:58→新橋着23:09、下りは新橋発6:00→京都着21:22→大阪着22:29→神戸着23:22だった。それまでは、直通列車は運転されても「普通」ばかりだった。日清戦争開戦時に広島に大本営や各種重要軍事施設が置かれた関係で、東京～広島間直通旅客が急増し、東海道線のスピードアップが急がれた。そこで、神戸～新橋間直通4往復中昼行1往復の途中停車を主要20駅とし、起終点間を有効時間帯に収めることで、種別を急行としたのである。上・下とも神戸で山陽鉄道夜行列車に接続した。

当時の機関車はいかんせん馬力が弱いため、東海道線であっても牽引定数は12両、ボギー式客車だと6両程度の編成が限度で、乗車定員を設ける必要があったのだ。

1898(明治31)年8月1日改正で、東海道線に夜行急行が設定される。直通夜行列車3往復中1往復の停車駅を減らし急行に格上げした。こちらの時刻は神戸発18:00→大阪発18:57→京都発20:08→新橋着11:23、新橋発18:00→京都着9:08→大阪着10:20→神戸着11:19である。昼行急行とは午前と午後のほぼ同じ時刻を走っているのが興味深いところである。これにより神戸～新橋間は昼夜行のペアによる急行2往復体制となる。1900(明治33)年10月からは夜行急行に1等寝台車が、1901(明治34)年12月には急行2往復に2等食堂合造車が連結される。食堂車は牽引定数との関係で、勾配区間の京都～馬場間と沼津～国府津間では連結が解かれた。合造車の旅客は他の車両へ移動させられたわけである。

1903(明治36)年1月20日改正では、官鉄に2Bテンダー機6400が投入されたほか、神戸から大垣までが完全複線化されるなど線増が進んだこともあり、東海道急行は昼行の表定速度がようやく40km/h台に達する。一方、夜行急行は優等旅客の増加が著しく、1・2等専用となった。3等客は直通普通列車を利用するしかなかった。同改正では、急行の乗車制限は1・2等が50マイル、3等が100マイルに引き上げられ、食堂車が全区間にわたって連結された。また、列車番号の変更があり、昼行急行は1・2列車、夜行急行は3・4列車に改称される。東海道急行は名実ともに官鉄の代表列車の地位を獲得する。

表－2 官鉄東海道線・急行列車の時刻

年月日	1896年9月	1898(明31)年8月1日		1903(明36)年1月20日	
列車番号	110	106	118	2	4
種別	急行	急行	急行	急行	急行
等級	各等	各等	各等	各等	1・2等
特殊設備車				食	1寝・食
神戸　発	600	600	1800	635	1815
大阪　〃	653	652	1857	730	1910
京都　〃	758	756	2008	826	2006
名古屋　〃	1227	1226	046	1226	004
新橋　着	2309	2231	1123	2135	930
列車番号	99	107	117	1	3
種別	急行	急行	急行	急行	急行
等級	各等	各等	各等	各等	1・2等
特殊設備車				食	1寝・食
新橋　発	600	620	1800	730	1800
名古屋　〃	1655	1635	426	1640	327
京都　着	2122	2052	908	*2044*	*734*
大阪　〃	2229	2155	1020	*2143*	835
神戸　〃	2322	2247	1119	2230	920

*斜数字*は発時刻

軍事輸送に大いにその能力を発揮するが、その反面、主要鉄道は官鉄・私鉄が並立しているため、官鉄から私鉄にまたがって運転される場合は、車両や乗務員の手配や運賃の算定など、複雑な問題も多く発生した。そうした反省を踏まえ、1906(明治39)年3月31日に幹線系私鉄17社を買収する鉄道国有法が公布される。日露戦争後のわが国の国家財政は火の車だったが、幹線鉄道が多くの私鉄により分割経営されることは、有事の際に重大な障碍となるため、軍部の強い意向もあって強行される。これにより、山陽鉄道は同年12月1日に国有化された。

3 大阪鉄道の中間駅として開業した天王寺と関西鉄道の奮闘

●大阪駅にも乗り入れた大阪鉄道

わが国初の私鉄として上野～大宮～高崎／宇都宮間などで営業を開始した日本鉄道の成功により、「鉄道は利益が期待できる企業」として、1880年代～90年代にかけては全国各地で私鉄が設立される。古代から開け、明治政府成立後も東京とともに日本の二大核で人口も多い京阪神地区に私鉄路線が次々に敷設されるのは当然の成行きだった。この節では、現在の関西本線とその支線区の母体となった関西鉄道と大阪鉄道を中心に話を進めていく。

まず神戸～新橋間の官鉄東海道線だが、江戸時代の五街道の一つである東海道に沿って鉄道が敷設されているのは京都～草津間と名古屋～東京間だけで、草津～名古屋間はルートからは“中山道線”の呼び方がふさわしい路線だった。当然ながら草津～名古屋間の東海道沿いの人々の間からは鉄道建設の話が持ち上がり、1888（明治21）年3月に関西鉄道会社が設立される。そして関西鉄道は当初の計画どおり、1895（明治28）年11月7日に草津～名古屋間を柘植・亀山・四日市経由で開通させる。

一方、関西鉄道とほぼ時を同じくして大阪鉄道会社が発足する。この大阪鉄道は大阪市内を拠点とし、東海道線のルートから外れた奈良・伊賀・四日市方面への鉄道建設を計画していたが、伊賀・四日市へは関西鉄道の計画線と重複するため、調停の結果、大阪市内～王寺～奈良／桜井間の敷設免許を出願し、同区間の建設に乗りだす。そして、大阪市内のターミナルを湊町（現・JR難波）とし、1889（明治22）年5月の柏原開業を経て、1892（明治25）年2月2日に湊町～奈良間の全通を見る。開業当時の湊町駅は大阪鉄道の拠点駅にふさわしく、広い構内には頭端式ホームのほか機関庫や工場、貨物用設備などが集約されていた。また湊町の次駅、天王寺は上町台地に位置するため、当初は掘割を設けて線路を敷設した単なる中間駅にすぎなかった。

湊町駅（大阪鉄道）。「日本国有鉄道百年写真史」より

大阪鉄道は、免許取得にあたっては奈良方面への路線のほか、湊町～官鉄大阪駅間の建設も条件づけられていたが、直線で結ぶルートではなく、天王寺から分岐する京橋経由の“梅田線”として1895（明治28）年10月17日に天王寺～梅田間を開業させる。天王寺駅は、1900（明治33）年10月26日に南海鉄道が天下茶屋から乗り入れたことで、大阪市南部の交通の要所として発展する。

梅田線終点の梅田駅は大阪駅に併設されるが、独自の駅舎と駅名を有したあたりに大阪鉄道の意地がうかがえた。官鉄大阪駅を始発駅とする私鉄としては、1898（明治31）年4月に西成鉄道（大阪～安治川口間）が開業するほか、山陽鉄道や尼ヶ崎（後・尼崎港、1984年廃止）～福知山間に路線を持つ阪鶴鉄道の列車も乗り入れたため、大阪駅は、発着する列車だけでは官設鉄道の駅か私鉄の駅か区別がつかないほどだった。それに加え神戸～京都間は1899（明治32）年2月までに完全複線化され、列車本数の増加もあって駅設備は手狭になった。このため、大阪駅の改良工事が進められ、1901（明治34）年7月1日をもって現在の位置に移転し、ゴシック風石造りの2代目駅舎が完成する。梅田駅はその前年に大阪駅に統合された。

●関西鉄道の大阪進出と官鉄とのバトル

初期の目的どおり草津～名古屋間の全通を果たした関西鉄道は、奈良への延長線を計画し、大阪（湊町）～名古屋間の直通運転をもくろむ。その第1段階として1997（明治30）年1月に柘植～上

時代を駆けた名列車－3

急行（関西鉄道）湊町～名古屋間

1900（明治33）年6月、関西鉄道は湊町～名古屋間に急行2往復を運転する。2往復中、1往復は湊町発14:30→天王寺発14:39→奈良発15:44→名古屋着19:28、名古屋発11:05→奈良着14:48→天王寺着15:54→湊町着16:03と、上下とも5時間を切るスピードで結ぶ。もう1往復は急行とは名ばかりで、敢えて時刻を記せば、湊町発6:00→名古屋着12:00、名古屋発 4:50→湊町着10:58で、普通よりは速いという程度の列車だった。ちなみに官設鉄道の名阪間では名古屋方面行が8本、大阪方面行が7本の運転で、2往復の急行の所要は5時間20～54分だった。

関西鉄道急行を牽引した「風早」。後の6500。所蔵：三宅俊彦

関西鉄道急行のほうが到達面で官鉄を上回っていたのは、名阪間の距離が官鉄の196.3kmに対し関西鉄道は170.6kmと断然短いのが第一の理由である。だが、大阪～京都間が複線の官鉄に対し、関西鉄道は全区間が単線で、そのうえ線路条件もよくないため、軸重が軽く平坦区間で高速運転が可能な6500形機関車「早風」を導入するなどの努力も見逃せなかった。

野（現・伊賀上野）間を開業させるが、大阪鉄道や、京都～木津～奈良間に路線をもつ奈良鉄道木津～奈良間への乗入れについては協定が成立しなかった。そこで、関西鉄道は自社だけで大阪直通を決行するため、片町～四条畷間のローカル私鉄の浪速鉄道を買収し、上野～新木津～四条畷間と寝屋川（現・鳴野付近）～網島間に新線を敷設し、1898（明治31）年11月18日に待望の名阪間直通を実現させる。大阪側の起点として網島駅を開業したのは、片町駅の構内が狭く、拡張も難しいのが理由だった。

こうして同日から網島～名古屋間に夜行を含む6往復の直通列車が運転される。うち1往復は急行で、網島発13:50→名古屋着19:30、名古屋発11:00→網島着16:38の時刻で運転された。だが、せっかくの名阪間直通急行も網島が大阪鉄道京橋駅との接続がないなど、ターミナルとしての条件がよくないうえに、奈良を経由しないというハンディもあり、評判はよくなかった。

そこで、関西鉄道は一転して大阪鉄道との合併を企てる。大阪鉄道は元来こうした動きには消極的だったが、株主の間で合併を勧める向きがあっ

ゴシック風石造りの大阪駅（2代）。「日本国有鉄道百年写真史」より

図－1　鉄道国有法公布時における京阪神を中心とした鉄道地図　1906（明33）年4月1日現在

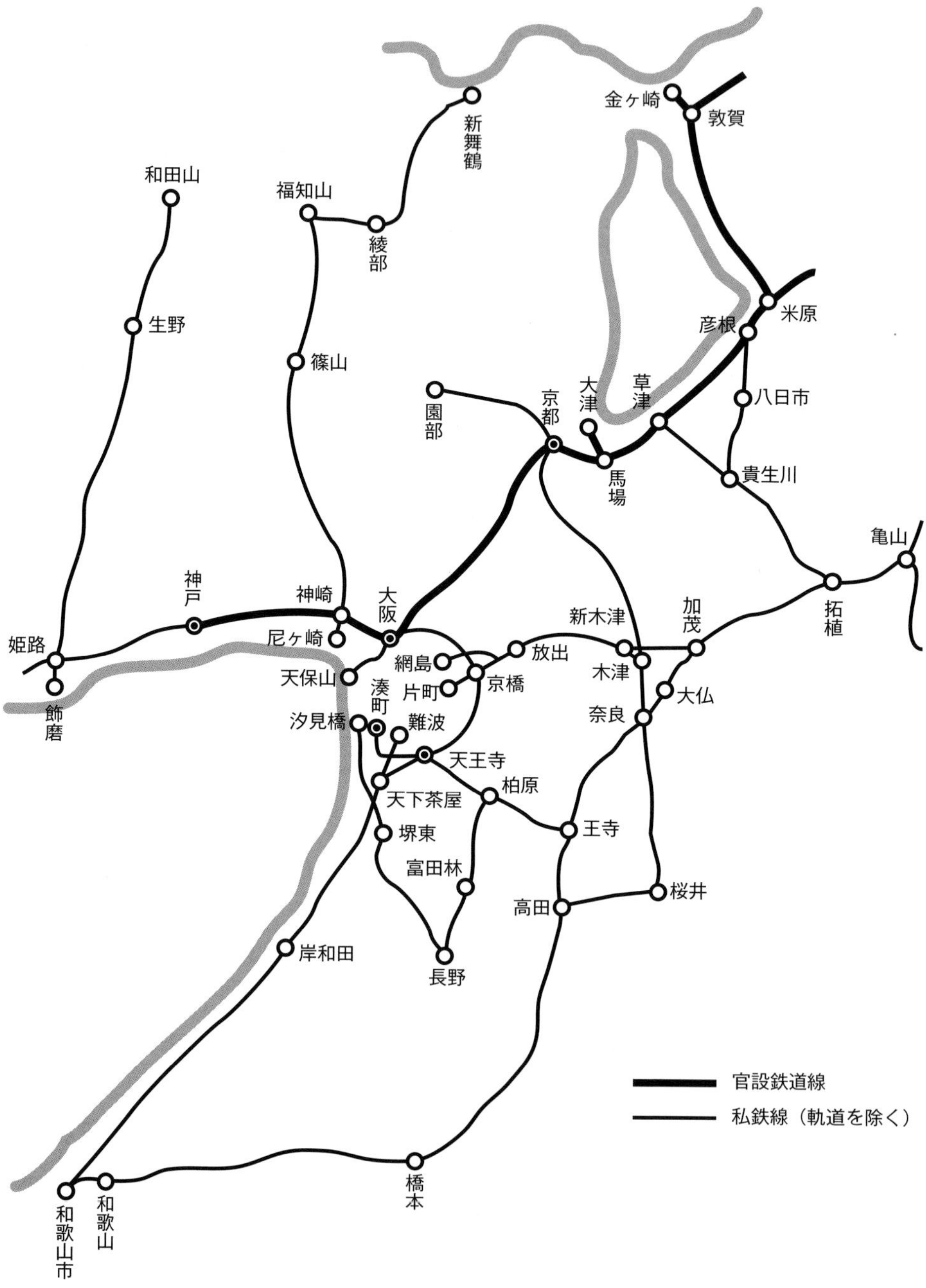

たことや、関西鉄道が1899(明治32)年5月に加茂〜奈良間に大仏経由の新線(通称・大仏線)を開通させ、奈良〜名古屋間の通し運転が可能となったことで、1900(明治33)年6月6日、関西鉄道と大阪鉄道の合併が成立。大阪鉄道がもつ湊町〜奈良間や天王寺〜大阪間の路線を譲り受けた関西鉄道は、同年9月1日の改正で、名阪間の本線を湊町〜名古屋間(大仏経由)に変更し、同区間に5往復の直通列車を設定。うち2往復を急行として運転する。

名阪間での到達時分はもとより、天王寺では梅田線や南海鉄道沿線からの旅客を取り込むことで、官鉄に対抗できるだけの力をつけた関西鉄道は、さらなる旅客誘致のため、1902(明治35)年8月以後は往復運賃の大幅割引や、急行に今でいうビュフェ車の連結を開始する。もともと名阪間では関西鉄道の網島開業時点から運賃を同額にするという協定が結ばれていた。これは距離の短い関西鉄道側にとっては不利なため1899(明治32)年4月に解約していたが、関西鉄道の往復割引は3等では官鉄の30%引きにあたるほどの値段だった。全国組織の官鉄にとって名阪間は局地にすぎないが、それでも旅客を奪われることは気に障るのか、特例を設けて大幅値引きで対抗したため、両鉄道間の競争はますます熾烈なものとなる。

この割引競争は1903(明治36)年3月に大阪天王寺で内国勧業博覧会が開催されるため、ひとまず終結するが、博覧会終了後の同年11月21日からは再び運賃値下げによる旅客争奪戦が開始される。特に関西鉄道は名阪間の往復運賃を片道運賃に色をつけた程度の安い値段に設定したり、直通旅客にはうちわや手拭い、弁当まで景品につけたり、といったサービスぶりだった。

こうした競争は旅客にとっては大歓迎だが、官鉄・関西ともにメンツをかけたバトルといった感がありありで、双方の利益にならないため、日露戦争開戦直後の1904(明治37)年4月に調停による妥協が成立し、争奪戦は一応の終結をみる。結果的に関西鉄道が名阪間の幹線として名実ともに輝いたのは、長い歴史のうちこの4年間だけだった。

関西鉄道は、大阪鉄道との合併後も紀和鉄道(五条〜和歌山)、南和鉄道(高田〜五条)、奈良鉄道(京都〜奈良〜桜井)を次々に買収し、鉄道国有法公布の時点での総延長距離は448.6kmに達しており、北海道炭礦・日本・山陽・九州の各鉄道とともに五大私鉄の仲間入りを果たしていた。そればかりか、国有化直前には既設(一部着工中の区間を含む)の湊町〜柏原、天王寺〜玉造間のほか、柏原〜奈良〜京都、玉造〜大阪、河原田〜名古屋間の複線化と電化を計画するなど、鉄道としてはまさに充実期に差しかかっていた。そうした時期での国有化であっただけに、独自性が失われたのは残念だった。

●京都を起点とする奈良鉄道と京都鉄道の概略

関西地方の私鉄のうち、京都を拠点とする鉄道には前述の奈良鉄道と京都鉄道がある。奈良鉄道は1896(明治29)年4月18日に京都〜奈良間が全通するが、京都〜桃山間は現在の近畿日本鉄道京都線が使用するルートで建設されたため、京都駅では大阪方から列車が進入していた。奈良鉄道京都駅は当初駅務を官設鉄道に委託していたが、1897(明治30)年4月1日からは出改札を自前で行うようになったため、駅名を七条に改称し、官鉄駅から分離される。この措置は国有化後に京都駅に再統合される1908(明治41)年6月1日まで続いた。

一方、京都鉄道は京都〜舞鶴間を結ぶ鉄道として計画され、まず1897(明治30)年2月15日に二条〜嵯峨間が飛び地開業し、1899(明治32)年8月15日に京都〜園部間の全通を迎える。本社が併設される二条駅は立派な木造駅舎を有し、現在は京都鉄道博物館のミュージアムショップとして使用されている。私鉄時代は園部以北へ延伸する短距離のローカル鉄道のせいか、京都駅では北西側の片隅にひっそりと乗り入れていた。

なお、鉄道国有法公布時における京阪神の鉄道地図を図－1として掲げる。当時の官設鉄道は東海道線と北陸線だけで他はすべて私鉄なのは、それから80年を経た国鉄末期の時代でも「関西は私鉄王国」と言われたのとどこか共通しているようで興味深い。幸か不幸か国有化を免れた私鉄も、現在は南海電気鉄道、近畿日本鉄道、近江鉄道の一員として、そのほとんどが健在である。

4 有料急行登場と特急への発展

●鉄道国有法公布と有料急行登場

1906（明治39）年3月31日の鉄道国有法公布により、主要私鉄線のほぼすべてが買収対象となったため、明治政府が成立当初から掲げていた鉄道直営化の方針は、紆余曲折を経ながらも、結果的には実現をみることになる。

4月16日、日露戦争終結後の復員輸送も一段落したことで、官鉄東海道線と山陽鉄道を中心としたダイヤ改正が実施される。この改正での注目点は、新橋～神戸間急行が3往復に増発されるとともに、この3列車に限り急行料金が徴収されたことである。これはもちろん増収政策の一環だが、全国幹線鉄道の運営を一手に引き受けることが内定した官鉄が以後の経営方針を示したもので、急行料金の制度は、110年が経過し経営がJR各社となった現在にも引き継がれている。

急行3往復中、昼行の1往復は「最急行」と呼ばれ、新製の20m級3軸ボギー車からなる専用車が充てられ、郵便手荷物車＋2等洋食堂車＋1･2等車＋2等車の4両で運転される。神戸･新橋両駅の発着時刻は同一で所要13時間40分だった。この「最急行」の客室部分は2両半、定員は148名で、最高峰の列車に与えられる1･2列車を名乗る割にはもの足りないが、2Bテンダー機の6400で定時運転を確保するには致しかたなかった。しかし、定員が少なく、それも1･2等だけということは、“限られたエリート”だけしか乗車できないわけで、車内も1等の特別個室部分を除いては文字どおりのロングシートなので、社交場的な雰囲気が漂っていたものと思われる。

官設鉄道「最急行」を牽いた2Bテンダーの6400。
「日本国有鉄道百年写真史」より

夜行列車には既存の1･2等専用の3･4列車に、3等専用の5･6列車が加わるが、1等寝台車が連結される3･4列車に対し、後者は等級との関係で座席車だけの編成となる。それでも、急行料金を取る優等列車にふさわしく、窓に沿って長手食卓を設けた和食堂車が連結され、“3等客でも利用できる食堂車”として好評を博した。これを機におもに1･2等客用の食堂車は洋食堂車に改称されるが、こちらは近年まで「北斗星」などでお馴染みの4名用と2名用のテーブルが並ぶ配置だった。

山陽鉄道では大阪～下関間に昼行の最大急行を含む急行3往復が残存するが、こちらは従来どおり料金の徴収はなかった。だが、有料急行の前では無料急行は長距離快速列車同然で、しかも国有化が決定しているとあっては山陽鉄道も立場が弱かった。そうしたこともあり、最大急行の大阪～下関間所要は13時間30分に後退し、日露戦争前の意気込みや独創性は影を潜めてしまった。

さて、鉄道国有化に伴う私鉄買収は公布6カ月後の1906年10月1日から順次実施され、山陽鉄道も同年12月1日からは官設鉄道の一員となる。同時に神戸駅も官鉄の単独駅にもどる。そして、1907（明治40）年3月16日には山陽線最大急行を東海道線へ延長する形で、新橋～下関間に急行5･6列車が設定される。同区間の直通急行は日露戦争下の1905（明治38）年8月から1906年4月まで運転された実績があるが、今回は1,100kmを超える全区間が優等列車としての設定だった。

この改正直後の1907年4月1日、それまでの鉄道作業局が廃止され、帝国鉄道庁が開設される。

これから先本書では、「官設鉄道」に代わり「国有鉄道（国鉄）」の表記を使用していくことにする。

●名阪間輸送から後退した関西本線

鉄道国有化は1907（明治40）年10月1日の関西･参宮両鉄道の買収をもって完了する。これにより、神戸駅に続き、大阪・京都の両駅も国鉄単独駅となるが、京阪神付近の私鉄では南海鉄道、高野鉄道、河南鉄道が買収を免れたため、天王寺駅は南海との共同使用駅の形態が続いた。また、大阪駅には旧関西鉄道梅田線から天王寺を経て住吉(現・住吉大社)へ行く列車が運転されていた関係で南海鉄道の車両も乗り入れていたが、関西鉄道国有化1カ月後の11月1日に南海天王寺線が電化され、乗入れは中止される。全線が大阪市内にある旧梅田線天王寺～大阪間だが、この時点ではタンク式蒸機が関西鉄道引継ぎの単車客車を数両牽き、湊町～天王寺～大阪間を30分ヘッドで走るのんびりした鉄道だった。

鉄道国有化完了に伴い、旧私鉄会社の個性的なサービスは消え失せたが、旧官私鉄間の直通運転が制約なしにできるようになったほか、1907年11月1日の運賃改訂では、旧官鉄と私鉄とで異なっていた運賃が国鉄旅客運賃として統一されたことは、それまで官鉄線から私鉄線あるいは私鉄線同士を乗り継いで利用していた客にとっては朗報だった。そして、1909(明治42)年10月12日には線路名称が制定され、新橋～神戸間は東海道本線、神戸～下関間は山陽本線など、現在のような路線名が制定された。そのほか、1911(明治44)年1月16日には車両称号規定の制定で、それまで旧官私鉄間でつけ方がマチマチだった機関車や客車の形式は、一定基準のもとに制定され、形式や番号も重複することなく管理されるようになる。私鉄会社の買収完了から2年以上が経過していたが、ここにJR時代の今日まで続く国鉄の枠組みが形成されることになる。

ところで鉄道国有化により山陽本線は東海道本線とともに新橋～下関間を縦貫する重要幹線として地位を高めるが、そうはいかなかったのが関西本線だった。国有化当初こそ湊町～名古屋間の急行は運転されたが、1909(明治42)年9月25日の改正では、湊町～山田（現・伊勢市)間に急行（料金不要)1往復を含む3往復が設定されるのと引換えに、湊町～名古屋間直通は普通2往復のみに削減される。関西本線を大阪・名古屋から伊勢方面への路線として活用するための政策といえば聞こえがよいが、名阪間輸送は無視された格好だった。もしも湊町～名古屋間に急行（快速)の運転を続けていれば、東海道本線列車と到達時分がさほど変わらないばかりか、値段は距離が短い分だけ安く、それに奈良からの利用もあるので、列車としては成立したはずである。そうした列車がバサッと切り捨てられたあたりは、旅客争奪戦を繰り広げていた頃の確執が尾を引いていると勘繰られても仕方なかった。

●新橋～下関間に特別急行列車登場

1906(明治39)年4月から運転を開始した東海道有料急行3往復中、特に夜行の3・4列車は東京～関西間の直通旅客が多く、1910(明治43)年9月からは従来の1等寝台車のほか2等寝台車が連結される。構造的には旧山陽鉄道の1等寝台車同様、通路の両側に線路方向に上下2段の寝台があり、昼間の座席使用時はロングシートとなるツーリストタイプと呼ばれるもので、以後“昭和戦前”までの標準タイプとなる。2等寝台車には夫婦や子供連れ客用として中央部に二人床と呼ばれる区画が設けられた形式も存在するが、後に公序良俗に反する利用が横行したことで、1918(大正7)年11月以後は大人2人での使用は禁止された。

1等寝台車と2等寝台車の定員では後者のほうが若干多い程度だが、2等寝台車登場の背景には、1等車は皇族や華族、政府高官、高級軍人、訪日外国人、2等車は会社経営者、地主、将校クラスの職業軍人、大企業の管理職が利用する車両といった身分や社会的地位による“境界線”があり、

東海道線の急行に使用された輸入寝台車ネボ1の室内。
「日本国有鉄道百年写真史」より

時代を駆けた名列車－4

特急1・2列車（新橋～下関間）

1912（明治45）年6月15日、わが国初の「特急」1・2列車が新橋～下関間で運転を開始する。その設定の経緯については本文中に記したとおりだが、従来の最急行を含む急行と制度上で大きく異なる点は、車両に号車札を掲げるとともに、1・2等車の座席部分もすべて番号をつけた指定制を採用したことである。最後尾は1等客のみが利用できる展望車であるため、列車の方向を一定にする必要性から、新橋と下関では1両ずつ転車台を使って車両の向きを整えたといわれる。

実際の編成は図－2のように郵便荷物車を含む7両で、東海道区間内が「最急行」時代よりも約1時間スピードアップされているにもかかわらず、客車は3両も増強されている。これは特急設定に備えた国鉄の車両対策の結果で、従来の6400などの２Ｂテンダー機では力不足なので、イギリスから8700、ドイツから8800と8850、アメリカから8900といったＣ形テンダー機を輸入したことによる成果だった。列強の仲間に加わった日本としては、特急用客車とともに特急牽引機も国産で揃えたいところだったが、いかんせん開発の時間がなかった。

なお、特急1・2列車の展望車オテン9020の展望室最後尾には、当時としては超高価な曲面ガラスが使用されたのも、国際列車にふさわしい姿に仕上げる狙いからだが、いずれにしても特急は「特別急行」そのもので、庶民には縁のない存在だった。

図－2　1912（明45）年6月15日 新橋～下関間1・2列車の編成

←下関行　←新橋行

①	②	③	④	⑤	⑥	⑦
郵便・荷物	2等寝台	2等	2等	洋食堂	1等寝台	1等・展望
スユニ9925	スロネ10055	オロ9340	オロ9340	オシ10150	オイネ10005	オテン9020

わが国初の“特別急行”列車1列車が、1914年開業の東京駅を出て、下関に向け下っていく。所蔵：三宅俊彦

2等クラスの旅客は1等寝台車を利用しづらいため、夜間の移動には2等寝台車が必要だったわけである。ちなみに3等車の常連である一般大衆には寝台車は贅沢な設備ということで製造計画などはなかった。3等旅客は冷遇されていたのである。

そうした中、1912(明治45)年6月15日改正では、新橋～下関間にわが国初の特別急行（以下、特急）1・2列車が登場する。従前の新橋～神戸間最急行をそのまま下関へ延長し、山陽本線内が夜行になるダイヤだった。日露戦争での勝利で日本が列強の一員となったこともあり、下関で関釜連絡船を介し、大陸では朝鮮・満洲・シベリア経由でヨーロッパを結ぶ列車に接続する“国際列車”を運転して、日本の国力を世界各国に啓発するには、特急の存在は欠かせなかった。本来ならば1910年前後に登場しても不思議でなかったのだが、全国の幹線を手中に収めた国鉄が基盤整備に時間を費やしたため、1912年までずれ込んだという見方もできよう。

この特急はわが国を代表する列車にふさわしく、車両はすべて専用の3軸ボギー車とされ、列車最後尾には1等展望車が連結された。表－3に示す時刻表のように、京阪神での乗降も可能だが、寝台車を含め1・2等だけの列車は、庶民にとっては駅ホームに停車中でも近づけないほどの威厳ある存在だった。この改正で東海道・山陽本線の優等列車は5往復になる。東海道本線内相互間を走行する急行が神戸を始終着駅としていたのは、東海道本線の終点ということもあるが、神戸港から国際航路の汽船が多数発着しているのが理由だった。航空機がまだ黎明期だった当時、海外への交通機関は船舶しかなく、神戸駅は重要な役割を果たしていたのである。

最急行新設の1906年4月、並びに特急登場の1912年6月における有料急行の時刻は表－3を参照されたい。

特急運転から日も経たない1912年7月30日、明治天皇崩御により､同日から元号は大正になる。そして1915(大正4)年11月に京都御所で執り行われる大正天皇御大典を1年後に控えた1914(大正3)年8月15日に、京都駅の2代目駅舎が完成する。木造だが、ルネッサンス風の優美なたたずまいだった。駅舎建設と同時に駅ホームには軒飾りつきの上屋が設けられ、その一部は今なお使用されている。

同年12月20日、東海道本線の起点駅として東京駅が開業する。鉄道創業以来列車の増発に伴う設備の拡充で手狭になった新橋駅に替わるもので、一等国の首都の中央駅にふさわしく、両翼に巨大な2つのドームをもつ荘厳な駅本屋が設けられた。同日から特急1･2列車など、東海道本線列車はすべて東京始終着として運転される。

この間、1913(大正2)年8月1日に東海道本線の全線複線化が完成する。

●京都～大津間線路改良と3等専用特急の登場

東海道本線は全体としては平坦線のイメージが濃いが、それでも全通当時から稲荷～馬場、近江長岡～関ケ原～垂井、沼津～山北間には25‰の急勾配区間が連続し、輸送上のネックとなっていた。このうち京都～大津(旧･馬場、現･膳所)間では、1914(大正3)年から東山トンネル(1865m)と新逢坂山トンネル(2325m)を掘削することにより、同区間をほぼ直線に結ぶ新線の工事が開始され、1921(大正10)年8月1日に完成。ここに京都～大津間は旧線の16.0kmから11.7kmに短縮されるばかりか、牽引定数も増加する。

同日にはダイヤ改正も実施される。東海道本線での優等列車牽引は18900(C51)に統一されたこともあり､神戸～東京間で特急は1時間のスピードアップが実現し、表定速度も50km/hを突破する。同区間の優等列車も下関直通を含めると7往復になり、特に夜行急行は神戸駅を18時から22時49分まで、約1時間ごとに発車する便利なダイヤが構築された。

一方、京都～大津間の新線開業に伴い、旧線のうち京都～稲荷間は奈良線が使用。稲荷～桃山間には短絡線が設けられる。これにより、東海道本線の稲荷～大津間と奈良線の京都～伏見～桃山間は廃止される。だが、前者の線路跡に沿うような形で1963(昭和38)年に名神高速道路が開通し、後者も線路敷地をそのまま使用して1928(昭和3)年に奈良電気鉄道(現･近畿日本鉄道京都線)が開業しているあたり、東海道･奈良両線の旧ルート選定も十分に意義のあるものといえよう。この

表－3　鉄道国有化前後における東海道線･有料急行列車の時刻

年月日	1906(明39)年4月16日			1912(明45)年6月15日				
列車番号	2	4	6	2	4	8	10	6
種別	急行	急行	急行	特急	急行	急行	急行	急行
等級	1･2等	1･2等	3等	1･2等	1･2等	3等	2･3等	各等
特殊設備車	洋食	1寝･洋食	和食	1･2寝･洋食	1･2寝･洋食	和食	洋･和食	1･2寝･洋食
下関　発				19 10				9 50
広島　〃				0 19				15 06
岡山　〃				4 30				19 23
神戸　〃	8 00	18 30	19 30	7 40	18 30	19 30	21 00	22 34
大阪　〃	8 53	19 24	20 28	8 28	19 22	20 24	21 56	23 32
京都　〃	9 49	20 21	21 30	9 24	20 20	21 23	22 56	0 34
名古屋　〃	13 22	0 07	1 48	12 47	0 10	1 23	2 56	4 35
新橋　着	21 40	9 00	11 18	20 25	9 00	10 30	12 05	13 50
記事	最急行			展望車連結				
列車番号	3	5	1	1	5	3	7	9
種別	急行	急行	急行	特急	急行	急行	急行	急行
等級	1･2等	3等	1･2等	1･2等	各等	1･2等	3等	2･3等
特殊設備車	1寝･洋食	和食	洋食	1･2寝･洋食	1･2寝･洋食	1･2寝･洋食	和食	洋･和食
新橋　発	18 30	19 30	8 00	8 30	15 50	19 00	20 00	21 00
名古屋　〃	3 22	5 14	16 25	16 14	1 25	3 34	5 18	6 28
京都　着	7 06	9 24	19 53	19 32	5 27	7 11	9 06	10 13
大阪　〃	8 04	10 25	20 48	20 25	6 26	8 07	10 04	11 11
神戸　〃	9 00	11 20	21 40	21 15	7 24	9 00	11 00	12 05
岡山　発				0 34	10 50			
広島　〃				4 40	15 07			
下関　着				9 38	20 24			
記事			最急行	展望車連結				

京都～大津間、並びに京都市内の線路変更の詳細を33ページの図－4に示す。

ところで、東海道・山陽本線の優等列車は利用客の絶対数に比して、機関車の牽引定数がさほど大きくない事情もあって、原則として1·2等専用と3等専用とに分けて列車が運転されていたが、1923（大正12）年7月1日改正では東京～下関間に3等特急3·4列車が新設される。設定理由としては"大正デモクラシーによる中産階級の台頭など社会構造の変化"といった、学者以外の者にとってはわかりにくい記述がなされた資料が多いが、実際には、それまで急行3等車を利用していた会社の中間管理職や出張族、あるいは平民層でもお金もちの人たちなどに、東京～下関間特急を部分的に開放したということだろう。当時、3等特急であってもダイヤ上では大陸連絡の使命を有する"国際列車"の一員なので、利用できるのはそれなりに選ばれた人だけであり、一般大衆には相変わらずハードルの高い列車だった。

特急3·4列車は当初こそ座席が板張りのボックスシートだったが、1925（大正14）年5月には後のスハ44の原型となる一方向き座席の専用客車オハ28400に置き換えられ、ようやく特急にふさわしい姿になる。また、特急1·2等車も"大型ボギー客車"と呼ばれる車体幅の広い木製車の登場により、1923年からは2等座席車も転換クロスシートのスロ27900形に置き換えられ、居住性の向上が図られる。

国鉄車両の連結器については鉄道創業以来イギリス式の螺旋連結器が使用されていたが、わが国のような狭軌鉄道では作業が危険なため、自動連結器への取替えが考案される。そして1925年7月1日から順次作業が実施され、17日に完了する。さらに真空ブレーキに代わる空気ブレーキの取付けも、自動連結器採用の時点で終了していたため、列車の保安度が向上するとともに牽引定数の増加やスピードアップにもつながった。元号では大正末期にあたるこの時期には、衝突や脱線時における車両の損傷が激しい木製車に代わって鋼製車が製造されるようになり、国鉄でも1926（大正15）

図－3　1925（大14）年5月15日 東京～下関間特急3·4列車の編成

←下関行　←東京行

①	②	③	④	⑤	⑥	⑦	⑧	⑨	⑩
郵便	荷物	荷物	3等	3等	3等	和食堂	3等	3等	3等
			スハ28400	スハ28400	スハ28400	ナシ20300	スハフ28800	スハ28400	スハフ28800

表－4　1920年代における東海道線・有料急行列車の時刻

年月日	1921(大10)年8月1日							1923(大12)年7月1日	
列車番号	2	8	10	12	14	6	4	2	1
種別	特急	急行	急行	急行	急行	急行	急行	特急	特急
等級	1·2等	3等	1·2等	2·3等	2·3等	1·2等	3等	1·2等	3等
特殊設備車	1·2寝·洋食	和食	1·2寝·洋食	2寝·洋食	2寝·和洋食	1·2寝·洋食	和食	1·2寝·洋食	和食
下関　発	19 10					9 30	10 00	20 45	21 05
広島　〃	0 18					14 21	15 16	1 40	2 10
岡山　〃	4 28					19 00	19 31	5 30	6 02
神戸　〃	7 38	18 00	19 00	20 00	20 40	22 10	22 49	8 18	9 00
大阪　〃	8 25	18 53	19 53	20 53	21 37	23 05	23 37	9 04	9 50
京都　〃	9 15	19 52	20 52	21 52	22 41	0 07	0 36	9 50	10 37
名古屋　〃	12 13	23 16	23 55	1 16	2 21	3 40	4 12	12 42	13 32
東京　着	19 20	7 50	8 20	9 45	11 40	12 40	13 20	19 35	20 40
記事	展望車連結							展望車連結	
列車番号	3	5	7	9	11	13	1	3	1
種別	急行	急行	急行	急行	急行	急行	特急	特急	特急
等級	3等	1·2等	3等	1·2等	2·3等	2·3等	1·2等	3等	1·2等
特殊設備車	和食	1·2寝·洋食	和食	1·2寝·洋食	2寝·洋食	2寝·和洋食	1·2寝·洋食	和食	1·2寝·洋食
東京　発	17 00	17 30	19 00	19 30	20 30	21 30	9 30	8 45	9 30
名古屋　〃	2 08	2 38	3 33	4 05	5 04	6 55	16 46	16 14	16 37
京都　着	5 23	6 04	6 52	7 29	8 26	10 18	19 38	19 01	19 24
大阪　〃	6 23	7 04	7 52	8 26	9 26	11 15	20 27	19 50	20 12
神戸　〃	7 23	7 59	8 45	9 20	10 20	12 10	21 15	20 40	21 00
岡山　発	10 48	11 23					0 33	23 33	23 55
広島　〃	15 07	15 39					4 37	3 23	3 44
下関　着	20 25	20 50					9 38	8 05	8 30
記事							展望車連結		展望車連結

1923（大7）年7月1日は特急2往復の時刻のみを表示

図－4　京都～大津間及び京都市内の路線変更（1921〈大正10〉年8月1日）

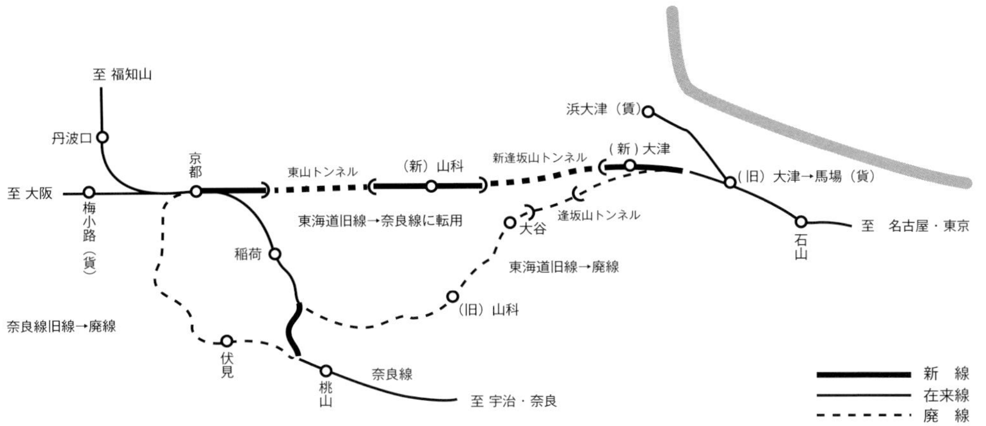

※路線は必要最小限で私鉄線は含まない

年からモハ30系電車やオハ31形客車が登場する。

●山陰本線並びに日本海縦貫線の形成

これまで、官私鉄並立期を含め、関西の主要駅を発着する東海道・山陽・関西本線列車についての変遷をおもに記してきたが、現在の大阪・京都両駅へ在来線特急が発着する北陸・山陰・北近畿方面における鉄道の1920年代まではどのような状況だったのだろうか。

まず北陸本線だが、その歴史は古く、1882（明治15）年3月10日に長浜～柳ケ瀬（現・廃止）、洞道口（柳ケ瀬トンネル西口、現・廃止）～敦賀～金ヶ崎（後・敦賀港、現・廃止）間が官設鉄道により、わが国4番目の鉄道として開通。2年後の1884（明治17）年4月には柳ケ瀬トンネル完成により長浜～金ヶ崎間が全通したのを皮切りに、福井、金沢を経て、1899（明治32）年3月までに富山まで線路を北進させ、1913（大正2）年4月1日に米原～直江津間の全通を迎える。富山～直江津間の建設に14年の歳月を要したのは、親不知や糸魚川～直江津間などの難所が存在したのが理由だった。

北陸地方は元来関西との結びつきの強い土地だが、京阪神からの直通列車は1898（明治31）年4月1日の金沢開業時から運転される。神戸～金沢、大阪～金沢間の計2往復で、いずれも各駅停車の普通列車で、大阪～金沢間では12時間近くを要した。さらに直江津まで全通して信越本線と結ばれ、新潟や上野とレールがつながった結果、姫路

木造2階建ての京都駅（2代）を望む。所蔵：山口雅人

〜新潟間や神戸〜上野間といった長距離列車の姿も見られた。

1922(大正11)年3月15日改正で、急行の運転が、旭川〜函館・青森〜上野・東京〜下関・門司〜鹿児島／長崎間の縦貫幹線筋から地方幹線へと拡充。これに伴い北陸本線の優等列車として、神戸〜富山間に急行680・681列車が設定される。1923(大正12)年7月における時刻は、神戸発21:50→大阪発22:45→京都発23:40→富山着8:35、富山発20:05→京都着4:43→大阪着5:42→神戸着6:40で、北陸本線内が夜行運転、特殊設備車両は2等寝台車だけの連結だった。

1924(大正13)年7月31日、羽越本線の全通により、米原〜青森間1,000km近くに及ぶ日本海縦貫線が形成される。同日の改正で、急行680・681列車は503・504列車に改称され、神戸〜青森間のロングラン運転となるが、神戸〜富山間のダイヤはほぼ従前のまま、富山以北は普通として青森まで延長されたため、全区間では32時間前後も要し、通し旅客は車中2泊を余儀なくされた。こうしたダイヤは旅客に苦痛を強いるせいであろう、1926(大正15)年8月15日改正では、全区間が急行となる505・506列車が登場し、神戸発21:35→大阪発22:25→京都発23:35→富山発7:35→青森着23:36、青森発 5:30→富山発21:30→京都着 5:38→大阪着 6:32→神戸着 7:28に改善される。編成には和食堂車が連結され、急行にふさわしい列車スタイルになる。しかし、505・506列車は関西と北陸とを結ぶ唯一の優等列車としての期間が長かったことや、北海道連絡との関連、さらに日本海側の各県の思惑もあって、以後も長距離列車としては異例とも思えるほど、ダイヤ改正ごとに列車時刻の変更を迫られた。

一方、関西〜山陰地方間の鉄道の建設には多少時間がかかった。官私鉄並立時代の京都鉄道や阪鶴鉄道がそれぞれ京都・大阪と舞鶴とを結ぶ鉄道として創業されたことや、山陰地方で最も早期の1902(明治35)年11月に開通した境（現・境港）〜米子〜御来屋間の官設鉄道が、当初は播但鉄道に接続する陰陽連絡線として和田山を目指して工事が進められて山陰縦貫線が後回しにされたからである。それでも、26ページの図−1では空白となっている園部〜綾部間や福知山〜和田山間などをつなぐような形で、1912(明治45)年3月1日には山陰本線京都〜出雲今市（現・出雲市）間が、6月1日には出雲今市〜大社間の大社線が全通する。

これにより、京都・大阪・神戸から出雲大社へは鉄道利用での参拝が可能になり、同日から京都〜大社間、大阪〜出雲今市（上り大社）間に直通列車が各1往復設定される。いずれも昼行の各駅停車であり、京都発は13時間、福知山線経由の大阪行は14時間以上を要した。大社詣での夜行列車は大阪始終着が1914(大正3)年4月から、京都始終着が1920(大正9)年9月から運転を開始する。この2往復には2等寝台車が連結された。

山陰本線は、路線の西進により1923(大正12)年9月1日に京都〜益田間が全通。山口線と連絡することで下関までのレールがつながるが、優等列車の誕生はまだ先で、“昭和二桁”の時代に入るまでもち越される。

新線の東山トンネルと新逢坂山トンネルの間に設けられた山科駅。「日本国有鉄道百年写真史」より

1912年に全通した大社線開業当時の大社駅。「日本国有鉄道百年写真史」より

5 ネームドトレイン誕生と戦前黄金時代の到来

●特急列車名命名と"超特急"誕生

1926（大正15）年12月25日、大正天皇崩御により元号は昭和に改められる。だが、昭和は第1次世界大戦の反動といえる不況に加え、金融恐慌が社会を襲い多数の失業者を出すなど、泥沼状態からのスタートだった。当然ながら国鉄も利用客数や貨物輸送量の減少に悩まされるが、そうしたジリ貧状況からの打開策の一環として1929（昭和4）年9月15日改正を機に、東京～下関間特急2往復の列車名を公募し、1・2列車を「富士」、3・4列車を「櫻」と命名する。特急に列車名がつけられたからといって、運賃や料金が下げられるわけでなく庶民に縁がない存在であることに変わりはないが、鉄道省という"お堅い役所の鉄道"のイメージが濃かった国鉄に、国民がいささかなりとも親しみを感じたことは事実だった。

同年11月7日からは特急「富士」「櫻」の客車最後尾にトレインマークが制定されるが、当時1等客車は白、2等は青、3等は赤の帯が窓下に入れられていたため、マークに描かれた図案の色は図らずも列車の連結等級とも一致し、好評で迎えられた。また、東海道・山陽本線を走る優等列車用の客車は1927（昭和2）年以後順次鋼製車に取り替えられるが、1両あたりの重さが木製車より約10%重いため、C51ではやや力不足だった。そこで、1928（昭和3）年から1930（昭和5）年にかけて、速度と引張力の性能に優れた3シリンダ装備のC53が製造され、国府津～下関間優等列車や直通列車の牽引に充てられる。当時の京阪神三都駅に出入りする旅客用機関車は東海道・山陽線がC53とC51、山陰線と福知山線が8620、城東線は「ネルソン」の愛称で親しまれた2Bテンダー機6200改造のタンク機1070

わが国初のネームドトレインである1・2列車特急「富士」。所蔵：長船友則

図－5　1930（昭5）年10月1日の編成

東京～下関間特急1・2列車「富士」

←下関行　←東京行

①	②	③	④	⑤	⑥	⑦
荷物	2等寝台	2等寝台	2等	洋食堂	1等寝台	1等・展望
スニ36650（スニ30）	マロネ37350（マロネ37）	マロネ37350（マロネ37）	スロ30750（スロ34）	スシ37740（スシ37）	マイネ37130（マイネ38）	スイテ37000（スイテ47）

東京～下関間特急3・4列車「櫻」

←下関行　←東京行

①	②	③	④	⑤	⑥	⑦	⑧	⑨
荷物	3等	3等	3等	和食堂	3等	3等	3等	3等
カニ39500（カニ37）	スハ33900（スハ33）	スハ33900（スハ33）	スハ33900（スハ33）	スシ37740（スシ37）	スハ33900（スハ33）	スハフ35250	スハ33900（スハ33）	スハフ35250
							大阪～下関	

形式欄下のカッコ内は1941年11月につけられた新形式を示す

が木製車を牽引していた。関西本線は亀山機関区にC51が配置されているが、湊町・天王寺駅に発着する列車は8620牽引が主体だった。

1930（昭和5）年10月1日に全国ダイヤ改正が実施された。その目玉商品列車として、東京〜神戸間に特急11·12列車「燕」が新設される。大陸連絡の「富士」とは異なり、東海道本線内をできるだけ速く結ぶことに力が注がれ、東京〜大阪間の所要を従来の「富士」よりも2時間32分短縮し、8時間20分で結び、表定速度は何と68.2km/hに達した。このスピードは当時の常識では考えられないほどのもので、停車駅では“超特急”としてPRされる。

ところで、国鉄の特急·急行は東海道·山陽本線をはじめ夜行区間を走る列車が多かったが、1·2等には寝台があっても、3等にはそうした設備がないので、夜行列車で移動する場合は、専用客車を使用する特急「櫻」以外の旅客は座面と背摺りとが直角の座席に身を委ねて我慢するしかなかった。当然3等客の間からも横になって移動したいという要望が出され、1931（昭和6）年1月に3等寝台車スハネ30000が登場し、2月1日から東京〜神戸間急行2往復（13·14、19·20列車）に連結される。ドアなしコンパートメントといえるベッド幅52cmの3段寝台で、当初はシーツも枕も遮光用のカーテンもなかったが、利用客からは大好評で以後連結列車が拡大された。

●大阪・神戸両駅の新駅舎竣工と客貨分離

1920年代になると、東海道本線の神戸〜京都間は増大する輸送事情に対処するため、同区間の一部高架化を含む複々線化と、各種設備の拡大で手狭となった大阪·神戸両駅の駅舎新設を含む大改良工事が計画される。

まず第1段階として1918（大正7）年7月に神崎〜吹田間を短絡する北方貨物線が開業し、東海道·山陽両本線間を直通する貨物列車の大阪駅進入を防ぐ役目を果たす。そして第2段階では1923（大正12）年6月に吹田操車場を開設。同操車場から大阪駅北側までの貨物専用線を敷設し、1928（昭和3）年12月1日に大阪駅に隣接する梅田貨物駅が営業を開始する。同日には神戸市内でも東海道本線東灘貨物駅から分岐する貨物専用線が開業し、神戸駅東側に湊川貨物駅が新設される。これにより、大阪·神戸両駅は1913（大正2）年の京都駅に次いで旅客専用駅となるが、この時点で両駅はまだ客車操車の機能を有していた。貨物列車の姿は、北方貨物線がある大阪駅ではお目にかかれないが、そうした線路のない京都駅と神戸駅では

表－5　昭和戦前期における東海道線·有料急行列車の時刻（1）

年月日	1921(大10)年8月1日									
列車番号	4	2	10	12	14	16	8	18	6	20
種別	特急	特急	急行	特急	急行	急行	急行	特急	急行	急行
等級	3等	1·2等	各等	各等	3等	各等	各等	1·2等	2·3等	2·3等
	櫻	富士		燕						
特殊設備車	和食	1·2寝·洋食	2寝·和食	洋食	和食	1·2寝·洋食	1·2寝·洋食	1·2寝·洋食	2寝·和食	2寝·和食
下関　発	20 15	20 30	21 50				9 00		10 10	
広島　〃	0 27	0 48	2 32				13 45		14 52	
岡山　〃	3 40	4 00	6 18				17 25		18 40	
神戸　〃	6 42	7 00	9 04	12 25	17 56	18 32	20 08	20 38	21 23	21 52
大阪　〃	7 30	7 40	9 45	13 00	18 45	19 20	20 55	21 25	22 10	22 40
京都　〃	8 11	8 21	10 30	13 39	19 35	20 10	21 45	22 14	23 00	23 30
名古屋　〃	10 42	10 52	13 25	15 52	20 48	23 20	0 50	1 16	2 04	2 40
東京　着	16 40	16 55	20 25	21 20	6 55	7 15	8 30	9 00	10 00	10 15
記事		展望車連結		展望車連結			展望車連結			
列車番号	13	15	5	17	7	19	11	9	3	1
種別	急行	急行	急行	急行	急行	急行	特急	急行	特急	特急
等級	3等	各等	2·3等	1·2等	各等	2·3等	各等	2·3等	3等	1·2等
							燕		櫻	富士
特殊設備車	和食	1·2寝·洋食	2寝·和食	1·2寝·洋食	1·2寝·洋食	2寝·和食	洋食	2寝·和食	和食	1·2寝·洋食
東京　発	19 10	19 30	20 25	21 25	21 45	22 55	9 00	10 00	12 45	13 00
名古屋　〃	2 51	3 10	4 03	5 00	5 42	6 57	14 34	17 14	18 50	19 02
京都　着	5 58	6 20	7 07	8 05	8 47	9 58	16 41	19 57	21 13	21 24
大阪　〃	6 57	7 18	8 00	8 56	9 40	10 45	17 20	20 40	21 54	22 05
神戸　〃	7 40	8 00	8 50	9 40	10 25	11 31	18 00	21 23	22 37	22 51
岡山　発			11 52		13 22			0 02	1 17	1 31
広島　〃			15 38		17 10			3 28	4 29	4 43
下関　着			20 15		21 40			7 40	8 35	8 50
記事					展望車連結		展望車連結			展望車連結

時代を駆けた名列車−5

京阪神間急行電車

一世を風靡した流線形時代の申し子、52系。1938年5月25日　大阪
写真：田中鎈一、所蔵：福田静二

現在でこそＪＲ西日本は大阪駅を中心に通勤電車のネットワークを築き、各路線で快速電車を走らせているが、戦前の関西国鉄線でそうした速達（急行）電車の運転が見られるのは東海道・山陽本線の京都〜神戸間だけだった。

同区間の急行運転は1934（昭和9）年7月の吹田〜須磨間電化時から大阪〜神戸間で実施されるが、ここで注目されるのは投入車両が同じ43系電車でありながら、急行はモハ43＋サロハ46＋クハ58＋モハ43の半ば4両固定であるのに対し、普通はモハ43＋クロハ59（＋クハ58＋モハ43）の2両または4両と編成を別個にして、運用が分けられていたことである。

そして1936（昭和11）年5月、この急電のグループに43系4両編成をそのまま流線形スタイルにしたような52系電車が、モハ52＋サロハ46＋サハ48＋モハ52の編成で戦列に加わる。塗装は茶色1色の43系とは異なり、明るいマルーンを基調に、ドアや窓回り、スカートはクリーム色、屋根はグレーとしたため、沿線や駅では一際目立つ電車で、ファンの間からは“流電”または先頭形状から“魚雷形電車”とも呼ばれた。

京都電化を前にした1937（昭和12）年6月には、第2次流電として52系4両編成2本が増備されるが、第1次車と異なりクロスシート部分に広窓が採用されたほか、塗装もクリーム色を基調に窓回りとスカート部分がマルーンとされたため、誰しもが見とれるほどの艶やかな容姿の電車が出来上がった。この流電3本は、その後増備された半流線形広窓の43系専用編成2本とともに、京阪神間の急行として活躍する。私鉄との競争の激しい地域だからこそ生まれたような電車だが、まさに“関西省電の花”だった。

だが、世の中は京都電化の時点ですでに準戦時体制下に置かれており、流電の鮮やかな塗装も世相にそぐわないのか、早くも1940（昭和15）年には塗装が“逆塗り”となり、華やかさが失われてしまう。そのため流電こと52系が本来の姿で京阪神三都駅に発着していたのは、わずか2年余りに終わってしまった。

貨物列車は構内に乗り入れるしかなかった。ホームで列車を待つ旅客を尻目に貨物列車がわがもの顔に通過していくシーンは今も同じである。

大阪・神戸両駅の高架化は1929（昭和4）年から着手されるが、神戸駅は灘〜鷹取間工事と併せ1931（昭和6）年10月10日に3面5線の高架ホームが完成。その間1930（昭和5）年7月1日には3代目駅舎が竣工する。コンコースのステンドグラスや列柱上部の飾りなどは、欧米への玄関口として建設された当時の名残を現在に伝えている。神戸駅に対し大阪駅は、東海道本線の下淀川橋梁〜上淀川橋梁間に加え、城東線天王寺〜大阪間や西成線も工事対象とするため高架化はやや遅れ、1934（昭和9）年6月1日に東海道本線と城東線用の3面6線ホームが完成。駅全体が高架化され、西成線を含む5面10線のホームが出来上がるのは1936（昭和11）年12月のことである。大阪駅の高架化に伴い2代目駅舎は1935（昭和10）年に解体され、5階建て鉄筋コンクリート造りの3代目駅舎の建設が開始されるが、日中戦争勃発などの影響で中央部分を除き3階建てのままという不本意な姿で1940（昭和15）年6月に営業、1943（昭和18）年に完成する。5階建てへの準備工事はなされていたが、後に戦時体制による金属供出もあり、当初の構想にあった駅舎が日の目を見る機会を奪われたのは残念だった。

なお、神戸駅の客車操車設備は高架化工事と並行して1930(昭和5)年3月に明石へ、大阪駅は1933(昭和8)年9月に宮原へ移転する。そして大阪駅3代目駅舎営業の1940年までに東海道・山陽本線では、京都〜鷹取間のほぼ全区間で複々線化が完成する。

●大阪市内と京阪神間で電車運転開始

関西の鉄道はかつて「私鉄王国」と呼ばれ、特急「燕」が運転を開始した1930(昭和5)年10月時点においては、五大私鉄といわれる近鉄・南海・阪急・京阪・阪神の各社は会社名こそ違ってもほぼ現在に近い路線網を有し、大阪市内から京都・神戸・奈良・和歌山方面へ複線の線路で電車による高速運転を展開していた。

一方、国鉄はとなると、京阪神三都駅を発着する路線を含めすべてが未電化。複線区間は、東海道・山陽本線、城東線以外では関西本線湊町〜木津間と西成線福島〜西九条間だけだった。優等列車はさておき、私鉄の特急や急行に対抗できる料金不要の速達列車といえば、京都〜明石間の快速度列車ぐらいだったが、スピードでは並走私鉄と肩を並べるものの、運転間隔や居住性では私鉄電車の敵ではなかった。国鉄は煙害を伴う蒸気機関車牽引で3等座席は背摺りが木製のボックスシート。一方私鉄は運転区間によっては、国鉄なら2等並の転換クロスシート車やシートピッチの広いボックスシート車が入るとあっては、関西の都市間利用客が私鉄を利用するのは当然のことだった。

国鉄も、私鉄の攻勢に手をこまねいているわけではなく、1930年時点では東海道・山陽本線の大津〜西明石間と城東線天王寺〜大阪間、それに片町線片町〜四条畷間の電化が決定していた。そのうち電車方式による片町線は1932(昭和7)年12月1日、城東線は1933(昭和8)年2月16日に竣工し、国鉄としては初の本格的20m電車である40系が新製投入される。日中の運転間隔は片町線が16分、城東線は6分で、編成両数は両線ともラッシュ時が2両、閑散時は単行と時代を感じさせるが、大型で端正な電車が入ったことは関東の鉄道ファンを大いに羨ましがらせた。ちなみに電車運転の歴史が古い首都圏では、横須賀線を除き17m級電車ばかりで、それも鋼製車と木製車が入り交じった編成だった。

大津〜西明石間の電化は当初電気機関車牽引方式が予定されていたが、走行区間に適した機関車の国産化が確立していないことで計画は一時保留。1933年12月になって電車方式に変更のうえで須磨〜明石間から工事に着手する。片町線や城東線での電車運転が好評であることや、関東ではクロスシートの横須賀線電車が実績を上げていることが電車導入に追い風となったようだ。

そして、東海道・山陽本線電化は1934(昭和9)年7月20日に吹田〜須磨間が完成し、大阪や神戸の高架ホームに電車が乗り入れる。この阪神間の電車運転は従来の快速度など客車列車の置換えも兼ねているため、電車は大阪〜神戸間を途中三ノ宮だけに停車する所要28分の急行と、吹田〜須磨間の普通の2本建てとし、急行は30分ヘッド、普通は15分ヘッドという大盤振舞いのダイヤが組まれた。並走する阪急や阪神への対抗もあるが、複々線の設備があったからこそ実施できたようなものだった。注目の電車は40系を2ドア・クロスシートにア

南海鉄道難波から白浜口へ直通運転した「黒潮号」。後部2両が直通用客車。
1934年11月17日　所蔵：三宅俊彦

レンジしたような43系が投入される。電車の運用は急行用と普通用とに区別され、急行は終日4両、普通はラッシュ時4両、閑散時2両とされるが、双方とも半室2等車が連結され、文字どおり編成に彩りが添えられた。

東海道・山陽本線電化は1934（昭和9）年9月20日に明石、1937（昭和12）年10月10日に京都に達し、急行電車の運転区間も京都～神戸間に延長される。同区間での途中停車駅は大阪・三ノ宮・元町の3駅のみで所要は66分。急行用には当時としては画期的な流線形電車のモハ52を両端とする4両編成が新規に投入された。一方、普通用にはラッシュ時の混雑対応策として3ドア・クロスシートの51系が登場する。京阪神地区の電化は1944（昭和19）年4月に明石操車場付近に西明石駅が設置されたことにより同駅まで延長されるが、当初予定の大津までの電化は戦争の影響などにより見送られてしまった。また、延長100km近くに及ぶ電化区間を有しながら、客車・貨物の全列車が蒸機牽引のままというのも珍しかった。

●阪和電気鉄道開業と「黒潮号」での南紀直通

戦前における関西地区の電車発達史を語るうえで忘れてはならない私鉄の一つに、1930（昭和5）年6月16日に阪和天王寺（現・天王寺）～阪和東和歌山（現・和歌山）間の全通を果たした阪和電気鉄道がある。大阪～和歌山間には、1906（明治39）年の鉄道国有法公布時に買収の対象とならなかった南海鉄道があるので、同じ区間を2つの私鉄が並走するよりも、“第2鉄道”は国鉄が建設するほうが望ましいのだが、第1次世界大戦後の経済不況などの事情があって私鉄に免許が与えられる。しかし、建設に際しては有事に備えて国鉄線への直通運転が可能なように、軌間は関西の電気鉄道としては珍しく狭軌、起終点はそれぞれ国鉄駅に併設という条件つきだった。

起点である阪和天王寺駅は国鉄駅の北側に隣接設置されるが、ホームは頭端式の2面4線ながら2面とも1本のホームとはなっておらず、中間で分断されて東側は降車専用、改札寄りの西側は乗車専用とされていた。つまり美章園以南の駅から天王寺駅でそのまま折返し乗車しようとするキセル乗車を未然に防ぐ方策で、大阪市内では京阪電気鉄道の天満橋や新京阪鉄道（京阪を経て現・阪急）の天神橋、大阪電気軌道（現・近鉄）の上本町ホームと類似した構造だった。また、天王寺駅は駅舎が上町台地の東端に位置するため、阪和電鉄へは地平の改札口からそのままホームに入ることができるが、線路はレベルながらもホームの和歌

表－6　昭和戦前期における東海道線・有料急行列車の時刻（2）

年月日	1934（昭 9）年 12月1日									
列車番号	2	4	10	12	14	8	16	18	20	6
種別	特急	特急	急行	特急	急行	急行	急行	特急	急行	急行
等級	各等	2・3等	2・3等	各等	3等	各等	2・3等	1・2等	2・3等	2・3等
	富士	櫻		燕						
特殊設備車	123寝・洋食	2・3寝・和食	2・3寝・和食	洋食	3寝・和食	123寝・洋食	2・3寝・和食	1・2寝・洋食	2・3寝・和食	2寝・和食
下関　発	20 30	22 00	23 00			9 15				12 50
広島　〃	0 02	1 34	2 56			13 35				16 30
岡山　〃	3 30	4 50	6 20			16 55				19 48
神戸　〃	6 17	7 20	8 50	12 20	18 20	19 20	19 50	20 50	21 20	22 20
大阪　〃	6 55	8 00	9 30	13 00	19 00	20 00	20 30	21 30	22 00	23 00
京都　〃	7 31	8 41	10 20	13 36	19 45	20 45	21 15	22 15	22 45	23 45
名古屋　〃	9 56	11 07	13 16	15 43	22 45	23 45	0 16	1 17	1 47	2 48
東京　着	15 25	16 40	19 45	21 00	6 40	7 10	7 30	8 00	8 30	9 30
記事	展望車連結			展望車連結		展望車連結				
列車番号	13	15	5	17	19	7	11	9	3	1
種別	急行	急行	急行	急行	急行	急行	特急	急行	特急	特急
等級	3等	2・3等	2・3等	1・2等	2・3等	各等	各等	2・3等	2・3等	各等
							燕		櫻	富士
特殊設備車	3寝・和食	2・3寝・和食	2・3寝・和食	1・2寝・洋食	2・3寝・和食	123寝・洋食	洋食	2・3寝・和食	2・3寝・和食	123寝・洋食
東京　発	19 30	20 30	21 00	21 30	22 00	23 00	9 00	10 30	13 30	15 00
名古屋　〃	2 48	3 16	4 12	4 46	5 18	6 47	14 22	17 06	19 05	20 32
京都　着	5 55	6 20	7 11	7 50	8 15	9 47	16 25	19 50	21 19	22 45
大阪　〃	6 40	7 04	7 54	8 33	9 00	10 34	17 00	20 34	22 00	23 22
神戸　〃	7 20	7 47	8 36	9 17	9 40	11 17	17 37	21 18	22 40	23 59
岡山　発			11 01			13 44		23 43	1 04	2 30
広島　〃			14 06			17 00		3 04	4 14	5 45
下関　着			18 00			21 00		7 00	8 00	9 30
記事						展望車連結	展望車連結			展望車連結

時代を駆けた名列車－6

特急「燕」（東京～神戸間）

1930（昭和5）年10月1日改正で登場した特急「燕」は、東京～大阪間所要を従前の特急「富士」より約2時間半短縮し、8時間20分で結んだことで“超特急”と呼ばれるが、これは当時の国鉄技術陣のスピードに対する挑戦でもあった。では、どうしてここまでの時間短縮が成し遂げられたのだろうか。

まず1930年10月改正が鋼製客車やC53の使用を前提とした白紙改正であり、特急「富士」の東京～大阪間所要が9時間05分まで短縮されたことに注目したい。「富士」の同区間での途中停車が12駅あるのに対し、下り「燕」は横浜・国府津・名古屋・大垣・京都のわずか5駅である。1駅を通過することにより捻出される時間を5分とすると、7駅では35分となるので、8時間30分での運転が可能である。しかし、これでは東京～神戸間所要だと9時間10分になるので、是が非でもあと10分短縮し、9時間に抑えたいところである。

そこで考えられたのが、電化区間も含め東京～名古屋間を最も信頼できる機関車のC51で通し牽引すること、勾配区間に備え補助機関車を連結する国府津・大垣の両駅では停車時間を30秒とし、その間に作業を完了させるほか、サミットが過ぎれば補機を走行中に解放すること、さらにC51用の水を途中で調達できる駅がないので機関車の後方に給水車を連結すること、などの苦心が払われた。このほか、国府津～名古屋間はノンストップ運転のため静岡以西の運転を担当する機関士と助士は①号車で待機し走行中に交代する、といった離れ業までとりいれられた。わずか10分だが、この時間を削り落とすのは、至難の業だったのである。

「燕」の編成は7両で当時の東海道優等列車としては短めだが、定時運転を維持するにはギリギリの両数であるため、多客期には臨時「燕」が運転された。この列車の東京～名古屋間もC51の牽引

図－6　東京～神戸間11・12列車「燕」の編成

←神戸行　←東京行

①	②	③	④	⑤	⑥	⑦
3等・荷物	3等	3等	洋食堂	2等	2等	※1等寝台
スハニ35650（スハニ31）	スハ32600（スハ32）	スハ32600（スハ32）	スシ37740（スシ37）	スロ30750（スロ34）	スロ30750（スロ34）	マイネフ37230（マイネフ38）

※⑦号車は1931年9月からスイテ37030（スイテ47）

形式欄下のカッコ内は1941年11月につけられた新形式を示す

山側先端部はかなり高い高架となっていた。天王寺を発車した阪和電鉄の電車は、掘割の中に敷設された関西本線や城東線の線路を高架橋で横断して和歌山方面に向かうのである。

この阪和電鉄は南海鉄道の山手側に敷設されたため、沿線の人口密度こそ低かったが、線路は今でいうところの高規格路線だった。そこへもってきて同社のモヨ100とモタ300は狭軌としては最大の出力150kWの電動機を積み、最高速度100km/h以上の運転を行おうというのだから、南海としては驚異だった。阪和は全通3年目の1933（昭和8）年12月20日改正からは、全区間をノンストップの45分で結ぶ超特急電車を下り11本・上り14本運転する。表定速度は81.6km/hに達し、この記録は以後25年間破られることがなかった。車両は転換クロスシートのモヨ100が中心に運用され、料金は不要だった。阪和ではこのほか起終点間を途中4駅停車の55分で結ぶ急行もほぼ1時間ヘッドで運転されるなど、新参入の電鉄の意気込みが充満したようなダイヤ設定だった。

ところで、現在の紀勢本線の西部区間を形成する紀勢西線は地形的な問題もあって鉄道建設が遅れ、和歌山（現・紀和）～箕島間が開業するのは1924（大正13）年2月のことで、阪和電鉄が東和歌山に乗り入れた1930年6月の時点でも終点は御坊だった。当時の紀勢西線はレッキとした国鉄路線でありながらローカル線そのものだったのである。だが、この路線も紀伊半島南部への建設が急ピッチで進み、1932（昭和7）年11月には紀伊田辺、そして1933（昭和8）年12月20日には白浜口（現・白浜）を経て紀伊富田までの開業を迎える。そうなると国鉄・私鉄の違いはあっても大阪市内から白浜への温泉観光列車の設定が要望されるのは当然のなりゆきで、紀伊富田開業を目前に控えた1933年11月4日から阪和天王寺～紀伊田辺間に週末運転の快速「黒潮号」が設定される。

だが、静岡で機関車への給水と乗務員交代が実施されるため、東京～大阪間所要は8時間28分となる。だが、臨時「燕」の運転後に静岡停車でも8時間20分運転が可能なことがわかったため、「燕」も1932（昭和7）年3月15日からは静岡に停車し、給水車の連結をとりやめる。

なお、C51＋給水車といった特徴ある運転が見られるのは名古屋以東だけで、名古屋～神戸間はC53の牽引であるため、京阪神三都駅での「燕」の列車スタイルは、他の優等列車に比べさほど目立つものではなかった。戦前の「特急」は庶民階層にはまったく縁のない存在だが、編成図（図－6）をご覧いただければおわかりのように、2等車は転換クロスシート、3等車は座り心地がお世辞にもよいとはいえないスハ32系で、しかも当初は背摺りが傾斜つきとはいえベニヤ張りだった。私鉄王国と呼ばれ、2等車並の居住性をもつ京阪や阪急の電車に乗り慣れている関西人にとって、“超特急”の3等席に座る“選ばれた乗客”はどのように映っただろうか。

ところで、「燕」はどうしても破天荒なスピード運転が話題となるが、客車が開設されたばかりの明石操車場の所属であったことや、神戸～名古屋間は明石機関区のC53が牽引していたこと、さらに洋食堂車の営業は山陽鉄道時代から実績があり神戸駅構内にもレストランを構える「みかど」が担当していたことで、“「燕」は神戸の列車”といわんばかり。当時神戸付近に在住していた鉄道ファンはこのことを誇りにしていたという。

鶴見付近を一路神戸目指して疾走する特急「燕」。給水車はすでに外されている。
所蔵：長船友則

図－7　1934（昭9）年12月1日の編成
東京～下関間特急1・2列車「富士」

←下関行　←東京行

①	②	③	④	⑤	⑥	⑦	⑧	⑨
荷物	3等寝台	※3等	※3等	洋食堂	2等	2等寝台	1等寝台	1等・展望
カニ39500（カニ37）	スハネ30100（スハネ31）	スハ33900（スハ33）	スハ33900（スハ33）	スシ37740（スシ37）	スロ30750（スロ34）	マロネ37350（マロネ37）	マイネ37130（マイネ38）	マイテ37010（マイテ39）

※③④号車は1935年4月以降スハ33000（スハ33）に変更

東京～下関間特急3・4列車「櫻」

←下関行　←東京行

①	②	③	④	⑤	⑥	⑦	⑧	⑨	⑩
荷物	2等寝台	2等	和食堂	3等	3等	3等	3等	3等	3等寝台
スニ36650（スニ30）	マロネ37350（マロネ37）	スロフ31050（オロフ32）	スシ37800（スシ37）	スハ33900（スハ33）	スハ33900（スハ33）	スハ33900（スハ33）	スハ33900（スハ33）	スハフ35250	スハネ30100（スハネ31）

東京～神戸間特急11・12列車「燕」

←神戸行　←東京行

①	②	③	④	⑤	⑥	⑦	⑧	⑨	⑩
3等・荷物	3等	3等	3等	3等	3等	洋食堂	2等	2等	1等・展望
スハニ35650（スハニ31）	スハ32800（スハ32）	スハ32800（スハ32）	スハ32800（スハ32）	スハ32800（スハ32）	スハ32800（スハ32）	スシ37800（スシ37）	スロ30850（オロ35）	スロ30850（オロ35）	マイテ37020（スイテ48）

形式欄下のカッコ内は1941年11月につけられた新形式を示す

国鉄での列車愛称は特急だけという“不文律”があった当時、料金不要列車での列車名採用は異例だが、前宣伝をあおったあたりは商魂逞しい関西私鉄ならではといえた。

紀勢西線が未電化のため、「黒潮号」は客車での運転となるが、阪和線内では高速運転を実施するため、2両の電車が3両の国鉄客車を牽引する方式が採られる。運転開始後の12月20日には予定どおり白浜口まで延長され、さらに1934(昭和9)年11月17日からは南海鉄道難波からの客車も併結される。こちらも南海線内は301系(後の2001系)2両で国鉄客車3両を牽引するスタイルで、和歌山市で8620にリレー。東和歌山では阪和天王寺からの客車が併結された。当時の時刻は天王寺発14:30・難波発14:10→東和歌山発15:20→白浜口着17:29、白浜口発15:45→東和歌山着17:57→天王寺着18:45・難波着19:05で、白浜口行は土曜日、白浜口発は日曜日の運転だった。「黒潮号」が運転される土曜日午後の阪和天王寺駅は温泉に行く旅客で華やいだ雰囲気だったと思われるが、そのような「黒潮号」も日華事変勃発により、1937(昭和12)年12月15日に運転が廃止されてしまう。日中戦争の影響で準戦時体制下に入ったといっても、国民の生活には影響が及んでいない時期だが、「贅沢は敵」とばかり危機感を抱かせるための列車廃止といえた。

●特急「燕」、大阪〜東京間8時間運転なる

1934(昭和9)年12月1日には、昭和戦前としては最大規模の全国ダイヤ改正が実施される。国鉄が懸案にしていた丹那トンネルを含む国府津〜沼津間や、山口県下の麻里布(現・岩国)〜櫛ケ浜間を欽明路トンネルで短絡する新線が開通し、それぞれ東海道本線と山陽本線へ編入されたことを受けての改正である。この改正で優等列車は東海道本線では全列車、山陽本線では急行の一部を除き新線経由とされたため、大阪から東京まで約30分、下関まで約1時間のスピードアップが実現。特に特急「燕」の東京〜大阪間所要は8時間ジャストとなり、表定速度も70km/hに迫る。

東京〜下関間特急2往復は長年の伝統を破り、「富士」は3等(寝台・座席)車を連結して各等編成に、一方「櫻」には2等(寝台・座席)車が連結される。これは、従来の雁行運転を廃止し、「富士」は関釜航路と門司(現・門司港)〜長崎間急行に接続、「櫻」は門司〜鹿児島間急行に連絡する列車としたため、それぞれの利用層を考慮すれば列車等級の変更は致しかたなかったのである。これにより、両特急は約1時間30分の間隔で走ることになり、2・3等車は双方で利用できるので、実質的には1往復増に匹敵する効果があった。

ところで、1933(昭和8)年2月に京都〜幡生間の全通を果たし、全長700kmに及ぶ長大路線が完成した山陰本線だが、この改正で優等列車の山陰方面行として大阪〜大社間での急行新設の気運が高まる。しかし、水害の影響で豊岡〜出雲今市間での定時運転ができないため、運転開始は1935(昭和10)年3月15日に延期される。ようやく登場した山陰初の急行は401・402列車となり、大阪発7:57→大社着16:20、大社発14:00→大阪着22:20の時刻で運転される。大阪からは順路ともいえる福知山線経由で山陰本線に入り、配置表を見る限りではC51かC54が牽引した。編成は、2等食堂合造車マロシ37900(後・マロシ37)が連結されている以外に資料はないが、当時の状況から8両前後と思われる。しかし、東海道区間の大阪〜神崎間を除けば400km以上が単線また単線の線路にもかかわらず、表定速度が50.1km/hに達したのは、評価できる数字だった。

図−8 1937(昭12)年7月1日 東京〜神戸間特急1031・1032列車「鷗」の編成

←神戸行 ←東京行

①	②	③	④	⑤	⑥	⑦	⑧	⑨	⑩
3等・荷物	3等	3等	3等	3等	3等	洋食堂	2等	2等	※1等寝台・2等
スハニ35700 (スハニ31)	スハ32800 (スハ32)	スハ32800 (スハ32)	スハ32800 (スハ32)	スハ32800 (スハ32)	スハ32800 (スハ32)	スシ37800 (スシ37)	スロ30850 (オロ35)	スロ30850 (オロ35)	マイネロ37260 (マイネロフ37)

※⑩号車は1940年4月からスイテ37050(スイテ37)

形式欄下のカッコ内は1941年11月につけられた新形式を示す

時代を駆けた名列車－7

東京～大阪間急行 17・18列車

夜行急行17・18列車に使われた1等寝台車マイネフ37230。
1955年1月6日　宮原　写真：佐竹保雄

昭和戦前期まで、東京～大阪／神戸相互間を起終点とする急行列車は、表－3～7の時刻表をご覧いただいてもおわかりのように夜行列車が主体である。これは当時のスピードから、同区間では急行だと日着が厳しいが、夜行となれば起終点とも無理のない時刻に列車を設定できるのが理由で、戦後も新幹線開業までは多数の列車が運転されていた。

1934（昭和9）年10月当時の『時間表』を読むと、そうした夜行急行の中でひときわ輝いていたのが、1・2等車だけで組成される東京～神戸間17・18列車である。そのルーツを紐解けば、鉄道国有化直前の有料急行設定時まで遡るが、1934年10月改正では特急「富士」とて各等編成化されていたので、列車の等級を表す1.2の記号がより重く感じられた。17・18列車は11両編成で、1等寝台車が3両、2等寝台車が5両、残る3両は2等座席車と洋食堂車、それに荷物車といわれる。2等車は自由席なので、後世に登場していても“寝台列車”の仲間入りはできなかったが、列車としての質はわが国の夜行列車の中でもダントツであるのは、鉄道史をかじった者なら誰もが認めるころである。

さて、この列車は政府高官や政党の大物が利用する機会が多いことで“名士列車”の異名をもっていたが、出張には旅費として2等乗車券が支給される大企業管理職クラスのサラリーマンもこぞって17・18列車の2等寝台券を手配したと聞く。東京～神戸間では類似時間帯に2等寝台車3両を連結する2・3等編成の19・20列車も設定されているが、彼らがあくまでも17・18列車にこだわったのは、終点での時刻が最適なこともあるが、やはりプライドだろう。

こうして多くのエリートの夢と自負心を運んだ17・18列車だが、戦争の激化で1943（昭和18）年2月改正で姿を消す。今彼らは天上から「ななつ星in九州」や「TRAIN SUITE四季島」などのクルーズトレインをどのように眺めているだろうか。

日本海縦貫線では、急行501・502列車が初めて北陸本線内昼行とされ、時刻は大阪発10:00→京都発10:45→富山発17:25→青森着 7:25、青森発22:25→富山発12:22→京都着18:47→大阪着19:30になる。起終点間の到達時分は上下とも21時間台で、速いほうの上りの表定速度が50.1km/hというのは山陰急行と一致するが、これは国鉄技術陣が両列車のスピードを50km/h台に乗せようとする思い入れと受け取れよう。牽引機であるC51やD50の性能もあるが、当時の日本海縦貫線は急勾配や地滑りの難所を多数抱えていたので、これは能力を超えるかと思える数字で、急行の所要として更新されるまでには20年以上の年月を要した。

北陸本線や山陰本線に対し、何かと運に恵まれないのが関西本線である。国有化後は伊勢神宮への幹線として脚光を浴びるものの、1930（昭和5）年には大阪や桑名から私鉄電車が山田まで進出したため、スピードで太刀打ちできず、旅客数が激減する。それでも柘植～亀山間は草津線を介して京都から山田へ行く最短ルートであることには変わりがなく、1930年10月1日改正では姫路～鳥羽間を約5時間で結ぶ快速列車が設定される。大阪は無理としても神戸や京都から神宮への参詣客を取り込む作戦だった。この姫路～鳥羽間快速は好評で、1931年10月からは和食堂車が連結されるほか、1934年12月改正では2往復に増発される。

また、1935（昭和10）年11月1日改正では、神宮参詣列車とは別に、湊町～名古屋間に快速2往復が新設され、同区間を東海道急行の大阪～名古屋間よりも速い3時間08～10分の高速で結ぶ。東海道本線のダイヤが筒いっぱいという事情もあるが、並走私鉄の参宮急行電鉄（現・近鉄）などが合同で電車による名阪間運転を企画しており、先手を打つ狙いもあったようだ。

●特急「鷗」は戦前における国鉄黄金時代の象徴

日本は第1次世界大戦後、長期にわたって経済活動が低迷したが、1931（昭和6）年9月の満洲事変勃発により、中国大陸に進出することで不況から脱出する。景気が回復したことで、国鉄の長距離列車の利用客が増加するとともに、都市部では人々の生活水準が向上し、レジャーも大衆化する。前述の快速「黒潮号」もそうした背景が後押しして誕生したような列車だった。

国鉄では1934（昭和9）年12月に全国ダイヤ改正が実施されたが、特に東海道・山陽本線では相変わらず優等列車の利用率が高いため、1937（昭和12）年7月1日に再び改正が行われる。この改正では東京～神戸間特急1033・1034列車「鷗」と東京～大阪間夜行急行1033・1034列車が新設されるほか、東京～神戸間急行19・14列車が下関まで延長される。特急「鷗」と新設急行の列車番号が本来なら不定期列車用の1000番台をつけている理由は、1937年7月改正が挿入式であり、他の列車の番号を動かしたくなかったからだ。列車名がつく特急はともかく、列車名のない急行の寝台券を購入する場合は、窓口で希望する列車番号を申し出るのが一般的なので、常連の間では列車番号が列車名の役割を果たしていたのである。東海道・山陽本線優等列車の列車番号は東京～下関間が1～10、東京～神戸間が11～20なので、増発列車は1000番台に回るしかなかった。

また、特急「鷗」は表ー7（46ページ）の時刻表に示すように、下りの東京発が13:00、上り大阪発が9:00なので、「燕」とはまったく逆を行くダイヤである。しかも東京～大阪間の途中停車は5駅と同じだが、到達時分はなぜか「燕」より遅い8時間20分だった。このため「鷗」は鉄道ファンの間からは“日陰者特急”と揶揄されるが、なぜこのようなダイヤが採用されたかについては、どの鉄道書でも理由が記載されていない。今となっては解明のしようもなく、まさしく「時刻表の謎」である。「鷗」登場から1週間後の7月7日に盧溝橋事件が勃発。以後日本は戦争の道を歩むので、この1937年7月1日改正時点が昭和戦前における鉄道黄金時代のピークとなってしまった。

6 太平洋戦争激化により優等列車大量削減

●大陸往来で京阪神を発着する優等列車は最大に

盧溝橋事件の勃発により、中国駐屯の日本軍は華北全域に戦火を広げ、宣戦布告のないまま日中戦争が開戦する。中国での占領拡大により大陸への往来客が増加したため、その“通路となる”東海道・山陽本線では、1939（昭和14）年11月15日と1940（昭和15）年10月10日の2度にわたるダイヤ改正が実施され、列車番号1000番台の急行列車が大増発される。1940年10月の時刻表は表ー7のとおりで、大阪～下関間の2往復や東京～大阪間昼行の1021・1022列車は従来なかったタイプの優等列車だった。1941（昭和16）年2月15日には東京～下関間に急行1往復が増発されたため、京阪神を通過する東海道・山陽本線の優等列車本数は、定期だけで18往復となり、平時ではないものの、昭和戦前でのピークを迎える。

日本海縦貫急行が一枚看板で活躍していた大阪～北陸間も、1939年11月改正で上野～金沢間（信越本線経由）急行601・602列車が大阪まで延長されたため、大阪～直江津間では昼行急行2往復体制となる。時刻は大阪発14:00→京都発14:41→金沢発20:09→上野着 7:36、上野発21:00→金沢発 8:10→京都着13:09→大阪着13:50だった。金沢以遠が夜行運転であるため2・3等寝台車が連結されるが、昼行区間が長いにもかかわらず食堂車の連結は省略された。アプト区間のある信越本線で定数が抑えられるのが理由だった。

この間、ヨーロッパではドイツがイタリアとともにイギリス・フランスに宣戦し、第2次世界大戦に突入したことで、独伊両国と枢軸関係を結んでいた日本は、対中国問題も絡んで、米英両国との関係が急速に悪化する事態となる。国内では国家総動員法、陸上交通事業調整法、米の配給制などが公布され、日を追って戦時体制が強化されるが、軍需産業で経済は活況を呈し、列車は大陸への旅客のほか、国内主要都市間のビジネス客、工場への通勤客が増加し、賑わっていた。

しかし、日中戦争開戦直後の1937(昭和12)年12月に、前述の温泉観光列車「黒潮号」廃止のほか、一方向き座席で人気があった特急「櫻」用3等車が傷病兵輸送車に改造されるなど、戦争の影響は徐々に鉄道にも押し寄せていた。1938(昭和13)年5月に「富士」のシャワーバスの使用が廃止されるほか、11月1日からは京都〜明石間普通電車から2等車が姿を消す。超特権階級しか利用できない前者はともかく、後者は多数利用する軍需工場への通勤客の贅沢を戒めるのと、定員の少ない2等車を3等車に置き換えて輸送力増強を図るのが目的だった。しかし、クロハ59やクロハ69の2等室部分は、設備はそのままで3等代用とされたため、通勤客がその座席を狙って押し寄せる光景が見られた。

そうした中、1940年1月29日6時55分頃、キハ42000(後、改造等によりキハ07)3両からなる大阪発桜島行列車が西成線安治川口駅構内踏切で脱線した。最後尾の1両が転覆焼失し、死者181名、負傷者92名を出す戦前としては最大の鉄道事故となる。事故の原因は信号掛が列車の通過中に分岐器を動かすという常識では考えられないようなミスだが、引火しやすいガソリンを燃料としていたことや、沿線に軍需工場が多くラッシュ前の時刻であっても大勢の通勤客が乗車していたことも惨事を大きくした。この事故はガソリンや石炭など資源の節約による列車の遅延も遠因として挙げられる。西成線は輸送の円滑化のため、1941年5月に電化される。閑散線区用旅客車のイメージが強い気動車だが、都市周辺の小運転用としても重宝され、当時の京阪神三都駅では山陰本線園部までの区間列車として、京都駅にも乗り入れていた。

西成線事故直後の1940年2月、陸運統制令が公布・施行され、これを受け入れるように阪和電気鉄道は南海鉄道に吸収合併され、南海山手線となる。合併後しばらくは従前のダイヤのまま運転されたが、1941年12月1日には自慢の超特急が廃止され、速達列車は急行に統合されるとともに、到達時分は63分にダウンする。車両酷使もあるが、電力が軍需工場に優先供給されたためで、致しかたなかった。京都〜神戸間電車では急行と2等車は存続したが、水力発電所からの供給量が減らされる冬場は3両または2両での節電運転を余儀なくされた。

1941年7月16日に、夜行列車利用客から人気があった3等寝台車の連結が廃止される。座席車に改造して定員増を図るのが目的だが、こうした合理化や効率化がなされる際にいつも犠牲になるのが3等客だった。実際には国鉄利用客の大半は3等客であり、収入は彼らによって支えられていたのである。

●関門トンネル開通で九州への直通列車運転開始

日中戦争は長期化の様相を呈し、日本軍がその局面打開策として東南アジアに進出したことや、1940(昭和15)年9月に日独伊三国軍事同盟に調印したことで、大戦への参加は避けられない状況となる。そして1941(昭和16)年12月8日、日本海軍はハワイ・オアフ島真珠湾を急襲し、ここに太平洋戦争が開戦する。日本軍は緒戦こそ東南アジアを占領するなどめざましい戦果を挙げたが、1942(昭和17)年半ばになると、戦局は転換期を迎え、以後は劣勢の一途をたどる。

そうした中、1942年6月11日に関門海底トンネルが開通。時が時だけに九州炭を本州の工業地帯にいち早く運べるとあって期待された。そのため、試験運転が終了した7月1日から貨物営業が開始され、旅客営業は11月15日改正からとなる。本州〜九州間が陸続きになったことで、東京や関西から九州直通列車の運転が可能となるが、戦略物資を中心とする貨物輸送に力点が置かれたダイヤのため、優等列車のうち九州に乗り入れるのは、従前の東京〜下関間列車8往復のうち5往復だけだった。注目の特急「富士」はそのまま長崎へ直通し、上海連絡の使命を果たすが、「櫻」は鹿児島まで延長されるものの、急行7・8列車に格下げされた。この改正での関西〜下関・九州間優等列車の時刻表は表ー8（48ページ）のとおりである。大阪からの九州直通列車は、普通を含め長崎・出水・八代・久留米・都城・鹿児島・佐世保の各駅を行先とする列車が『時刻表』に掲載されている。当時の長距離普通列車が急行に劣らぬ役割を担っていた事実から、関西と九州との結びつきの強さがうかがえるが、日豊本線行が普通1本だけで、急行の設定がないのは何とも気の毒だった。

この改正では列車番号の変更も実施され、東海道本線内完結列車は100番台、京都・大阪を含む山陽本線内完結列車は200番台に改められる。これにより、「燕」は101・102列車、「鷗」は103・104列車になる。東京〜大阪／神戸間急行もほぼ全列車が存続するが、夜行急行から食堂車の連結が外される。食事時間が短いことよりも、座席車改造の種車に活用するのが狙いだった。なお、特急の3等車は「富士」が後年の12系のようにシートピッチの広いオハ34だが、「櫻」「燕」「鷗」の3列車は1939年以後に製造された広窓のオハ35に置き換えられた。団塊の世代にとっては成人してからも全国各地の普通列車でお世話になった“ありきたりの車両”だが、当時としてはピカイチの存在だったのである。

関西地区の電車に目を移すと、この改正で京都〜神戸間急行電車の運転がとりやめられる。同時に急行にだけ残されていた半室2等車の連結も廃止され、52系も一般車同様の茶色一色となって保守に手間のかかるスカートが外される。そして、急行時代のように52系だけで編成を組むことなく、43系一般車や51系と混成で使用された。

●戦局の悪化で優等列車は削減に次ぐ削減

太平洋戦争の戦局は悪化の一途をたどる。そのため、1943（昭和18）年2月15日に実施されたダイヤ改正は「臨戦ダイヤ」と位置づけられ、貨物輸送と工場への通勤輸送を主体としたものになる。つまり貨物列車を増発するとともに、不急とみなされた優等列車の統廃合が実施される。廃止された列車には特急「鷗」のほか、急行では“名士列車”の流れを汲む東京〜神戸間113・114列車、大阪〜大社間401・402列車がある。このほか、特急「燕」が大阪打切りとなるほか、急行では東京〜鹿児島間7・8列車が東京〜熊本間になるなど、東海道・山陽本線列車の一部で区間短縮が実施される。このほか、京阪神関連では、大阪駅に姿を見せていた北陸本線経由上野行の601・602列車が

表ー7　昭和戦前期における東海道線・有料急行列車の時刻（3）

年月日	1940（昭15）年10月10日										
列車番号	2	1028	4	1032	10	1038	12	1022	1026	14	8
種別	特急	急行	特急	特急	急行	急行	特急	急行	急行	急行	急行
等級	各等	2・3等	2・3等	各等	2・3等	2・3等	各等	2・3等	2・3等	2・3等	各等
	富士		櫻	鷗			燕				
特殊設備車	123寝・洋食	2・3寝・和食	2・3寝・和食	洋食	2・3寝・和食	2・3寝・和食	洋食	和食	和食	2・3寝・和食	123寝・洋食
下関　発	20 30	21 20	22 00		22 50	23 10			8 25	8 45	9 25
広島　〃	0 02	1 16	1 35		2 57	3 08			12 06	12 30	13 20
岡山　〃	3 35	4 23	4 50		6 14	6 30			15 18	15 50	16 53
神戸　〃	6 09	7 10	7 19	8 23	8 50	9 33	12 20		17 50	18 20	19 19
大阪　〃	6 48	7 45	8 00	9 00	9 31	10 20	13 00	13 30	18 25	19 01	20 01
京都　〃	7 32		8 40	9 37	10 20	11 03	13 36	14 09		19 44	20 45
名古屋　〃	9 56		11 07	11 55	13 17	14 00	15 45	18 52		22 48	23 47
東京　着	15 25		16 40	17 20	19 45	20 30	21 00	22 55		6 55	7 30
記事	展望車連結			展望車連結			展望車連結				展望車連結
列車番号	13	15	5	1033	17	1023	19	7	1025	11	1035
種別	急行	急行	急行	急行	急行	急行	急行	急行	急行	特急	急行
等級	2・3等	2・3等	2・3等	2・3等	1・2等	2・3等	2・3等	各等	2・3等	各等	2・3等
										燕	
特殊設備車	2・3寝・和食	2・3寝・和食	2・3寝・和食	2・3寝・和食	1・2寝・洋食	2・3寝・和食	2・3寝・和食	123寝・洋食	和食	洋食	2・3寝・和食
東京　発	19 40	20 00	20 40	21 10	21 25	21 40	22 10	23 00		9 00	10 00
名古屋　〃	2 49	3 21	4 14	4 44	4 59	5 12	5 51	6 47		14 22	16 41
京都　着	5 53	6 26	7 07	7 49	0 03	8 17	8 57	9 47		16 25	19 38
大阪　〃	6 38	7 10	7 50	8 37	8 50	9 07	9 40	10 37	12 15	17 00	20 20
神戸　〃	7 21		8 37		9 37	10 00	10 24	11 19	12 51	17 37	21 07
岡山　発			11 01				12 48	13 50	15 15		23 31
広島　〃			14 06				15 55	17 16	18 11		2 35
下関　着			18 01				19 35	21 05	21 50		6 30
記事								展望車連結		展望車連結	

上野～金沢間運転に戻される。

戦争の影響が『時刻表』でも明るみに出たわけで、鉄道史に関する書物の中には、これ以後のダイヤ改正を「改悪」と位置づける記述も見られる。たしかに優等列車が大幅に削減されているのでその本数だけ見れば「改悪」だが、戦争真っ只中で貨物輸送を優先しなければならない状況下では、優等列車を廃止してそのスジを貨物に充てることは致しかたなかった。それ故、ダイヤ変更時の「改悪」という言葉は、その時代の世相や交通事情も考慮し、あくまでも平時に対してという条件下で使用すべきであると思う。

1943年2月ダイヤ改正前後から、京阪神地区では激増する軍需工場への要員輸送のため、2ドアの43系は無残にも3または4ドア化されたほか、3ドア・セミクロスシートの51系もクロスシート部分はロングシートに改装される。国鉄の2等並みの車内設備を自慢に都市間をわがもの顔に走っていた私鉄電車も同じだった。

同年7月1日には急行料金の改訂が実施され、特急「富士」「燕」と、旧「櫻」の流れを汲む東京～熊本間急行7·8列車に第1種急行料金、その他の列車には第2種急行料金が適用される。同時に距離による地帯区分が廃止されるが、これは料金一本化により短距離客の利用を抑制するのが狙いだった。

1943年10月1日、先の2月15日改正をさらに深化させた「決戦ダイヤ」が実施される。この改正では、列車密集区間で旅客列車と貨物列車を並行ダイヤとし、酷使気味で車両に傷みがみえる優等列車の運転負担軽減のため列車全体がスピードダウンされ、第1種急行の「燕」と旧「櫻」が廃止されたほか、東京～九州間ではスジを白紙に戻して列車体系が再編される。これにより、東海道·山陽本線急行の東京～下関·九州間は、博多止めとなった第1種急行「富士」を含む7往復に、東京～大阪間は4往復に整理され、東海道本線では伝統でさえあった神戸を始終着駅とする優等列車が消滅する。なお、本書のテーマからは外れるが、東京～九州間急行のうち長崎発着の5·6列車は、京阪神三都駅を省電との連絡がない深夜·早朝に通過するダイヤとなる。こうした例は過去になかったが、東京と軍都·広島との往来客を優先するための設定だった。

北陸本線関係では、大阪～青森間急行501·502列車が廃止されるものの、上野～金沢間急行601·602列車が再び大阪延長となり、昼行急行1往復が確保される。

京阪神三都駅に発着する東海道·山陽線列車の牽引機は、1941（昭和16）年後半期からはC53に替わってC59が進出し、1943年2月改正以後は「富士」や「燕」を含む優等列車の大半を受けもつが、鉄道写真の撮影などは許される時世ではなかったので、昭和戦前におけるC59の走行写真にお目にかかれず残念である。

●大阪・神戸両市は焦土と化し、そして終戦へ

1944（昭和19）年になると戦局はますます悪化し、国民はいよいよ本土決戦の覚悟を強いられる情勢となる。こうした中で実施された1944年4月1日改正では、第1種急行のうち最後まで残っていた「富士」が姿を消し、同時に1等車、寝台車、食堂車といった特殊設備をもつ優等車両の連結も廃止される。急行も大幅に削減され、東京から西へは大阪行と下関行が各2本、それに門司行と鹿児島行が1本ずつとなる。連結車両も2等車と3等車だけなので、見た目には普通列車と変わらなかった。北陸方面行の急行も廃止されたため、こ

1940（昭15）年10月10日					
16	1034	1024	18	20	6
急行	急行	急行	急行	急行	急行
2·3等	2·3等	2·3等	1·2等	2·3等	2·3等
2·3寝·和食	2·3寝·和食	2·3寝·和食	1·2寝·洋食	2·3寝·和食	2寝·和食
					12 50
					16 30
					19 57
19 48			20 58	21 40	22 20
20 31	21 01	21 30	21 40	22 30	23 00
21 14	21 44	22 15	22 25	23 21	23 50
0 24	0 51	1 25	1 40	2 35	2 57
8 00	8 15	8 30	8 45	9 30	10 07
9	1031	1027	3	1021	1
急行	特急	急行	特急	急行	特急
2·3等	各等	2·3等	2·3等	2·3等	各等
	鷗		櫻		富士
2·3寝·和食	洋食	2·3寝·和食	2·3寝·和食	和食	123寝·洋食
10 30	13 00		13 30	13 35	15 00
17 06	18 34		19 05	19 44	20 32
19 56	20 42		21 19	22 11	22 45
20 47	21 20	21 35	22 00	22 50	23 29
21 28	21 56	22 09	22 40		0 08
23 53		0 46	1 15		2 33
3 00		3 48	4 21		5 45
7 42		7 42	8 00		9 25
	展望車連結				展望車連結

の6往復が京阪神三都駅に発着する優等列車である。しかも、片道100kmを超える乗車券は警察署などが発行する旅行証明書を呈示しなければ購入できないので、気軽な小旅行などはご法度同然だった。改正直後の5月1日、南海鉄道山手線が戦争遂行上必要な路線として買収され、国鉄阪和線になる。

1944年7月から9月にかけては、アメリカ軍の本土襲撃に備え、大都市や工業地帯を抱える都市から学童を全国各地に集団疎開させるための輸送が実施される。関西では大阪・尼崎・神戸の3市から約12万3000人が普通列車に3人掛けで乗り込み、各地に旅立った記録が残されている。国鉄のダイヤ改正はその後も1944年11月1日と1945(昭和20)年1月25日に実施される。東海道・山陽本線では急行の本数こそ、1945年1月改正で1往復が削減されただけにとどまるが、職員の出征等による人員不足と車両や線路を含む施設の衰えにより、スピードダウンは免れなかった。

アメリカ軍の日本本土への空襲は1944年11月から本格化し、特に国鉄は軍事施設や港湾施設とともに攻撃の目標とされる。関西地区で鉄道被害を伴う空爆は1945年2月4日の山陽本線兵庫駅付近から、敗戦前日の城東線と片町線まで計17日に及ぶ。その間、工業地帯を走る東海道・山陽本線吹田～明石間、城東線、西成線、大阪臨港線、兵庫臨港線、和田岬線が線路焼失や線路破壊などの被害を受けたほか、大阪・神戸両市の市街地中心部は大部分が焦土と化す。主要駅では湊町の駅舎が全焼。大阪、天王寺、神戸の3駅も構内の一部が焼失するが、駅舎だけは大きな被害を免れ幸いだった。

こうした状況下では鉄道も正常な運行はできず、1945年3月20日には急行は東京～下関間1・2列車を除き全廃される。そして迎えた8月15日、日本の無条件降伏で盧溝橋事件以来8年に及ぶ戦争は終結する。敗戦当日の関西地方は、損傷を受けていない路線では列車がダイヤどおりに運転され、それは復興に向けてのエネルギーといえた。

表－8　関門トンネル開通による関西～下関・九州間時刻表

年月日	1942(昭17)年11月15日									
列車番号	204	2	8	16	6	202	10	4	14	12
種別	急行	特急	急行	急行	急行	急行	急行	急行	急行	急行
等級	2・3等	各等 富士	2・3等	2・3等	2・3等	2・3等	2・3等	各等	2・3等	2・3等
特殊設備車	2寝・和食	1・2寝・洋食	2寝・和食	2寝・和食	2寝・和食	和食	2寝・和食	1・2寝・洋食	2寝・和食	2寝・和食
鹿児島発			12 55					22 30		
長崎 〃		15 40	‖					‖		
博多 〃		19 06	20 07		21 27			7 25		
門司 〃		20 45	21 42		22 58			9 00		13 00
下関 〃	20 35	21 05	22 00	22 55	23 15	8 20	8 40	9 20	11 10	13 17
広島 〃	0 15	0 35	1 35	2 55	3 05	12 00	12 30	12 55	15 00	17 02
岡山 〃	3 25	3 41	4 45	6 18	6 30	15 18	15 50	16 55	18 35	20 04
神戸 〃	5 55	6 03	7 14	8 56	9 35	17 46	18 21	19 20	21 15	22 21
大阪 〃	6 34	6 50	7 53	9 40	10 20	18 21	19 00	20 00	22 00	23 00
京都 〃		7 31	8 38	10 23	11 06		19 42	20 46	22 43	23 51
名古屋 〃		9 56	11 10	13 17	14 00		22 46	23 47	2 02	2 57
東京 着		15 25	17 06	19 45	20 30		6 51	7 36	9 21	10 09
記事		展望車連結								

列車番号	9	11	13	3	15	5	203	7	205	1
種別	急行	急行	急行	急行	急行	急行	急行	急行	急行	特急
等級	2・3等	2・3等	2・3等	各等	2・3等	2・3等	2・3等	2・3等	2・3等	各等 富士
特殊設備車	2寝・和食	2寝・和食	2寝・和食	1・2寝・洋食	2寝・和食	2寝・和食	2寝・和食	2寝・和食	2寝・和食	1・2寝・洋食
東京 発	20 25	20 40	22 10	23 00	10 00	10 30		13 05		15 00
名古屋 〃	3 31	4 14	5 51	6 47	16 31	17 00		19 00		20 34
京都 着	6 35	7 07	8 57	9 42	19 37	19 58		21 20		22 48
大阪 〃	7 22	7 52	9 42	10 34	20 21	20 44	21 35	22 01	22 15	23 30
神戸 〃	8 04	8 34	10 24	11 15	21 06	21 24	22 09	22 40	22 48	0 09
岡山 発	10 35	10 55	12 50	13 50	23 35	23 55	0 47	1 15	1 25	2 30
広島 〃	13 32	13 55	16 00	17 25	2 38	3 00	4 00	4 15	4 40	5 30
下関 着	17 10	17 30	19 45	21 00	6 05	6 45	7 36	8 05	8 40	9 10
門司 〃		17 49		21 23		7 04		8 24		9 29
博多 〃				23 03		8 36		10 02		11 09
長崎 〃				‖				‖		14 30
鹿児島〃				7 00				17 10		
記事										展望車連結

関西～下関・九州相互間を始終着とする定期列車のみ掲載

2章
蒸気機関車牽引列車の舞台だった戦後復興の時代
(1945～1956)

C 62 牽引の下り特急「つばめ」 1955 年 3 月 19 日　大阪　写真：篠原 丞

1 急行列車の復活と準急の新設

●敗戦直後の鉄道事情

太平洋戦争は1945（昭和20）年8月15日に終結する。昭和天皇の玉音放送で国民は茫然とし、国内は総混乱に陥るが、その反面「やっとこれで空襲を気にせず、落ち着いて過ごせる」と安堵した声も聞かれたという。

国鉄としては、空襲や酷使で車両や線路を含む施設も荒廃しているので、何日間か列車を運休にして補修整備に充てたいところだが、そうした甘えは許されないほど厳しい現実が待ち構えていた。通勤・通学など通常の輸送はもちろんのこと、敗戦に伴い国内にいる日本の兵士は復員帰郷させる必要があったし、これは各地の農村部に疎開している学童も同様だった。さらに国外で敗戦を迎えた軍人、兵士、一般人を帰国させるほか、逆に戦時中に日本内地へ強制連行されていた中国や朝鮮の人々を帰還させなければならなかった。こうした百万単位にのぼる復員・引揚輸送を担当できる交通機関は国鉄をおいてほかになく、それも国内相互間は日本を占領統治する連合軍が到着する8月下旬までに完了させるという厳しい命題だった。そうした膨大な臨時輸送を限られた本数の列車で遂行するため、運輸省では敗戦当日に復興運輸本部が設置される。鉄道、特に国鉄は、敗戦に落ち込む暇さえ与えられなかったのである。

敗戦と同時に特に都市部の人々は、“買出し”のために鉄道を利用する。米の配給制度は1939（昭和14）年から実施されていたが、戦局が悪化した1943年頃からは食糧危機が国民を襲い、人々はひもじい思いをしていた。もちろん、その頃から買出しに行く人はいたが、米麦の“ヤミ買い”は法律で禁じられていたし、「戦勝までは何が何でもとにかく我慢」ということで、大多数の国民は耐えていたのである。しかし、現実に敗戦を知った国民は、国鉄の列車や私鉄電車に乗って農村部へ買出しに出かける。実際には“犯罪行為”だが、そうでもしなければ飢え死にを待つほかなかったのである。

復員輸送。客車に乗りきれない復員兵がＥＦ53のデッキにまで乗り込んだ。1946年6月　所蔵：ＪＴＢ

また、関西では大阪、天王寺、三ノ宮といった主要駅周辺の焼け跡にヤミ市が建つ。どこでどのようなルートで仕入れたのかわからないが、食料など日常必要品は何でも売っている代わりに値段は不当に高かった。だが、都市部の人々にとっては、こうした設備を利用しなければ命をつなぐことができなかった。

ヤミ市に人々が群がる阪神間の主要駅を、買出しに出かける人々で超満員に膨れ上がった傷んだ列車が発車していく。これが敗戦直後から1948年頃までの鉄道の姿だった。

●連合軍専用列車の運転と混雑する日本人向け列車

敗戦の混乱の中、アメリカ軍は1945（昭和20）年8月28日に厚木飛行場に上陸。9月2日には降伏文書の調印式が行われ、ここに連合軍による間接統治での日本占領が開始される。国鉄は連合軍総司令部（GHQ）、民間運輸局（CTS）の管理下に置かれる。つまり車両の新製や配置、ダイヤの設定などはすべてCTSのチェックが入ったわけである。

また、連合軍は関係者の国内視察や、各地に配置された基地間の移動や物資の輸送のために1,000両に近い車両を専用車両として要求する。国鉄では1944（昭和19）年4月改正で連結を解いていた1等展望車、1・2等寝台車、食堂車は、戦争が長引くことを想定し3等座席車への格下げ改造種車として保管していたが、そうした優等車両はもちろんのこと、2·3等座席車でも状態のよいものは「接収」という形で連合軍の手に渡ってしまった。連合軍は要人の特別列車用に、接収した車両を使い勝手のいい仕様に整備·改造を要求する。そうした工事は国鉄工場で行われるが、職員は命令された通りに作業を遂行するしかなかった。こうして出来上がった専用車両は白帯車と呼ばれ、日本人にとっては近づけない存在だった。連合軍専用車の中には電車も存在し、定期列車(電車)に連結された。関西では1945年9月29日以後、阪和線と東海道·山陽本線、それに城東線で運転されたが、日本人用車両のドアや窓は板張りでも、専用車はガラスが入り車内も綺麗に整備されていた。日本人用が殺人的な混雑であっても専用車はガラ空きのこともあり、対照的だった。

さて、敗戦前後の優等列車は東京～下関間1·2列車の1往復きりだったが、戦争終結とともにそれまでの貨主客従の輸送状況は一変したため、1945年11月20日に戦後初のダイヤ改正が実施され、東海道·山陽本線では東京～博多／門司間並びに東京～大阪間に各2往復の急行が設定される。大阪からは東京まで11時間、門司まで13時間以上かかったが、国鉄を“窓口”として日本に復興への兆しが見えてきたのは事実だった。

だが、そうした明るい話題もすぐに吹っ飛んでしまう。鉄道創業期から鉄道は石炭を動力源とする蒸気機関車により牽引されてきたが、その石炭事情が悪化したため、12月15日からは全国で旅客列車だけでも約50%が運休を余儀なくされてしまった。当時の炭田は埋蔵量には十分な余裕があるので“悪化”といった言葉はありえないはずだが、中国や朝鮮からの坑夫が本国へ帰還するなど離職者が多く、人手不足による生産減が国鉄を直撃したのである。このため以後約1年半の間、国鉄は石炭事情に振り回される格好で、輸送事情も敗戦直前の状況を下回った。それでも通勤·通学列車は優先的に運転されたが、ただでさえ少ない列車に買出し客が押し寄せるため、どの列車も混雑し、機関車の正面はもちろん、客車の屋根部分に乗る旅客の姿も珍しくなかった。客車も座席車が不足するので、荷物車だけでなく貨車まで動員された。大阪～姫路間では日によってはオール無蓋貨車からなる通勤列車が運転されたという。雨の日などはどうしたのだろうか。

しかし、こうした状況にもかかわらず、東京と九州／北海道を結ぶ連合軍一般将校の国内旅行並びに荷物輸送用の定期列車3往復が、1946(昭和21)年1月から4月にかけて運転を開始する。そのうち東京～九州間の2往復は東京～大阪間が夜行になる1005·1006列車「Allied Limited」と、昼行になる1001·1002列車「Dixie Limited」で、1930年代前半の特急「富士」を思わせるような1·2等寝台車＋2等座席車＋食堂車＋荷物車の編成で運転された。厳しい石炭事情もお構いなしに運転には上質の石炭が使用された。もっとも、いつもそうだが、品不足といわれている時世でも“あるところにはある”のだ。

これら連合国軍の専用列車は京阪神三都駅に停車したところで、日本人には縁のない存在だが、戦後の鉄道史を語るうえでは避けて通ることができない列車であるのと、後年には本稿で扱う列車

連合軍専用の白帯車。他の車両に比べ整備がゆきとどいている。1946年6月　西明石　所蔵：JTB

富士山を背景に走る連合軍専用客車「Allied Limited」。1947年10月　所蔵：JTB

ともかかわることになる。

●準急の新設と急行の復活

1946(昭和21)年11月10日には、石炭事情が悪化している中においてもダイヤ改正が実施され、東海道・山陽本線では急行5往復が設定される。うち2往復は『時刻表』上での列車で実際には運休だったが、事情が好転すればすぐにでも運転を開始するといった国鉄の意気込みを感じさせた。この改正ではこれとは別に、優等(有料)列車の種別として準急が加わる。戦前にも準急の名がつく列車は運転されていたが、料金は不要なので実際には快速列車の一員だった。しかし、国鉄では増収政策もあり、線路や施設の復旧整備が遅れている地方幹線では、戦前に急行として運転していた列車を料金の安い準急として復活させるほか、中距離の都市間快速の一部も準急に格上げする。京阪神三都駅に準急は姿を見せなかったが、優等列車が3種別制となり、設定のハードルが低くなったことで、暫くして準急が関西の国鉄線上を駆け巡る時代が訪れる。

1946年の冬になると、石炭不足は極限にまで悪化したため、1947(昭和22)年1月4日からは旅客列車1日あたりの運転距離を15万kmとし、さしあたって急行・準急を全廃するとともに、2等車の連結も取りやめられる。交通事情はこうした非常事態に突入しても連合国軍の専用列車は運転され、駅に停車中の食堂車からはおいしそうなにおいが漏れていたという。

国鉄にとって、敗戦前後の日でさえ守り続けてきた急行の運転が途切れるという最悪の期間も、1947(昭和22)年春の雪解けシーズン到来とともに石炭事情が好転に向かい、4月24日からは急行と2等車が復活。6月29日から京阪神では、東海道・山陽本線以外の優等列車として大阪～大社間に409・410列車が準急で、7月5日からは日本海縦貫線の大阪～青森間409・410列車が北陸本線内昼行の急行で復活運転を開始する。

1948(昭和23)年4月20日には、関西・紀勢線系の路線では初の優等列車として、天王寺・和歌山市～新宮間に準急2010・2011列車が設定される。戦前に同区間で運転されていた不定期夜行快速の格上げだが、系統が独立していることや、大阪市内から南紀方面への直通列車を運転するにも戦前のように私鉄への遠慮や気兼ねがなくなった分、列車設定への対応は早かった。電車区間の阪和線内は国鉄列車らしくＥＦ51の牽引となる。関西地区の優等列車で電気機関車が先頭に立つのは、もちろんこの列車だけだった。

7月1日には全国ダイヤ改正が実施される。敗戦後3年近くが経過し、世の中も少しずつ落ち着きを取り戻して中・長距離旅客も増加したことで、東海道・山陽本線では優等列車が増発されるが、石炭の供給が不安定で良質炭を入手しにくいことや、設備の復旧が遅れている区間もあることで、急行のスピードダウンが目立ったのが特徴だった。東海道・山陽本線で京阪神を通過する急行は東京～鹿児島／門司間並びに東京～大阪間に各2往復の計4往復で、本数では1945(昭和20)年11月改正時と変わらなかったが、大阪からの到達時分は、東京まで12時間、門司までは最速13時間

阪和線の優等旅客列車輸送に働いたＥＦ51。
1954年3月22日　立川　写真：佐竹保雄

大阪市内各地は空襲被害がはなはだしかった。
1946年6月　京橋　所蔵：ＪＴＢ

48分になる。準急では東京～長崎間（大村線経由）を2晩がかりの38時間19分をかけて結ぶ2023・2024列車のほか、京都～門司間に2031・2032列車が運転される。この2往復は本来なら急行として設定されるべき列車だった。また、東京～大阪／広島／門司間では不定期の急行・準急が計3往復設定される。石炭事情が悪化すれば計画運休をするための設定といえるが、実際にはほぼ毎日運転された。

ところで、国鉄の急行は戦後も2・3等の座席車だけで運転されていたが、1948年11月10日から東京～大阪間11・12列車に、12月15日からは東京～鹿児島間1・2列車に特別寝台車マイネ40が連結される。区分室とプルマン式の開放室からなる米国人好みの構造が示すように、連合国軍用として製造されたが、紆余曲折のすえ国鉄が“外国人観光用”として購入するといういわくつきの寝台車で、外国人旅客の予約がない場合に限り日本人の利用が可能だった。列車ダイヤから京阪神三都駅でも乗降ができた。この特別寝台車は値段が高いうえに当時の国民感情もあって富裕層でもなかなか利用できる車両ではなかった。1949（昭和24）年5月からは1等寝台車に改称された。

なお、敗戦直後から1948年7月1日改正までは、混乱期ということもあり、列車時刻が不明な点も多く、掲載は省略する。

●関西の電車は63形投入により非常事態を脱す

敗戦直後から1948（昭和23）年までの電車事情となると、こちらも客車同様かそれ以上に凄惨を極めていた。というのも、京阪神三都駅と天王寺駅に発着する電車各線は概ね工場地帯や人家密集地を走ることもあって、戦時中は爆弾や焼夷弾投下の対象となりやすかったのだ。そのため、大戦末期には東海道・山陽本線の吹田～明石間と城東・西成線の全線、阪和線天王寺～美章園間と明石、宮原、淀川の各電車区が大きな被害を受ける。これにより、3電車区所属電車のうち50両が戦災焼失で1947（昭和22）年までに廃車された。阪和線用の電車については旧阪和・南海引継ぎの頑丈な全鋼製車が大半を占めていたため、空襲による被害は比較的少なく、1両も廃車を出すことはなかったが、酷使に加え部品が国鉄型でないことで補修が追いつかず、稼働できる車両は少なかった。要するに、京阪神における国鉄電車はどれも傷つき、何とか使用可能な車両も、その大半は前述したような姿で通勤・通学客や買出しで満員の旅客を運んでいたのである。1946（昭和21）年10月までの一時期には大阪～姫路間ではC51が、天王寺～和歌山間では蒸機（8620・C58）や電機（ED17・EF51）が、それぞれ自走不能な電車を客車代用として牽引する光景が見られた。山陽本線の西明石～姫路間は未電化なので、架線からの給電が不能な電車は2ドアの43系といえども照明はもとよりドアエンジンも使えず、危険極まりなかった。

こうした電車事情を救ったのが、かまぼこを思わせるような正面切妻、4ドア・3段窓の63系電車である。いかにも敗戦後間もない資材不足の時期に急ごしらえしたバラック建て電車といった感じだが、1946年10月の片町・城東線を皮切りに阪和線、東海道・山陽本線にも投入。1949（昭和24）年夏までには総数120両に達し、混乱期の輸

通勤・通学輸送には貨車まで動員された。
「日本国有鉄道百年写真史」より

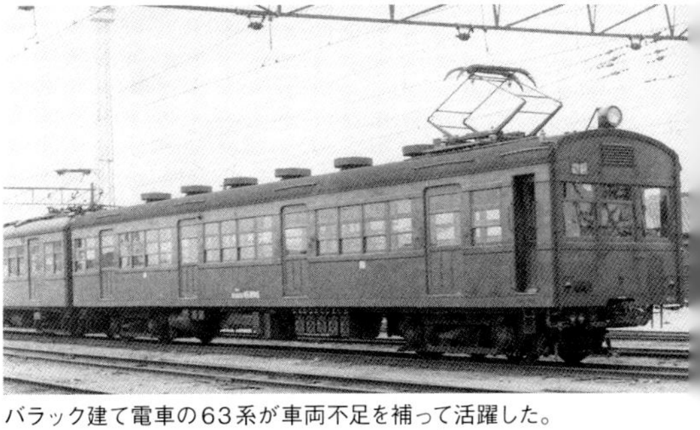

バラック建て電車の63系が車両不足を補って活躍した。
1949年5月　宮原電車区　写真：野口昭雄

送緩和に多大な貢献を果たした。

この間、阪和線では1946年5月から準急、1949年3月25日から1往復ながら急行電車が復活する。急行は旧阪和形による3両編成で、途中5駅停車での阪和間所要は1時間15分だった。一方、東海道・山陽本線でも1949年4月10日に急行電車が京阪間で約6年半ぶりに運転を再開。朝夕2往復のみの運転で、43系4両編成が所要42分で結んだ。京阪神間の電車では急行・普通とも2等車の連結はなかった。

2 「日本国有鉄道」発足と特急の復活

●東京～大阪間に特急「へいわ」復活

国鉄は戦後も運輸省鉄道総局による“お役所の鉄道”だったが、GHQからの命令で1949(昭和24)年6月1日に公共企業体の「日本国有鉄道」に改組される。「国鉄」という言葉もこれを機に一般化し、それまで人々の間で省線電車、略して「省電」と呼ばれていた城東線などの電車も「国電」の名で親しまれるようになる。

関西本線では、この日を期して湊町～名古屋間で準急3往復が運転を開始する。戦前の快速列車の格上げで、9月に全国規模のダイヤ改正が控えている関係から臨時列車扱いだが、一挙に3往復というのは当時としては破天荒とも思える大盤振舞だった。特に上りの天王寺発は8:00、13:00、18:00とラウンドナンバーになっており、非常に利用しやすいダイヤといえた。

9月15日、東海道本線東京口の電化が浜松まで達したことや、戦後の施設・車両等も復旧したことにより、全国ダイヤ改正が実施される。その目玉商品は何といっても東京～大阪間での特急復活で、列車名は不戦の誓いを込め「へいわ」と命名される。同区間で9時間を要し、戦前の水準には及ばなかったが、1944(昭和19)年4月以来途絶えていた特急の運転が再開されたことは、復興のシンボルとして国民に大きな勇気を与えた。「へいわ」には1等展望車と食堂車が連結されたため、両車種も5年半ぶりの復活だった。

この改正では、「へいわ」の対をなす列車として東京～大阪間夜行急行3往復のうち15・16列車に「銀河」の列車名が命名される。編成は戦前の“名士列車”のリバイバルとばかり、荷物車以外は1等寝台車マイネ40・2両と2等車5両(オロ40など)とされ、

表－9　戦後期における東海道・山陽線急行列車の時刻(1)

年月日	1949(昭24)年9月15日									
列車番号	4	2	44	212	12	14	16	42	18	6
種別	急行	急行	急行	準急	特急	急行	急行	急行	急行	急行
等級	2・3等	各等	2・3等	2・3等	各等	2・3等	1・2等	2・3等	各等	2・3等
列車名					へいわ		銀河			
特殊設備車		1寝・食			1展・食		1寝			
始発	門司 16 05	鹿児島 8 20	長崎 11 45	博多 20 00				姫路 19 12		門司 10 10
下関　発	16 25	18 50	19 25	22 20						10 30
広島　〃	21 10	23 55	0 27	3 23						15 18
岡山　〃	0 55	3 51	4 16	7 22						19 05
神戸　〃	4 14	7 01	7 30	10 41				20 36		22 12
大阪　〃	5 10	8 00	8 30	11 35	12 00	19 00	21 00	21 38	22 00	23 00
京都　〃	5 52	8 48	9 45	12 21	12 42	19 55	21 55	22 26	23 00	23 54
名古屋　〃		12 00	13 18		15 22	23 07	1 00	1 40	2 30	3 01
東京　着		19 10	20 30		21 00	5 45	7 30	9 15	9 40	10 00
記事				※②			※①			
列車番号	13	5	15	43	17	11	211	41	1	3
種別	急行	急行	急行	急行	急行	特急	準急	急行	急行	急行
等級	2・3等	2・3等	1・2等	2・3等	各等	各等	2・3等	2・3等	各等	2・3等
列車名			銀河			へいわ				
特殊設備車			1寝			1展・食			1寝・食	
東京　発	19 00	20 00	20 30	21 00	22 30	9 00		7 30	10 30	
名古屋　〃	1 41	2 48	3 27	4 25	5 10	14 38		15 00	17 10	
京都　着	5 18	6 15	7 06	7 45	8 35	17 19	17 56	18 41	20 25	22 55
大阪　〃	6 10	7 12	7 54	8 53	9 27	18 00	18 43	19 43	21 13	23 35
神戸　発		8 04		10 06			19 42	20 54	22 12	0 29
岡山　〃		11 09					23 03	23 57	1 15	3 25
広島　〃		14 53					3 09	3 55	5 24	7 12
下関　〃		19 43					8 15	9 00	10 15	12 07
終着		門司 19 53		姫路 11 16			博多 10 11	長崎 17 33	鹿児島 20 00	門司 12 17
記事			※①				※③			

※① 9月24日から各等編成　※② 編成の一部都城発11：36　※③ 編成の一部都城着18：29

時代を駆けた名列車－8
特急「へいわ」→
特急「つばめ」

戦後初めての特急が復活。特急「へいわ」。
1949年9月　東京　所蔵：JTB

1949(昭和24)年9月15日、戦争により途絶えていた国鉄の“特急”が、大阪～東京間で運転を開始した。列車番号は、戦前の「燕」と同じ11・12列車だった。平和の象徴である鳩のシルエットをデザインしたテールマークを展望車のマイテ39に掲げ、出発式も盛大に行われた。

しかし、列車名の「へいわ」が、当時の国鉄を管理していた連合軍の民間輸送局（CTS）への迎合と受け取られたこともあり、登場直前の試運転時のアンケートの結果ではあまり評判がよくなかった。また、営業開始後の一般公募でも「へいわ」より「燕」を支持する声が多かったため、1950(昭和25)年1月1日から列車名を「つばめ」と改称した。

同年4月、「つばめ」は2等車を、従来の固定クロスシートオロ40から、リクライニングシート装備のスロ60に置き換えた。10月の改正で、列車番号が1・2列車に変更され、同時に所要時間が「へいわ」のときの9時間から8時間に短縮されて、1934(昭和9)年の“超特急”と呼ばれたときにもどった。1951(昭和26)年10月には、3等車が前向き固定シートの並ぶスハ44、スハニ35に置き換えられ、乗り心地のうえで大幅な体質改善が図られた。その後も、座席車と食堂車は最新車両が登場するたびに編成に組み込まれ、特急「つばめ」は日本を代表する列車として、その品位を保つ努力が続けられたのである。

山科付近を行くC62牽引の上り特急「つばめ」。1956年4月15日　写真：篠原 丞

列車後部には特急並みのテールマークも取りつけられる。だが、戦争で打撃を受けた人々の気持ちが癒えていないこの時期の日本人向け列車に、定員の少ない“豪華編成”が受け入れられるわけはなく、9月24日からは3等車を連結した編成に変更された。

また、京阪神から九州直通の優等列車は5往復となり、準急211・212列車が都城行の付属編成を連結したため、沖縄を除く九州の県都駅へは乗換えなしの旅が実現する。急行のうち東京～鹿児島間1・2列車に食堂車が連結されるが、「へいわ」のスシ47とは異なり、スハ32を種車とするオハシ30が連結された。連合軍から接収解除になった車両だが、食堂車を捻出するにもまだまだ大変な時代だった。

東海道・山陽本線関係の優等列車については表－9を参照されたい。

この改正で、関西～北陸間では日本海縦貫急行501・502列車が、戦後としては初めて北陸本線内を夜行運転に戻される。しかし、それでは昼行優等列車がなくなり不便なため、10月22日から上野～金沢間急行601・602列車（上越線経由）が大阪延長される。戦前も1939(昭和14)年11月から1943(昭和18)年2月までの間、関西～北陸間では青森行と上野行の急行2本が運転されていたが、双方とも昼行だったので、今回のほうがバランスの取れたダイヤといえた。そのためか、北陸本線におけるこの昼・夜行の急行2往復体制は、基本的には1961(昭和36)年10月に特急が登場するまで続いた。

時代を駆けた名列車-9

急行「銀河」

急行「銀河」とともに、昭和20、30年代の東海道夜行を彩った夜行急行のひとつ「月光」。1965年8月1日　京都〜山科　写真：福田静二

特急「へいわ」が運転を開始した1949（昭和24）年9月改正では、大阪〜東京間の夜行急行が3往復運転となる。このうち、15・16列車は1・2等車のみで編成のエリート列車とされ、急行としては全国のトップを切って急行「銀河」と命名された。その後すぐに3等車が連結されたが、1950（昭和25）年10月改正で下り方が神戸まで延長され、神戸駅にとって7年半ぶりの始終着優等列車復活となる。時刻は、東京発20:30→神戸着8:25、神戸発20:05→東京着7:53で、編成はニ、イネ×2、ロネ、ロ×3、ハ×7という14両だった。1956（昭和31）年3月には3等寝台2両が連結された。

東海道の夜行急行は、1950年11月に残る2列車にも列車名がつけられた。「明星」「彗星」である。1953（昭和28）年11月には「月光」が加わり、4往復となる。その後も、需要の多い東海道夜行急行は本数を増やしていった。

1956年11月改正で登場した特急「あさかぜ」の寝台車主体の編成が好評だったことを受けて、夜行急行の寝台車用列車化が進められることとなり、1957（昭和32）年10月の「彗星」を皮切りに、「明星」「月光」「金星」「銀河」「あかつき」「すばる」が1963（昭和38）年10月にかけ順次寝台急行となって、東海道の夜の部に彩りを添えた。

関西・紀勢西線では、関西本線準急3往復が晴れて定期列車になる。また紀勢西線では戦前に好評を博しながらも短命に終わった白浜温泉行の週末列車が、10月8日から同じ天王寺〜白浜口間で快速として復活する。上りは休前日運転で天王寺発13:30→白浜口着17:21、下りは休日運転で白浜口発14:40→天王寺着18:16だった。スピードは戦前の水準に及ばなかったが、国民生活の間にもようやく温泉旅行を楽しめる余裕が生まれたわけで、世の中の落ち着きを実感させるような列車だった。なお、この週末快速は1950（昭和25）年10月頃から「黒潮」と呼ばれるようになり、1951（昭和26）年4月からは南海電気鉄道難波からの編成が加わる。阪和間は国鉄がＥＤ16、南海は2001系電車の牽引で、双方ともヘッドマークが掲げられていた。

戦後1949年10月に復活した快速「黒潮」。編成は阪和6両、南海1両で、阪和線内は国鉄型ED16電気機関車、南海線内はモハ2001の牽引だった。
1952年6月　東和歌山　写真：和気隆三

ダイヤ改正後の1949年12月1日、京都〜門司間急行3・4列車の起終点を延長し、東京〜長崎間運転とする一方、従来の東京〜長崎間41・44列車は東京〜博多間運転に変更される。また、東京〜姫路間43・42列車は12月10日に岡山延長となる。さらに12月17日には東京〜大阪間急行17・18列車に2等寝台車の連結が復活する。北陸方面を含め、全国規模のダイヤ改正から3カ月以内の間に運転区間の延長などが矢継ぎ早に行われるのは異例だが、戦後復興に伴う輸送力が加速度的に伸びてきたことの証でもあった。

●特別2等車導入と第2特急「はと」登場

特急「へいわ」は戦後の鉄道輸送復興のシンボルというべき列車だったが、「へいわ」という言

時代を駆けた名列車−10
急行「日本海」

関西〜青森間の日本海側をつなぐいわゆる"日本海縦貫線"には、大正末の全通の時期に、車内に2泊という難条件ながら神戸〜青森間を区間急行が走った。この列車を始祖として、区間を大阪〜青森と変更しながら、戦後の日本海縦貫急行は507・508列車としてスタートする。この列車に1950(昭和25)年11月8日に「日本海」の名がついた。敦賀以北の1,000km近い長距離を日本海沿岸に沿って北上する列車にはまたとない愛称名だった。しかし、車両不足もあって、編成はローカル急行さながらの2・3等座席車のみの編成だった。その後数年がたつと、国鉄の努力もあって特ロ、ロネ、シが連結されるようになる。ただしロネも半室食堂車のスハシ38も古い3軸ボギー車であり、牽引機が蒸気機関車ということもあって全体がすすけていたため、乗車率はよかったが、評判は必ずしもよくなかった。

1961年10月のダイヤ改正が急行「日本海」の転機となった。日本海縦貫線に特急「白鳥」が登場したことで、急行「日本海」のダイヤが変更され、大阪発19:10→青森着17:29、青森発12:02→大阪着10:05となった。これにより大阪〜新潟間の利用に大きく貢献する列車へと発展をとげた。その後も急行「日本海」は大阪〜新潟間夜行、羽越・奥羽本線での都市間連絡、北海道接続など、多目的列車として活躍を続けた。この間、日本海縦貫線の電化進展や動力無煙化などが進み、車内の居住性は大幅に改善された。

1968年10月のダイヤ改正で日本海縦貫線に寝台特急が誕生、この特急に「日本海」の名を譲った急行列車は、名を「きたぐに」と変えたのであった。

C57牽引の急行「日本海」。1955年8月10日　新津　写真：和気隆三

葉の陰には戦争のイメージがつきまとうほか、命名そのものが連合軍に迎合したきらいがあり、国鉄関係者や識者の間での評判がよくなかった。そこで営業開始後に愛称公募が行われ、その結果をもとに1950(昭和25)年1月1日から列車名は「つばめ」に変更される。また、「つばめ」の編成の大半を占める2等車は固定クロスシートのオロ40、3等車にはオハ35系に属するスハ42が使用される。当時の日本人向けの座席車としては最高のもので、質的には戦前の特急に使用されていた客車と大差なかった。だが、GHQの鉄道当局は、外国人観光客も利用する2等車にボックス型座席とは何事だと不満を申し立て、その命令で急遽リクライニングシートのスロ60が製造され、4月11日から特別2等車（特ロ)として「つばめ」に連結される。現在では、JR特急はもちろん私鉄の有料特急でも"常識"となっている座席の形態は、じつは連合国軍により無理矢理導入されたのである。逆にいえば、それほど当時の国鉄をはじめとする日本の鉄道は、"井の中の蛙"というか、接客設備面で欧米に遅れをとっていたのである。

1950年5月11日からは東京〜大阪間に第2特急として「はと」が運転を開始する。これにより、9・10列車「つばめ」は東京（大阪)発9:00→大阪（東京)着18:00、11・12列車「はと」は東京（大阪)発12:30→大阪（東京)着21:30となり、上下とも起終点駅の時刻が統一される。この運転形態は両列車が機関車牽引で運転される間は最後まで変わることがなかった。「はと」の組成内容は「つばめ」と同じだが、特別2等車の落成との関係で2等車はオロ40と転換クロスシートのスロ34が暫定使用された。しかし、晴れてスロ60が編成に入る6月1日からは特急2往復に"つばめガール""はとガール"と呼ばれる女性客室乗務員が接客を担当する。「つばめ」用の客車と車掌は大阪鉄道局であるのに対し、「はと」は東京鉄道局の担当なので、

時代を駆けた名列車-11

急行「北陸」

D51が先頭に立つ、特ロを含む2等車を連結した上り急行「北陸」。1954年10月30日　米原付近　写真：篠原 丞

1章6節で触れた信越本線経由の上野～金沢間急行601･602列車が、戦後の1948(昭和23)年7月改正で上越線経由で復活し、1949(昭和24)年10月22日には大阪まで延長された。この列車に1950(昭和25)年11月、急行「北陸」の名が与えられた。運転時刻は上野発21:10→金沢着8:38→大阪着15:55、大阪発13:10→金沢発20:03→上野着7:17だった。復活当初は座席車のみの編成だったが、1953(昭和28)年1月にロネが、1956(昭和31)年にはハネが連結され、優等列車にふさわしい体裁を整えた「北陸」だった。だが、玉にキズは食堂車が連結されないことだった。大阪～金沢間が完全に昼食どきを走るのに、である。結局「北陸」は、この時期にチャンスを逃したことが尾を引き、愛称急行1期生のうち唯一食堂車に縁のない列車となってしまった。

1955(昭和30)年前後になると、「北陸」は多目的急行として活躍する。そして1956(昭和31)年11月改正で運転区間が二分され、昼行の大阪～富山間は急行「立山」となり、「北陸」は上野～福井間の担当となって、関西地区と縁が切れる。

なお、「北陸」の愛称は、関西とは縁が切れた後も途切れることなく長く使われ、現在もなお長寿列車名のベストテンに入っていることを付記しておく。

両局のメンツをかけたサービス合戦が開始された。「はと」運転開始と同じ5月11日、東京～岡山間急行43･42列車は呉線経由で広島まで延長され、23･22列車になる。また、この間天王寺～新宮間では毎日運転の準急として3400･3401列車が昼行ダイヤで設定される。時刻からはビジネスというよりは観光客向けだが、温泉行きに特化したものではなかった。

その直後の6月25日、以後約3年にわたる朝鮮戦争が勃発。日本は国連軍の中継地としての位置を占めたことで、その間特需の好景気が続く。戦後日本の復興に加速度をもたらすとともに、重化学工業を中心とした日本の産業構造の骨組が形成された。

●戦後復興の象徴となった1950年10月改正

国鉄では1948(昭和23)年度から掲げられてきた復興5カ年計画の前半が終了し、目標に近づいた部分も多いことで、1950(昭和25)年10月1日に戦後としては初の白紙ダイヤ改正を実施する。その骨子は東京～大阪間特急2往復の8時間運転への復活に代表されるスピードアップと優等列車の増発、急行への特別2等車連結など旅客サービスの質的向上だった。特別2等車には座席を指定した切符が発売されるが、10月中に連結を見たのは東京～鹿児島間の1往復だけで、それ以外の急行はスロ51落成待ちの関係で、11月15日以後とされる。

この改正は白紙改正にふさわしく、それまで統一性のなかった列車番号が全面的に変更され、1～10が東海道･山陽本線特急、11～30が東京～大阪間急行、31～40が東京～山陽･九州間急行となる。また各路線の列車番号の番代は大阪駅では東海道本線東京方面行が100、名古屋までの区間列車が400、北陸本線直通が500、福知山線が700、山陽本線は200(一部300)とされる。天王寺駅では紀勢西線直通が100、関西本線名古屋直通が200、そして京都駅では山陰本線に800番代が与えられる。東海道･山陽本線の準急や、北陸･山陰･関西･紀勢方面への優等列車は、大阪～青森間が501･502列車、同～大社間準急が705･706列車、天王寺～新宮間準急は106･105、並びに108･107(3401･3400列車の定期格上げ)列車のように、走行路線の列車番代をもとに列車番号が設定されるので、その原則から外された1、2桁の番号を与えられた東海道･山陽本線の特急や急行はまさしくエリート列車だった。もっとも、日本交通公

時代を駆けた名列車-12

特急「はと」

1950（昭和25）年５月11日に、特急「つばめ」に次いで戦後２番目の特急として大阪～東京間に登場したのが特急「はと」である。「はと」の列車名は、不評だった特急「へいわ」の名称を変更するに際して行った公募で「つばめ」の次点となったことから、命名には異論のないところであったといえよう。ヘッドマーク・テールマークは、鳩のシルエットをあしらっていた「へいわ」とほぼ同じデザインだった。編成は、食堂車スシ37、展望車スイテ37を含む「つばめ」と同じ10両で、「つばめ」の姉妹列車と呼ぶにふさわしかった。国鉄のエリート列車ならではの１等展望車を最後尾に連結した姿は、団塊の世代の者にとって、「つばめ」とともに幼い日の憧れだった。

接客サービスの向上を図る目的で、６月から「はと」に女性接客担当乗務員が１・２等車に各１名乗務することになり、「はとガール」と呼ばれた。はとガールと山崎付近の療養施設青葉寮の患者たちとの友情物語が、教科書にまで紹介される美談となり、さらに親しまれる効果を生んだ。

▶牽引機ＥＦ57に掲げられた「へいわ」とほぼ同じデザインの「はと」のヘッドマーク。1953年5月　東京　所蔵：ＪＴＢ

▲力強いブラストを噴き上げて出発するＣ62牽引の「はと」。1954年11月21日　写真：篠原 丞

社の『時刻表』でも、1950年10月号からは巻末のページに「主要旅客列車編成」が掲載され、優等列車の全貌を把握しやすくなるが、本文ページでは主要幹線連絡のあとに東海道・山陽本線ページが鎮座している。全国に新幹線が駆け巡る現在も在来線では東海道・山陽本線が最初のページを占める位置づけは変わっていない。

1950年10月1日改正における東海道・山陽本線の優等列車の時刻は表－10（60ページ）に示す通りで、本数や主要駅間の到達時分は1934（昭和9）年12月のものと大差がない。つまり、戦後の国鉄は5年をかけて1934年当時の運転状況にまで復活を果たしたといえよう。ただ、当時との大きな相違点は、鉄道利用で海外へ向かう旅客の減少で、東海道本線終点の神戸を始終着とする列車は急行13・14列車だけとなったことや、戦前にはなかった筑豊線経由の急行や、付属編成とはいえ四国連絡の宇野行優等列車2往復が設定されたことである。戦前には京阪神から四国へ行くには岡山で普通列車同士を乗継ぎ、宇野から連絡船で高松に入るしかなかったので、アクセスは大幅に改善された。また、表－10だけではわかりにくいが、準急307・308列車（宇野線内507・508列車）に連結される客車6両は宇高航路を航送。高松からはそのまま普通列車となり、多度津で分割後それぞれ3両ずつが予讃本線松山と土讃線須崎まで直通する。上下とも深夜の宇野と高松での乗換えの煩わしさがないため、旅客から歓迎された。こうした客車の航送方式も連合軍が東京～札幌間での専用列車を設定するに際し導入したものである。

このほか、関西本線湊町から名古屋を経て東京へ直通する急行202・201列車が新設される。改正前の東京～名古屋間夜行準急をそのまま関西本線へ延長しただけといってしまえば身も蓋もない

表－10　戦後期における東海道・山陽線急行列車の時刻（2）

年月日	1950（昭25）年10月1日											
列車番号	36	308	34	2	32	206	4	12	40	14	38	16
種別	急行	準急	急行	特急	急行	準急	特急	急行	急行	急行	急行	急行
等級	2·3等	2·3等	各等	各等	各等	2·3等	各等	2·3等	2·3等	各等	2·3等	各等
列車名	雲仙		きりしま	つばめ	阿蘇		はと	明星	安芸	銀河	筑紫	彗星
特殊設備車			1寝·食	1展·食	1寝		1展·食			1·2寝		1·2寝
始発	長崎 12 30		鹿児島 10 30		熊本 18 00	博多 20 00					博多 9 00	
下関　発	19 00	※	20 05		22 50	22 10			※		10 48	
広島　〃	23 30	22 43	0 52		3 16	3 24			12 40		15 08	
岡山　〃	2 47	3 23	4 50		6 36	7 28			17 07		18 23	
神戸　〃	5 23	6 26	7 55		9 17	10 36			19 50	20 05	20 55	
大阪　〃	6 10	7 05	8 40	9 00	10 05	11 35	12 30	20 00	20 35	21 00	21 40	22 00
京都　〃	7 00		9 27	9 36	10 54	12 22	13 06	20 47	21 25	21 47	22 30	22 57
名古屋　〃	10 00		12 30	11 53	13 50		15 22	0 00	0 30	0 55	1 40	2 00
東京　着	16 23		18 55	17 00	20 08		20 30	7 08	7 23	8 08	8 38	9 08
記事		宇野　発 2 20			筑豊線経由				宇野　発 16 03			
列車番号	11	13	37	39	15	1	31	205	33	307	3	35
種別	急行	急行	急行	急行	急行	特急	急行	準急	急行	準急	特急	急行
等級	2·3等	各等	2·3等	2·3等	各等	各等	各等	2·3等	各等	2·3等	各等	2·3等
列車名	明星	銀河	筑紫	安芸	彗星	つばめ	阿蘇		きりしま		はと	雲仙
特殊設備車		1·2寝			1·2寝	1展·食	1寝		1寝·食		1展·食	
東京　発	19 30	20 30	21 00	21 30	22 30	9 00	8 00		10 00		12 30	13 00
名古屋　〃	2 20	3 30	3 50	4 20	5 25	14 04	14 30		16 20		17 35	19 10
京都　着	5 30	6 45	7 04	7 35	8 35	16 21	17 18	17 53	19 32		19 51	22 03
大阪　〃	6 26	7 32	7 52	8 22	9 24	17 00	18 03	18 34	20 22	21 15	20 30	22 52
神戸　発		8 25	8 39	9 14			18 59	19 30	21 26	21 55		23 49
岡山　〃			11 20	12 12			22 43	22 30	0 23	0 54		2 35
広島　〃			14 36	16 13			1 09	2 17	4 01	5 28		6 04
下関　着			18 58	※			5 47	7 06	8 37	※		10 32
終着			博多 21 05				熊本 10 33	博多 9 09	鹿児島 18 00			長崎 17 05
記事				宇野　着 13 10			筑豊線経由	都城　着 16 56		宇野　着 1 45		

※　呉線経由　　　特急と「銀河」を除く急行の列車名命名は1950年11月8日

が、奈良はもちろん、大阪ミナミからの利用に便利と好評だった。

●急行列車に列車名を命名

現在もそうだが、各鉄道会社では列車を管理する必要上、各列車に列車番号をつけている。優等列車や観光客などを対象とする快速・普通列車にはPRなどを考慮し、さらに列車名と呼ばれる愛称が加わっているが、戦前の国鉄定期列車ではその対象は特急だけだった。

だが、戦後になって先の1949（昭和24）年9月改正で東京～大阪間急行1往復に「銀河」の列車名がつけられたほか、1950（昭和25）年10月改正では、8月1日に発足したばかりの四国鉄道管理局が島内の「せと」や「南風」のように自局内の準急に列車名を命名して利用客から好評を博していたことをうけ、国鉄本庁も11月2日になって全国主要幹線を走る12本の急行に愛称をつける。京阪神三都駅に発着する列車では、東海道・山陽本線の「雲仙」「きりしま」「阿蘇」「安芸」「筑紫」「明星」「彗星」、北陸直通の「日本海」「北陸」の9本が該当する。運転区間については表－10・14（P.66～67）につけ加えたので、参照されたい。これら9本に東北筋の「青葉」「みちのく」「北斗」を合わせ、ファンの間で“愛称急行第1期生”と呼ばれる。ただ、この列車名命名が鉄道公報で通達され、実際に1期生12本が愛称名の書かれたサボをつけて走るのは11月8日のことである。なお、1期生でないはずの東京～湊町間急行も同日から「大和」の列車名で運転される。東京駅では東海道本線を下る急行のうち湊町行にだけ列車名がないのは収まりがよくないのか、とりあえずネームをつけて、追加公認の形をとったようだ。もっとも、関西本線沿線では東京行急行が走りだした頃から、畏敬をこめて同列車を「大和」と呼んでいたとのことである。急行の本数が全国でも少なかった当時、愛称つき列車ともなるとステータスだった。

なお、急行列車に愛称がつけられたこともあり、本文ではこれから先、優等列車は原則として列車名で表記し、列車番号は説明に必要でない限り省略することとする。

ところで、前述した特別2等車は11月15日から順次急行の編成に組み込まれる。ただし、2等

時代を駆けた名列車-13

京阪神間急行電車

1949(昭和24)年4月10日、京都〜大阪間に急行電車が復活した。車両は43系4両、運転本数は朝夕ラッシュ時の2往復であった。43系は2ドア・セミクロスシート車にもどされたが、塗色はこげ茶一色だった。6月1日に公共企業体の国鉄が発足して、一部のダイヤが改正された。このとき急電の運転区間は京都〜神戸間に延長されて編成が3本必要となり、戦前に"急電"として活躍した52系が窓周りを淡青、その上下を濃青の塗分けでカムバックする。さらに9月15日改正では急電の運転間隔が30分に設定されて編成は6本に増えた。

1950(昭和25)年8月、京阪神急電に80系が登場する。半年前に東京〜沼津間でデビューした80系は緑とオレンジのツートンカラーだったが、2次増備車となる京阪神急電用にはクリームとマルーンのツートンカラーが採用された。同じ2ドア車であるが、43系や52系と異なり80系は客車と同様のデッキ式、オールクロスシート(戸袋部を除く)、背摺りにも段付のモケット張という優れた車内装備だった。それに加え、半流線形正面2枚窓のスタイルはスマートで新しく、関西の人々に大好評で迎えられた。10月1日の全国規模のダイヤ改正では、京都〜大阪間を36分、大阪〜神戸間を28分で駆け抜けた。1951(昭和26)年8月改正では4両編成が5両に増強され、先頭車には丸に"急"の字をつけたウィング形のヘッドマークを掲げるようになった。こうした目に見える面での国電の復興の様子は、国民をさぞ元気づけたことだろう。

"急"の字を書いたヘッドマークも誇らしげに80系急電が走る。
1956年8月　山崎付近　写真:和気隆三

部分がすべて特ロで固められる特急とは異なり、急行への連結は原則として1両だけで、特ロに対し"並ロ"と呼ばれるようになった従来の2等車との併結が続けられた。特ロと並ロの間には等級が異なっていても不思議でないほどの設備の差があるのに、特ロには2等乗車券+2等急行券に100円の特別2等車指定券を購入すれば乗車できるため、2等旅客が特ロに集中するのは当然の結果だった。だが、こうした状況は好ましくないためか、1951(昭和26)年10月から特ロに地帯別料金制が導入され、実質的な値上げが実施された。

東海道・山陽本線急行に特ロが連結され、編成に華やかさを増したのも束の間、直後の11月18日に京都駅構内の食堂から失火により、優美だった木造駅舎が焼失してしまう。それに替わる3代目駅舎は1年半後の1952(昭和27)年5月27日に完成し、10月14日には併設の観光デパートも開業する。鉄筋コンクリート造りの堂々たる横長3

京都駅(3代)。鉄筋コンクリートの3階建てで、8階の塔屋と一部3階をもつモダンな駅となった。
1952年3月　所蔵:JTB

時代を駆けた名列車-14

阪和線特急電車

流電52系を先頭とする阪和線特急。この編成はこげ茶一色。
1952年7月　東和歌山　写真：和気隆三

阪和線は戦前の阪和電気鉄道の時代から、並行する南海鉄道とのスピード、サービス競争を繰り広げてきたが、戦争の影響で国有化され、いったん休止となった。しかし、戦後の復興がひと息つくと、阪和線と南海電鉄との対抗意識が再び芽ばえ、阪和線は1950（昭和25）年10月1日改正で、国鉄電車初の試みとなる特急電車を走らせる。なお、特急名儀であるが料金は不要だった。車両は京阪神急電に返り咲いていたクロスシート車の52系がコンバートされた。ちょうど急電に80系が投入された関係で52系が余剰となったためだった。3両編成4本に組まれ、淡青と濃青に赤ラインの通称アイスキャンデー色塗装のほか、1本はこげ茶とクリームのツートンカラーに塗られた。この塗装は“阪和特急色”と呼ばれるようになる。朝夕ラッシュ時の2往復運転で、天王寺～東和歌山間を途中ノンストップで55分というダイヤだった。モハ52にはもともと乗務員扉がなく、乗務員からの苦情が絶えなかったため、1953（昭和28）年に改造が行われて、以後70系の投入もあり4本とも塗装がこげ茶一色に統一された。

1953年、南海に11001系特急電車が登場する。カルダン方式ですべてクロスシートという新車の導入に国鉄は脅威を覚える。一世を風靡したとはいえ戦前製の52系では、高性能の南海特急に対抗は無理と判断。国鉄でも新型車70系4両編成3本を阪和特急に投入することにした。スカ色でデビューした70系にオレンジ系クリームと明るいグリーンのツートンカラーをまとわせての導入である。

阪和線特急は1958（昭和33）年に「快速」に改称された。

階建てビルだが、上り（大津側）方向に突き出た8階建て塔屋がやけに目立ったため、筆者の実見では中途半端なデザインといった感じだった。

●京阪神の急行電車に80系入線、阪和線で特急電車復活

日本国有鉄道発足の1949（昭和24）年6月1日、国電区間もダイヤ改正が実施され、先の4月10日に京阪間で復活を果たしたばかりの急行電車は神戸にまで延長され、ようやく戦前の“急電”の形態に戻る。これを機に急行電車は京都～神戸間を所要77分（大阪駅2分停車を含む）の1時間ヘッドとなり、流電52系も窓周りが淡ブルー、その上下が濃ブルー、そして濃淡ブルーの境目に赤いラインを施した“アイスキャンデー色”で運用に加わるが、スカートがなく傷みが抜けきれない車体には、そうした派手な塗装はマッチしなかった。

一方、阪和線も、急行の天王寺～東和歌山間が65分運転にスピードアップされ、終日運転となる。こちらも社形（旧阪和・南海からの引継車）3両編成2本が急行専用車に指定され、アイスキャンデー色をまとった。しかし、阪和電気鉄道時代には自慢だったモヨ100・クヨ500の転換クロスシートは、戦時中にロングシート化されており、転換クロスシートは残念ながら最後まで復活することがなかった。

9月15日改正では、京都～神戸間急行電車は所要73分で終日30分ヘッド、阪和線急行電車は金岡（現・堺市）・鳳・和泉府中・東岸和田・和泉砂川・紀伊中ノ島の6駅停車ながら所要60分となり、運転間隔も混雑時30分、日中60分ヘッドに改められる。両線区とも戦前の水準に向かって一歩ずつ進んでいる感じだった。

そうした中、1950年代の幕開けを告げるかのように、東海道本線東京～沼津間に10両程度の客車列車をそのまま電車化したような80系電車が登場し、同区間の普通列車に投入される。アイスキャンデー色のようなけばけばしさのない、オレンジと緑の明るい塗装が人目を引いた。この80系は最終的に652両製造されるが、1950（昭和25）年7月の第2次車からは先頭車クハ86が流線

形の2枚窓となり、金太郎の腹掛けを思わせる塗り分けとともに、以後の私鉄電車などに大きな影響を与えた。3等車も客車並にデッキつきで、客室の大半を占めるクロスシートは、背摺りのうち腰のあたる部分が厚みと傾斜を増した段つきの仕様とされたため、従来のオハ35などよりも座り心地がよく、優等列車に使用しても恥ずかしくない仕上がりだった。

この80系のうち4両7本は関西配置となり、1950年8月から急行運用に加わる。塗装も関西国電らしく最盛期の流電に近いクリームとマルーンのツートンカラーが採用される。そして10月1日改正から京都〜神戸間急行電車はすべて80系での運転になり、所要も66分に短縮。並走する列車線は東海道本線東京口の電化が静岡までのため、有料の長距離急行とてC59またはC62牽引の蒸気列車だった。3等車もオハ35やスハ42が最上級なので、ことクロスシート部分の居住性にかけては80系電車のほうが上だった。

10月1日のダイヤ改正で、阪和線では急行を終日30分ヘッド運転とする一方で、1日2往復ながら全区間を55分で結ぶ特急電車が復活する。国鉄電車区間での特急運転はこれが最初であり、結果的に最後ともなる。そしてその専用車として京阪神間を追われた52系や半流43系が関西80系類似の塗装に変更のうえ、3両4本に再組成されて入線する。52系一党は、戦時中から電車はロングシートばかりだった阪和線では久しぶりのクロスシート車とあって好評で迎えられる。52系もやっと居場所を確保した感じだった。

3 日本の独立回復と山陽特急復活

●特急・急行用に専用客車登場

1951(昭和26)年4月1日、東京〜大阪間に5月10日までの臨時特急として「さくら」が設定される。下りは「つばめ」、上りは「はと」の3分後に発車するダイヤだが、食堂車以外はすべて3等だけの編成とされた。「さくら」の列車名は、1959(昭和34)年に九州行夜行特急に登用される以後も東京〜大阪間の臨時や不定期特急に使われる機会があるが、オール3等はこの期間だけだった。東海道本線では、急行はもちろん、普通の一部でも2等車を連結しているので、特急になぜこうした編成が採用されたのかは、今としては謎である。

同日の改正で大阪〜博多間に毎日運転の臨時急行3033・3034列車が新設される。関西始発の山陽・九州方面行は戦後初めてで、翌年9月1日の定期格上げに際し、「げんかい」の列車名がつけられた。

ところで、特急と急行の2等車は外国人観光客の利用を考慮し、リクライニングシート装備の特ロが連結されていたが、そうなると“直角座席”の3等車は見劣りが隠せなかった。もっとも3等車の整備は以前からも課題とされており、国鉄は1949年度から戦時改造客車の座席復元や、木製客車の鋼製化などとともに、以後の標準型となる客車の新製に乗り出す。そして35系に替わる新製客車として1951年4月から5月にかけて、スハ43・スハフ42第1次車が計100両落成する。オハ35をさらに近代化したような洗練されたスタイルで、背摺りは80系電車のように段つきとなったほか、窓側にも肘掛けが設けられ、通路側には頭のもたれが取りつけられるなど、同じボックスシートの3等車でも32系や35系とは段違いの居住性をもつ車両だった。この43系客車は落成後、特急「つばめ」「はと」と“夜行急行御三家”と呼ばれる「銀河」「彗星」「明星」に連結される。

また、同年9月から10月にかけては、43系3等車に、特急バージョンとして戦前の「櫻」専用車のスハ33のような一方向き座席を有するスハ44・スハフ43・スハニ35、計49両が製造され、スハ44とスハニ35は10月中に「つばめ」「はと」の編成に入り、スハ43やスハニ32と交替する。43系では同期に食堂車のマシ35・36も登場しているので、東海道特急2往復はこの時点で1等展望車を除き戦後製の車両で揃えられ、居住性は戦前の特急と比べ飛躍的に向上した。特急用のスハ44一

時代を駆けた名列車-15
急行「出雲」

“偉大なるローカル線”と呼ばれる山陰本線だが、つねにこの線の看板として君臨する列車が「出雲」である。

戦前の1935(昭和10)年３月運転開始の大阪～大社間急行401・402列車が「出雲」のルーツだが、戦時中に廃止となり、戦後間もない1947(昭和22)年６月に、まずは準急として復活する。しかし、沿線では急行の復活が望まれるようになり、世の中の安定した1951(昭和26)年11月25日に格上げがなされた。そして１週間後に急行「いずも」と命名される。特ロ、並ロ、ハ×６、ハニの９両編成で大阪～大社間を走り、うち特ロを含む３両が急行「せと」に併結されて東京直通となった。当時の時刻は、東京発22:00→大阪発9:25→大社着18:05、大社発11:00→大阪着19:35→東京着6:25である。

この後、1956(昭和31)年11月改正で全車両が東京直通化され、同時に「せと」から独立して、列車名が漢字書きの「出雲」となる。東海道本線内は夜行急行であるため、ＥＦ58が牽引するロネを含む14両の堂々たる編成だが、福知山・山陰本線内ではＣ57牽引で座席車のみのいわばローカル急行編成となる。1961(昭和36)年10月改正では京都から山陰本線に入る経路に変わり、始終着も東京～浜田に一本化された。1964(昭和39)年10月改正で編成が見直され、寝台車主体で食堂車付の12両編成となる。準寝台列車となった急行「出雲」はビジネス客や新婚旅行客などに好評を博し、好成績から特急格上げへと進化を遂げていくことになる。

福知山線はＤＦ50牽引が主となる急行「出雲」。
1958年9月19日　中山寺～川西池田　写真：篠原 丞

党は１回きりの製造に終わるが、スハ43・スハフ42は北海道用のスハ45・スハフ44、軽量形のオハ46・オハフ45を含めると製造は1956(昭和31)年にまで及び、総計1200両近くに達する。これにより、全国を走る急行のほぼ全列車と準急の一部は3等車が43系となり、グレードアップが図られた。

急行用3等車の43系化で捻出された32・35系は幹線の普通列車に転用され、地方幹線やローカル線には、このほかに木製車を鋼製化した60系客車が使用され、1970年代終盤まで続く“客車地図”が出来上がった。大阪駅や京都駅で見かける東海道本線の普通客車列車は32・35系の編成だったが、福知山線、山陰本線、北陸本線に直通する普通には背摺りが木製の60系が交じっていることも多々あった。

●関西から西へは徳島・山口を除く各県都に列車直通

戦後の東海道・山陽本線優等列車が戦前の大陸連絡主体から脱して国内の中・長距離旅客対象へと使命を変えたことをうけて、東京からの直通が可能な地域では急行設定の陳情が繰り返される。そうした中、1951(昭和26)年9月15日には四国直通旅客の増加に伴い、東京～広島間急行「安芸」に併結されていた宇野編成が分離し、東京～宇野間単独の3039・3040列車になる。

また、11月25日の改正では京都～博多・都城間準急のうち都城編成が東京延長のうえ急行「たかちほ」に格上げされ、東京～門司間は「阿蘇」に併結となる。さらに大阪～大社間準急も急行701・702列車に格上げされ、編成中特ロを含む3両が3039・3040列車に併結で東京へ直通。そして3039・3040列車と701・702列車には、1週間後の12月2日に「せと」と「いずも」の列車名がつけられ、今日まで切っても切れない縁が出来上がる。これにより、東京からは戦前になかった大分・宮崎・鳥取・島根の各県都への直通が実現する。大阪市内からは香川・愛媛・高知・和歌山の各県都へは準急や普通または電車での直通が可能なので、こと西日本各地へのアプローチは東京よりも便利だった。東海・近畿・中国・四国・九州地方のうち、大阪市内から直通列車の設定がない県庁都市として徳島と山口、それに沖縄が残ったのは地理的な

図－9　特急列車編成表

1949（昭24）年9月15日 東京～大阪間「へいわ」

←11レ大阪行　←12レ東京行

①	②	③	④	⑤	⑥	⑦	⑧	⑨	⑩
3等・荷物	3等	3等	2等	2等	食堂	2等	2等	2等	1等・展望
スハニ32	スハ42	スハ42	オロ40	オロ40	スシ47	オロ40	オロ40	オロ40	マイテ39

1950（昭25）年5月11日 東京～大阪間「つばめ」「はと」

←9・11レ大阪行　←10・12レ東京行

	①	②	③	④	⑤	⑥	⑦	⑧	⑨	⑩
	3等・荷物	3等	3等	2等	2等	食堂	2等	2等	2等	1等・展望
（つばめ）	スハニ32	スハ42	スハ42	スロ60	スロ60	スシ47	スロ60	スロ60	スロ60	マイテ39
（はと）	スハニ32	スハ42	スハ42	スロ34	スロ34	スシ47	オロ40	オロ40	オロ40	スイテ49

1951（昭26）年5月　東京～大阪間「つばめ」「はと」

←1・3レ大阪行　←2・4レ東京行

	①	②	③	④	⑤	⑥	⑦	⑧	⑨	⑩
	3等・荷物	3等	3等	2等	2等	食堂	2等	2等	2等	1等・展望
（つばめ）	スハニ32	スハ43	スハ43	スロ60	スロ60	マシ36	スロ60	スロ60	スロ60	マイテ39
（はと）	スハニ32	スハ43	スハ43	スロ60	スロ60	マシ35	スロ60	スロ60	スロ60	スイテ49

1951（昭26）年10月1日 東京～大阪間「つばめ」「はと」

←1・3レ大阪行　←2・4レ東京行

	①	②	③	④	⑤	⑥	⑦	⑧	⑨	⑩	⑪
	3等・荷物	3等	3等	3等	2等	2等	食堂	2等	2等	2等	1等・展望
（つばめ）	スハニ35	スハ44	スハ44	スハ44	スロ60	スロ60	マシ36	スロ60	スロ60	スロ60	マイテ39
（はと）	スハニ35	スハ44	スハ44	スハ44	スロ60	スロ60	マシ35	スロ60	スロ60	スロ60	スイテ49

1953（昭28）年3月15日 京都～博多間「かもめ」

←5レ博多行　←6レ京都行

①	②	③	④	⑤	⑥	⑦	⑧	⑨
3等・荷物	3等	3等	2等	2等	食堂	2等	2等	3等
スハニ35	スハ44	スハ44	スロ54	スロ54	スシ48	スロ54	スロ54	スハフ43

1954（昭29）年10月1日 東京～大阪間「つばめ」「はと」

←1・3レ大阪行　←2・4レ東京行

	①	②	③	④	⑤	⑥	⑦	⑧	⑨	⑩	⑪
	3等・荷物	3等	3等	3等	2等	2等	食堂	2等	2等	2等	1等・展望
（つばめ）	スハニ35	スハ44	スハ44	スハ44	スロ54	スロ54	マシ35	スロ54	スロ54	スロ54	マイテ39
（はと）	スハニ35	スハ44	スハ44	スハ44	スロ54	スロ54	マシ35	スロ54	スロ54	スロ54	マイテ49

1953（昭29）年 10月1日　京都～博多間「かもめ」

←5レ博多行　←6レ京都行

①	②	③	④	⑤	⑥	⑦	⑧	⑨
3等・荷物	3等	3等	3等	食堂	2等	2等	2等	3等
スハニ35	スハ44	スハ44	スハ44	マシ49	スロ54	スロ54	スロ54	スハフ43

条件や優等列車の流れから、ある程度仕方がなかった。

ところで、1951年の最大の出来事といえば、9月にサンフランシスコで行われた対日講和会議である。これにより8日に平和条約と日米安全保障条約が成立したことにより、それが発効する1952（昭和27）年4月28日に連合軍の占領は終わりを告げ、日本は独立を回復するが、アメリカ軍は単独で日本に駐留するという形がとられる。

これに伴うダイヤ改正は1952年4月1日に実施される。ここで処遇が注目されるのは東京と九州・北海道を結んでいた3往復の連合軍専用列車だが、占領軍の撤退により専用列車としての使命を終えるものの、アメリカ軍にとっては国内基地間の移動に便利な列車であることには違いはなく、「特殊列車」の名で残される。東京～九州間で運転さ

表－11　戦後期における東海道・山陽線急行列車の時刻（3）

年月日	1954（昭29）年10月1日											
列車番号	206	306	38	308	36	2	1002	34	32	4	406	1006
種別	準急	準急	急行	準急	急行	特急	急行	急行	急行	特急	準急	急行
等級	2·3等	2·3等	2·3等	2·3等	各等	各等	各等	2·3等	2·3等	各等	2·3等	1·2等
列車名			雲仙		きりしま	つばめ	西海	げんかい·たかちほ	阿蘇	はと		早鞆
特殊設備車			2寝·食		1·2寝·食	1展·食	1·2寝·食	食	食	1展·食		1·2寝·食
始発	博多 15 30		長崎 13 50	宇野 2 24	鹿児島 11 38		佐世保 16 30	博多 20 55	熊本 18 30			博多 6 00
下関　発	17 26		19 22		21 02		21 33	22 45	23 12			8 00
広島　〃	22 13	22 00	23 42		1 07		1 40	3 00	3 27			11 52
岡山　〃	1 54	2 35	2 54	3 20	4 16		5 03	6 17	6 42			15 53
神戸　〃	4 41	5 36	5 23	6 27	6 48		7 46	8 49	9 16			18 27
大阪　〃	5 31	6 15	6 10	7 07	7 42	9 00	8 42	9 42	10 02	12 30	17 30	19 30
京都　〃	6 09		7 00		8 26	9 37	9 29	10 26	10 54	13 07	18 09	20 19
名古屋　〃			10 00		11 15	11 55	12 27	13 15	13 50	15 23	21 05	23 40
東京　着			16 15		17 37	17 00	18 25	19 12	20 08	20 30		6 40
記事		呉線経由		四国から直通 ※①			特殊列車		筑豊線経由			特殊列車 呉線経由
列車番号	11	1005	13	21	39	15	17	5	23	405	1	31
種別	急行	急行	急行	急行	急行	急行	急行	特急	急行	準急	特急	急行
等級	2·3等	1·2等	各等	2·3等	各等	各等	各等	2·3等	2·3等	2·3等	各等	2·3等
列車名	明星	早鞆	銀河	安芸	筑紫	彗星	月光	かもめ	せと·いずも		つばめ	阿蘇
特殊設備車		1·2寝·食	1·2寝	2寝	1寝·食	1·2寝	1·2寝	食			1展·食	食
東京　発	19 30	20 15	20 30	21 00	21 30	22 00	22 15		22 30		9 00	9 30
名古屋　〃	2 15	3 05	3 30	3 50	4 20	4 45	5 00		5 20	8 00	14 05	15 40
京都　着	5 30	6 07	6 45	7 07	7 35	8 02	8 24	8 30	8 42	10 56	16 21	18 43
大阪　〃	6 26	6 56	7 36	7 56	8 30	8 51	9 16	9 06	9 30	11 35	17 00	19 31
神戸　発		8 04	8 25	8 44	9 22			(9 37)	10 20			20 23
岡山　〃		10 50		11 21	12 20			11 47	13 02			23 01
広島　〃		14 46		15 25	15 48			14 20				2 13
下関　着		18 36			20 12			17 41				6 25
終着		博多 20 30			鹿児島 5 48			博多 19 10	宇野 13 45			熊本 11 14
記事		特殊列車 呉線経由		呉線経由					大社着 18 35			筑豊線経由

下り「かもめ」は神戸通過。(9 37)は三ノ宮発時刻　※① 八幡浜発14：59、窪川発14：40

表－12　関西本線　急行・準急列車時刻の変遷

年月日	1949（昭24）年9月15日			1950（昭25）年10月1日				1954（昭29）年10月1日			
列車番号	202	204	206	206	208	210	202	206	208	210	202
種別	準急	準急	準急	準急	準急	準急	急行	準急	準急	準急	急行
等級	2·3等	2·3等	2·3等	2·3等	2·3等	2·3等	2·3等	2·3等	2·3等	2·3等	2·3等
列車名							大和				大和
湊町　発	7 50	12 50	17 50	7 50	12 50	17 50	19 20	7 30	13 50	17 50	20 00
天王寺　〃	8 00	13 00	18 00	8 00	13 00	18 00	19 30	7 40	14 00	18 00	20 10
奈良　〃	8 47	13 47	18 47	8 45	13 50	18 47	20 15	8 16	14 36	18 37	20 49
亀山　〃	10 23	15 23	20 23	10 22	15 23	20 26	21 42	10 01	16 00	20 03	22 09
名古屋　着	11 33	16 32	21 33	11 31	16 28	21 32	22 48	10 45	17 05	21 05	23 10
終着							東京 6 08				東京 6 25
記事							鳥羽発 *19 14*				2寝連結
列車番号	201	203	205	201	205	207	209	201	205	207	209
種別	準急	準急	準急	急行	準急	準急	準急	急行	準急	準急	準急
等級	2·3等	2·3等	2·3等	2·3等	2·3等	2·3等	2·3等	2·3等	2·3等	2·3等	2·3等
列車名				大和				大和			
始発				東京 23 00				東京 23 00			
名古屋　発	7 35	12 35	17 35	6 00	7 40	12 40	17 40	5 50	7 45	13 00	17 40
亀山　〃	8 51	13 51	18 51	7 12	8 52	13 54	18 56	6 55	8 49	14 04	18 44
奈良　〃	10 28	15 28	20 33	8 40	10 30	15 30	20 32	8 16	10 13	15 33	20 08
天王寺　着	11 10	16 10	21 15	9 18	11 09	16 09	21 13	8 57	10 50	16 10	20 45
湊町　〃	11 19	16 19	21 24	9 27	11 17	16 17	21 22	9 06	11 00	16 20	20 55
記事				鳥羽着 *9 14*				2寝連結			

*斜数字*は普通列車としての時刻

れるのは東京～佐世保間の2往復で、一定条件のもとに日本人の乗車も認められる。だが、寝台車を含め1･2等中心の編成には変わりなく、3等車は東海道昼行の1001･1002列車の東京～大阪間に3両連結されているだけで、それも『時刻表』に「この列車利用の際は車内の秩序、整頓、清潔等特に御留意願います」との注意書きがあっては、簡単に利用できるものではなかった。日本の独立回復後、旧連合軍に接収されていた客車は一部を残し国鉄に返還される。以後、1･2等寝台車や食堂車は幹線急行の編成に組み込まれ、編成も“豪華さ”を増す。

なお、同日の改正では紀勢西線昼行準急106･105列車に「熊野」の列車名が命名される。先輩格の夜行準急108･107列車については“格”が見合わないのか、1951年中に快速に格下げされてしまった。天王寺鉄道管理局内には関西本線にも準急3往復が設定されているが、こちらは利用客の主体がビジネス客と用務客なので列車名は必要なしと踏んだのか、ノーネームのままだった。

9月1日、大阪～名古屋間に準急3406･3405列車が運転を開始する。名阪間には関西本線準急が並走するが、“東海道本線の列車”というだけでステータスになるのか、直通旅客の利用も多かったという。

1954(昭29)年10月1日							
24	12	40	6	14	16	22	18
急行	急行	急行	特急	急行	急行	急行	急行
2･3等	2･3等	各等	2･3等	各等	各等	2･3等	各等
せと･いずも	明星	筑紫	かもめ	銀河	彗星	安芸	月光
		1寝･食	食	1･2寝	1･2寝	2寝	1･2寝
宇野		鹿児島	博多				
15 35		23 30	10 00				
		9 36	11 29				
		13 52	14 53			14 30	
16 25		17 07	17 22			18 29	
19 08		19 48	19 29	20 10		20 58	
19 52	20 10	20 40	20 03	21 00	21 30	21 40	22 00
20 42	20 58	21 26	20 40	21 46	22 20	22 34	22 57
23 55	0 10	0 30		1 00	1 30	1 45	2 00
6 50	7 08	7 23		7 53	8 54	9 08	9 24
大社 発						呉線経由	
10 40							
205	33	1001	3	307	35	37	305
準急	急行	急行	特急	準急	急行	急行	準急
2･3等	2･3等	各等	各等	2･3等	各等	2･3等	2･3等
	げんかい･たかちほ	西海	はと		きりしま	雲仙	
	食	1･2寝･食	1展･食		1･2寝･食	2寝･食	
	10 00	10 30	12 30		12 35	13 00	
	16 10	16 50	17 35		18 40	19 10	
19 10	19 21	19 58	19 51		21 31	22 07	
19 49	20 16	20 47	20 30	21 30	22 16	22 50	23 15
20 43	21 24	21 44		22 09	23 05	23 40	23 50
23 26	23 52	0 35		1 07	1 33	2 30	2 41
3 28	2 57	3 47			4 39	6 00	6 50
8 24	7 05	8 00			8 47	10 25	
博多	博多	佐世保		宇野	鹿児島	長崎	
10 25	9 00	13 00		1 50	18 18	15 55	
	都城 着	特殊列車		四国へ直通			呉線経由
	16 41			※			

※② 八幡浜着12：22、窪川着12：32

表－13　阪和･紀勢西線　優等列車時刻の変遷

年月日	1949年9月15日	1950(昭25)年10月1日		1954(昭29)年10月1日		
列車番号	10	106	108	106	3110	3108
種別	準急	準急	準急	準急	準急	準急
等級	2･3等	2･3等	2･3等	2･3等	2･3等	2･3等
列車名				熊野	黒潮	南紀
天王寺 発	21 30	9 30	22 00	9 30	13 30	16 00
難波 〃	‖	‖	‖	‖	13 10	‖
和歌山市 〃	22 30	‖	23 02	10 26	14 16	‖
東和歌山 〃	22 58	10 48	23 28	10 45	14 32	17 01
紀伊田辺 〃	2 10	13 00	2 13	12 40	16 18	18 59
白浜口 〃	2 30	13 22	2 45	13 02	16 32	19 14
新宮 着	5 40	15 52	5 54	15 10		
記事					土曜運転	
列車番号	9	105	107	3107	105	3109
種別	準急	準急	準急	準急	準急	準急
等級	2･3等	2･3等	2･3等	2･3等	2･3等	2･3等
列車名				南紀	熊野	黒潮
新宮 発	21 30	11 20	22 00		11 45	
白浜口 〃	0 45	13 51	1 13	9 35	14 03	15 05
紀伊田辺 〃	1 20	14 13	1 42	9 49	14 21	15 19
東和歌山 着	4 27	16 20	4 30	11 47	16 25	17 15
和歌山市 〃	4 42	‖	4 44	‖	16 54	17 31
難波 〃	‖	‖	‖	‖	‖	18 37
天王寺 〃	6 00	17 40	6 00	12 49	17 43	18 29
記事						日曜運転

表－14　大阪～北陸･日本海縦貫急行･準急列車時刻の変遷

年月日	1949(昭24)年9月15日	1950(昭25)年10月1日		1954(昭29)年10月1日		
列車番号	501	602	501	3505	602	501
種別	急行	急行	急行	準急	急行	急行
等級	2･3等	2･3等	2･3等	2･3等	2･3等	2･3等
列車名		北陸	日本海	ゆのくに	北陸	日本海
特殊設備車					2寝	2寝･食
大阪 発	22 30	13 10	22 30	12 05	13 30	22 30
京都 〃	23 25	14 00	23 30	12 42	14 17	23 30
福井 〃	4 22	18 18	4 38	16 13	18 13	4 33
金沢 〃	6 13	20 05	6 26	17 49	20 00	6 20
富山 〃	7 54	21 32	8 00		21 28	7 56
終着	青森 23 00	上野 7 17	青森 22 24		上野 7 20	青森 22 28
記事				火･木･土曜運転		
列車番号	502	502	601	502	601	3506
種別	急行	急行	急行	急行	急行	準急
等級	2･3等	2･3等	2･3等	2･3等	2･3等	2･3等
列車名		日本海	北陸	日本海	北陸	ゆのくに
特殊設備車				2寝･食	2寝	
始発	青森 5 35	青森 5 40	上野 21 10	青森 5 35	上野 21 10	
富山 発	21 01	20 29	6 57	20 30	6 57	
金沢 〃	22 29	22 23	8 52	22 21	8 43	12 33
福井 〃	0 16	0 12	10 51	0 07	10 22	14 20
京都 着	4 55	5 02	15 00	5 02	14 21	18 05
大阪 〃	5 48	5 57	15 55	5 50	15 10	18 56
記事						水･金･日曜運転

急行の列車名命名は1950年11月8日

時代を駆けた名列車-16

特急「かもめ」

EF58牽引の下り「かもめ」が発車を待つ。1960年9月4日　大阪　写真：林 嶢

1950年代に入ると、世の中が落ち着きを取りもどし、山陽・九州地区から戦前の特急「富士」のような列車を望む声が高まった。しかし、東京～博多間特急は大阪を境に片方向が夜行運転となることは必定である。3等寝台車のない当時としては、夜行ではどうしても利用客が限られてしまう。そこで、東京始発の発想をやめて、新設特急は京都～博多間で運転することとした。戦後の関西発西行特急第1号の誕生である。列車名は「かもめ」と命名された。この名は、瀬戸内海に沿って走る山陽本線にぴったりであった。

1953（昭和28）年3月改正で登場した特急「かもめ」の編成はハニ、ハ×3、ロ×4、シの9両、展望車は連結が見送られた。11月には2等車のうち1両が3等車に置き換えられた。この3等車は一方向き固定シートのスハ44で、終着駅では編成の方向転換が必要だった。京都では梅小路～丹波口の三角線を使えば可能だったが、博多では付近に三角線がなく、香椎線、勝田線を使用しての方向転換作業をせざるをえず、1957年には3等車がナハ10系化された。

「かもめ」には、戦前の東海道本線特急のときに1章で記述したように“日陰者特急”のイメージがあったが、今度も車両や列車番号でこのイメージを引き継いでしまった。当初は「つばめ」「はと」の続番の5・6列車だったものの、1958（昭和33）年10月からは急行並の201・202列車に改番されてしまった。気の毒というほかない。

●山陽本線に特急「かもめ」復活

山陽・九州線には戦前は特急が運転されていたものの、戦後は復興輸送優先のあおりで長らく日の目を見ずにいたが、1953（昭和28）年3月15日に京都～博多間に特急「かもめ」が復活する。時刻は京都発 8:30→博多着19:10、博多発10:00→京都着20:40となり、神戸市内の停車駅は下りが三ノ宮、上りは神戸で両駅の顔を立てる。東京を始終着としない特急はもちろん国鉄では初めてだが、当初は東京～博多間列車として計画された。だが、同区間の運転となると途中で夜行運転となることは避けられず、利用客から要望の高い3等寝台車が復活していないのが東京断念の理由だった。そのため、「かもめ」は戦前の「富士」「櫻」とは異なり昼間の山陽路を走るが、1等展望車は検討段階で時期尚早とみられたため、連結されなかった。

天王寺～白浜間の温泉客向け準急「南紀」をＥＦ52が牽引。
1955年4月　東和歌山　写真：和気隆三

同日の改正で、急行「げんかい」が東京～博多間、「筑紫」が東京～鹿児島間に延長される。「筑紫」は運転時刻との関係で、関西から乗車する場合は、上下方向とも終点に着くのは翌朝となる。

11月11日には東海道本線稲沢電化に伴うダイヤ改正が実施され、東京～大阪間に“第4夜行”として急行「月光」が増発される。また、大阪以西では四国（宇和島・窪川）行準急の人気が高いこともあって広島行と分離される。四国行は宇高連絡船への車両積載との関係で、予讃・土讃方向とも3両ずつしか航送できず、残る車両は宇野止りとなり、乗客は船室への移動を余儀なくされた。

紀勢西線では天王寺〜白浜口間に準急「南紀」が登場。イメージ的には“温泉準急”だが、実体は御坊・田辺方面から大阪へのビジネス・用務客向けの列車だった。

1954（昭和29）年10月1日には、東日本を中心としたダイヤ改正が実施される。“特殊列車”3往復に日本人の利用を促す意図もあり、東海道・山陽関係では1001・1002列車に「西海」、8月から東京〜博多間に変更された1005・1006列車には「早鞆」のネームが命名されるほか、急行「雲仙」の肥前山口以遠が長崎本線経由になる。紀勢西線の週末快速「黒潮」も準急に格上げされるが、元来から人気の高い列車なので、増収目的の格上げであることは明らかだった。

なお、関西に発着する列車のうち東海道・山陽本線優等列車は1954年10月改正の時刻を表−11に、北陸・関西・紀勢線関係は本数とのかかわりもあり、1949（昭和24）年9月から1954年10月までの主要改正の時刻を表−12〜14に記す。この期間の特急編成の移り変わりも図−9に示したので、参照されたい。敗戦後、まだ10年も経過していないが、列車本数の増加や組成内容の充実ぶりから、国鉄がいかに日本の復興の先頭に立ってきたか、健闘ぶりが目に浮かぶようである。

●京都〜西明石間普通電車に半室2等車復活

関西地区の国電は、80系化された京都〜神戸間急行が好評で利用客も増加したため、1951（昭和26）年8月から編成を5両に増強。同時に車体形状に合わせた大型の急行ヘッドマークが取りつけられる。80系では「いでゆ」「あまぎ」など、東京〜伊東・修善寺間の湘南準急も列車ごとにデザインされたヘッドマークをつけていたが、優等列車で有料なのに対し、京都〜神戸間急行電車は当然ながら特別料金は不要だった。このあたりは30年後に見られる185系特急と117系新快速との関係と何故か一致しており、「設備のよい電車に安い値段で乗っていただく」というのは、並走私鉄への対抗もあるが、関西国電の伝統でもあるようだ。急行電車は1952（昭和27）年8月1日からは20分ヘッド運転に増強される。

連合軍の白帯車の接収解除で2・3等合造車にもどったクロハ69。1959年6月　鳳　写真：野口昭雄

京都〜西明石間の普通電車は、敗戦直後はモハ63の助けを借りて乗り切るが、1951年2月から3月にかけてはスカ形と呼ばれる70系の中間車であるモハ70が明石電車区に新製配置され、これを機に日中の電車は極力3ドア・クロスシート車で固める方向性が打ち出される。そのため、戦時中にロングシート化されていた51系がクロスシートに復元される一方、元来からロングシートだった40系もクロスシート化され、51系に編入される。改造に当たっては70系と同じクロスシートを使用しているため座り心地はよかった。なお、普通電車は茶色一色であるため、モハ70も“郷に入れば郷に従え”とばかり茶色で入線する。1954（昭和29）年には先頭車クハ76も茶色一色で入ったため、ファンの間からは“茶坊主”と揶揄された。

京阪神間普通電車の一部には敗戦直後から連合軍専用の白帯車が運転され、平和条約締結により1951年11月限りで廃止されたものの、日本人の間で利用希望が多いことから、一般の2・3等合造車として存続。クハ55のうちクロハ69として生をうけた車両を集め、2等車部分の再改造が実施された。この結果、京阪神国電での2等車は、急行ではなく普通に連結されるという現象が10年近くにわたって続いた。

この間、阪和線では特急電車が増発される一方で、社形電車も制御装置や連結器の取替えが実施される。その結果、モハ52や半流モハ43が社形車両と連結される機会も多くなり、編成が乱れてしまったのは残念だった。

時代を駆けた名列車-17

関西本線準急

C57牽引の一般客車による名古屋行準急列車。1954年12月12日 河内堅上 写真：和気隆三

1章3節で、明治時代における関西鉄道（関西本線の前身の私鉄）と官鉄（国鉄の前身）との乗客争奪戦について述べたが、その後は、国有となった関西本線と、奈良・伊勢・名古屋に広く路線をもつ近鉄との間での乗客争奪エピソードが知られる。

関西本線の湊町～奈良～名古屋を直通する優等列車は、上記関西鉄道時代の急行の伝統を受け継ぐかのように、戦後の1949（昭和24）年6月1日になって準急が3往復設定される。9月15日には定期列車に格上げされた。当初は蒸気機関車が一般客車を牽引する列車だったが、1955（昭和30）年3月22日から1往復が気動車化された。これは優等列車に気動車が投入されるわが国初の事例となった。キハ50、キハ17、キロハ18による4両編成の運転だった。キハ50がキハ51に置き換えられるのが1956（昭和31）年7月15日で、このときに3往復すべてが気動車運転となる。1958（昭和33）年10月改正ではこの準急に「かすが」の愛称がつけられ、同時に車体を大型にし車内設備を新製軽量客車並にグレードアップしたキハ55が投入されて、ようやく優等列車らしい車内設備を整えることができた。

準急色のキハ55・キハ51と普通色のキロハ18の混編成の準急。1957年11月 河内堅上 写真：和気隆三

4 気動車準急誕生と3等寝台車復活

●わが国初の気動車準急、関西本線に誕生

国鉄の気動車は戦後の石油事情が落ち着いた1949（昭和24）年以後はディーゼル機関を採用することに決定。1950（昭和25）年から車両新製と戦前のガソリンカーの機関積替工事が実施される。しかし、当時在籍の気動車は動力伝達方式が歯車式のため、動力車が2両以上で走る場合は、各車両に運転士が乗務しなければならず、自ずと用途は限られた。そこで、ローカル線をはじめとする未電化区間の無煙化や経営合理化のため気動車の出力増強と総括制御の開発がなされ、その結果1953（昭和28）年10月に長編成運転を可能とするキハ17が登場する。

なお、当時の気動車は40000番代からなる形式を名乗っていたが、本書ではすべて1957（昭和32）年4月に制定された形式で記述することとしたい。

さて、キハ17系は落成以後、全国各地に配置される。京阪神では奈良線と桜井線がモデル線区になり、1955（昭和30）年2月には、それまでC51やC58が牽いていた客車列車をすべて置き換える。気動車化は、無煙化はもちろんのこと、列車増発とスピードアップをもたらし、沿線から好評で迎えられたことは記すまでもない。

1954（昭和29）年10月から12月にかけては、キハ17系の仲間に2エンジン搭載の強力型試作車キハ50と、2·3等合造車のキロハ18が相次いで登場。1955（昭和30）年3月22日から湊町〜名古屋間準急3往復中208·209列車がキハ50＋キロハ18＋キハ17＋キハ50の編成に置き換えられ、ここにわが国初めての気動車による優等列車が誕生する。当時の関西本線客車準急はC 57がオハニ63＋スロハ32＋スハ43＋スハフ42の編成だったので、車両の質は客車のほうが断然上位だが、気動車準急はもの珍しさに加え、煙害の心配がないためか旅客からの支持が高かった。

この好評に気をよくした天王寺·名古屋両鉄道管理局は、キハ50の改良増備車といえるキハ51の落成を待ち、1956（昭和31）年7月15日から関西本線準急3往復の気動車化を実施する。同時にダイヤ改正も実施され、準急3往復は2時間47〜54分で湊町〜名古屋間を結ぶ。天王寺〜名古屋間最速列車となると所要は2時間39分なので、表定速度を別にすれば名阪間で最も速い列車に躍り出た。編成は5〜6両に増強されていたが、上り列車は奈良での座席確保が難しいほどだった。関西本線は前身の関西鉄道時代以来、半世紀ぶりに脚光を浴びるが、時すでに東海道本線の全線電化がカウントダウンの段階に入っており、その栄華はまさにひと夏だけだった。

関西本線気動車準急が話題をさらう1955年5月11日、宇高連絡船宇野行の紫雲丸が濃霧のため、高松行の貨物船第三宇高丸と衝突し沈没。死者156名、行方不明者13名を出す。これにより、大阪〜四国間準急の車両航送は廃止されてしまった。

7月1日には、設備に比して値段が高く、東京〜大阪／福岡間などで運行を開始した航空機への競争力を失った1等寝台車が廃止され、2等寝台に格下げ。2等寝台は従前の車両とともに設備に応じてA·B·C室の料金が設定される。これにより、国鉄の1等車は特急「つばめ」「はと」の最後尾を飾る展望車だけとなる。そして、直後の7月20日には大阪〜金沢間で隔日運転の臨時準急「ゆのくに」が定期格上げされ、大阪から北陸行の昼行優等列車は2往復体制になる。

●3等寝台車が軽量車体のナハネ10で復活

全国の客車急行に使用される43系客車は居住性のよさで利用客から好評を博していたが、その反面「スハ」の記号が示すように車体の重さは列車の高速化や車両増結の際に障碍となるのは避けることができなかった。そこで、年々の利用客増加に対処できるだけの輸送力増強を迫られる国鉄としては、車体軽量化は急を要する課題とされ、その開発や研究の成果として1955（昭和30）年10月にナハ10試作車が登場する。スハ43の自重が約34tに対し、ナハ10はその3分の2にあたる約23tなので、単純計算では機関車がスハ43の10両を牽引するのが精いっぱいの路線であっても、ナハ10なら15両まで可能ということである。10系軽量客車は、量産車落成後は、慢性的に輸送力が不足がちの東京〜九州間や東北·常磐線、それに急勾配の存在で牽引定数が制限される信越本線

ナハ10系を連結した急行「出雲」。先頭はC57。
1958年6月13日　中山寺〜川西池田　写真：篠原 丞

軽量客車ナハ10系は順調に両数を増やした。3両編成の信越本線普通列車。1962年8月30日　直江津　写真：林 嶢

などに投入され、輸送サービスの向上に大きな役割を果たした。

また、連合国軍の統治が終わり、2等寝台車が返還されてくると、利用客の間から戦前に人気のあった3等寝台車の復活が要望される。これについてはナハ10の量産車と並行してナハネ10を製造することになり、1956(昭和31)年3月から4月にかけて一挙に100両が登場する。寝台のレイアウトは基本的に戦前のスハネ30･31と同じだが、寝台全体を包むカーテンのほか、シーツや枕も備えつけられ居住性が向上したほか、車両そのものも現在に通用するほどの優れたスタイルで、夜行旅客はいやがうえにも乗車意欲をそそられた。

ナハネ10は3月20日から東海道急行の「明星」「銀河」「彗星」「月光」と、同日から運転を開始する京都〜熊本間急行「天草」に各2両ずつ組み込まれる。関西で乗降可能な列車としては、その後6月までに、急行「阿蘇」「たかちほ」「きりしま」「雲仙」「筑紫」「安芸」「大和」「せと」「日本海」、準急では京都〜博多間205･206列車に各1両ずつ連結される。要は東海道･山陽本線系で夜行区間を走る長距離優等列車にはすべてといっていいほどほとんどの編成に入ったわけで、3等寝台車の復活はそれほどまでに利用客からの期待が高かったという証である。天地寸法の狭い3段式で、ベッド幅も52cm、しかも冷房設備もなかったが、夜行急行では3等車の座席確保もままならなかった当時、横になれるということはこれほどまでに有難かったのだ。

●阪和線特急・急行用に70系入線

1954(昭和29)年10月当時の京阪神国電区間で急行運転を行っているのは、東海道･山陽本線と阪和線だけで、城東･西成線と片町線は普通電車だけの設定だった。その城東･西成･片町3線の電車は淀川電車区が受けもち、73系と40系、それに43系の戦時改造によるモハ31･32などの4ドア車、それに社形のTcが交じるといった具合に、計100両が配置されていた。大阪市内を行く城東･西成線は、関西随一の国電混雑路線ということもあって73系を主体に5両編成で固められていたが、1950(昭和25)年に電化区間が長尾まで延びても、全線が単線の片町線は“田舎の電車”そのもので、3ドア車や4ドア車に社形が交じった統一のない2〜4両の編成で運転されていた。国電については、沿線の人々が普段着や下駄ばきで気軽に利用するため“ゲタ電”と呼ばれ、片町線と阪和線はさながらゲタ電の宝庫的存在だが、片町線には阪和線のモハ52などのようなスター電車が存在しないため､沿線の鉄道ファンは“ガタ電”と呼んでいた。城東線の京橋〜森ノ宮間には兵器工場があった関係で空襲による焼け跡が残り、一方、片町線は田園風景が広がる中を走っていた。阪和線も大阪府南部の丘陵地を行く区間では、遠くに海を望むことができた。それが半世紀以上前となった当時の風景だった。

1950年以後、流電モハ52や半流モハ43が特急や急行電車として活躍し、路線の顔として定着した阪和線だが、1955(昭和30)年12月になってライトグリーンとオレンジ系クリーム色の独特な塗装を施した70系4両編成3本が入線し、主役の座を奪う。当時、関西の私鉄界では軽量構造･カルダン方式の高性能車の開発が盛んで、並走する南海電鉄にも11001系転換クロスシート車が入ったため、国鉄もモハ52一党では対抗できないと踏み、阪和線に新車導入を決断したのである。70系は性能面では南海11001系に及ばないながらも、全編成がクロスシート車で統一されていることで好評だった。当時の国鉄では新性能車(高性能車)はまだ登場しておらず、研究･開発の段階だった。こと電車に関しては私鉄との競争に大きく遅れをとっていたのである。

阪和線独特のツートンカラーに塗られた70系による急行電車。
1958年5月31日　杉本町　写真：篠原 丞

3章
東海道全線電化と電車・気動車による優等列車の発展

（1956～1964）

山陰本線特急「まつかぜ」 1966年8月17日 大山口 写真：福田静二

1 記念切手も発売された東海道本線全線電化

●「つばめ」「はと」用客車は“青大将”に変身

1953(昭和28)年11月11日に稲沢、1955(昭和30)年7月20日には米原と、西へ歩を進めてきた東海道本線の電化も1956(昭和31)年11月19日、米原〜京都間を最後に全区間が完成する。琵琶湖南岸の平地を走る同区間は、輸送力が別段低いわけではないが、明治期の東海道線全通と同じく開業が最後になったのは何かの因縁だろうか。しかし、わが国における東西の両核が架線で結ばれたことは、国家的プロジェクトの完成であるとともに、戦後の復興完結の象徴でもあり、広重の「由比」をバックにEF58が牽く特急「つばめ」を描いた記念切手が発売された。近年でこそ、鉄道車両を描いた切手は珍しくないが、当時としては1942(昭和17)年の「鉄道70年」に次ぐ、2例目であった。

東海道本線全線電化と同時に戦後2度目となる白紙ダイヤ改正が実施され、東京〜大阪間では特急「つばめ」「はと」の両列車が全区間ＥＦ58牽引となったのを機に、機関車はもちろん客車もやや灰色がかったライトグリーンに改められる。ファンの間からは畏敬と揶揄とが重なったような“青大将”のニックネームがつけられた。注目の到達時分は従前より30分短縮の7時間30分になるが、機関車の性能や43系客車中心の編成から表定速度74.5km/hは精いっぱいの速度といえた。この改正で、東海道本線で注目される列車といえば、東京〜博多間に復活した特急「あさかぜ」と東京〜大阪間急行「なにわ」である。

「あさかぜ」は戦後としては初の夜行区間を走る特急で、東京対山陽西部・九州間の直結に重点を置いたため、京阪神を深夜に通過するダイヤが特徴だった。京阪神三都駅に停車するものの実際の利用は困難で、本書の主旨に沿った列車ではない

表－15　1956(昭和31)年11月19日改正における東海道・山陽線優等列車の時刻

年月日	1956(昭31)年11月19日										
列車番号	8	204	308	40	202	38	2	36	34	32	4
種別	特急	急行	準急	急行	急行	急行	特急	急行	急行	急行	特急
列車名	あさかぜ	玄海		雲仙	天草	霧島	つばめ	高千穂	西海	阿蘇	はと
座席等設備 寝台設備	特2・食 ABC・3寝	特2 3寝		特2・食 C・3寝	特2 3寝	特2・食 C・3寝	1展・特2・食	特2・食 C・3寝	特2・食 C・3寝	特2・食 C・3寝	1展・特2・食
始発	博多 16 35	長崎 12 15		長崎 14 30	熊本 16 40	鹿児島 12 50		西鹿児島 10 50	佐世保 18 15	熊本 18 40	
下関　発	17 59	18 41		19 27	20 53	21 16		22 03	22 39	23 06	
広島　〃	21 26	22 58	22 00	0 01	1 01	1 37		2 10	2 58	3 23	
岡山　〃	23 56	2 11	2 16	3 08	4 14	4 41		5 18	6 09	6 42	
神戸　〃	1 59	4 45	5 22	5 37	6 50	7 11		7 51	8 36	9 16	
大阪　〃	2 29	5 30	6 01	6 22	7 42	8 02	9 00	8 42	9 22	10 02	12 30
京都　〃	3 10	6 10		7 14	8 19	8 45	9 37	9 30	10 05	10 46	13 07
名古屋　〃	5 07			9 50		11 20	11 37	12 10	12 40	12 45	15 05
東京　着	10 00			15 40		17 25	16 30	17 53	18 23	19 08	20 00
記事	(参考)	大村線経由	呉線経由					日豊線経由		筑豊線経由	
列車番号	13	41	21	15	23	17	43	5	25	405	305
種別	急行	急行	急行	急行	急行	急行	急行	特急	急行	準急	準急
列車名	明星	筑紫	安芸	銀河	瀬戸	月光	さつま	かもめ	出雲		
座席等設備 寝台設備	特2 BC・3寝	特2・食 AC・3寝	特2 C・3寝	特2 ABC・3寝	特2 C・3寝	特2 ABC・3寝	特2・食 ABC・3寝	特2・食	特2 BC・3寝		
東京　発	20 00	20 30	20 45	21 00	21 15	21 30	21 45		22 15		
名古屋　〃	3 00	3 25	3 40	3 55	4 10	4 30	4 50		5 25	8 00	
京都　着	5 41	6 14	6 24	6 43	7 04	7 24	7 36	8 30	8 25	10 32	11 30
大阪　〃	6 30	7 00	7 08	7 28	7 50	8 10	8 26	9 10	9 16	11 16	12 16
神戸　〃		7 48	7 59	8 20	8 39		9 20	(9 37)			12 58
岡山　発		10 27	10 45	11 21	11 21		12 20	11 46			15 42
広島　〃		13 38	14 40	15 25			15 48	14 22			19 50
下関　着		18 01					20 12	17 46			※
終着		博多 19 45			宇野 12 03		鹿児島 5 40	博多 19 10	大社 18 25		
記事			呉線経由						浜田着 *20 07*		宇野着 16 34

各列車とも2等座席車連結。「かもめ」は神戸通過。(　)内は三ノ宮発時刻。　※の広島始終着編成は呉線経由。「出雲」の

ため、同列車を含む東京～九州間特急の記述は、以後特別な場合を除き省略する。「なにわ」は戦後としては初の東海道内完結の昼行急行で、編成こそ特ロと並ロ、それに食堂車各1両以外はすべて3等車とシンプルだが、その登場を心待ちにしていた関西地区からは大歓迎を受けた。というのは庶民派層にとって、改正前は昼行で速く東京へ行くには九州から夜を徹してやって来る急行に乗車するしかなく、車内の空気が澱んでいるうえに、座席確保もままならなかったからである。急行の3等車はすべて自由席とされていた当時、特に家族やグループでの旅行には始発駅から乗車できるのは魅力的だった。

この改正で、関西を通過する東海道・山陽本線優等列車の時刻を表－15に示す。九州行準急が姿を消し、特急4往復を除けば急行が主体になるが、夜行区間を走る急行にはすべて寝台車が連結され、特に東京～九州間列車は各種の利用層の便宜を図るべく、編成は九州方から2等寝台車＋2等座席車＋3等寝台車＋食堂車＋3等座席車と各車種が“完全セット”で組み込まれているのが特徴だった。しかし、表－15の設備欄をご覧いただければおわかりかと思うが、東海道区間が夜行になる急行は旧1等寝台の2等寝台AまたはB室（Aロネ・Bロネ）を連結するのに対し、山陽区間を夜行で走る急行は3等寝台だけか、2等寝台車の連結があってもせいぜい非冷房のC室（Cロネ）で、客層の違いをもの語っているかのようだった。時刻表に急行「彗星」の文字がないのは、不定期列車に格下げされたのが理由である。

東海道本線全線電化の言葉から、蒸気機関車が姿を消したような印象を受けるが、大阪駅では東

“青大将”塗装の特急「つばめ」。1960年5月22日
関ケ原付近　写真：篠原 丞

1956（昭31）年11月19日

12	406	306	44	6	26	24	42	14	22	16	18
急行 なにわ	準急	準急	急行 さつま	特急 かもめ	急行 出雲	急行 瀬戸	急行 筑紫	急行 明星	急行 安芸	急行 銀河	急行 月光
特2・食			特2・食 ABC・3寝	特2・食	特2 BC・3寝	特2 C・3寝	特2・食 AC・3寝	特2 BC・3寝	特2 C・3寝	特2 ABC・3寝	特2 ABC・3寝
			鹿児島 23 30	博多 10 00	大社 11 10	宇野 16 15	博多 8 30				
		※	9 08	11 24			10 12				
		9 55	13 25	14 53			14 29		14 35		
		14 12	16 37	17 25		17 06	17 55		18 28		
		16 57	19 08	(19 31)		19 48	20 27		20 58	21 10	
12 50	16 50	17 42	18 52	20 03	20 30	20 40	21 12	21 30	21 40	22 00	22 30
13 35	17 31	18 25	20 44	20 40	21 15	21 32	21 56	22 15	22 27	22 52	23 18
16 00	20 00		23 30		0 10	0 30	1 00	1 15	1 25	1 50	2 15
22 00			6 25		6 54	7 10	7 40	8 03	8 23	9 03	9 23
		宇野発 13 15			浜田発 *9 25*				呉線経由		
1	11	31	33	35	3	201	37	39	203	307	7
特急 つばめ	急行 なにわ	急行 阿蘇	急行 西海	急行 高千穂	特急 はと	急行 天草	急行 霧島	急行 雲仙	急行 玄海	準急	特急 あさかぜ
1展・特2・食	特2・食	特2・食 C・3寝	特2・食 C・3寝	特2・食 C・3寝	1展・特2・食	特2 3寝	特2・食 C・3寝	特2・食 C・3寝	特2 3寝		特2・食 ABC・3寝
9 00	9 30	10 00	10 30	11 00	12 30		13 00	13 30			18 30
13 55	15 35	16 00	16 40	17 05	17 28		18 45	19 25			23 25
15 52	18 05	18 24	19 02	19 43	19 24	20 10	21 05	21 46	22 10		1 19
16 30	18 56	19 10	19 50	20 28	20 00	20 47	21 50	22 30	22 48	23 15	2 00
		20 00	20 41	21 19		21 39	22 39	23 14	23 38	23 49	2 29
		22 45	23 13	23 51		0 15	1 23	1 52	2 26	2 39	4 34
		2 03	2 22	3 00		3 22	4 30	5 04	5 48	6 50	7 08
		6 01	6 25	7 10		7 38	8 31	9 21	10 00		10 31
		熊本 10 36	佐世保 11 06	西鹿児島 18 28		熊本 12 03	鹿児島 17 10	長崎 14 38	長崎 16 02		博多 11 55
		筑豊線経由		日豊線経由					大村線経由	呉線経由	（参考）

浜田編成は出雲今市～浜田間快速列車　　「あさかぜ」は京阪神では利用が困難な時間帯を走るが、参考のため記載した

京からEF58牽引でやって来る優等列車は東海道内完結と、大阪でC 57に交替する山陰直通の「出雲」だけで、山陽・九州方面行きは機関区の位置関係もあって、京都でＥＦ58からC 59またはC 62に交替した。したがって京阪神の電車区間ではまだまだ蒸機が健在だったのである。

●80系急行電車、普通列車で湖東地区に進出

湘南形と呼ばれる80系電車は1950（昭和25）年3月に東京～沼津間、同年8月には京都～神戸間とそれぞれ東海道本線の起終点区間から運転を開始し、電化の進展とともに勢力範囲を拡大。米原電化の1955（昭和30）年7月には名古屋地区の豊橋～大垣間にも姿を見せる。東海道全線電化に際しては、それまで蒸機牽引で運転されていた京都～米原間普通列車は極力80系に置き換え、京阪神間の急行電車と合体する形で草津・米原方面に延長する方針がとられる。そのため、日中20分ヘッドの急行電車のうち湖東方面への直通は、電車区間の神戸～京都間が急行電車、京都～米原間は普通列車の扱いになり、大阪以東では80系5両を2本つないだ10両編成もお目見えする。こうした変則運転が発生したこともあり、長らく親しまれた急行のヘッドマークは廃止されてしまった。しかし、新規に電化された“湖東線”の沿線では、電気機関車よりもツートンカラーの80系電車を見て鉄道電化を実感したという声が圧倒的だったようだ。

この改正で、上野～大阪間急行「北陸」は夜行から昼行に使命が変わる北陸地区で運転が二分され、昼行区間は大阪～富山間急行「立山」として独立する。同区間の荷物車を除く編成も「北陸」時代の7両から9両に増強されるが、大阪～金沢間準急「ゆのくに」とスピードや3等車の車両は変わらないのに、“富山行というだけで高い急行料金を取られる”とばかり、関西での利用客からの評判は芳しくなかった。

山陰方面行では、「出雲」が親列車の「瀬戸」から分離して東海道本線を単独運転となるが、14両編成中4両の寝台車は東京～大阪間のみの連結とされる。つまり、「出雲」は東海道区間ではBロネも入る組成内容から“御三家”などエリート夜行の一員だが、昼間の急行となる福知山線では「いずも」のヘッドマークをつけたC 57が10系軽量客車の先頭に立っていた。また、山陰本線の起点区間でありながら、旅客の流れからローカル線然としていた京都口にも準急「白兎」が新設され、本線を真っ直ぐに松江を目指す。こちらもウサギを描いたヘッドマークつきのC 57が43系客車を牽引したが、そうしたマークに福知山・米子両鉄道管理局の列車に対する思い入れが込められているような感じだった。

●東海道本線に寝台急行「彗星」と電車準急「比叡」登場

1956（昭和31）年11月改正で登場した東京～博多間特急「あさかぜ」は、関西にとってはおじゃま虫的な列車だったが、起終点付近の時刻が良好なうえに、寝台車と座席指定車からなる編成は、車内が静かなことで利用客から絶賛を浴びていた。3等車は特急であるにもかかわらずボックスシートのナハ10なので反響が心配されたが、別

一般形客車時代の昼行急行「なにわ」。1960年9月2日　大阪　写真：林 嶢

ウサギの絵のヘッドマークをつけたC 57 152の牽く準急「白兎」。1958年9月14日　京都附近　写真：篠原 丞

時代を駆けた名列車-18

急行「彗星」

寝台車を連ね大阪～東京間を結んだ急行「彗星」。1959年4月26日　鶴見付近
写真：RGG

大阪～東京間は556kmあり、平均60～70km/hの優等列車のスピードでも8時間～9時間以上の所要時間となり、夜行列車の活躍に適する区間であった。戦後まもない1949(昭和24)年当時には2往復の夜行急行が設定されており、同年の9月改正で1往復が増発され、その列車番号は17･18。これが「彗星」のルーツとなった。1950(昭和25)年10月、列車番号が15･16となり、11月に正式に「彗星」の愛称名がついた。1等寝台も連結し、編成の半分を1･2等車が占める「彗星」は先輩の「銀河」や後輩の「月光」とともに豪華編成で東海道を上下した。しかし1956(昭和31)年11月改正ではいったん不定期列車に格下げとなってしまう。ところがこの改正で寝台車中心の特急「あさかぜ」が好評を博したことから、東京～大阪間にも寝台車を主体とする夜行急行列車の新設が計画され、初の寝台専用列車（後に寝台列車）が1957(昭和32)年10月に誕生し急行「彗星」を名乗った。編成の内訳は二、Aロネ、ABロネ、Bロネ×3、Cロネ、ハネ×5、指ハの13両編成であった。この当時まだ寝台緩急車はなかったので座席の緩急車1両が指定席で入るが、ほかはすべて寝台車でロネの比率が高く、このときの列車番号が17･18だったので、戦前の「名士列車」の再来とまでいわれた。さらに1962(昭和37)年5月からはサロンカー・オシ16が連結されるなどまさに東海道夜行の白眉として活躍したのであった。このオシ16はビュフェとして夜食･アルコール･朝食などを求めるビジネスマンの格好の社交場となり、もし後のブルートレインにこのような車両が連結されていたら、列車自体の魅力や利用度も変わっていたかもしれない。さすがの「彗星」も新幹線開業によって廃止となってしまったが、その名は4年後に新大阪～宮崎間の寝台特急に起用された。

段旅客からの苦情もなかったので、1957(昭和32)年6月からは京都～博多間特急「かもめ」の3等車もスハ44からナハ11に置き換えられる。こちらは線路配線の関係で大掛かりになる博多付近での客車転向を廃止するのが目的だった。

ところで、1957年になると、絶対数が不足がちな3等寝台車もナハネ10の改良型といえるナハネ11新製の目途も立ったことで、国鉄は10月1日改正を機に需要の高い東京～大阪間に「寝台専用列車」の新設を計画し、不定期急行「彗星」を定期格上げすることでこれに充てる。こうして登場した寝台急行「彗星」は、荷物車のほかは2等寝台6両、3等寝台5両、3等座席指定車1両の編成になる。列車番号も国鉄の意図があったかどうかは別にして17･18列車とされたため、年配の利用者やファンの間からは「名士列車の再来」と呼ばれた。この「彗星」は国鉄当局の思惑通り好評で迎えられ、以後、寝台列車は全国主要幹線に仲間を増やす。なお、鉄道史上では「彗星」がわが国初の寝台列車とされているが、3等座席指定車の連結があることなどから解釈すれば、筆者は「あさかぜ」がその嚆矢でないかと考える。

またこれとは別に、国鉄は全線電化なった東海道本線には以前から電車による長距離優等列車を計画しており、1957年7月から9月にかけて全金属製車体とナハ10に遜色のない車内設備を有する80系300番代を製造。10月1日改正から神戸／大阪～名古屋間に、客車列車からの置換えを含め電車準急3往復を10両編成で運転する。各列車とも大阪～名古屋間を2時間39～48分の俊足で結んだことにより、輸送力や設備面で劣る関西本線準急が斜陽化の道をたどるまでに時間はかか

時代を駆けた名列車-19

特急「こだま」

現代の電車全盛時代を、そして新幹線時代の基礎をも築いた功労車151系電車。この151系は東京～大阪間初の電車特急「こだま」でデビューした。1958(昭和33)年11月1日の運転開始で、時刻は「第1こだま」神戸6:30・大阪7:00→東京13:50、「第2こだま」大阪16:00→東京22:50であった。今は片道6時間以上を走行する昼行特急は九州の「にちりんシーガイア24号」1本のみであるが、当時の最速「つばめ」「はと」でも東京～大阪間は7時間30分かかっており、6時間台での到達は画期的なものであった。編成は3等車2両、3等・ビュフェ合造車1両、2等車1両の4両を背中合わせに連結した身軽な8両編成であった。所要時間は1959(昭和34)年9月には6時間40分、1960(昭和35)年6月には6時間30分にまで短縮され、新幹線開業前の東海道を他の電車特急・急行群とともに支えた。最終的にはパーラーカーと呼ばれた1等展望車や食堂車、合計4両(最盛期は5両)を連ねた1等車群など豪華な編成内容を誇り、国鉄の代表線区・東海道本線を代表するにふさわしいスピードと設備であった。1964(昭和39)年10月の東海道新幹線開業により、「ひかり」をサポートする各駅停車型の愛称名に採用され、在来線での活躍に終止符を打った。登場以来わずか6年足らずの活躍であったが、特急「こだま」は151系のスピード、優雅さとともに人々の記憶に深く残る名列車中の名列車であった。

151系8両による初めての電車特急「こだま」。1958年11月29日　大阪
写真：篠原 丞

らなかった。

80系300番代は湘南色で登場したことで、関西カラーの京阪神間急行電車用の80系は、1957年9月11日以降塗装を湘南色に変更。さらに9月25日からは急行電車の名称を快速電車に改称し、停車駅に高槻と芦屋を加える。1950(昭和25)年以来、京都～神戸間という限られた区間に独自の“王国”を築き、順調な発展を遂げてきた急行電車用80系も、電化進展の波には呑み込まれるしかなかった。この名称解消を機に、京阪神間の複々線区間では電車は内側線、列車は外側線走行に改められる。80系でも“列車扱い”の名阪間電車準急3往復は、改正後の11月15日に「比叡」の列車名が命名され、上下とも発車順に1～3号を名乗る。

2　東京までの日帰りを実現させた特急「こだま」

●国鉄特急のイメージを一新した電車特急「こだま」

交通機関は、乗客や物資を速くかつ安全に目的地に到着させることが大きな使命であり、国鉄は最重要区間である東海道本線東京～大阪間で、その時代時代の技術の総力を結集し、スピードアップへの挑戦を続けてきた。1956(昭和31)年11月の全線電化では、20年以上も立ちはだかっていた8時間の壁を破るが、短縮時間が短いことや、既存車両での達成であることも手伝い、国鉄技術陣は満足していなかった。そこで在来線では東京～大阪間を6時間台で結ぶ日帰り運転を目標に、新型車両の開発に取り組む。在来線という言葉を記したのは、当時すでに東海道本線の輸送力は飽

時代を駆けた名列車-20
準急「比叡」

大阪～名古屋間には1952（昭和27）年9月から不定期ながら準急列車が1往復設定されていた。1953年に定期化、1957（昭和32）年10月改正で客車から80系電車に置き換えられ名古屋～神戸間などに2往復が増発され、さらに11月に正式に「比叡」の愛称名がついた。当時の客車特急と大差ないスピードと3往復という利用のしやすさから大好評となった。1958（昭和33）年11月には5往復に、さらに最終的には1961（昭和36）年10月時点で8往復の運転となった。車両は1959（昭和34）年に80系から153系に置き換えられた。また同年には153系使用の全車指定席準急「伊吹」2往復も運転され、「比叡」一族は関西・中京間の都市間輸送に活躍した。しかし1964（昭和39）年の東海道新幹線開業後は徐々に本数を減らしていき、1965（昭和40）年10月で4往復、1972（昭和47）年3月で2往復、そして1980（昭和55）年10月には1往復となってしまった。1984（昭和59）年2月改正でついに廃止、最後は165系モノクラス8両編成という姿であった。その最後は寂しかったものの大阪～名古屋間の都市間連絡に果たした役割は大きく、競合する関西本線や近鉄名阪特急などとしのぎを削った歴史は、東海道の列車史のひとこまとして残っていくことであろう。

新製の153系に置き換わった準急「比叡」。1959年5月5日　米原
写真：篠原 丞

和状態に近づいており、同区間の複々線化に際しては、広軌別線（新幹線）の構想が浮上していたからである。

東京～大阪間高速化については機関車牽引の固定編成客車方式と電車方式とが検討され、早期実現が可能な後者に落ち着く。1957（昭和32）年6月に国鉄初の新性能電車として101系、ほぼ同時に小田急電鉄では特急用3000形SE車が落成したことも、電車特急実現に向けての追い風となった。

なお、101系は落成当時の形式は90系だが、以下1959（昭和34）年6月に制定された3桁新形式の101系で表記する。また、3桁形式採用時までに登場した新性能電車も同様とすることをお断りしておく。

国鉄の初の特急形電車は、1958（昭和33）年1月に新聞紙上で“日帰りビジネス特急”として発表され、6月下旬には公募により列車名が「こだま」に決定。そして、9月には151系8両3本が落成する。それまでの国鉄車両にはないボンネットスタイルの先頭車や、クリーム地に窓周り、雨樋、車体下部に赤のストライプを施した塗分けも斬新だが、編成全体が空調完備となって、3等車の座席も回転クロスシート、供食設備も立席のビュフェとされたあたりは、まるで10年先の電車が地上に降りてきたような感じだった。当時小学3年だった筆者は、自宅に届いたばかりのテレビ、少年雑誌、駅のポスターなどで「こだま」の写真や映像を見たが、数年後の新幹線電車よりもその衝撃は大きかった。しかし、車両や列車に対する憧れはあっても、「走りだしたら、乗ってみたい」といった気持ちはまったくなかった。子供心にも「国鉄特急は選ばれた人だけが乗れる列車」という先入観が欲求よりも勝っていたからだろう。

151系電車特急「こだま」は、本来なら1958年10月1日改正で2往復が登場すべきところだが、車両落成時期や試運転などの関係で運転開始は11月1日となる。そして、当面の東京～大阪間到達時分は6時間50分とされ、時刻は「第1こだま」

が東京発 7:00→大阪着13:50、神戸発 6:30→東京着13:50、「第2こだま」が東京発16:00→神戸着23:20、大阪発16:00→東京着22:50となる。列車名にふさわしく車両が1往復するために、起終点での時刻が早朝・夜間に偏ったが、速いスピードやグレードの高い設備が好評で連日満員の盛況を誇った。

●電車準急「比叡」にも新性能車153系入る

話を少し前の1958(昭和33)年10月1日改正に戻すと、この改正で東京～九州間としては第3特急になる9・10列車「はやぶさ」が運転を開始するとともに、東京～博多間特急「あさかぜ」が集中電源方式での20系固定編成客車に置き換えられる。3等寝台車の構造はナハネ10と大差なかったが、空気バネ装備で151系電車同様、全車空調完備の編成は「走るホテル」と称賛された。

しかし、この改正で哀れを誘った特急が「かもめ」である。ナロ10やナハ11の軽量客車の編成はそれなりに美しさがあるものの、塗装が茶色であることで傍目では急行と変わらないばかりか、「はやぶさ」登場により1桁の列車番号は東京始着特急で満杯になったため、列車番号は何と急行用の201・202列車に変更されてしまう。これではまさに“遜色特急”そのもので、料金を特急と急行の中間程度に変更してもおかしくなかった。

急行では京都～広島・大社間に「宮島・だいせん」が設定される。「宮島」は同区間準急305・306列車からの格上げ、「だいせん」も伯備線快速を京都延長のうえ急行とした列車だが、大阪～大社間所要は福知山線経由の「出雲」より約30分速かった。準急305・306列車広島編成の急行「宮島」への格上げに伴い、併結の宇野行は同じ列車番号のままで単独運転となり、1959(昭和34)年9月に「わしう」の列車名がつけられる。

ところで、この改正から急行の2等車は極力リクライニングシート車とする代わりに、特別2等車の制度は廃止され、指定席と自由席との2本建てになる。「宮島」や「だいせん」のように2等車が1両で足りる列車では、スロ50の半室を指定席とするなどの対応ができたが、自由席部分には1961(昭和36)年頃まで旧並ロ車が連結される列車も見られた。

阪和線の特急・急行電車については、1カ月後に有料の電車特急が大阪に姿を見せることで、特急電車は快速電車に、急行電車は直行電車に改称される。速達電車が2種別制の阪和線では「直行」は苦しい命名だった。阪和線では戦前の私鉄時代に特急電車が表定速度81.6km/hで運転されていたが、東京～大阪間が81.8km/hの「こだま」にスピードチャンピオンの座を明け渡すのだから、思い残すことのない“引退”だった。

同年11月1日には大阪～名古屋間電車準急「比叡」も2往復増の5往復運転になり、車両も1959(昭和34)年4月から6月にかけて153系電車に置き換えられる。153系は151系とほぼ同時に登場した準急用の新性能電車で、座席は3等車が戸袋部分も含めすべて固定クロスシート、2等車は回転クロスシートになる。空気バネとカルダン駆動の乗り心地は「こだま」並にすばらしいが、全編成が非冷房のため、東海道本線の利用客の間から2等車サロ153は「こだまの3等車以下」と悪評を浴びた。もっとも当時の2等車は3等の2倍強に当たる運賃や料金を徴収していたので、旅客サービス均等化の観点では「2等」は寝台車と座席車に関係なく、151系登場の時点ですべて冷房化すべきではなかったかと思う。

●指定券にプレミアムがついた気動車準急「きのくに」

わが国の気動車優等列車の歴史は2章4節で述べたように関西本線湊町～名古屋間準急に始まるが、3往復の気動車化が完了してからわずか半年後の1956(昭和31)年9月に、軽量車体を用いる

阪和線の元急行電車は「直行」と名を改めた。
1962年3月10日　三国ヶ丘～百舌鳥　写真：林 嶢

表－16　京阪神を起終点とする新設気動車優等列車一覧

（1958年10月1日～1964年9月1日）

運転開始日	種別	列車名	列車番号	起終点とその時刻	※1等連結	記事
1958(昭33)年12月1日	準急	きのくに1号	102D	天王寺 12:13 → 白浜口 12:13	○	全車座席指定
			105D	白浜口 13:30 → 天王寺 16:14		
1959(昭34)年9月22日	〃	第1丹後	907D	京都 9:25 → 天橋立 11:55	○	
		第2丹後	908D	天橋立 15:45 → 京都 18:25		
	〃	第2丹後	909D	京都 18:55 → 東舞鶴 21:00	○	
		第1丹後	906D	東舞鶴 7:00 → 京都 16:14		
			506D～906D	福知山 7:10 → 〃 〃	×	
1959(昭34)年10月20日	〃	南紀	108D	天王寺 16:30 → 新宮 21:33	○	客車列車の気動車化。 白浜口～新宮間延長
			101D	新宮 7:00 → 天王寺 11:58		
1960(昭35)年6月1日	〃	丹波	705D	大阪 14:05 → 城崎 17:39	×	
			705D～105D	〃 〃 → 城崎 19:07	×	舞鶴・宮津線経由
			706D	城崎 9:10 → 大阪 12:46	×	
			106D～706D	城崎 7:40 → 〃 〃	×	舞鶴・宮津線経由
1960(昭35)年10月1日	〃	たじま	605D	大阪 17:00 → 鳥取 21:57	○	播但線経由
			606D	鳥取 6:10 → 大阪 11:04		
	〃	みささ	807D	大阪 13:05 → 上井 18:28	○	姫新・因美線経由
			808D	上井 10:10 → 大阪 15:50		
	〃	みまさか	807D～606D	大阪 13:05 → 中国勝山 17:06	×	大阪～津山間「みささ」に併結
			608D～808D	月田 11:40 → 大阪 15:50		
1961(昭36)年3月1日	急行	紀州	2904D	天王寺 10:30 → 名古屋 19:25	○	紀勢本線経由。準急「くまの」の気動車化。 急行格上げ。
			2903D	名古屋 9:30 → 天王寺 18:43		
	準急	鳥羽	706D	京都 12:30 → 鳥羽 15:25	×	草津線経由
			705D	鳥羽 14:50 → 京都 17:35		
	〃	勝浦	706D～807D	京都 12:30 → 紀伊勝浦 17:59	○	京都～多気間「鳥羽」に併結
			808D～705D	紀伊勝浦 12:30 → 京都 17:35		
1961(昭36)年10月1日	特急	かもめ	1D	京都 8:00 → 長崎 20:05	○	客車列車の気動車化。博多～長崎間延長
			2D	長崎 9:50 → 京都 22:00		
			1D～2001D	京都 8:00 → 宮崎 22:00	○	京都～小倉間長崎編成に併結
			2002D～2D	宮崎 8:00 → 京都 22:00		
	〃	みどり	3D	大阪 13:40 → 博多 22:35	○	12月15日から運転
			4D	博多 7:25 → 大阪 16:20		
	〃	へいわ	5D	大阪 18:00 → 広島 22:40	○	
			6D	広島 7:30 → 大阪 12:10		
	〃	白鳥	2001D	大阪 8:05 → 青森 23:50	○	
			2002D	青森 5:20 → 大阪 21:12		
			2001D～2004D	大阪 8:05 → 上野 20:35	○	大阪～直江津間青森編成に併結
			2003D～2002D	上野 8:50 → 大阪 21:12		
	〃	まつかぜ	7D	京都 7:30 → 松江 14:05	○	京都～福知山間、東海道・福知山線経由
			8D	松江 15:00 → 京都 21:35		
	急行	宮島	301D	大阪 16:10 → 広島 21:35	○	客車列車の気動車化。呉線経由
			302D	広島 9:00 → 大阪 14:21		
	〃	白兎	801D	京都 15:35 → 松江 22:03	○	客車列車の気動車化。急行格上げ
			802D	松江 8:00 → 京都 14:20		
			2801D～801D	大阪 15:00 → 松江 22:03	○	福知山～松江間京都編成に併結
			802D～2802D	松江 8:00 → 大阪 14:54		
	〃	ちくま	807D	大阪 21:35 → 長野 6:58	○	客車列車の気動車化。急行格上げ
			808D	長野 11:00 → 大阪 18:34		
1962(昭37)年3月1日	準急	はまゆう	505D	京都 9:25 → 白浜口 14:28	○	奈良・関西・和歌山線経由
			205D～505D	名古屋 8:10 → 〃 〃	○	奈良～白浜口間本編成に併結
			2505D～505D	天王寺 11:30 → 〃 〃	×	東和歌山～白浜口間本編成に併結
			506D	白浜口 14:55 → 京都 20:08	○	奈良・関西・和歌山線経由
			506D～210D	〃 〃 → 名古屋 21:27	○	白浜口～奈良口間本編成に併結
			506D～2506D	〃 〃 → 天王寺 18:05	×	白浜口～東和歌山間本編成に併結
	〃	きのさき1号	805D	京都 11:05 → 城崎 14:15	×	
		きのさき2号	909D～2509D	浜坂 14:25 → 京都 18:26		浜坂～和田山間「但馬2号」に併結
	〃	きのさき2号	608D～2808D	京都 19:05 → 福知山 20:38	×	「第2丹後」の改称
		きのさき1号	806D	福知山 8:00 → 京都 9:53		
1962(昭37)年4月15日	〃	平安1号	710D～2708D	京都 11:05 → 桑名 14:15	○	京都～亀山間「鳥羽」に併結
		平安2号	2707D～709D	桑名 15:44 → 京都 18:05		亀山～京都間「鳥羽」に併結
	〃	平安2号	2706D～210D	京都 18:40 → 名古屋 21:27	○	柘植～名古屋間「かすが3号」に併結
		平安1号	205D～2705D	名古屋 8:10 → 京都 10:35		名古屋～柘植間「かすが1号」に併結
1962(昭37)年6月10日	急行	越前	501D	大阪 16:40 → 金沢 21:05	○	
			502D	金沢 7:40 → 大阪 12:10		
1962(昭37)年10月1日	〃	だいせん	901D	京都 10:40 → 大社 18:24	○	伯備線経由。客車列車の気動車化
			902D	大社 10:30 → 京都 18:07		
1963(昭38)年4月20日	〃	きたぐに	501D	大阪 11:05 → 新潟 21:00	○	既設列車の金沢～大阪間延長
			502D	新潟 7:40 → 大阪 17:55		
	急行～準急	奥能登	501D～2501D	大阪 11:05 → 和倉 17:03	○	大阪～金沢間「きたぐに」に併結。 金沢以北準急
			2502D～502D	輪島 10:42 → 大阪 17:55		
1963(昭38)年10月1日	準急	しらはま1号	2208D～2107D	白浜口 10:35 → 天王寺 13:49	○	東和歌山まで名古屋行「はやたま」に併結
	〃	しらはま2号	2505D～505D	天王寺 11:30 → 白浜口 14:38	×	「はまゆう」天王寺編成を改称
		しらはま3号	506D～2506D	白浜口 15:05 → 天王寺 18:05		

各ダイヤ改正で新登場した列車名のみを掲載。同列車名の増発列車は掲載しない。

※1960年6月30日までは2等車。○は1等車（半室車両を含む）を連結。×は連結なし。特急は1等車のほか食堂車を連結

時代を駆けた名列車-21

準急「きのくに」

キハ55 100番台が投入され大好評の準急「きのくに」。
1960年8月1日　天王寺　写真：林 嶢

白浜を中心とする南紀地区は古くから温泉旅客や京阪神からの新婚旅行先として人気があった。しかし天王寺から南紀方面に直通する優等列車は少なく、経済の復興・発展とともに改善が課題となっていた。1958（昭和33）年12月になって、新造のキハ55系気動車の投入によって、紀勢本線・南紀優等列車の発展の幕が開いた。天王寺～白浜口（現・白浜）間に準急「きのくに」が新設され、天王寺9:30→白浜口12:13、白浜口13:30→天王寺16:14の時刻で運転が開始された。登場時から6両の全車座席指定（2等車キロ25を2両含む）ながら、人気を博した。1959（昭和34）年9月には2往復に増発。またこのとき、1往復の編成の一部が南海難波発着となり、南海電鉄も専用の気動車を新製している。1962（昭和37）年と1963（昭和38）年に各1往復ずつが増発され4往復体制となったが、全車座席指定は貫かれた。

1968（昭和43）年10月改正では、名古屋発着の「紀州」を除き、「南紀」「しらはま」などの並行列車を統合して総称愛称「きのくに」となり計13往復（不定期含む）にまで成長した。その後定期列車の本数は変わらないものの、1973（昭和48）年10月には上り15本・下り14本となり最盛期を迎えた。1978（昭和53）年10月の紀勢本線・新宮電化時も「きのくに」は全列車気動車で残ったが、その後は改正ごとに特急「くろしお」への格上げ・置換えが進み、1985（昭和60）年3月のダイヤ改正でその活躍に終止符を打った。

ことで車体の大型化に成功したキハ55系試作車が登場。黄色車体の窓下に赤いラインを配した斬新な塗装が人目を引いた。キハ55系は同年10月から上野～日光間準急に投入され、速度向上に必要なエンジン2基の搭載はもちろんのこと、車内設備も10系軽量客車に遜色がなく利用客から好評で迎えられた。国鉄もキハ55系の成功で、未電化路線における優等列車増発の目途が立ったため、以後増備に乗りだす。

そして、1958（昭和33）年10月には出力アップとともにスタイルも洗練されたキハ55形100番代車が落成し、12月1日から天王寺～白浜口間準急「きのくに」として運転を開始する。それまで同区間を結ぶ客車準急は本数や到達時分でもの足りなさが目立ち、必ずしも旅客のニーズに応えているとはいえなかったが、「きのくに」は既設準急を約30分短縮の2時間40分台で結び、同時に無煙化も達成する。国鉄も「きのくに」に観光客が殺到すると踏み全車座席指定制を採用するが、その人気は予測をはるかに超え、シーズンの天王寺駅周辺ではダフ屋が横行するほどだった。当時の天王寺駅は戦前の国鉄・阪和電鉄の両駅舎をつないだような造りで、国鉄側は1937（昭和12）年に建てられた木造2階建ての仮駅舎がそのまま使用されていたため、大阪市内の重要駅とは思えないような雑然とした佇まいだった。

一方、白浜では各旅館とも宿泊客に帰路の指定券を手配することが、繁栄を維持できるかどうかのカギとなるため、駅前には大勢の旅館従業員が列をつくるといった光景が見られた。蒸機が煤けた茶色の客車を牽く南紀地区にあって、近代感漂う明るい車体の「きのくに」はスーパースターそのものだった。当時の紀勢線は西線が新鹿、東線は三木里までの営業で、残る10km余りの区間も

1959（昭和34）年夏の開業を目指して急ピッチで建設工事が進められていた。そのため気動車準急「きのくに」の成功は、紀勢線全通後における南紀地区の観光開発に多大な効果をもたらすことは約束されたも同然だった。

この「きのくに」の人気に刺激されたのか、1959年以後天王寺～南紀間はもちろんのこと、大阪・京都から北近畿や中国、山陰地方の都市や温泉、観光地へ向けての気動車準急が次々に新設される。中でも舞鶴線や宮津線、姫新線、因美線などは、線路条件や輸送力などから気動車でなければ優等列車の設定など考えられないような線区だった。特に京都駅構内にあっても大阪方向に頭端式の1面2線が孤島状態になっている山陰本線乗り場では、ツートンカラーの準急「丹後」が入線するだけで「ホームまでもが明るくなった」と言われたものである。

紀勢西線は1959年7月15日に紀勢東線と結ばれ、亀山～和歌山間が紀勢本線となるが、全通と同時に天王寺～名古屋間の大回り運転となった準急「くまの」は、1961（昭和36）年3月1日に気動車化のうえ急行「紀州」に昇格する。キハ55系の2等車はサロ153並、3等車の洗面所は簡易式なので急行の地位を全うするには少し荷が重かったが、敢えて急行としたのはキハ55系に対する期待の表れだろう。ともあれ、これにより紀勢本線には「紀州」と「きのくに」の2枚看板が出来上がる。週末準急「くろしお」は存続するものの、もはや過去の列車だった。

なお、1958年10月から1964年9月までに設定された気動車優等列車の詳細については表ー16を参照されたい。

3 東海道本線優等列車の電車化進む

●特急「つばめ」「はと」も151系電車化なる

“ビジネス特急”のキャッチフレーズで登場し、大阪から東京への日帰りを可能にした特急「こだま」は、時代を先取りしたような抜群の設備が受け旅客から大好評を博した。そうなると、どうしても比較の対象とされるのが老舗特急の「つばめ」と「はと」である。この両列車にあって「こだま」にないものといえば、国鉄唯一となった1等車である展望車の存在と、1・2等では女性客室乗務員からのサービスを受けられること、それに食堂車で温かいコース料理を賞味できることなどであった。もちろん、1等を利用できる身分というプライドや、乗務員からのサービスを楽しみとして「つばめ」や「はと」を利用する旅客もいたが、1959（昭和34）年の夏を迎えると人気の差は歴然としたものになる。つまり、「こだま」は3等車を含め全車冷房完備なのに、客車特急で冷房の効いている車両といえば1等展望車と食堂車だけだか

青大将の「はと」は1960年5月31日で廃止、はとガールも別れを惜しむ。京都　写真：湯口 徹

151系電車化された特急「つばめ」。1964年9月20日 京都～山科　写真：林 嶢

時代を駆けた名列車-22

急行「なにわ」

大阪～東京間における東海道本線の急行列車は、九州直通列車しかなく、特に上り東京方面行は九州から一夜を徹してやってきた車両を利用することになり、車内の汚れも目立ち、さらに何より座席確保が問題であった。そこで関西発着東京行の急行列車が待望されていたのであるが、東海道本線全線電化の完成した1956（昭和31）年11月のダイヤ改正で大阪～東京間に急行「なにわ」が新設された。最初は客車12両で、2等車2両、食堂車1両、3等車9両という内容であった。「なにわ」はたちまちのうちに人気を博し、その後の急行列車増発・発展の基礎になった。1961（昭和36）年3月には153系電車化され、さらに同年10月改正で昼夜各1往復に増発された。新幹線開業前の大阪～東京間昼行の電車急行は全部で6往復（「なにわ」「いこま」「せっつ」「六甲」「よど」「やましろ」、「やましろ」は後に「宮島」に置換え・延長）が運転され、編成中にビュフェも2両連結され、そのビュフェにはすしスタンドがあるなど、ユニークな供食設備も話題になった。電車特急とはまた違った庶民派客層に親しまれた電車急行群であるが、「なにわ」はその総帥格として大車輪の活躍を続けた。しかし1964（昭和39）年10月の東海道新幹線開業では電車急行群は生き残ったものの1965（昭和40）年10月改正で「なにわ」昼行2往復以外は廃止されてしまった。編成はそのままだったが、所要時間と停車駅は大幅に増加し、区間利用客のための列車となってしまった。その生き残った「なにわ」も新幹線の一本立ちを見届けて1968（昭和43）年10月改正で廃止となった。

ビュフェ車サハシ153を連結した電車急行に変身の「なにわ」。1964年8月20日　関ケ原付近　写真：篠原 丞

らである。さらに同年9月22日改正で、「こだま」の東京～大阪間は6時間40～45分に短縮されたので、スピードの差はますます開いてしまった。

そこで、1960（昭和35）年夏を目途に「つばめ」「はと」の151系電車化が計画されるが、単に「こだま」の編成をそのまま充てる訳にはいかなかった。特急としては厳しい立場に置かれていても、「つばめ」「はと」には1・2等を中心に常連の客が存在するので、展望車に替わる車両は必要だし、そのような旅客から供食設備もビジネス客相手のビュフェでは受け入れてもらえないからである。そのため、「つばめ」「はと」用の151系には展望車に替わるパーラーカー・クロ151が大阪方に①号車として連結されるほか、本格的な食堂車としてサシ151も編成に入る。起終点間の直通客が多いことから、ビュフェ車モハシ150も喫茶部門を担う車両としてサシ151に隣接する形で編成中に残された。

クロ151は超広窓の展望室や応接室風の区分室からなる車両で、クイの形式記号が与えられても不思議でなかったが、1等を示す「イ」の記号はマイテ49など展望車の引退と同時に廃止される

時代を駆けた名列車-23

大阪環状線101系

環状運転が始まる前年から大阪環状線の一部区間にオレンジ色の新型車101系が運転を始めた。1963年9月21日　大阪　写真：小川峯生

東京の山手線が一周運転を開始したのが1925(大正14)年なのに比べて、大阪環状線が一周につながったのは1961(昭和36)年4月。さらに完全な一周運転を開始したのは1964(昭和39)年3月と、わりと最近のできごとなのであった。東西両環状線の歴史には意外な時間差があるものである。

1961年時点では、旧西成線部分が地平のため、西九条で新設の高架線と接続できず、西九条～天王寺～京橋～大阪～西九条～桜島のいわゆる"逆「の」の字運転"が行われていたが、1964年になって高架化工事が完成して一周運転が始まった。また一周につながる前年には旧城東線区間にオレンジ色の101系が投入されており、1962(昭和37)年までには旧型車を置き換えた。大阪城や通天閣を背景に鮮やかなオレンジ色の101系が走る姿を見られるようになり、新しい時代の息吹を感じさせた。当時101系は東京の中央線で活躍中であり、中央線の101系化の完了と新たに山手線にカナリア色の101系投入、およびこの大阪環状線への101系投入はほぼ同時期となった。

大阪環状線に101系が投入された頃の東海道・山陽線はまだ80系や旧型国電の天下で、快速への113系投入は1964年9月、緩行線に103系が配置されたのは1969(昭和44)年8月。阪和線や片町線も当然まだ旧型車のみが運用されていた。当時いかに大阪環状線の近代化が優先されていたのかがわかる。

その大阪環状線もいよいよ323系の投入が目前(2016年11月時点で)となり、あらたな時代へと進もうとしている。

予定だったので、敢えてクロとし、特別座席料金を上乗せする方式が採られたわけである。客車特急の電車化は1960年6月1日になるが、列車名は「つばめ」に統合され、これを機に「こだま」もクロ151を大阪方先頭に②～⑤号車をモロとサロで固めた同様の"豪華編成"となる。

1カ月後の7月1日、列車等級の1等が廃止され、2·3等をそれぞれ1·2等に格上げした2等級制が実施される。

●東海道本線全線に電車列車時代到来

同じ優等列車用電車でも151系に比べ地味な存在の153系も、足回りは151系と変わらぬことでスピードと居住性が好評を博し、1959(昭和34)年9月改正では準急「比叡」の座席指定版というべき「伊吹」が、神戸／大阪～名古屋間に2往復新設される。座席指定はビジネス客の着席確保が目的で、途中停車駅を少なくして名阪間を2時間20分台で結んだため、"ミニ特急"というべき存在だった。

当時、東京～名古屋／大垣間では同じ153系による準急「東海」が座席指定の「新東海」を含め計5往復運転され、その勢力は東海道全線に及んでいることもあり、「つばめ」電車化の1960(昭和35)年6月改正では、東京～大阪間に初の電車急行「せっつ」が新設される。同区間を前日までの客車特急並の7時間46分で走破したため、大好評で迎えられた、と書きたいところだが、利用客の間からは不満の声も聞かれた。153系10両編成であっても、東海道急行たるべき旧特ロクラスの2等車と食堂車の連結がないからである。では、その条件を満たしている「なにわ」はどうかというと、こちらは客車列車ゆえにスピードが遅く、改善を求める声が出されていた。

東海道内完結急行2往復が互いの課題を抱えながら運転されている頃、山陽本線の西明石以西の電化は姫路、上郡を経て1960年10月1日に倉敷に達し、同時に宇野線全線電化も完成する。これにより、京都〜宇野間準急「わしう」は153系電車化にとともに列車名を漢字の「鷲羽」に変更。同時に大阪始終着の2往復を加え3往復運転となって、四国へのルートを強化する。

その間も東海道急行2往復については、種々の改善案が出された結果、1961（昭和36）年1月になって153系の急行バージョンとして、リクライニングシート付1等車サロ152と2等ビュフェ合造車サハシ153が登場。3月1日から「なにわ」「せっつ」両列車はサロ152とサハシ153を2両ずつ連結した12両で運転される。同時に「なにわ」のスピードアップも実現する。さらに「なにわ」の間合を利用して同じ東京〜大阪間に夜行急行の「金星」が新設され、需要に対して供給が不足がちな東海道夜行の増強も車両新製費ゼロで達成される。夜行列車のうち座席車による輸送力列車を電車で賄うことにより、以後の東海道本線夜行客車急行は寝台列車化する方針が出された。この153系急行編成登場により、東海道本線は本格的な電車時代に突入する。1957（昭和32）年10月に名阪準急が80系電車に置き換えられて以来わずか3年半で実現するという快挙だった。

なお、急行用としては初のビュフェ車であるサハシ153には喫茶・サンドイッチスタンドとともに寿司スタンドが設けられ、特に後者は1貫単位で各種の握りずしが注文できるとあって、つねに満員の盛況だったという。ビール片手に寿司をつまみながら世間話や雑談に話が弾む様子が伝わってくるようである。

国電区間に話題を移すと、1961年4月25日に関西本線今宮で分岐する通称大阪臨港貨物線境川信号所と西成線西九条を結ぶ新線が開業し、大阪環状線が形成される。当初は西九条駅が高架・地平の両ホームに分かれていることや桜島線との配線の関係もあり、"逆「の」の字運転"だった。この大阪環状線開業に合わせてオレンジ色の101系が投入され、1年後には環状線電車から72系を一掃する。東海道・山陽本線普通を除く関西国電は、環状線開業に先立つ1959年から塗装がオレンジに変更されるが、古い車両に明るい色は馴染まず不評だった。

表－17　1961（昭和36）年10月1日改正時における京阪神〜東京間　特急・急行列車の時刻

年月日	1961（昭36）年10月1日													
列車番号	34	2M	2004M	102M	36	4M	104M	32	106M	108M	6M	110M	112M	8M
種別 列車名	急行 雲仙 西海	特急 第1 こだま	特急 第1 富士	急行 六甲	急行 高千穂	特急 第1 つばめ	急行 やましろ	急行 霧島	急行 いこま	急行 第1 なにわ	特急 はと	急行 第1 せっつ	急行 第1 よど	特急 第2 こだま
特殊設備	食 C・2寝	食・ビ 展	食・ビ 展	ビ	食 C・2寝	食・ビ 展	ビ	食 C・2寝	ビ	ビ	食・ビ 展	ビ	ビ	食・ビ 展
始発	長崎 15 05				西鹿児島 12 00			鹿児島 15 55						
神戸　発	5 57		7 30		8 06			9 46						
大阪　〃	6 35	7 00	8 00	8 30	8 40	9 00	9 30	10 22	11 00	12 30	13 00	13 20	14 00	14 30
京都　〃	7 18	7 32	8 32	9 04	9 26	9 32	10 03	11 04	11 34	13 04	13 32	13 54	14 34	15 02
名古屋　〃	9 34	9 14	10 16	11 02	11 39	11 16	12 00	13 12	13 33	15 01	15 14	15 52	16 29	16 44
東京　着	14 50	13 30	14 30	16 00	16 50	15 30	17 00	18 20	18 30	20 00	19 30	20 50	21 30	21 00
記事	佐世保発 15 55				日豊線経由									
列車番号	21	113M	23	11	25	13	115M	37	15	17	19	117M	1M	2001M
種別 列車名	急行 出雲	急行 第2 せっつ	急行 安芸	急行 銀河	急行 瀬戸	急行 明星	急行 第2 なにわ	急行 筑紫 ぶんご	急行 彗星	急行 月光	急行 金星	急行 第2 よど	特急 第1 こだま	特急 第1 富士
特殊設備	B・2寝	ビ	食 B・2寝	AB・2寝	食 B・2寝	AB・2寝	ビ	食 2寝	AB・2寝	AB・2寝	2寝	ビ	食・ビ 展	食・ビ 展
東京　発	19 50	20 10	20 30	20 40	21 00	21 10	21 20	21 30	21 40	22 00	22 10	22 30	7 00	8 00
名古屋　〃	2 33	2 58	3 23	3 41	4 05	4 11	4 20	4 30	4 38	5 00	5 30	5 44	11 16	12 14
京都　着	5 02	5 49	6 10	6 22	6 46	6 54	7 02	7 29	7 38	8 06	8 35	8 46	12 58	13 58
大阪　〃		6 25	6 57	7 10	7 26	7 45	7 50	8 08	8 25	8 56	9 20	9 30	13 30	14 30
神戸　〃			7 34	7 45	8 08			8 45						(14 55)
終着	浜田 14 45		広島 13 40		宇野 11 14			博多 20 00						宇野 17 20
記事	山陰線経由		呉線経由	寝台列車		寝台列車		大分着 21 42	寝台列車	寝台列車	寝台列車			

京阪神を有効時間帯（5〜23時）に通過する特急・急行定期列車を掲載。各列車とも1等座席車連結。（　）内は神戸通過のため、三ノ宮発時刻。
※「金星」は寝台列車。　大阪発は「金星」の時刻。「出雲」は浜田〜京都間山陰本線経由。京都〜東京間併結運転

4 国鉄史上最大の1961年10月改正

●東海道本線内完結の優等列車大増発

1950(昭和25)年朝鮮戦争による特需で息を吹き返した日本経済は50年代半ばから高度経済成長に転じ、1961(昭和36)年頃までは「神武景気」や「岩戸景気」と呼ばれる好況が長く続く。国民所得も大幅に増加したことで、この間京阪神から各地へは、ビジネス客はもちろん、観光客も年々増加し、市販の『時刻表』主要幹線本文ページもネームつきの優等列車が所狭しとばかり太数字を並べる。国鉄のダイヤ改正は1957(昭和32)年以後は挿入式で実施されてきたが、度重なる改正に柔軟性を失ったこともあり、1961年10月1日を期して白紙ダイヤ改正が実施される。特に東海道本線は“輸送力の飽和”が現実のものとなりつつあり、1959(昭和34)年4月からは東京〜大阪市内間を3時間で結ぶ新幹線鉄道の建設工事が1964(昭和39)年秋に開催される東京オリンピックに向けて進められているので、「これ以上優等列車が入る余地がない」といった、華やかで、かつ厳しい列車ダイヤが設定された。

その詳細については、表－17を参照されたいが、最大の特徴は、京阪神を境に列車が二分されたことで、特に大阪（神戸・宇野を含む）始発の東京行昼行優等列車はすべて電車化される。それも特急は1等部分4両と食堂・ビュフェ連結の151系11連、急行は2連サロの両脇を半室ビュフェのサハシで固めた153系12連といった豪華編成である。中距離客向けには名古屋行の準急「比叡」8往復と座席指定の「伊吹」2往復が設定され、見事にバランスの取れた列車配置だった。夜行は20時台から22時台まで15～20分ごとに東京行急行が発車。ＥＦ58牽引の客車は寝台列車、一方電車は1等1両を除き自由席の輸送力列車として運転された。電車夜行は当然ながら昼行の間合運用だが、有効時間帯内はビュフェの営業も行われていた。さすがに寿司のメニューはなかったが、寝る前や朝のひと時に利用する旅客も結構いたという。神戸／大阪発の客車急行では1962(昭和37)

1961(昭36)年10月1日													
2002M	10M	114M	26	14	38	12	116M	24	16	18	118M	22	
特急 第2 富士	特急 第2 つばめ	急行 第2 なにわ	急行 瀬戸	急行 明星	急行 筑紫 ぶんご	急行 銀河	急行 第2 せっつ	急行 安芸	急行 彗星	急行 月光	急行 第2 よど	急行 出雲 金星	
食・ビ 展	食・ビ 展	ビ	食 B・2寝	AB・2寝	食 2寝	AB・2寝	ビ	食 B・2寝	AB・2寝	AB・2寝	ビ	B・2寝	
宇野 12 40			宇野 16 35		博多 9 05			広島 14 50				浜田 14 00	
(15 05) 15 30 16 02 17 46 22 00	16 30 17 02 18 44 23 00	20 05 20 44 23 20 6 20	19 41 20 16 21 00 0 01 6 50	20 45 21 30 0 22 7 10	20 22 21 05 21 50 0 37 7 27	20 40 21 20 22 01 0 51 7 40	21 45 22 28 1 07 7 50	21 19 22 00 22 47 1 26 8 00	22 15 23 00 1 45 9 00	22 30 23 15 2 00 9 09	22 45 23 30 2 14 9 21	23 00 23 45 2 31 9 36	
				寝台列車	大分発 7 25	寝台列車		呉線経由	寝台列車	寝台列車		※	
3M	101M	103M	105M	107M	31	5M	109M	33	7M	111M	2003M	35	9M
特急 第1 つばめ	急行 六甲	急行 やましろ	急行 いこま	急行 第1 なにわ	急行 霧島	特急 はと	急行 第1 せっつ	急行 雲仙 西海	特急 第2 こだま	急行 第1 よど	特急 第2 富士	急行 高千穂	特急 第2 つばめ
食・ビ 展	ビ	ビ	ビ	ビ	食 C・2寝	食・ビ 展	ビ	食 C・2寝	食・ビ 展	ビ	食・ビ 展	食 C・2寝	食・ビ 展
9 00 13 14 14 58 15 30	8 30 13 29 15 25 16 00	9 30 14 27 16 25 17 00	10 00 14 56 16 52 17 25	10 50 15 47 17 45 18 20	11 00 16 16 18 15 18 53 19 39	13 00 17 16 18 58 19 30	12 20 17 19 19 16 19 50	12 30 17 39 19 44 20 21 20 55	14 30 18 48 20 28 21 00	14 00 18 59 20 58 21 30	15 30 19 44 21 28 22 00 22 30	14 35 20 04 22 09 22 54 23 35	16 30 20 46 22 28 23 00
					鹿児島 13 33			長崎 11 42				西鹿児島 19 46	
								佐世保着 10 50				日豊線経由	

記号：展＝展望車（パーラーカー）　食＝食堂　ビ＝ビュフェ　A=1等寝台A室　B=1等寝台B室　C=1等寝台C室　2寝＝2等寝台

年5月から「彗星」にサロンカーのオシ16が連結されるが､それ以外の列車に供食設備はなかった。

東海道本線内完結の電車急行大増発により、戦後復興の担い手であった東京〜九州間急行は従前の6往復から4往復に削減される。これだけでも斜陽の色が濃いのに、東海道･山陽筋では“最後までCロネが残る列車”となるなど、まさに踏んだり蹴ったりだった。同区間では20系客車で組成された寝台特急が好調で、利用客の移行も見られ、東京〜九州間急行は長い区間を走るだけの中途半端な存在と化したようだった。この急行は関西では上下方向とも利用が可能だが、下りはともかく、東京へ行くのに利用する客は少なかった。電車急行増発以来､「九州から東京へ行く人の列車｣という固定観念が定着しているのが理由で、実際に旧盆や年末年始の繁忙期には定期急行は上下とも通路まで満員で、京阪神三都駅では着席どころではなかった。大阪からは名古屋へは準急、蒲郡以東へは電車急行といった具合に利用客の棲分けができており、これが輸送の均等化にもつながっているようだった。

●大阪以西に気動車特急、夜行急行大増発

1961(昭和36)年10月改正における最大のセールスポイントは、それまで東京〜九州間や上野〜青森間などのエリート路線にだけ設定されていた特急の運転区間を、全国の主要幹線に拡大したことである。当時の国鉄で電車区間を除き、全線電化が完成しているのは東海道本線と上越線くらいだったので、未電化区間の走行が可能な80系気動車が大量に投入される。

三原以西が未電化の関西〜山陽･九州間も気動車特急の設定対象区間となり､「かもめ」がキハ80系化のうえ行先が長崎と宮崎に延長されたほか､大阪〜博多間に「みどり｣､同〜広島間に「へいわ｣が新設される。キハ80系は基本編成が6両で、食堂車を連結するものの、1等車が1両というのはそれまでの特急の姿からはもの足りなかったが、逆にいえば輸送実態に即した組成内容といえた。さらに、キハ80系では先頭車のキハ82が正面貫通式とされたため､「かもめ｣の長崎･宮崎両編成が併結される京都〜小倉間は12両となり、食堂車は2両とも営業される。しかし、新型気動車は初期故障の問題を抱えていたため､「みどり」の運転開始は12月15日まで延期された。

急行用気動車もダイヤ改正前に準急形のキハ55系をグレードアップしたキハ58系が落成し、大阪以西では広島行の「宮島」に使用される。キハ58系は全国各地での運用を考慮し、2等車はキハ55系同様すべて運転台付で、ビュフェ車の新製は将来の転配を考慮して見送られた。こちらも153系電車と変わらない車内設備を誇るとともに、その美しい編成は利用客から好評だった。

1961年10月改正で、東京〜山陽･九州間の運転系統が京阪神で二分されたことは前述したが、それに伴い関西始発の山陽･九州行夜行急行は改正前の「玄海｣｢天草･日向」の2往復から、名古屋始発を含めると7往復に増強され、うち「ひのく に｣と「音戸｣は寝台列車となるなど充実が図られる。しかし、これだけの増発が実施されても、旧盆や年末年始の九州行は混雑を呈し、大阪からは九州各地に向かう臨時急行が多数設定された。2等車は、10系や43系で組成される定期列車と

表−18　1961(昭和36)年10月改正時に

年月日	1961(昭36)年10月1日					
列車番号	2009M	23	25	37	1D	601
種別 列車名	特急 うずしお	急行 安芸	急行 瀬戸	急行 筑紫 ぶんご	特急 かもめ	急行 さつま だいせん
特殊設備	食･ビ 展	食 B･2寝	食 B･2寝	食 2寝	食	2寝
始発		東京 20 30	東京 21 00	東京 21 30		名古屋 8 05
京都　発		6 20	6 52	7 34	8 00	10 28
大阪　〃	7 00	7 05	7 33	8 15	8 35	11 10
神戸　〃	7 24	7 37	8 10	8 47	(8 58)	11 41
岡山　〃	9 13	10 01	10 34	11 08	10 54	14 00
広島　〃		13 40		14 23	13 12	17 05
下関　着				18 27	16 17	20 57
終着	宇野 9 50		宇野 11 14	博多 20 00	長崎 20 05	鹿児島 5 55
記事		呉線経由		大分着 21 42	宮崎 22 00	大社着 18 40
列車番号	604	34	304	202	210	206
種別 列車名	急行 阿蘇	急行 雲仙 西海	急行 音戸	急行 日向	急行 平戸	急行 玄海
座席等設備 寝台設備	食 C･2寝	食 C･2寝	B･2寝	C･2寝	2寝	食 C･2寝
始発	熊本 15 15	長崎 15 05		都城 12 40	佐世保 17 04	長崎 16 35
下関　発	19 28	20 27		21 16	21 30	21 49
広島　〃	23 42	0 35	23 10	1 13	1 32	2 10
岡山　〃	2 41	3 42	3 55	4 26	4 44	5 27
神戸　着	4 58	5 56	6 13	6 43	7 13	7 52
大阪　〃	5 32	6 29	6 47	7 59	7 45	8 28
京都　〃	6 12	7 13				9 08
終着	名古屋 8 42	東京 14 50				
記事		佐世保発 15 55	呉線経由 寝台列車			

時代を駆けた名列車-24

特急「白鳥」

北陸本線の能生で交換する上下の「白鳥」。右側、運転停車の大阪行の反対側を青森・上野行が通過していく。
1962年8月30日
能生　写真：林 嶢

大阪から北陸・信越・羽越・奥羽本線を経由して青森に至る路線は今では総称して日本海縦貫線といわれるが、この区間を通して結ぶ直通列車はそれまで急行「日本海」1往復のみで、所要時間も23時間程度と、関西人にとっては東北、さらに北海道は遠い存在であった。1961（昭和36）年10月、全国ダイヤ改正でこの区間にも気動車特急が新設され、北国を思わせる雄大な名称、「白鳥」と命名された。「白鳥」は大阪8：05→青森23：50・上野20：35、青森5：20・上野8：50→大阪21：12となり、大阪～青森間でみれば「日本海」から7時間以上も短縮となっており同区間の日着を果たした。なお上野発着編成併結というのも現代からみれば特異な感じで、実質的には関東～北陸、関西～北陸を結ぶ使命をもたせて併結されていたのであった。しかし青森発着のほうの旅客の伸びが著しくなり、1965（昭和40）年10月改正で上野～金沢間に特急「はくたか」を分離・独立させ、自らは日本海縦貫に使命を集中させた。徐々に編成を増強させ最大14両（うち4両は新潟回転）にまで発展した。

「白鳥」は1972（昭和47）年10月の日本海縦貫線全線電化完成により待望の485系電車13両編成に置き換えられた。所要時間も13時間40分にまでなり、列車としてのピークを迎える。その後湖西線開通によるさらなるスピードアップなどもあったが、国鉄運賃・料金値上げや航空機の台頭などにより次第に勢いは失われていく。1987（昭和62）年4月の分割民営化では2社またがりになるものの生き延び、最長距離昼行特急として活躍を続けた。しかし「白鳥」をとりまく輸送環境はさらに厳しくなり、ついに2001（平成13）年3月、「雷鳥」「北越」「いなほ」に3分割という形で、その雄大なる飛翔を終えた。

おける京阪神～山陽・九州間　特急・急行列車の時刻

1961（昭36）年10月1日

3D	2001M	301D	5D	31	201	203	33	205	207	209	603	35	303
特急 みどり	特急 第1 富士	急行 宮島	特急 へいわ	急行 霧島	急行 日向	急行 ひのくに	急行 雲仙 西海	急行 玄海	急行 天草	急行 平戸	急行 阿蘇	急行 高千穂	急行 音戸
食	食・ビ 展	…	食	食 C・2寝	C・2寝	B・2寝	食 C・2寝	食 C・2寝	C・2寝	2寝	食 C・2寝	食 C・2寝	B・2寝
	東京 8 00			東京 11 00			東京 12 30				名古屋 19 20	東京 14 35	
13 40 14 05 15 57 18 13 21 22	14 00 14 33 (14 55) 16 44	16 10 16 37 18 37 21 35	18 00 (18 24) 20 21 22 40	18 20 19 05 19 41 22 04 1 20 5 14	19 22 20 00 20 37 23 03 2 13 6 08	20 15 20 45 23 08 2 29 6 14	19 48 20 26 20 58 23 20 2 39 6 34	20 00 20 45 21 17 23 43 2 56 6 55	20 35 21 25 21 57 0 24 3 36 7 22	21 50 22 22 0 46 3 57 7 54	21 50 22 31 23 08 1 38 4 47 8 44	22 16 23 00 23 37 1 59 5 24 9 22	23 30 0 01 2 28 6 20
博多 22 35	宇野 17 20			鹿児島 13 33	都城 15 01	熊本 10 15	長崎 11 42	長崎 12 47	熊本 11 46	佐世保 12 30	熊本 13 05	西鹿児島 19 46	
12/15から 運転		呉線経由				寝台列車	佐世保着 10 50		筑豊線経由				呉線経由 寝台列車

36	208	204	32	6D	302D	2002M	4D	602	26	38	24	2D	2010M
急行 高千穂	急行 天草	急行 ひのくに	急行 霧島	特急 へいわ	急行 宮島	特急 第2 富士	特急 みどり	急行 さつま だいせん	急行 瀬戸	急行 筑紫 ぶんご	急行 安芸	特急 かもめ	特急 うずしお
食 C・2寝	C・2寝	B・2寝	食 C・2寝	食	…	食・ビ 展	食	2寝	食 B・2寝	食 2寝	食 B・2寝	食	食・ビ 展
西鹿児島 12 00	熊本 18 08	熊本 19 15	鹿児島 15 55			宇野 12 40	博多 7 25	鹿児島 23 00	宇野 16 35	博多 9 05		長崎 9 50	宇野 19 10
22 32 2 45 5 53	22 38 3 08 6 18	12 18 3 23 6 28	0 17 4 18 7 22	7 30 9 54	9 00 11 59	13 17	8 37 11 47 14 05	7 45 11 52 15 07	17 28	10 53 15 01 18 11	14 50 18 53	13 41 16 48 19 08	19 48
8 05 8 38 9 21	8 35 9 07 9 53	9 15 9 15	9 44 10 16 10 59	(11 46) 12 10	13 53 14 21	(13 05) 15 27 16 00	15 53 16 20	17 22 17 58 18 40	19 39 20 11 20 57	20 20 20 55 21 41	21 17 21 50 22 40	(21 01) 21 25 22 00	21 34 22 00
東京 16 50			東京 18 20			東京 22 00		名古屋 21 10	東京 6 50	東京 7 27	東京 8 00		
日豊線経由	筑豊線経由	寝台列車			呉線経由		12/15から 運転	大社発 10 15		大分発 7 25	呉線経由	宮崎発 8 00	

京阪神を有効時間帯（5～23時）に通過する特急・急行定期列車を掲載。各列車とも1等座席車連結。（　）内は神戸通過のため、三ノ宮発時刻。
記号：展＝展望車（パーラーカー）　食＝食堂　ビ＝ビュフェ　A=1等寝台A室　B=1等寝台B室　C=1等寝台C室　2寝＝2等寝台

時代を駆けた名列車-25
特急「まつかぜ」

山陰・福知山線へもDC特急が初めて走った。松江行の特急「まつかぜ」。
1963年2月28日　餘部鉄橋　写真：林 嶢

1961(昭和36)年10月改正は急行倍増・特急3倍増といわれる大規模なもので、特に特急用気動車・キハ80系の本格的使用による特急網拡大がその牽引役となっていた。それまで特急列車のなかった山陰本線にも初の特急列車が設定されることになり、京都～大阪～松江間（福知山線経由)に「まつかぜ」1往復が運転開始された。時刻は京都7:30→大阪8:05→松江14:05、松江15:00→大阪20:59→京都21:35、編成は80系6両で1等車1両、食堂車1両、2等車4両で全車指定席だった。1964(昭和39)年3月には長駆博多まで延長され、編成も9両に増強され、その後10両、12両と長大になり、運転距離、編成ともに特急列車として第1級の列車に成長した。山陽新幹線岡山開業の1972(昭和47)年3月には大阪～

異なり32系や35系が主体で、背摺りが木製の60系までが編成に加わることも多々あった。1960年代から70年代初頭にかけての大阪駅にはテント村が設営され、夜行急行に乗る旅客が昼間から列をつくっていたが、ピーク時にはそこまでしないと座席確保は大変だったのだ。

1961年10月改正における京阪神～山陽・九州間優等列車の時刻については表－18に示す。

●北陸・山陰本線も輸送改善進む

キハ80系は1961(昭和36)年7月から9月にかけて大量127両が落成し、1961年10月改正では大阪口の特急として青森・上野行の「白鳥」と、松江行の「まつかぜ」に運用される。両列車の運転経路になる北陸・信越・羽越・奥羽・高崎・福知山・山陰の各線ではいずれも初めて迎える特急列車だった。このうち北陸本線などは全国特急ネットワークを形成するうえで新設は“当然”すぎるほどだが、単に輸送量だけでは特急設定など考えられなかった山陰沿線では、「山陰にこんな美しい列車が走るとは、まるで夢を見ているよう」とまで絶賛された。北陸特急「白鳥」の上野行は、1956(昭和31)年までの「北陸」のリバイバルで、大阪～北陸間では青森行の増結的使命を有していた。また、「白鳥」は大阪～青森間所要を改正前の急行「日本海」より7時間以上短縮し、大阪を朝に発てば、翌日午前中に札幌に到着するダイヤが実現するが、当時としては画期的な出来事だった。

大阪～北陸間では、「白鳥」登場に伴い、急行「日本海」は夜行区間が従前の大阪～金沢間から福井～長岡間に変更される。しかし、それでは金沢・富山地区が利用に不便になるため、旧「日本海」のスジを走る列車として大阪～高岡（～富山)間に準急「つるぎ」が設定される。種別が値段の安い準急とされたのは大サービスだった。

一方、京都／大阪～山陰間では急行「出雲」が、東京～山陰間の連絡を強化するため、京都から直接山陰本線に入る経路に改められる。それに伴い、大阪～浜田・大社間に急行「三瓶」が設定され、「出雲」の抜けた穴を埋める。このほか、準急「白兎」は58系気動車化のうえ急行に格上げされ、福知山線編成も併結。京都・大阪～松江間運転になるなど、利便性は表－19のように格段に向上する。

このほか、1959(昭和34)年12月に大阪～長野間で運転を開始した準急「ちくま」が57系気動車に置き換えられ、同時に急行になる。しかし、車両運用とのかかわりか、それとも冬季にはドル箱になるスキー客への便宜を図るためか、下り（長野行)夜行、上り昼行のダイヤパターンは変わりなかった。

鳥取間に初代「やくも」を編入する形で2往復となった。また10月には山陰本線京都口に特急「あさしお」が誕生したため、博多「まつかぜ」は下り大阪始発・上り新大阪終着となった。その後も鳥取、博多発着の2往復体制が続いたが、1982（昭和57）年7月の鳥取「まつかぜ3－2号」のキハ181系化と米子延長、さらに1985（昭和60）年3月の博多「まつかぜ1－4号」のキハ181系化と米子短縮が行われ、衰退の道を辿っていった。そして分割民営化を前にした国鉄最後の1986（昭和61）年11月改正で、電車特急「北近畿」に道を譲る形で廃止されてしまった。

表－19　鉄道近代化時代における京都・大阪～山陰方面優等列車時刻の変遷

年月日	1956（昭31）年11月19日		1961（昭36）年10月1日			
列車番号	25	805	21	7D	701	801D
種別	急行	準急	急行	特急	急行	準急
列車名	出雲	白兎	出雲	まつかぜ	三瓶	白兎
特殊設備	…	…	B・2寝	食	…	…
始発	東京 22 15		東京 19 50			
京都　発	8 33	16 00	5 15	7 30		15 35
大阪　〃	9 40	‖	‖	8 05	9 30	‖
福知山　〃	12 11	17 56	6 59	10 00	11 55	17 17
鳥取　〃	15 15	20 58	10 05	12 16	14 48	20 07
米子　着	16 56	22 43	11 42	13 38	16 36	21 31
終着	大社 18 25	松江 23 20	浜田 14 45	松江 14 05	浜田 19 35	松江 22 03
記事	浜田着 *20 07*				大社着 18 10	大阪発 15 00
列車番号	806	26	802D	702	8D	22
種別	準急	急行	準急	急行	特急	急行
列車名	白兎	出雲	白兎	三瓶	まつかぜ	出雲
特殊設備	…	…	…	…	食	B・2寝
始発	松江 5 40	大社 11 10	松江 8 00	浜田 10 00	松江 15 00	浜田 14 00
米子　発	6 14	12 41	8 30	12 57	15 27	17 05
鳥取　〃	8 05	14 25	10 03	14 46	16 50	18 51
福知山　〃	11 07	17 29	12 49	17 42	19 07	21 50
大阪　着	‖	20 05	‖	20 04	20 59	‖
京都　〃	12 55	21 09	14 20		21 35	23 30
終着		東京 6 54				東京 9 36
記事		浜田発 *9 25*	大阪着 14 54	大社発 11 20		

京都・大阪～鳥取間を通過する定期優等列車を記載
特殊設備は京都・大阪～鳥取間で連結される食堂または寝台設備を記す
*斜数字*は普通列車としての時刻

表－20　鉄道近代化時代における関西本線　優等列車時刻の変遷

年月日	1956（昭31）年11月19日				1961（昭36）年10月1日			
列車番号	206D	208D	210D	202	206D	208D	210D	202
種別	準急	準急	準急	急行	準急	準急	準急	急行
列車名				大和	かすが1号	かすが2号	かすが3号	大和
連結設備				C・3等寝				B・2等寝
湊町　発	8 27	13 52	17 56	20 20	8 22	13 42	17 56	20 22
天王寺　〃	8 35	14 00	18 05	20 30	8 35	13 50	18 05	20 30
奈良　〃	9 07	14 32	18 37	21 09	9 08	14 25	18 40	21 10
亀山　〃	10 20	15 45	19 56	22 30	10 28	15 42	19 59	22 30
名古屋　着	11 14	16 39	20 50	23 31	11 22	16 41	20 55	22 34
終着				東京 6 47				東京 6 40
列車番号	201	205D	207D	209D	203	205D	207D	209D
種別	急行	準急	準急	準急	急行	準急	準急	準急
列車名	大和				大和	かすが1号	かすが2号	かすが3号
連結設備	C・3等寝				B・3等寝			
始発	東京 22 50				東京 22 45			
名古屋　発	5 45	8 10	13 35	18 00	5 55	8 10	13 25	18 10
亀山　〃	6 52	9 08	14 32	18 57	7 03	9 08	14 29	19 13
奈良　〃	8 15	10 25	15 50	20 12	8 28	10 45	15 43	20 28
天王寺　着	8 57	10 56	16 21	20 43	9 04	10 56	16 15	21 03
湊町　〃	9 06	11 04	16 29	20 50	9 11	11 04	16 23	21 08

●関西本線大阪側は気動車の頻発運転実施

1961（昭和36）年10月改正は、今もって「国鉄最大のダイヤ改正」と呼ばれるにふさわしく、京阪神に結びつく各幹線路線は飛躍的な改善がなされるのに、1つだけ蚊帳の外に置かれたのが関西本線。数年前までは“名阪間一の俊足”を誇った気動車準急も、相次ぐ東海道本線準急の増発により、直通輸送の使命が薄らいだのか、「かすが」と命名された1958（昭和33）年10月改正後はスピードダウンを繰り返し、1961年10月改正では表－20に示すように、湊町～名古屋間を3時間以内で走り切るのが精いっぱいだった。

この関西本線のうち湊町～奈良間は、沿線人口との関係もあって、通勤時間帯には天王寺駅が煤

時代を駆けた名列車-26
急行「白兎」

山陰本線京都口は大阪という大都市がある関係で、関西から山陰に向かう優等列車は大阪から福知山線経由となるのがメインルートであった。そのような中、1956（昭和31）年11月ダイヤ改正で、京都発着でそのまま山陰本線に入っていく準急「白兎」が京都〜松江間に新設された。因幡の白ウサギ伝説や鳥取県の白兎海岸にちなんだ愛称名で、C57の牽引する客車列車ではあるものの、京都発16:00→松江着23:20、松江発5:40→京都着12:55のダイヤは、下りは特急「つばめ」、上りは特急「はと」に接続し、鳥取・島根の両県庁所在地から東京への日着が可能となるものであった。

1961（昭和36）年10月改正では、キハ58系による気動車急行となり、京都発15:35→松江着22:03、松江発8:00→京都着14:20と客車準急時代からは約1時間の時間短縮が図られた。編成も8両でうち5両（1等車1両〈半車指定席〉、2等車4両〈自由席。下りのみ1両米子回転〉）は京都発着、残り3両（1等車1両〈半車指定席〉、2等車2両〈自由席〉）はあらたに福知山線経由大阪発着として併結された。

その後は編成増強、大阪編成の分離独立、出雲市延長などが行われ、まさに山陰本線京都口の代表列車として活躍を続けたが、国鉄最後の改正である1986（昭和61）年11月改正で、特急「あさしお」に格上げされる形でその姿を消した。なお愛称名は1994（平成6）年12月の智頭急行線開業に伴って新設された特急「はくと、スーパーはくと」として平仮名表記に変更のうえ復活している。

DC化され準急から急行となった「白兎」。小さいながらヘッドマーク付。1962年7月14日　生瀬〜武田尾　写真：林 嶢

けるまで蒸気列車が次々に到着するものの、日中は湊町〜柏原間が20分、柏原〜奈良間が40分ヘッドというのんびりした運転で、沿線から改善を求める声が相次いでいた。そこで、戦時中に単線化された王寺〜奈良間の複線復活がなる1961年12月10日を皮切りに通勤形35系気動車が投入され、1962（昭和37）年12月には、日中も湊町〜奈良間快速が30分ヘッド、天王寺〜柏原間では普通だけで10分ヘッドといった電車並の頻発運転が実現する。特に湊町〜亀山間はC 57牽引の急行「大和」を除く全旅客列車が気動車化されるが、湊町〜亀山間直通がキハ35系2または4両というのは、それが“現実の輸送量”とはいえ、何とも

関西本線のC 57牽引の急行「大和」。
1964年12月29日　湊町　写真：野口昭雄

時代を駆けた名列車−27

準急「みささ・みまさか」

準急「みささ」は大阪～上井（現・倉吉）間（姫新線・因美線経由）、準急「みまさか」は大阪～中国勝山間に、どちらも1960（昭和35）年10月に設定された気動車列車である。みささは三朝、みまさかは美作と書き、三朝は三朝温泉、美作は旧国名であるとともに「奥津・湯原・湯郷」の美作三湯を表し、この方面の温泉行の行楽列車としては最適な愛称名であった。

「みささ」は大阪発13:05→鳥取着17:43→上井着18:28、上井発10:10→鳥取発10:57→大阪着15:50。「みまさか」は大阪発13:05→中国勝山着17:08、月田発11:40→大阪着15:50で、両者は大阪～津山間で併結された。両列車とも温泉客やビジネス客などでにぎわい、昭和40年代中ごろの最盛期には「みささ」から愛称名を変更した「伯耆」（のちに再度「みささ」に変更）とともに合わせて10両以上の長大編成で大阪駅に上ってくるなど、独特の存在感を示していた。

しかし1975（昭和50）年10月の中国自動車道・吹田－美作落合間が開通すると関西から中国地方の温泉地には自動車・バス利用が当たり前となり、1989（平成元）年3月改正で廃止されてしまった。

姫新・因美線経由で大阪～上井（現・倉吉）・中国勝山間を走った準急「みささ・みまさか」。1962年3月31日　大阪　写真：林 嶢

情けない光景だった。

天王寺～南紀間については、先の紀勢本線全通時に“白紙改正”がなされ、さらに1961年3月に急行「紀州」が登場していることもあり、10月改正は無風状態のまま表－21（94ページ）の時刻で推移する。

大阪ミナミの中心駅であると同時に南紀への玄関口でもある天王寺駅の駅舎改修工事は1960（昭和35）年7月の着工、1967（昭和42）年9月に竣工。鉄筋コンクリート5階建てで、一部は10階部分もあるスマートな民衆駅に生まれ変わり、面目を一新した。

改築前の天王寺駅北口。1952年の撮影。写真：和気隆三

改築されて5階建駅ビルとなった天王寺駅。写真：安田就視

5 山陽・北陸両線で電化区間延伸

●山陽本線広島電化で「つばめ」「宮島」直通運転開始

1961（昭和36）年度から始まる国鉄の第2次5カ所計画の2年目にあたる1962（昭和37）年6月10日には山陽本線三原～広島間電化と、北陸トンネルを含む北陸本線敦賀～福井間の交流電化が完成したことで、同日にダイヤ改正が実施される。

山陽本線では電化が中国地方最大の都市である広島に達したことで、関西はもとより、東京～広島間の電気運転が実現する。注目の電車による広島への直通運転は東京始終着で実施され、特急「第1－第2つばめ」と急行「宮島」2往復（昼行・夜行各1往復）がロングランの重責を担う。これに伴い大阪～広島間気動車特急「へいわ」はあえなく廃止。同区間の気動車急行「宮島」は列車名こそ153系電車急行に引き継がれるが、キハ58系での活躍はわずか8カ月余りに終わってしまった。東海道電車急行も2往復のスジが広島延長されたため、「やましろ」と「第2よど」（上下とも）が列車名簿から姿を消す。「やましろ」は1961年10月改正での設定のため、こちらも在位期間は「へいわ」と同じで、ともに短命列車として鉄道史にその名を残した。ただ、両列車とも発展的解消であるため、列車名の消滅は別段不名誉なものではない。

もう一方の北陸本線では、交直流接続の米原～田村間が未電化であることや、交直両用の471系電車も製造途中であるという状況のため、列車増発は大阪～金沢間気動車急行「越前」で実施される。金沢行なのに「越前」とは摩訶不思議だが、これはキハ58系新製に際しては福井県が中心になって利用債を引き受けたことが大きかった。したがって、「越前」は6両編成だが、上りの場合は2等車2両が金沢～福井間締切扱いとされ、福井からの乗客が着席できるよう配慮されていた。また「越前」は北陸トンネル開業の恩恵もあり、大阪～金沢間を4時間25分で走破する。同区間を3時間57分運転となった「白鳥」には及ばないが、急行「立山」よりは1時間以上速かった。

1962年10月1日には挿入式ながら全国規模のダイヤ改正が実施され、先の6月10日改正で東京～大阪間不定期寝台急行として登場した「あかつき」が定期格上げとなるほか、東京～広島間急行「安芸」の寝台列車化と、大阪～広島間寝台急行「音戸」の下関延長が実施される。また、京

表－21　鉄道近代化時代における阪和・紀勢西線　優等列車時刻の変遷

年月日	1956（昭31）年11月19日					1961（昭36）年10月1日						
列車番号	3102	104	3104	106		306D	106D	108	904D	110D	308D	310D
種別	準急	準急	準急	準急		準急	準急	準急	急行	準急	準急	準急
列車名	しらはま	くまの	黒潮	南紀		南紀1号	第1きのくに	しらはま	紀州	第2きのくに	南紀2号	南紀3号
天王寺　発	9 30	10 00	13 20	16 00		8 30	9 30	9 31	10 30	13 00	16 40	23 00
難波　〃	‖	‖	12 57	‖		8 10	‖	‖	‖	12 37	‖	‖
和歌山市　〃	‖	10 52	13 59	‖		9 09	‖	‖	‖	13 36	‖	‖
東和歌山　〃	10 33	11 16	14 21	17 03		9 25	10 21	10 39	11 22	13 55	17 32	0 39
紀伊田辺　〃	12 31	13 14	16 08	19 01		11 17	11 57	12 48	13 01	15 44	19 35	3 02
白浜口　〃	12 46	13 33	16 23	19 15		11 33	12 12	13 04	13 15	15 57	19 52	↓
新宮　着		15 41				13 31			15 07		21 47	5 30
終着									名古屋 19 25			
記事	毎日運転		土曜運転				座席指定			座席指定		
列車番号	101	103	3103	3105	107	305D	307	105D	107	903D	109D	309D
種別	準急	準急	準急	準急	準急	準急	準急	準急	準急	急行	準急	準急
列車名	南紀		くろしお	しらはま	熊野	南紀1号	南紀2号	第1きのくに	しらはま	紀州	第2きのくに	南紀3号
始発										名古屋 9 30		
新宮　発		9 27			13 00	7 00	9 05			13 49		15 50
白浜口　〃	9 26	11 33	13 40	14 05	15 24	9 05	11 35	13 30	14 25	16 00	17 00	18 00
紀伊田辺　〃	9 41	11 52	13 54	14 27	15 41	9 18	11 54	13 43	14 46	16 15	17 17	18 13
東和歌山　着	11 45	13 56	15 49	16 28	17 51	11 03	13 53	15 16	16 51	17 46	18 55	19 58
和歌山市　〃	‖	‖	16 08	‖	18 14	‖	14 03	‖	‖	‖	19 10	20 10
難波　〃	‖	‖	17 13	‖	‖	‖	15 14	‖	‖	‖	20 09	21 09
天王寺　〃	12 49	15 13	16 59	17 44	18 59	11 58	14 58	16 07	17 56	18 43	19 47	20 54
記事			日曜運転	毎日運転				座席指定			座席指定	

時代を駆けた名列車-28
準急「はまゆう」

旧「はまゆう」の「しらはま1号」が和歌山線を行く。手前の4両が京都始発。1971年11月3日　吉野口～北宇智　写真：寺本光照

準急「はまゆう」は1962(昭和37)年3月に京都・名古屋・天王寺の3駅始発白浜口行の多層建て列車として設定された。3本のうちのいわゆる親列車は京都～白浜口間で、奈良・和歌山線経由としては初の優等列車であった。この編成は2つの大観光地を結ぶため、当時は新婚旅行客の利用で賑わっていた。また名古屋発編成は関西本線を奈良まで下り、奈良で併結された。さらにこの2つの編成が東和歌山で天王寺発着編成に併結された。当初の時刻は京都発9:25・名古屋発8:10・天王寺発11:30→東和歌山発12:32→白浜口着14:28、白浜口発14:55→東和歌山着16:59→京都着20:08・名古屋着21:27・天王寺着18:05であった。「はまゆう」は暖地の海岸に自生するヒガンバナ科の多年草で、南紀をイメージする愛称名であった。関西の観光地間、および名古屋～奈良間の都市間連絡などの使命をもち、1966(昭和41)年3月の急行格上げ、同年10月からの奈良～高田間桜井線経由への変更などの変遷を経ながら活躍を続けた。しかし1968(昭和43)年10月改正では列車名統合で「しらはま」となり、「はまゆう」の名は鳥羽～紀伊勝浦間の急行に転用され、関西地区から去っていった。

図－10　東海道151系電車特急・編成の変遷

1958(昭33)年11月1日 東京～大阪/神戸間「第1・第2こだま」

←101T大阪行　←103T神戸行　　102T・104T　東京行　→

①	②	③	④	⑤	⑥	⑦	⑧
3等	3等	3等・ビュフェ	2等	2等	3等・ビュフェ	3等	3等
クハ151	モハ151	モハシ150	サロ151	サロ151	モハシ150	モハ151	クハ151

1959(昭34)年12月13日 東京～大阪/神戸間「第1・第2こだま」

←101T大阪行　←103T神戸行　　102T・104T　東京行　→

①	②	③	④	⑤	⑥	⑦	⑧	⑨	⑩	⑪	⑫
3等	3等	3等・ビュフェ	2等	2等	2等	2等	3等	3等	3等・ビュフェ	3等	3等
クハ151	モハ151	モハシ150	モロ151	モロ150	サロ151	サロ151	サハ150	サハ150	モハシ150	モハ151	クハ151

1960(昭35)年6月1日　東京～大阪/神戸間「第1・第2こだま」、東京～大阪間「第1・第2つばめ」

←101T・103T・107T大阪行　←105T神戸行　　102T・104T・106T・108T　東京行　→

①	②	③	④	⑤	⑥	⑦	⑧	⑨	⑩	⑪	⑫
展2等	2等	2等	2等	2等	食堂	3等・ビュフェ	3等	3等	3等	3等	3等
クロ151	モロ151	モロ150	サロ151	サロ151	サシ151	モハシ150	モハ151	サハ150	モハ150	モハ151	クハ151

1961(昭36)年10月1日　東京～大阪間「第1・第2こだま」「第1・第2つばめ」「はと」、
東京～神戸/宇野間「第1・第2富士」、大阪～宇野間「うずしお」

←1M・3M・5M・7M・9M大阪行　←2003M神戸行 ←2001M・2009M宇野行　　2M・4M・6M・8M・10M・2002M・2004M　東京行　→　2010M 大阪行→

①	②	③	④	⑤	⑥	⑦	⑧	⑨	⑩	⑪
展1等	1等	1等	1等	食堂	2等・ビュフェ	2等	2等	2等	2等	2等
クロ151	モロ151	モロ150	サロ151/150	サシ151	モハシ150	モハ151	サハ150	モハ150	モハ151	クハ151

1963(昭38)年10月1日　東京～大阪/広島間「第1・第2つばめ」東京～大阪間「第1・第2つばめ」「はと」、
東京～神戸/宇野間「第1・第2富士」、大阪～宇野間「うずしお」

←1M・3M・5M・7M大阪行　←2003M広島行　2005M神戸行 ←2001M・2009M宇野行　　2M・4M・6M・8M・2002M・2004M・2006M　東京行　→　2010M 大阪行→

①	②	③	④	⑤	⑥	⑦	⑧	⑨	⑩	⑪	⑫
展1等	1等	1等	1等	食堂	2等・ビュフェ	2等	2等	2等	2等	2等	2等
クロ151	モロ151	モロ150	サロ151/150	サシ151	モハシ150	モハ151	サハ150	サハ150	モハ150	モハ151	クハ151

形式はすべて1959年6月に制定された3桁表示による

時代を駆けた名列車-29

急行「ゆのくに」

北陸本線金沢電化で誕生した交直流両用471系電車による急行「ゆのくに」。
1965年9月19日　京都～山科　写真：福田静二

今でこそ「特急街道」といわれる北陸本線であるが、昭和30年代中ごろまでは特急列車の設定もなく、まだまだ優等列車も少ない状態であった。そのような中で大阪～金沢間の準急「ゆのくに」は、1952(昭和27)年の設定以来、不定期→定期準急と発展し、1963(昭和38)年4月にはついに急行列車に格上げ、さらに同時に471系電車化された。しかも全車座席指定の、特急にも引けをとらないスタイルで大阪～金沢間を4時間17分で結び、たちまち北陸本線急行列車のエースとして君臨した。しかしわずか2年後の1965(昭和40)年10月改正では、北陸本線急行列車の愛称名統合があり、「加賀」と改称されて、いったん鉄路から消え去った。

1968(昭和43)年10月になって、ふたたび列車名の統合再配置が行われ、大阪～金沢・和倉間の「加賀」「奥能登」は合わせて「ゆのくに」となった。3年ぶりの復活であった。「ゆのくに」は大阪～金沢間3往復、大阪～和倉間1往復で、これは1972(昭和47)年10月改正まで維持された。しかしこの改正以後特急「雷鳥」が飛躍的に増発され、「ゆのくに」は1978(昭和53)年10月には1往復となり、1982(昭和57)年11月改正で、ついに廃止となってしまった。ほどなく北陸本線もオール特急時代となり、「特急街道」としての環境が整っていくのであった。

表－22　鉄道近代化時代における大阪～北陸・日本海縦貫線　優等列車時刻の変遷

年月日	1956(昭31)年11月19日			1961(昭36)年10月1日				
列車番号	505	503	501	2001D	505	503	501	509
種別	準急	急行	急行	特急	準急	急行	急行	準急
列車名	ゆのくに	立山	日本海	白鳥	ゆのくに	立山	日本海	つるぎ
特殊設備		特2	特2・食 C・3寝	食	…	…	食 B・2寝	C・2寝
大阪　発	10 30	12 05	23 00	8 05	10 00	12 35	19 10	23 15
京都　〃	11 14	12 44	23 50	8 38	10 43	13 11	19 50	23 59
福井　〃	15 00	16 30	4 27	11 08	14 24	16 32	23 37	4 12
金沢　〃	16 39	18 12	6 08	12 19	16 07	18 19	1 10	6 12
富山　着		19 26	7 23	13 11		19 37	2 21	*7 44*
終着			青森 21 50	青森 23 50			青森 17 29	
記事				上野着 20 35				高岡から普通
列車番号	506	504	502	502	506	504	2002D	510
種別	準急	急行	急行	急行	準急	急行	特急	準急
列車名	ゆのくに	立山	日本海	日本海	ゆのくに	立山	白鳥	つるぎ
特殊設備		特2	特2・食 C・3寝	食 B・2寝	…	…	食	C・2寝
始発			青森 6 16	青森 12 02			青森 5 20	
富山　発		12 00	20 54	3 03		12 30	16 05	*20 50*
金沢　〃	10 40	13 20	22 22	4 21	10 20	13 50	17 02	22 18
福井　〃	12 20	15 02	0 05	5 51	12 02	15 27	18 12	0 06
京都　着	16 32	18 44	4 50	9 23	15 48	19 04	20 40	4 42
大阪　〃	17 16	19 30	5 40	10 05	16 30	19 45	21 12	5 35
記事							上野発 8 50	高岡まで普通

大阪を起終点とする定期優等列車を掲載。斜数字は普通列車としての時刻。　※「奥能登」は金沢以北準急で運転

都～岡山間を名古屋～鹿児島間のロングラン急行「さつま」に併結されていた京都～大社間急行「だいせん」は、「さつま」と分離のうえ気動車化される。

京阪神の国電区間では、1961年8月から80系快速電車の一部に1等車が連結されるが、この改正では約半数の列車に拡大される。しかし、関西国電名物だった普通電車の半室1等車クロハ69はこの改正を機にクハ55に格下げされ、旧1等部分もロングシート化されてしまった。

●北陸本線金沢電化で471系電車投入

本線交流方式第1号として1957（昭和32）年10月に田村～敦賀間が開業した北陸本線の電化は、1963（昭和38）年4月20日に金沢に達する。これに伴い大阪～金沢間では471系交直流電車による急行が4往復設定され、うち下り2本・上り1本の「ゆのくに」は全車座席指定のセミ特急スタイルで運転される。同区間の到達時分は昼行で4時間17～37分なので、改正前の気動車急行「越前」と変わらず不満も残ったが、木ノ本～松任間のいたるところに単線区間が残る中での列車増発のため、致しかたなかった。「ゆのくに」では、前日までの準急に比べ料金は3倍増しだが、乗り心地のいいバラ色とクリームのツートンカラーの電車に座ったままで北陸の温泉郷に行けるとあって、好評で迎えられた。編成は2等車と半室ビュフェ車各2両を含む10両で、サハシ451では地域性を考慮し、そばコーナーが設けられた。

このほか、改正前金沢～新潟間の気動車急行「きたぐに」が大阪始終着となり、付属編成に七尾線

東海道電車急行時代の一翼を担った153系急行「いこま」。1964年9月20日　京都　写真：林 嶢

1963（昭38）年4月20日								
2001D	501M	501D	503	503M	505M	501	507M	505
特急	急行	急行	急行	急行	急行	急行	急行	急行
白鳥	第1 ゆのくに	きたぐに 奥能登	立山	第2 ゆのくに	第1 加賀	日本海	第2 加賀	つるぎ
食	ビ	…	…	ビ	ビ	食 B･2寝	ビ	B･2寝
8 15	9 33	11 05	12 35	14 05	16 40	19 10	22 40	23 15
8 48	10 08	11 39	13 14	14 39	17 17	19 50	23 25	23 58
11 04	12 31	14 14	16 11	17 11	19 46	23 24	3 46	4 00
12 16	13 50	15 40	17 54	18 35	21 05	0 59	5 30	5 54
13 09		16 40	19 06			2 09		*7 22*
青森 23 50		新潟 21 00				青森 17 29		
上野着 20 35	全車指定	※和倉着 17 03		全車指定				寝台列車 金沢から普通
502	502M	504M	504	501D	506M	2002D	508M	506
急行	急行	急行	急行	急行	急行	特急	急行	急行
日本海	第1 加賀	ゆのくに	立山	きたぐに 奥能登	第2 加賀	白鳥	第3 加賀	つるぎ
食 B･2寝	ビ	ビ	…	…	ビ	食	ビ	B･2寝
青森 12 02				新潟 7 40		青森 5 20		
3 08			9 50	12 07		16 07		21 19
4 25	7 40	9 40	11 15	13 20	16 00	17 05	22 40	23 00
6 06	8 59	11 00	12 44	14 44	17 20	18 17	0 22	0 50
9 23	11 36	13 35	15 49	17 18	20 02	20 34	4 20	4 42
10 05	12 10	14 10	16 30	17 55	20 37	21 07	5 05	5 35
				※輪島発 10 42		上野発 8 50		寝台列車 金沢から普通

直通の「奥能登」を連結。こちらは単独運転となる金沢以北は準急として運転された。また、夜行準急「つるぎ」も急行に格上げされ、組成上からは寝台列車となるが、金沢〜富山間は通勤・帰宅時間帯にかかるため、普通列車としての運転は継続される。北陸本線はこの増発で、表−22のように大阪からの優等列車がほぼ倍増され、混雑が大いに緩和された。

1963年4月改正で、北陸関係以外では東京〜大阪間不定期特急「ひびき」の2往復のうち1往復が定期に格上げされる。157系運用のため食堂車やビュフェのない定期特急の設定は初めてだが、もう体裁をかまっているだけの時間はなかった。

10月1日には、新幹線開業を翌年に控えた東海道本線で"最後の改正"が実施される。東海道本線内完結の夜行急行は、企業戦士たるビジネス客の利用で特に寝台列車は6往復でも切符の入手難が続いていたため、この改正では「第2なにわ」の運転を取りやめ、代わって寝台急行「すばる」が設定される。日本の高度経済成長を支える出張族のためには寝台数を増やさなければならないが、東海道本線の旅客列車のスジは1961(昭和36)年10月の段階で満いっぱいのため、「すばる」の新設は荒療治ともいえた。これにより、東海道夜行の輸送力列車は「第2宮島」と「第2せっつ」の2往復だけとなり、しかも大阪始発は「第2せっつ」だけという厳しさのため、不定期の「第2いこま」が実質的に定期列車として毎日運転された。

1963年10月改正では、ほかに151系電車特急に2等車1両を増結し12両で運転される。座席数からは1往復弱程度の輸送力増強になるわけで、苦し紛れとも思える手段だった。大阪以西では西鹿児島行夜行急行「しろやま」が新設される。博多付近を深夜に通過するという思い切ったダイヤ設定が売り物だった。そうした東海道在来線の"最後の賑わい"とは裏腹に、年々旅客が減少する関西本線準急「かすが」は、上り2号・下り1号の湊町〜奈良間運転を打ち切る。関西本線は名阪間での準幹線としての使命を失ったも同然だった。

そして1964(昭和39)年を迎えると、3月20日改正では山陰特急「まつかぜ」が、山陰本線終点の幡生(下関)を経て博多まで延長される。京都/大阪〜博多間を乗り通す旅客は鉄道ファンでなくても結構いたという。また、北陸本線では新疋田〜敦賀間でループ線建設を含めた複線化工事が竣工し、上り列車に対する25‰勾配が解消したことで、この改正から471系電車急行は12両に増強される。同時に2等車はすべて自由席だった「加賀」も3両が指定席車となる。さらに夜行の「第2−第3加賀」ではビュフェ営業が休止される。関西始発で供食設備をもつ列車の営業休止はこれが初めてだった。

京阪神電車区間では、新幹線開業を間近に控えた9月18日から快速用に113系が入る。3ドア車の投入がサービスであるかどうかは別として、関西に優等列車用以外の新性能電車が入るのは、大阪環状線の101系に続き2例目だった。

なお、151系電車特急の編成を図−10、この章における著名列車の編成を図−11として掲げるので、参照されたい。

大阪から新潟と七尾線に直通するDC急行「奥能登」。
1966年1月23日　米原〜坂田　写真：福田静二

関西本線の準急「かすが」。キハ55系新旧塗装の5両編成。
1961年7月　柏原〜河内堅上　写真：篠原 丞

図－11　鉄道近代化時代における著名優等列車の編成

1956（昭31）年11月19日　東京～鹿児島間急行「霧島」（長距離急行の象徴“完全セット”編成）

←37レ鹿児島行　　　38レ　東京行　→

	①	②	③	④	⑤	⑥	⑦	⑧	⑨	⑩	⑪	⑫	⑬
荷物	2寝C	特別2等	3寝	特別2等	2等	食堂	3等	3等	3等	3等	3等	3等	3等
	マロネ38	スロ53	ナハネ10	スロ53	オロ35	スシ48	ナハ10	ナハ10	ナハ10	ナハフ10	スハフ42	スハ43	スハフ42
	東京～博多（①～③）										東京～熊本	東京～下関	

1956（昭31）年11月19日　東京～大阪間急行「なにわ」（戦後初の東海道本線内完結昼行急行）

←11レ大阪行　　　12レ　東京行　→

		①	②	③	④	⑤	⑥	⑦	⑧	⑨	⑩	⑪	⑫
荷物	郵便	特別2等	2等	食堂	3等	3等	3等	3等	3等	3等	3等	3等	3等
		スロ60	オロ40	マシ29	スハフ42	スハ43	スハ43	スハ43	スハ43	スハフ42	スハ43	スハ43	スハフ42

1957（昭32）年10月1日　東京～大阪間急行「彗星」（国鉄初の寝台専用列車）

←17レ大阪行　　　18レ　東京行　→

	①	②	③	④	⑤	⑥	⑦	⑧	⑨	⑩	⑪	⑫
荷物	2寝A	2寝A・B	2寝B	2寝B	2寝B	2寝C	3寝	3寝	3寝	3寝	3寝	指3等
	マロネ49	マロネ40	マロネ41	マロネ41	マロネ41	スロネ30	ナハネ10	ナハネ10	ナハネ10	ナハネ10	ナハネ10	スハフ42

1958（昭33）年1月　東京～大阪間特急「つばめ」「はと」（軽量客車が主体となった末期の“青大将”）

←1・3レ大阪行　←2・4レ東京行

①	②	③	④	⑤	⑥	⑦	⑧	⑨	⑩	⑪	⑫
3等・荷物	3等	3等	3等	3等	2等	2等	食堂	2等	2等	2等	1等・展望
スハニ35	スハ44	スハ44	スハ44	スハ44	ナロ10	ナロ10	オシ17	ナロ10	ナロ10	ナロ10	マイテ39/49/58

1960（昭35）年6月1日　京都～博多間特急「かもめ」（列車番号や車種からは急行並みの“遜色特急”）

←201レ博多行　　　202レ　京都行　→

①	②	③	④	⑤	⑥	⑦	⑧	⑨
3等・荷物	2等	2等	2等	食堂	3等	3等	3等	3等
オハニ36	ナロ10	ナロ10	ナロ10	オシ17	ナハ11	ナハ11	ナハ11	ナハフ11

1961（昭36）年3月1日　東京～大阪間急行「なにわ」「せっつ」「金星」（急行用にグレードアップされた153系編成）

←11T・2011T・2017T大阪行　　　12T・2012T・218T　東京行　→

①	②	③	④	⑤	⑥	⑦	⑧	⑨	⑩	⑪	⑫
2等	2等	2等	2等・ビュフェ	1等	指1等	2等・ビュフェ	2等	2等	2等	2等	2等
クハ153	モハ152	モハ153	サハシ153	サロ152	サロ152	サハシ153	モハ152	モハ153	モハ152	モハ153	クハ153

1961（昭36）年10月1日　京都～長崎・宮崎間特急「かもめ」（気動車特急に衣替えした「かもめ」艶やかな姿で山陽路を快走）

←1D 長崎行・1D～2001D 宮崎行　　　2D・2002D～2D　京都行　→

①	②	③	④	⑤	⑥	⑦	⑧	⑨	⑩	⑪	⑫
2等	1等	食堂	2等	2等	2等	2等	1等	食堂	2等	2等	2等
キハ82	キロ80	キシ80	キハ80	キハ80	キハ82	キハ82	キロ80	キシ80	キハ80	キハ80	キハ82
京都～長崎（①～⑥）						京都～宮崎（⑦～⑫）					

1963（昭38）年4月20日　大阪～金沢間急行「第1～第2ゆのくに」「第1～第3加賀」（北陸路にも電車列車時代到来）

←501M・503M・505M・507M金沢行　　　502M・504M・506M・508M 大阪行→

①	②	③	④	⑤	⑥	⑦	⑧	⑨	⑩
2等	2等	2等・ビュフェ	1等	指1等	2等・ビュフェ	2等	2等	2等	2等
クモハ471	モハ470	サハシ451	サロ451	サロ451	サハシ451	モハ470	クモハ471	モハ470	クモハ471

「ゆのくに」は全車座席指定

各列車とも大阪駅での編成を示す

Essay

或るパンフレット

林 嶢

東海道本線電化によりＥＦ58の通し牽引が始まる。塗色もライトグリーンになる。
1959年11月1日　大阪　写真：林 嶢

書棚を整理していたら古いパンフレットが出てきた。ＥＦ58 59 牽引旅客列車が表紙の「東海道電化完成記念展」のパンフレットと記念スタンプ用絵はがきで、およそ60年前のものである。昭和31（1956）年11月19日の東海道本線全線電化を記念し、大阪なんば高島屋（11月6～11日）と京都四条高島屋（11月16～22日）で大阪鉄道管理局主催、毎日新聞社後援で開催されたときのものである。

当時東海道本線は米原まで電化されており、関西の人は１日も早く大阪、神戸までの電化を待ち望んでいた。それだけに、この催しには多くの人々が詰めかけていたことを覚えている。この頃鉄道趣味に目覚めていた私は、土日はもちろん、学校の授業を終えると必ずといってよいほどこの催しを見にいったのを思い出す。

内容は電化工事のあらましを、変電所・電車線路（架線など）・信号・通信・駅の改良・トンネルの改修・電気機関車庫などにわたって詳しく解説しており、たいへん参考になった。それとともに、電化に際しての知識を高校１年生の私でも得ることができた。新たに高槻電車庫が新設されること、吹田電気機関車庫では蒸気機関車が約40両少なくなり電気機関車が約60両増えること、宮原電気機関車庫では大阪始発・終着の列車専用電気機関車が26両配置されることも説明してあった。そして、国鉄はなぜ電化に力をそそぐのか、輸送力増強、乗務員の作業改善、煙のない快適な旅の提供などの説明もあった。

また、関西の人にとってＥＦ58を見るのが初めてのことでもあろうか、多くの人々が熱心に写真に見入っていたのが印象に残っている。

東海道本線の電化完成後、山陽・東北本線など急ピッチで電化が進められてゆき、蒸気機関車がそれにつれて廃車となって消えていった。そして私は電化により消え去っていく蒸気機関車に思いを馳せ、いっそう蒸気機関車の撮影に熱中するようになったことが今は懐かしく思い出される。

（＊電気機関車庫等の表現はパンフレットに記述してあるとおりを使用しました）

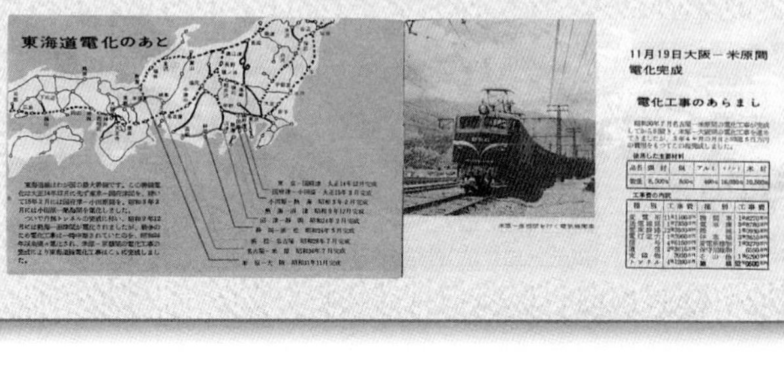

大阪鉄道管理局主催の東海道電化完成記念パンフレットの表紙と内面。
所蔵：林 嶢

4章

東海道・山陽は新幹線の時代へ

（1964～1975）

山陽本線急行「つくし」 1967年ころ 瀬野～八本松 撮影：長谷川 章、所蔵：山口雅人

1　夢でなくなった東海道新幹線超特急

●新幹線開業で151系電車特急東海道在来線から撤退

東海道新幹線東京～新大阪間515.4kmは東京オリンピック開催を目前に控えた1964（昭和39）年10月1日に開業する。終点が大阪ではなく東海道本線大阪～東淀川間の交差地点に新駅として設けられたのは、近い将来に山陽方面への延伸が予想されていたことが最大の理由だった。その新大阪駅は隣駅となる大阪駅からはわずか3.8kmしか離れていないが、当時は駅から新幹線の高架に沿って京都方に数分も歩かないうちに、大阪市内とは思えないようなのどかな田園風景が展開していた。新大阪駅には3階部分にあたる高架上に2面3線の新幹線ホームが、それに直交する形で地平部に4面8線の在来線ホームが設けられ、新幹線列車と在来線列車との乗換えの便宜が図られた。

開業当時の新幹線列車は東京～新大阪間を名古屋・京都のみに停車し4時間で結ぶ超特急「ひかり」と、各駅停車で5時間を要する特急「こだま」の2本建てで、ともに1時間当たり1本ずつのいわゆる「1－1ダイヤ」で設定され、車両は0系12両だった。1等車と半室ビュフェ車がそれぞれ2両ずつというのは、在来線電車急行の「なにわ」と同じである。超特急については、計画当初は東京～新大阪間所要を3時間とする予定だったが、路盤が軟弱な箇所が存在することや初期故障などを考慮し、1時間遅くする大事が取られたのである。

この東海道新幹線の開業に伴い、前日まで東京～大阪間を快走していた「こだま」以下電車特急は全廃。しかし、同区間相互始終着の昼行急行は「六甲」「いこま」「なにわ」「よど」が存続するほか、夜行急行も寝台列車の「銀河」「明星」「月光」「金星」のほか、輸送力列車としては不定期の「第2いこま」が毎日運転を継続。東京～湊町間の「大和」も寝台車だけで王寺以西は5両の軽装となるものの、残された。

新幹線と競合する区間で急行の残存列車がこれほどまでに多いのは、国鉄では1962（昭和37）年から1963（昭和38）年にかけて、三河島事故や鶴見事故など多数の死者を出す大惨事が発生しており、新幹線が開業しても「万一高速で走行中に脱線でもするようなことがあっては大変。とりあえずは在来線急行で、安全とわかったら新幹線で東京へ行こう」といった慎重派の旅客も多く見受けられたからである。

このほか、東海道本線から山陽・九州方面へ直通する列車としては四国方面への連絡強化を目的に東京～宇野間に寝台急行「さぬき」が新設されるほか、新幹線の影響をさほど受けない強みもあって廃止列車は「ぶんご」だけで、「筑紫」や「宮島」など一部が大阪始発となった以外は従来の形で残される。大阪～名古屋間では「伊吹」が廃止されるものの、「比叡」は8往復の本数を維持する。当時中学3年になっていた筆者は、新幹線開業後の10月下旬に箱根・東京方面へ修学旅行に出かけるが、当時「きぼう」号の車窓から眺めた東海道本線も、電車特急の姿が見えないこと以外は、急行や準急をはじめとする多数の旅客列車や貨物列車に出合うことができ、とても楽しかったのを昨日のように思い出す。

なお、新大阪駅開業に伴い国電では京阪神間の快速電車が新大阪に停車するが、当時の新大阪は

新大阪駅の鉄骨が一部組みあがった。Ｄ52の牽く貨物列車が梅田貨物線を走る。
1963年1月　大阪～東淀川　写真：野口昭雄

時代を駆けた名列車-30

新幹線超特急「ひかり」

新大阪発東京行の0系16連新幹線超特急「ひかり」。
1973年3月19日　京都～米原　写真：寺本光照

1960年代になり、輸送量が飽和状態の東海道本線の線増とスピードアップを目的に東海道新幹線が着工され、東京オリンピック開催直前の1964（昭和39）年10月1日に、新大阪～東京間の開業を迎えた。列車は超特急・特急の2本立てとされ、それぞれ「ひかり」「こだま」と命名された。超特急「ひかり」は途中、京都、名古屋のみの停車と決まった。「ひかり」の愛称に関しては、明るさや栄光のイメージに加え、スピードを象徴する光速も加わって、超特急としてこのうえなくふさわしいものであった。

開業時は新大阪～東京を1時間ヘッドで14往復28本、4時間で結んだ「ひかり」だが、1965（昭和40）年11月改正からは、計画時に構想された3時間運転に近い3時間10分運転となった。本数も52本と倍増した。この後の「ひかり」は、世の中の高度経済成長や、1970（昭和45）年開催の万国博輸送の追い風に乗り、もてる力を発揮していく。編成も、当初は1等車（後にグリーン車）、半室ビュフェ車2両を含む0系12両だったが、1969(昭和44)年12月に16両に増強された。これ以後、東海道新幹線といえば16両編成というイメージが出来上がった。

1972（昭和47）年3月に山陽新幹線が岡山まで部分開業し、「ひかり」は新大阪～岡山間にも足を延ばす。停車駅パターンが細分化され、山陽区間に各駅停車する列車も登場したことから、新大阪～東京相互間を含む「ひかり」すべてに自由席が設けられた。同時に、超特急・特急の2種類だった料金体系が統一されて、超特急という列車種別が廃止された。また、10月改正では米原停車の「ひかり」が現れ、以後は東海道区間での停車駅が増えていくことになるのである。

“新幹線に乗り換えるための駅”として位置づけられたせいか、急行でも大阪以西発の東京・北陸方面行はもちろん、普通列車の一部も通過する。天下の超特急の関西側始終着駅をEF58に牽かれた普通が走り過ぎるといった光景が1972（昭和47）年3月まで見られた。

●山陽は全線、北陸は富山まで電化完成

1964（昭和39）年10月1日には、山陽本線も神戸～門司間の全線電化を迎える。これに伴い山陽・九州方面行優等列車のうち、新幹線を介して名古屋・東京方からの利用が可能な列車は極力新大阪始発となり、特に昼行のうち山陽本線内完結列車は電車化が推進される。

東海道特急の職を失った151系電車は、その大多数が田町電車区から向日町運転所に転属し、残存の大阪～宇野間「うずしお」のほか、新大阪始発の博多行「つばめ」「はと」、下関行「しおじ」、宇野行「ゆうなぎ」に使用される。博多直通の2往復は九州内が交流電化のため、下関～博多間は電気機関車（EF30・ED73）＋電源車＋151系電車の編成で運転された。それに加え山陽本線八本松

181系の特急「しおかぜ」が連結器カバーを外したまま走る。
1967年6月13日　三原　写真：寺本光照

時代を駆けた名列車-31

新幹線特急「こだま」

1964(昭和39)年10月1日の東海道新幹線開業に際して、各駅停車の特急の愛称名は「こだま」と決定した。55万通にものぼる公募の結果、「ひかり」とともに選ばれた列車名であった。

当初は新大阪〜東京間を5時間で結び、「ひかり」同様、1時間ヘッドの12往復24本、区間運転も含めると32本だった。編成は0系12両で、「ひかり」と同じである。実際に運行してみると、区間利用者が多く、また1等車の利用が少ないなど、運行形態と見合わないところもあり、年末には自由席車をもうけ、1966(昭和41)年10月改正から1等車1両を2等車に変更するといった対応がとられた。1969(昭和44)年4月に三島駅が開業して、1965年改正での4時間運転が4時間10分運転になる。しかし、このあとは「ひかり」の増備が続いたため、「こだま」は途中駅で待避するケースが多くなりだした。こうした運行形態からわかるのは、「こだま」が「ひかり」の補助列車の色彩が濃いということである。1972(昭和47)年3月の山陽新幹線部分開業以降は、「ひかり」に自由席が設定されたこともあって、ますますこの性格を強めた。

「こだま」は新幹線沿線の巨大都市と中小都市、または中小都市相互間を結ぶ足として重要な役割を果たしている。そして、この役割はこれからもますます期待される。

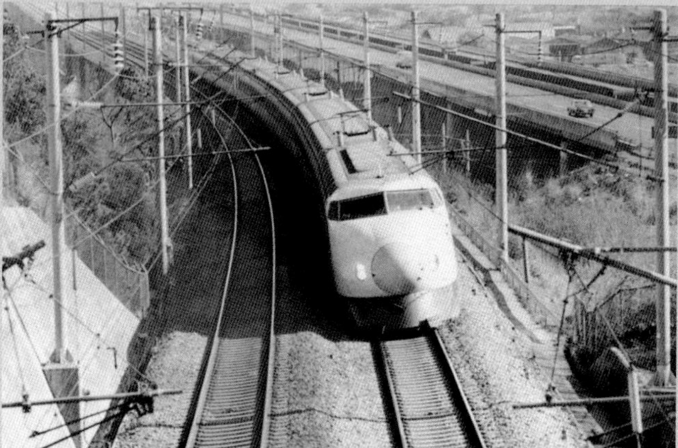
0系新幹線「こだま」12両編成。
1970年1月28日　京都〜米原　写真：寺本光照

〜瀬野間の勾配では上りに限り、EF59の後押しが必要なため、151系は連結器を剥き出しのままで走る。そのため“東京の電車”だった151系が地元近くにやってきても、嬉しさは半減だった。関西発気動車特急のうち博多行だった「みどり」は、新大阪〜熊本・大分間運転になり、「かもめ」と合わせ2往復を確保する。

1963年4月に471系電車化された急行「加賀」。
1963年9月18日　高槻〜山崎　写真：小川峯生

こうして一見賑やかそうに思える昼行特急群だが、山陽本線神戸〜岡山間での本数となると、改正前の5往復から7往復に増発されただけで、「ひかり」だけでも1時間ヘッドで運転される新幹線からの接続列車としては不満が残る数字だった。151系電車が大量に関西入りしても、新大阪〜下関／博多間運転では「こだま」ならず“鉄砲玉”で、1日に片道運転しかできない運用の制約もあるが、それよりも1964年10月改正は、挿入式ダイヤしか組めないあたりにも問題があった。国鉄としては新幹線建設と関連事業に大金をつぎ込んだため、在来線にまではなかなか手が回らなかったのである。

関西〜山陽／九州間の急行では、増発は大阪〜下関間電車の「関門」だけにとどまるが、前述のように大阪始終着列車の新大阪延長が実施された。

福知山・山陰方面行としては、夜行急行「しまね」が大阪〜出雲市間に設定される。改正前の普

時代を駆けた名列車-32

特急「くろしお」

1972年10月から編成に加わったキハ81を前後に立てた名古屋発天王寺行特急「くろしお」。1974年4月5日　串本〜紀伊姫　写真：寺本光照

「くろしお」という愛称の列車が同時に3つも存在した時期がある。1965（昭和40）年3月、紀勢本線特急「くろしお」としてキハ80系列車が登場したとき、四国に急行「黒潮」が、房総に準急「くろしお」が存在したのだ。10月改正で〝和解"が成立して、「くろしお」の名称はようやく紀勢特急に一本化された。

阪和線以外は大部分がローカル線規格の単線のため、スピードは遅いほうだったが、利用客からはキハ80系の充実した設備と居住性が好評だった。当時、紀州白浜は関西圏からの新婚旅行のメッカで、「くろしお」は増発が行われて、1967（昭和42）10月改正では3往復体制となる。以後も増発は続いたが、利用客の季節や曜日による変動が大きく、また急行の人気が根強いこともあって、天王寺〜新宮間列車が主体で、不定期列車が多いのが特徴だった。1972（昭和47）年10月改正からはキハ80系の仲間キハ81系も投入されて全盛期を迎え、6往復すべてにグリーン車2両と食堂車を組み込むデラックス編成が売りだった。

特急「くろしお」は紀勢本線の新宮電化が完成する1978（昭和53）年10月を機に電車化された。

通717·718列車からの格上げで、結婚式を挙げたカップルが出雲大社へお礼参りに利用することで、1964年3月からはオロネ10が連結されており、"全国で唯一冷房車を連結した普通列車"としてファンの間からは知られた存在だった。新大阪始終着とならなかったのは、車両基地の宮原客車区が新大阪駅に隣接していながらも、線路配線の関係で新大阪に出入りできず、従来通り大阪を始終着としなければならないのが理由だった。したがって新大阪始発の西行列車については30km以上も離れた向日町運転所からの車両回送を要することになる。関西と山陽·山陰方面を結ぶ列車の始終着駅が従前の京都を含め3駅も存在するのは、これも理由のひとつである。

この改正では山陽本線のほか、北陸本線も富山までの電化が完成する。大阪からは当時における特急設定の目安とされる300kmを超えているため、電車特急の登場が期待されるが、交直流特急初形式である481系の落成は1964（昭和39）年10月末になるため、『時刻表』10月号では特急「雷鳥」の時刻が掲載されるものの、（運休中）の文字だけがやたらと目立った。471·473系の増備も年度内に数両しか見込みが立たないため、10月改正で新電化区間に入った電車急行は「越山」だけで、それも既設列車の金沢〜富山間延長によるものだった。また、大阪〜金沢間電車急行は3往復体制の中で「越前」の列車名が復活したため、「加賀」は上下とも夜行列車として運転された。この結果、北陸本線内では第1·第2といった号数番号を持つ列車は消滅した。北陸地方待望の特急「雷鳥」は年の瀬も押し迫った12月25日から運転を開始。11両中1等車2両と食堂車以外は2等車の編成だが、正面スタイルはボンネット型が継承されたため、地元からは「これで北陸線も東海道並の幹線になった」と大歓迎を受けた。151系を見慣れ

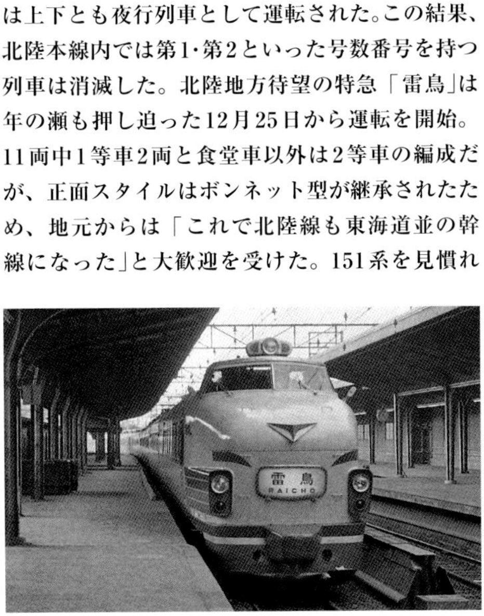

ボンネットスタイルの481系特急「雷鳥」。
1967年12月　大阪　写真：畑中省吾

表－23　1965（昭和40）年10月改正時における関西～山陽・九州間優等列車の時刻　（昼行）

改正日	1965（昭和40）年10月1日													
列車番号	21	25	27	1D	3D	1015M	201M	1001M	203M	5D	301M	901D	3M	1003M
種別 列車名	急行 さぬき	急行 安芸	急行 瀬戸	特急 いそかぜ	特急 かもめ	特急 うずしお	急行 第1 つくし	特急 第1 しおかぜ	急行 第2 つくし	特急 みどり	急行 第1 関門	急行 だいせん	特急 つばめ	特急 第1 しおじ
特殊設備	ビ、B・2寝	食、B・2寝	食、B・2寝	食	食	食、展、ビ	ビ	食、展、ビ	ビ	食	ビ	…	食	食、展、ビ
始発	東京 19 30	東京 20 00	東京 20 30		京都 8 00			新大阪 9 30	新大阪 9 50	新大阪 10 30	新大阪 10 47	京都 10 20	名古屋 9 15	新大阪 12 30
大阪　発	5 25	5 47	6 54	7 40	8 40	8 50	9 00	9 38	9 59	10 40	10 55	11 05	11 40	12 40
神戸　〃	6 00	6 19	7 27	(8 03)	(9 02)	9 17	9 27	(10 03)	10 42	11 04	11 28	11 39	12 03	(13 01)
岡山　〃	8 24	8 44	9 43	9 55	10 55	11 06	11 32	11 50	12 26	12 55	13 29	14 08	13 50	14 51
広島　〃		12 15		12 10	13 10		14 10	13 56	14 55	15 10	16 07		16 03	17 03
下関　着				15 15	16 15		17 50		18 53	18 15	19 50		19 09	20 10
終着	宇野 9 08		宇野 10 20	宮崎 21 25	西鹿児島 22 50 長崎 20 15	宇野 11 40	博多 19 18		博多 20 10	佐世保 21 51 大分 20 50		大社 18 39	熊本 22 06	
記事	寝台列車	寝台列車 呉線経由							下関～博多 12月25日 から運転			伯備線経由		

列車番号	306M	1008M	202	1006M	1016M	901D	206M	6M	304M	1004M	6M	28	26	204M
種別 列車名	急行 宮島	特急 第1 しおかぜ	急行 しろやま	特急 第1 しおじ	特急 ゆうなぎ	急行 だいせん	急行 はやとも	特急 はと	急行 第1 関門	特急 第2 しおじ	特急 つばめ	急行 瀬戸	急行 安芸	急行 第1 つくし
特殊設備	ビ	展、食、ビ	B・2寝	展、食、ビ	展、食、ビ	…	ビ	食	ビ	展、食、ビ	食	食、B・2寝	食、B・2寝	ビ
始発			西鹿児島 19 50		宇野 12 45	大社 10 25	博多 7 00	博多 7 55			熊本 8 05	宇野 16 10		博多 10 00
下関　発			5 04	7 00			8 20	9 01	9 10	10 00	11 02			11 16
広島　〃	7 43	8 05	9 10	10 08			11 58	12 10	12 45	13 06	14 11		1415	14 48
岡山　〃	10 40	10 23	12 26	12 23	13 22	14 46	14 38	14 23	15 32	15 22	16 23	16 58	17 45	17 36
神戸　〃	12 42	12 05	14 45	(14 07)	(15 07)	16 58	16 44	16 07	17 35	(17 08)	18 04	19 17	19 56	19 40
大阪　着	13 10	12 31	15 20	14 30	15 30	17 28	17 10	16 32	18 07	17 31	18 31	19 48	20 27	20 10
終着	新大阪 13 18	新大阪 12 40		新大阪 14 40	新大阪 15 40	京都 18 10	名古屋 20 03	新大阪 16 40	新大阪 18 15	新大阪 17 42	名古屋 20 52	東京 6 30	東京 19 40	新大阪 20 18
記事						伯備線経由							寝台列車 呉線経由	博多～下関間 12月25日 から運転

定期列車で、急行は「ななうら」を除き1966年3月4日以前からの急行として運転されていた列車を示す。

ている関西では何げない出来事でも、北陸では世の中が変わるほどの大事件だったのだ。

●天鉄局管内に　初の特急「くろしお」「あすか」登場

当初はわが国では例のない最高速度200km/h以上の高速鉄道ということで、利用客数がどの程度集まるかが心配された東海道新幹線だったが、スピードはもちろんのこと居住性や安全性も日増しに評価が高まり、1964年度の年末年始輸送時には各駅停車の「こだま」に限り自由席が設けられる。新幹線を含め特急の自由席設定は国鉄では初めての試みだが、旅客の入れ替わりが激しい「こだま」では、駅に常備の台帳による手作業では特急券の発売に時間がかかりすぎるのが理由で、国鉄としては窮余の策だった。当時すでに特急券や座席指定券の予約用にコンピューターが導入されていたが、座席収容数がさほど多くないうえに端末装置も少ないので、まだまだ旧来の発売方法が主力だったのである。なお、「こだま」の自由席については1965（昭和40）年5月20日から制度化され、12両編成中1等車を含む①～⑦号車が充てられる。

その新幹線の運転も軌道に乗った1965年3月1日、天王寺鉄道管理局内の南紀地区に特急が新設されることになり、南紀一周特急として「くろしお」、関西線特急として「あすか」が運転を開始する。天王寺局が特急運転に加わったことで、管理局所在駅でもある天王寺では「くろしお」1番列車に際しては阪和線用①番ホームで盛大な出発式が挙行された。明治期の鉄道国有化以外の私鉄買収路線に特急が走るのはもちろんこれが初めてであると同時に、特急運転路線をもたない鉄道管理局は千葉と四国支社だけになる。

両特急の時刻は「くろしお」が天王寺発9:10→新宮発13:52→名古屋着18:00、名古屋発12:00→新宮発16:12→天王寺着20:40、「あすか」

1965(昭和40)年10月1日							
205M	5M	303M	1017M	201	1005M	305M	1007M
急行 はやとも	特急 はと	急行 第2 関門	特急 ゆうなぎ	急行 しろやま	特急 第2 しおじ	急行 宮島	特急 第2 しおかぜ
ビ	食	ビ	食、展、ビ	B・2寝	展、食、ビ	ビ	展、食、ビ
名古屋 10 00	新大阪 13 30		新大阪 14 30		新大阪 15 30	新大阪 16 55	新大阪 17 30
12 52 13 20 15 25 18 05 21 53	13 40 14 05 15 50 18 02 21 10	13 55 14 26 16 26 19 00 22 40	14 40 (15 02) 16 51	14 55 15 29 17 42 20 41 0 37	15 40 (16 01) 17 50 20 01 23 10	17 03 17 31 19 31 22 10	17 40 18 03 19 48 22 00
博多 23 13	博多 22 15		宇野 17 26	西鹿児島 9 30			

6D	302M	1002M	1015M	4D	202M	2D	22
特急 みどり	急行 第2 関門	特急 第2 しおかぜ	特急 うずしお	特急 かもめ	急行 第2 つくし	特急 いそかぜ	急行 さぬき
食	ビ	展、食、ビ	食、展、ビ	食	ビ	食	ビ、B・2寝
佐世保 8 15			宇野 18 35	西鹿児島 7 10 長崎 9 40	博多 12 00	宮崎 8 55	宇野 19 45
11 50 14 58 17 16 19 06 19 31	12 20 15 55 18 41 20 48 21 20	16 10 18 22 (20 06) 20 30	19 11 20 57 21 24	13 50 16 59 19 17 (21 05) 21 30	13 17 17 05 19 41 21 44 22 18	14 50 17 57 20 16 (22 09) 22 36	20 29 22 38 23 10
新大阪 19 40		新大阪 20 40		京都 22 09			東京 10 05
大分発							寝台列車

(　)は神戸通過のため、三ノ宮発時刻

は東和歌山発 7:10→名古屋着10:50、名古屋発19:00→東和歌山着22:40とされ、名古屋では新幹線列車との接続も配慮された。「くろしお」は従前の急行「紀州」の到達時分を名古屋行は13分、天王寺行は43分短縮するものの、表定速度は速いほうの天王寺行でも57.9km/hで、当時の国鉄特急としては最鈍足に甘んじた。紀伊田辺〜多気間の線路規格が丙線（ローカル線）のうえ急勾配と急カーブが連続し、さらに線路容量がいっぱいの悪条件が重なってはこの数字も致しかたなかった。編成は食堂車込みのキハ80系7両だが、新婚客をはじめとする観光客が利用客の大多数を占める「くろしお」の特殊性を配慮し、1等車を2両連結の豪華編成となる。南紀特急運転を機に紀勢本線では白浜口を白浜、紀伊椿を椿に改称するなど、駅名変更が実施される。

「くろしお」の運転については紀勢本線全通後の観光客の伸びや、1961(昭和36)年以後の特急運転網の拡大状況からはいつ実現してもおかしくなかったが、「あすか」は準急「かすが」ですらかつての勢いを失っている関西本線にあって、まさにサプライズな特急誕生だった。これは、「くろしお」用キハ80系を夜間はねぐらである和歌山機関区に戻すのが理由だった。そのため、「あすか」は本務列車である「くろしお」の“回送運用”的使命を担っており、上り方の始終着駅が東和歌山とされたほか、阪和線から関西本線へは杉本町〜八尾間の関西本線貨物支線（通称・阪和貨物線）を経由する。大阪市内は南東部分のへりをかすめるといった程度に通過するものの、“あすかルート”では同市内唯一の駅である杉本町には停車せず、代わりに「あすか」運転開始と同時に金岡を改称した堺市に停車した。「あすか」を「四日市・堺両コンビナートを結ぶビジネス特急」として売り出すための作戦だった。

両列車は「くろしお」が国鉄の期待通り、主に京阪神間と南紀地区を結ぶ観光特急として年々実力を高めるが、「あすか」は斜陽化が進む関西本線で特急として走るには荷が重いのか、わずか2年7カ月で廃止される。沿線人口が少ないわけでもなく、改善次第では利用率アップが望めただけに、気の毒な列車だった。

●新幹線増発により、山陽・九州方面は飛躍的に改善

東海道新幹線は開業から1年を経た1965(昭和40)年10月1日、東海道新幹線の地盤が固まり全区間で210km/h運転が可能となったほか、鹿児島本線は熊本、北陸本線は糸魚川までの電化が完成。それに前年度とは打って変わって特急・急行用車両が増備されたことなどで、全国的なダイヤ改正が実施される。関西地区では東海道新幹線の列車増発とスピードアップ、山陽・九州方面への連絡強化や北陸方面への優等列車増発がメインだった。

東海道新幹線では「ひかり」「こだま」を毎時2本ずつに倍増する「2−2ダイヤ」とし、東京〜新大阪間所要は「ひかり」が3時間10分、「こだま」は4時間に短縮される。しかし、台風襲来によるダイヤの乱れを考慮し、新ダイヤでの運転は1カ月先送りの11月1日からとなる。

時代を駆けた名列車-33

特急「つばめ」

東海道新幹線が開業した1964(昭和39)年10月から、それまで東海道特急として活躍を続けた「つばめ」は「はと」とともに東海道を離れ、活躍の舞台を山陽路に移す。新幹線に接続する新大阪始終着特急に役割が変わったのである。車両は、151系がそのまま新大阪～博多間に使われた。クロ151を含む充実の車内設備のまま、山陽路に乗り入れたのである。しかし、車両システムの関係から、交流電化区間の下関～博多間のうち、下関～門司間はＥＦ30が、門司～博多間はＥＤ73が、電源車サヤ420をはさんで牽引にあたるという変則運転だった。また、急勾配・急カーブの連続する上りの広島～八本松間では後押し電気機関車ＥＦ61のお世話になる、という走りぶりだった。これは、交直両用電車が製造されるまでの暫定的な対応で、1965(昭和40)年10月改正からは481系に置き換えられた。それと同時に、運転区間が名古屋～熊本間に延長され、900km以上に及ぶロングラン列車になる。

名古屋発熊本行特急「つばめ」。481系11連。ヘッドマークは東海道151系と同じデザインを使用。1966年1月9日　大阪　写真：寺本光照

表－24　1965(昭和40)年10月改正時における関西～山陽・九州間優等列車の時刻　(夜行)

改正日	1965(昭和40)年10月1日													
列車番号	11	31	203	33	205	207	35	1201	209	1203	1205	1207	301	311
種別 列車名	特急 あかつき	急行 雲仙 西海	急行 夕月	急行 高千穂	急行 ひのくに	急行 玄海	急行 霧島	急行 天草	急行 平戸	急行 日向	急行 阿蘇	急行 海星	急行 音戸	準急 ななうら
特殊設備	食、B・2寝	食、2寝	B・2寝	食、B・2寝	B・2寝	食、B・2寝	食、2寝	B・2寝	2寝	B・2寝	B・2寝	AB・2寝	B・2寝	2寝
始発	新大阪 18 30	東京 10 30	新大阪 18 54	東京 11 30	新大阪 19 34	京都 19 30	東京 12 30		京都 20 15	京都 20 55	名古屋 18 35	新大阪 22 04	新大阪 22 50	京都 22 55
大阪 発	18 40	18 50	19 00	19 36	19 50	20 32	20 42	21 00	21 05	21 40	21 50	22 30	23 08	23 50
神戸 〃	(19 04)	19 23	19 39	20 09	20 24	21 04	21 15	21 42	21 47	2 17	22 27	23 09	23 40	23 11
岡山 〃	21 04	22 04	22 21	22 54	23 05	23 36	23 49	0 10	0 19	0 51	1 06	1 35	2 14	2 46
広島 〃	23 39	1 20	1 35	2 05	2 20	2 50	3 08	3 20	3 35	4 05	4 15	4 42	5 55	7 03
下関 着	3 00	5 10	5 35	6 05	6 15	6 50	7 05	7 18	8 03	8 18	8 19	8 57	9 55	
終着	西鹿児島 10 33 長崎 7 45	長崎 10 27 佐世保 9 45	宮崎 13 45	西鹿児島 17 22	熊本 10 00	長崎 12 08	西鹿児島 15 35	熊本 11 47	佐世保 12 57	都城 17 37	熊本 12 20	博多 10 34		
記事	寝台列車		寝台列車	日豊線経由	寝台列車			筑豊本線経由				寝台列車	寝台列車 呉線経由	呉線経由
列車番号	312	302	1208	1206	36	1204	208	1202	34	206	210	32	204	12
種別 列車名	準急 ななうら	急行 音戸	急行 海星	急行 阿蘇	急行 霧島	急行 日向	急行 玄海	急行 天草	急行 高千穂	急行 ひのくに	急行 平戸	急行 雲仙 西海	急行 夕月	特急 あかつき
特殊設備	2寝	B・2寝	AB・2寝	B・2寝	食、2寝	B・2寝	食、B・2寝	B・2寝	食、B・2寝	B・2寝	2寝	食、2寝	B・2寝	食、B・2寝
始発			博多 17 53	熊本 16 45	西鹿児島 12 20	都城 12 00	長崎 16 36	熊本 17 39	西鹿児島 11 00	熊本 18 55	佐世保 17 55	長崎 18 05 佐世保 18 55	宮崎 16 20	西鹿児島 19 25 長崎 22 00
下関 発		19 15	19 33	20 43	20 54	21 25	21 57	22 13	22 26	22 43	23 04	23 31	0 14	3 00
広島 〃	22 05	23 20	23 40	0 45	0 55	1 30	2 05	2 15	2 35	2 55	3 05	4 20	4 20	6 30
岡山 〃	2 21	3 43	2 57	3 52	4 10	4 39	5 34	5 46	6 00	6 15	6 30	7 45	7 45	9 01
神戸 〃	5 01	6 20	5 36	6 33	6 54	7 23	8 28	8 34	8 43	8 58	9 19	9 48	10 31	(11 04)
大阪 着	5 36	6 55	6 06	7 04	7 24	7 55	9 03	9 09	9 22	9 34	9 53	10 25	11 10	11 30
終着	京都 6 30	新大阪 7 06	新大阪 6 20	名古屋 10 12	東京 15 30	京都 8 43	京都 9 56	新大阪 9 22	東京 17 30	新大阪 9 48	京都 10 44	東京 18 36	新大阪 11 21	新大阪 11 40
記事	呉線経由	寝台列車 呉線経由	寝台列車					筑豊本線経由		寝台列車			寝台列車	寝台列車

定期列車で、急行は「ななうら」を除き1966年3月4日以前からの急行として運転されていた列車を示す。
(　)は神戸通過のため、三ノ宮発時刻

時代を駆けた名列車-34

特急「あかつき」

東京～九州間のいわゆる20系ブルートレインは、関西地区からは利用できない時間帯に通過するため、関西地区から利用できる夜行寝台特急を新設してほしいという要望が出されていた。1965(昭和40)年10月改正で、これに応える特急が誕生する。新大阪～西鹿児島・長崎間を走る特急「あかつき」である。新大阪発18:30→西鹿児島着10:33・長崎着7:45、西鹿児島発19:25・長崎発22:00→新大阪着11:40というダイヤだった。非電化区間の熊本～西鹿児島間はＤＤ51、鳥栖～長崎間はＣ60が牽引した。Ｃ60は半年後にＤＤ51に置き換えられた。20系寝台特急は当初から好評で迎えられた。

1967(昭和42)年10月改正で581系電車寝台特急がデビューしたことで、関西～九州間の夜行列車は寝台特急の時代となり、電化区間を581系が、非電化区間直通を20系客車がになう、という方針が推し進められた。そして、「あかつき」の愛称をもつ列車は関西始終着の鹿児島・長崎本線直通列車の総称として使われ、さらに名をはせるようになる。

1974(昭和49)年４月には「彗星」との併結を含め、新大阪では７往復体制に達する。使用車両は、20系15連をはじめ、14系14連、24系14連、24系25形13連および12連など、当時現役の寝台特急用キャストが勢ぞろいで、一部の列車では食堂車も営業された充実ぶりを誇ったのである。

ＤＤ51牽引の２０系寝台客車の特急「あかつき」。
1969年４月２日　肥後高田～八代　写真：宇都宮照信

長崎・佐世保発新大阪行の特急「あかつき」。14系の14連。
1974年10月10日　須磨～塩屋　写真：寺本光照

在来線では山陽・九州方面行は、前年の鬱憤を晴らすかのように大増発される。電車特急では481系の増備により、九州行の「つばめ」「はと」は481系11両での運転となる。特に「つばめ」は起終点区間とも延伸されて、名古屋～熊本間をロングラン。481系の編成は北陸特急と共通運用のため、151系時代のような華やかさは失われるが、運転区間での利用実績からは1等車は2両で十分といえた。山陽区間内特急は九州への強行乗入れを解かれた151系を使用し、新大阪～広島間に「しおかぜ」2往復を新設。下関行の「しおじ」も1往復増の2往復運転になる。ところで、151系を象徴する車両であるパーラーカー・クロ151は山陽・九州特急転用後は、1650円が利用客に重荷だったのか、閑古鳥が鳴くような乗車率なので、この改正からは500円に値下げされる。さらに151系は481系との性能統一もあり、主電動機がMT54に取り替えられ出力増強が図られる。これらの工事は1965年8月から約1年がかりで行われ、改造後は181系に形式変更された。

気動車特急は大阪～宮崎間の「いそかぜ」を新設。これに伴い「かもめ」は京都～西鹿児島・長崎、「みどり」は新大阪～佐世保・大分間運転とされ、九州島内の全県都駅への乗入れが実現する。各列車とも併結運転の本州内は基本7両＋付属6両の13両とされるが、食堂車は基本編成のみの連結とされたため、「かもめ」の鳥栖～長崎、「みどり」の小倉～大分間は食堂車なしの編成になる。ともあれ、これにより関西～九州間気動車特急は3往復体制となって全盛期を迎える。

1965年5月に新幹線特急「こだま」で正式に導入された自由席は、利用客はもちろんのこと現場

時代を駆けた名列車−35

急行「つくし」

475系10連の新大阪発博多行急行「つくし」。
1972年2月24日　八本松〜瀬野　写真：寺本光照

関門トンネル開通とともに運行を始めた東海道夜行九州行が、戦後の1947（昭和22）年４月に東京〜門司間急行として復活した。この5・8列車の流れをくむ東京〜博多間急行が、1950（昭和25）年11月に「筑紫」と命名され、それが、1964（昭和39）年10月の東海道新幹線開業を機に東海道内から撤退して、大阪〜博多間の昼行急行「つくし」に生まれ変わった。とはいえ、当時の編成は電機牽引の客車列車のままだった。

1965（昭和40）年10月改正で急行「つくし」に475系交直両用電車が投入された。クリームとピンクのツートンカラーも美しい12両編成がヘッドマークを掲げて走る姿は、山陽・九州路に電車急行時代が来たことを告げた。

1968（昭和43）年10月改正での列車名統合により、大阪／新大阪〜博多間の急行がすべて「つくし」の愛称に統一され、電車急行２往復、夜行客車急行１往復の３往復体制になる。1972（昭和47）年３月改正では昼行１往復が岡山以東打切りのため２往復体制になるが、京阪神から九州へ向かう唯一の急行であるだけに、ビュフェ営業は続けられた。しかし、山陽新幹線が全通した1975（昭和50）年３月に廃止された。

でも好評のため今回からは在来線特急でも採用され、山陽本線では「かもめ」と四国連絡の「うずしお」「ゆうなぎ」を除く全列車に連結された。

この改正では、関西始発としては初の寝台特急「あかつき」が新大阪〜西鹿児島・長崎間に運転を開始する。20系客車は1964（昭和39）年10月から東北筋に進出したのを機に誰からともなく「ブルートレイン」と呼ばれるが、ここに関西でも東京発列車と同じＥＦ65＋20系客車15両から成る編成に、明るい時刻にじっくりとお目にかかることができるようになったわけである。

急行も関西からの電化延伸に伴い、この改正を機に475系電車140両が一挙に南福岡電車区に配置される。関西で利用が可能な列車としては新大阪／大阪〜博多間に「つくし」2往復と、名古屋〜博多間の「はやとも」の計3往復が設定される。153系電車は「関門」2往復と「宮島」1往復で、双方とも2連サロとサハシ2両込みだが、ビュフェでは153系は寿司スタンドが存続、475系は九州車に限ってはうどんコーナーが設けられたほか、新幹線ビュフェ並に椅子も取りつけられた。

気動車急行は岡山から伯備線に入る「だいせん」以外、関西〜山陽・九州間に設定がないので、客車急行に目を移すと改正前の「つくし」と「さつま」（「はやとも」に改称）が電車化されたため、この区間から昼行は消滅。夜行列車だけになり、寝台急行として博多行「海星」と宮崎行「夕月」が加わる。これにより、名古屋を含む関西始発の山陽・九州行定期客車急行は10往復となり、うち寝台列車が4往復の充実した布陣になる。「海星」には1等Ａ室付のマロネ40が連結。ハネムーン先として脚光を浴びる別府・宮崎方面行の「日向」と「夕月」は寝台、座席を合わせて1等車両が3両入り、ライトグリーンのラインが編成を引き立てていた。

準急では「鷲羽」が改正前の4往復から8往復に大増発される。関西側の始終着駅は大半が新大阪とされ、四国連絡は一段と強化された。

これら増発と客車列車の電車化などで、関西〜山陽・九州間優等列車は、本数とともにバランスのとれた充実した列車配置となるが、新幹線のダイヤ改正が1カ月先送りされたことで、その間新大阪での接続が間延びになることだけは避けられなかった。

華やかな山陽路に対し、東京方面の在来線は旅客の新幹線移行が進んでいることから、東海道本

時代を駆けた名列車-36

急行「夕月」

旧「夕月」の流れを汲む「日南3号」宮崎発新大阪行。スハ44系は座席指定車に使用。1972年2月29日　日向住吉～宮崎神宮　写真：寺本光照

1965(昭和40)年10月1日に、新大阪～宮崎間に急行「夕月」が運転を開始した。当時は新婚旅行の大型化や観光旅行の長距離化が定着した時代で、京阪神と新婚旅行のメッカだった九州の宮崎地区とを結ぶ夜行急行が人気だったのである。「夕月」以前には多目的急行「日向」があったが、「夕月」では寝台車主体の編成を組むことで、当時の需要に応えた。

当初の運転時刻は、新大阪発18:45→大分着8:57→宮崎着13:45、宮崎発16:20→大分発20:50→新大阪着11:21だった。編成は、新大阪～大分間では、ロネ×2、ハネ×6、指定ロ×1、指定ハ×2の11両である。青い車体に1等車を示す薄緑のラインが3両も並ぶ姿が「夕月」のゆとりある編成を象徴していたといえよう。

観光客、新婚旅行客の人気を博していた急行「夕月」だが、1968年10月の改正で「日南1・3号」と名前を変えられ、愛称名から消されてしまう。これは、増発で増え続ける列車名がその当時の発券用コンピュータの記憶容量をオーバーしかねない、との判断から、大幅な列車名統合を行ったための犠牲だった。情緒のあるネーミングであっただけに、短期間で消えてしまったのは惜しまれてならない。

線内完結列車については、昼行電車急行は「なにわ」2往復、夜行は寝台列車の「明星」と不定期電車の「いこま」にまとめられ、本数面での淋しさは否めなかった。「銀河」については東京～姫路間運転となり、座席指定の2等車が目立つ編成になるが、これは同区間の不定期電車急行「はりま」廃止の見返りともいえるものだった。大阪～名古屋間準急「比叡」も同様に4往復運転になる。

東京～山陽・九州間を結ぶ客車急行群は今回も現状を維持するが、九州直通で残る「霧島」「高千穂」「雲仙・西海」のうち1等寝台・オロネ10を連結するのは「高千穂」だけで、10系客車で固められた編成とは裏腹に、“時代遅れの列車”となった感は否めなかった。

京阪神の電車区間では、鷹取～西明石間複々線化に伴い、快速電車の下り方が西明石まで延長される。

●北陸本線は電車急行、山陰方面は気動車特急増発

1964(昭和39)年10月には富山電化が完成するものの、車両不足の影響でさほど恩恵のなかった北陸本線だが、この1965(昭和40)年10月1日改正では糸魚川電化に加えて複線化が進んだことや車両増備もあって、本格的な改善にメスが入れられる。

大阪～青森・上野間気動車特急「白鳥」は青森編成が7両だけのため、北海道直通客など長距離旅客の間で切符の入手難が深刻化していたため、今回からは大阪～青森間単独運転となり、上野～金沢間には別に特急「はくたか」が仕立てられる。これを機に「白鳥」は新潟にも立ち寄り、編成は大阪～新潟間は14両、新潟以北は10両と大幅に輸送力が増強される。これに伴い食堂車は1両だ

亀山区のＤＦ50が牽引する急行「大和」。
1968年4月29日　加太～中在家（信）　写真：福田静二

時代を駆けた名列車-37

関西本線快速気動車

関西本線のキハ35系快速などが休む奈良気動車区。
1963年10月　写真：野口昭雄

1960年代の関西にあって、未電化路線のなかでも輸送事情が遅れていたのが関西本線の湊町～奈良間だった。沿線から寄せられる列車増発の要望に国鉄では、気動車による体質改善策を打ち出す。投入されたのは、気動車としては初の通勤車タイプとなるキハ35系だった。同時にダイヤ改正を1961（昭和36）年12月、1962（昭和37）年８月、12月と連続３度実施。1962年８月改正では１時間サイクル中に、３ドア・ロングシートの車両ながらキハ35系の快速を２往復走らせた。快速の途中停車駅は、天王寺、王寺、郡山の３駅で、最速39分所要だった。また、天王寺～王寺間には和歌山線・桜井線直通の快速があり、この間では快速が１時間に３往復となった。

車両はキハ35の２両編成が基本だが、当初は天王寺～王寺間でようやく座席がうまる程度の乗客だった。やがて60年代後半になると、王寺～奈良間の宅地造成がさかんになり、快速も利用客が急増した。キハ17系などが増結されることもあった。しかし、スピードの出ない出力の小さな気動車では、ダイヤは平行に近いものとするしかなく、輸送能力が追いつかなくなってきた。路線の近代化をしなければならない時期がきたのである。

1973年９月20日、湊町～奈良間がようやく電化され、10月１日のダイヤ改正をもって気動車快速は113系電車にバトンを渡した。

けとなり、キハ80系特急名物の食堂車2両連結は九州運用を含め姿を消してしまった。

電車急行は475系20両の増備により、大阪～富山間は夜行を含め3往復、大阪～金沢間は2往復の体制になる。同時に列車名の統合も実施され、富山行は昼行が「立山」、夜行が「つるぎ」、金沢行は「加賀」とされた結果、客車列車だった「立山」は電車急行の2往復となって名誉を回復するが、「越山」「ゆのくに」「越前」のネームは消滅してしまった。これを機に編成もビュフェは1両だけの12両とされ、全列車の大阪方2等車4両が指定席化されたため、全車座席指定制はとりやめられる。改正前、大阪～富山間の寝台列車だった「つるぎ」は「金星」に改称。これを機に全区間が急行になる。なお、北陸本線は関西からの旅客が富山で段落ちすることもあり、新電化区間である富山～糸魚川間には電車列車は入らなかったため、この区間に関しては電化イコール電車化ではなかった。

大阪～長野間の急行「ちくま」。キハ57系の８～10両で運転された。1968年2月19日
姨捨～桑ノ原（信）　写真：福田静二

なお、北陸本線の電車急行は475系のほか既存の471・473系も混用使用されるため、本稿では以後475系に表記を統一する。

関西から山陰方面へは第2特急として新大阪～浜田間に「やくも」が設定される。しかし、東北本線電化で捻出されたキハ80系を使用する関係で、運転開始は11月1日に先送りとなる。また、大阪～浜田・大社間で旧「出雲」の血を受け継ぐ急行「三瓶」もこの改正で晴れて気動車化され、大阪～石見益田・大社間運転に変更。大阪を10両で発車した列車は途中、米子、出雲市、浜田で車両を切り離し、10時間20分後に石見益田に着くときにはわずか2両だけである。急行の編成としてはもの足りないが、気動車の特性を生かしたサービスといえた。大阪〜出雲市間夜行急行「しまね」は、隠岐の島観光のPRも兼ねて「おき」に改称された。

関西・紀勢本線では先の1965年3月に改正が実施されているので、この改正では急行「大和」の湊町〜名古屋間の牽引機がＤＦ50となって無煙化が達成されるとともに、オール寝台車だった編成中にも指定席ながら座席車が復活する。また、「くろしお」は11月1日から観光旅客の多い天王寺〜新宮間に1等車1両、2等車2両が増結され、同区間は10両中3両が1等車で占められる。まさに観光特急の真骨頂だった。

なお、この1965年10月改正を前にした9月24日から全国主要152駅に指定券を専門に発売する「みどりの窓口」が設けられる。しかし、実際にマルス102座席予約装置を設置している駅は限られており、大阪・京都・兵庫の各府県では、大阪・新大阪・京都・天王寺・湊町・三ノ宮・神戸、それに姫路の8駅だけだった。

●運賃・料金改訂で 京阪神三都駅から準急が消える

国鉄の優等列車は1946（昭和21）年11月以来、特急・急行・準急の3種別制が採られ、料金も差別化されてきたが、電車や気動車による優等列車が増えると、急行と準急の車両が共通に使用されるほか、客車急行より電車や気動車の準急が断然に速いといった例が生じるようになってきた。そこで、1966（昭和41）年3月5日の国鉄運賃・料金改訂を機に急行と準急の料金が統合され、同時にそれまで急行料金は2等で300kmまで200円、300km以上300円、準急料金は距離に関係なく100円だったのを、急行料金に一本化し、100kmまで100円、200kmまで200円、400kmまで300円、1,000kmまで400円、1,000km以上500円に改訂される。これで準急の種別は廃止してもいいはずだが、単独列車で100km未満走行の準急に限りそのままの種別で残される。今ひとつ腑に落ちない処置だが、運賃・料金改訂の値上げ幅が大きく、利用客の反発を抑えるのが目的だった。

当時の国鉄では準急は大半が100km以上の区間で設定されているため、京阪神三都駅に発着する準急は1966（昭和41）年3月5日改訂で全列車が急行に格上げされる。全国で準急のまま存続したのは列車名で18種、本数で上下50本といった少なさだった。しかし、10月1日に福知山〜京都間に新設された「丹後3号」は運転距離が90.1kmなので「準急」になる。以後2年間、「丹後」には急行と準急が存在したわけだが、準急「丹後3号」はその意味では貴重な列車だった。

運賃・料金改訂から20日後の3月25日に小規模な改正が実施され、大阪〜長野間気動車急行「ちくま」に従前とは逆時間帯を走る1往復が増発され、これで「ちくま」は昼行・夜行とも各1往復の設定となる。このほか1965（昭和40）年10月改正後も関西始終着では、起終点間を昼行で通す唯一の客車優等列車として残っていた新宮発天王寺行準急「南紀2号」が気動車化され、国鉄が掲げていた動力近代化の一端が完成する。

ところで、1960年代も半ばになると、オフィスやレストランや宿泊施設などにも冷房が普及しはじめるが、国鉄もサービスの一環として1965年度から急行形車両の1等車は冷房付で新製するほか、1966年度からは在来の1等車と2等寝台車に冷房改造を実施する。ちなみに、2等座席車でも鋼体化改造車の60系には、扇風機のとりつけすらない時代だった。

1966年10月1日、全国で小規模なダイヤ改正が実施され、大阪〜富山間で特急「雷鳥」1往復が増発される。「雷鳥」にも弟分ができたわけで、これにより大阪駅では「白鳥」を含め朝・昼・夕方に北陸方面への特急が発つダイヤが実現する。山陽電車特急のパーラーカーについては、大幅値下げでも乗車率の改善が見込めなかったため、この改正以後は開放室（展望室）部分の座席を2等車用の回転クロスシートに取り替える工事が実施され、形式もクロハ181になる。座席指定扱いだが、眺望が楽しめることで、鉄道ファンの間では人気となった。

新幹線では、利用客の乗車距離が比較的短い「こだま」の1等車の利用率が芳しくないため、1966年7月から2両中1両が2等車に置き換えられ、この改正で完成を見る。

2 昼夜兼用特急形寝台電車登場と1968年10月改正

●“二刀流”の特急用車両581系の登場

国鉄の営業収支は皮肉なことに東海道新幹線が開業した1964年度に赤字に転じる。しかし、高度経済成長の真っ只中だった当時、国鉄にそうした悲壮感などなく、それよりも年々増加の一途をたどる利用客に対処するため、幹線の電化や複線化など輸送力の増強に力を注いでいた。大阪（伊丹）空港からは東京・四国・九州方面に航空機網が整備されるほか、マイカーも庶民の手に届きはじめていたが、それでも通勤はもちろん、国内の中・長距離輸送は国鉄が担う部分が大きかった。

そのような1960年代半ばにおいて、長距離列車用の車両はまだまだ必要とされていたが、特急は昼行用が電車または気動車であるため、夜行運用では利用客に満足してもらえるだけのサービスが難しかった。一方、寝台車となると昼間は基地に留置しなければならず、車両増備が進むと基地を拡充する必要があった。そこで、考え出されたのが昼間は座席車、夜は寝台車として運転できる“二刀流”の特急用車両である。幹線電化も進展していることや、特有の騒音の問題は新性能車の登場ですでに解決されていることで、昼夜兼用特急は電車として計画。課題だった座席から寝台への転換も、プルマンタイプの1等寝台を3段式とすることで解消した581系電車が誕生したのは1967（昭和42）年9月のことである。国鉄特急形電車としては151系「こだま」、0系新幹線に続く快挙だった。

1967年10月1日改正は、同時に大判となった『交通公社の時刻表』の表紙をクハネ581の写真が飾るなど、581系電車にとってお披露目のようなものだった。

この改正で日豊本線の電化は大分（幸崎）まで達したこともあり、注目の581系は昼行で新大阪～大分間特急「みどり」、夜行では新大阪～博多間寝台特急「月光」として運転される。時刻は「みどり」が1M新大阪発 9:30→大分着19:35、2M大分発 9:30→新大阪着19:47、「月光」が7M新大阪発23:30→博多着9:20、8M博多発 19:45→新大阪着 5:45で、南福岡電車区を基地に8M～1M～2M～7Mの順序で運用される。寝台から座席への転換は向日町運転所で実施された。「月光」の新大阪始終着時刻が深夜・早朝に偏っているのは新幹線と連絡をとるためで、東京～博多間列車としても優れたダイヤ設定だった。なお、「みどり」は従前の気動車特急の電車化、「月光」は寝台急行「海星」の格上げ名義で、これに伴い、「いそかぜ」は大阪～佐世保・宮崎間運転に変更され、関西～九州間の気動車特急は2往復になる。581系については1等車を1等寝台に転換する構想があったものの、製造時にまでに案が絞り切れなかったため、食堂車は連結するものの、寝台・座席とも2等車だけのモノクラス編成になる。

その581系の寝台構造は前述のような理由で、列車の進行方向に沿って休めるばかりか、ベッド幅も下段が106㎝、上・中段は70㎝で、特に下段は親子連れでもゆったりと寝ることができるとあって、大好評で迎えられた。昼間時の座席は構造上ボックスシートとなるが、かつてのオロ40やサロ85のようにシートピッチが広く、足を十分に伸ばせることは長距離客から好評だったが、見知らぬ人と対向になったり、進行方向と逆向きを強いられる可能性があったりすることでの批判は、581系にとって終生避けることができなかった。

山陽本線では、全線電化後も普通列車電車化のペースが鈍かったこともあり、この改正では関西～九州間の直通鈍行として京都～門司間の223・224列車、大阪～門司間の225・226列車が健在ぶりを示す。しかし、半年後の1968（昭和43）年3月25日には2列車とも夜行区間の廃止を含む系統分割が実施され、前身列車がわからぬまでに『時刻表』から抹殺されてしまった。

この改正で、南紀方面では廃止になった関西本線特急「あすか」の見返りというわけではないが、天王寺～白浜／新宮間に特急「くろしお」が増発され、3往復体制となる。増発列車については運

時代を駆けた名列車-38

特急「みどり」

1961年10月改正で颯爽と登場するはずだったディーゼル特急「みどり」だが、キハ80系の初期故障が原因で年末輸送までは様子見となった。こうして不本意なかたちで12月15日に登場した「みどり」は、大阪発13:40→博多着22:35、博多発7:25→大阪着16:20の時刻で運転された。

新大阪発佐世保・大分行特急「みどり」。キハ80系13連。食堂車付の基本7両が佐世保へ直通。1966年7月24日　大阪　写真：寺本光照

東海道新幹線が開業する1964(昭和39)年10月は山陽本線の全線電化も完成したことから、「みどり」の電車化が期待されたのだが、スジを「はと」に譲るとともに、自らはキハ80系のままで新大阪～熊本・大分間特急に転身した。新大阪発10:30→熊本着21:35・大分着21:10、熊本発8:30・大分発9:10→新大阪着19:35という時刻だった。1965(昭和40)年10月改正では、新大阪～佐世保・大分間運転となり、筑豊本線と佐世保線へ初めて入る特急として地元から大歓迎を受ける。

しかし、鹿児島本線、日豊本線の電化進捗により、1967(昭和42)年10月改正では、関西～九州間に特急用寝台電車581系が投入されることとなり、夜行特急「月光」の帰りが昼行特急運用となって「みどり」の愛称が用いられる。ここに電車化された特急「みどり」は新大阪～大分間の単独運転となり、新製581系のゆったりとしたボックスシートの車内は好評を得る。ただ、1等車が連結されなかったため、一部の乗客には評判がよくなかった。そこで、1968(昭和43)年10月のダイヤ改正時には1等車2両を連結する481系11両に車種変更された。この時期の関西から九州行電車特急は軒並み583系だったこともあり、481系「みどり」は単身のビジネスマンに人気の列車だった。とはいえ、山陽路での活躍は、山陽新幹線全通までのつなぎだったともいえる。1975(昭和50)年3月の新幹線博多開業で特急「みどり」の運転はいったん終了した。

転距離との関係もあり、1等車1両・食堂車連結のない6両編成になる。1966(昭和41)年10月の信越本線電車特急「あさま」は食堂車なしで登場していることや、新幹線「こだま」の区間列車にビュフェ営業を休止する列車もあることで、食堂車抜きは話題にもならなかった。要は新幹線開業後は在来線特急も急速に大衆化がすすんだのである。なお、「くろしお」増発に伴い、既設の名古屋直通列車は元の7両編成に戻される。

ところで、従来の特急では、号数番号については上下とも発車順に第1・第2とする方式が採られてきたが、「くろしお」では新幹線並に下り（天王寺行)が発車順に1号・3号・5号、上りは2号・4号・6号とされる。したがって南紀一周列車の名古屋行は「くろしお5号」となるが、当初はなかなか馴染めなかった。増発の「くろしお」は天王寺～東和歌山間ノンストップとされたため、堺市は金岡時代のように元の電車駅に戻る。なお、東和歌山は翌1968年3月1日に和歌山に改称される。

●583系電車が主役だった 1968年10月1日改正

国鉄では1965年度から実施してきた第3次長期計画のうち、500kmに及ぶ線増と電化工事、それに主要幹線の線路強化が1968年度前半期に完成する。本稿関係では北陸本線米原～魚津間、紀勢本線和歌山～御坊間の完全複線化や、関門トンネル部分を除く山陽・鹿児島本線神戸～博多間と、北陸本線米原～金沢間の最高速度120km/h化がこれに該当する。

こうしたプロジェクト完成に加え、新幹線0系、581系を50・60Hz両用とした583系電車、20系客車、58系気動車の大量増備などもあり、1968(昭和43)年10月1日には先の1965(昭和40)年10月を凌ぎ、規模的には1961(昭和36)年10月に勝る

時代を駆けた名列車-39

特急「月光」

583系12連の特急「月光」。写真は「月光２号」を新大阪到着後野洲へ回送中。1971年4月26日　瀬田～草津　写真：寺本光照

151系や新幹線超特急といった電車列車の技術が花開いてくると、次は、昼間は座席車、夜は寝台車として走れる昼夜兼行の交直流両用特急電車が開発される。まず、60Hz専用の581系が1967(昭和42)年10月改正で登場、京阪神～九州間に昼行･夜行各１往復の特急が設定された。下りの新大阪～博多間を夜行で走る特急には「月光」の列車名が抜擢された。このため、581系は登場以後長きにわたり"月光型"として親しまれた。581系は世界でも珍しい寝台電車でもあった。581系の高い評価の理由に、２等寝台の居住性が挙げられる。既存の１等寝台Ｂ室にも劣らないとの高い評価で、寝台券は一時期プラチナチケットとなるほどの人気だった。特急「月光」の関西での時刻は、下り新大阪発が23:30、上り新大阪着が5:45で、深夜･早朝に偏っているが、これは新幹線との接続を考慮したためである。しかしこれにより、ブルートレイン「あさかぜ」よりも到達時分短縮、到着時間帯の有効性により、格段の便利さを提供した。

1972(昭和47)年３月の山陽新幹線岡山開業にともない、「月光」は岡山～西鹿児島･博多間にコンバートされ、これにより関西発の列車からは外れる。新大阪仕立ては特急「明星」に譲った。

とも劣らない白紙ダイヤ改正が実施される。主要幹線における優等列車のスピードアップのほか、在来線優等列車愛称名の統廃合、準急の制度廃止、号数番号の1号･2号方式への統一、不定期列車の季節列車への改称がおもな改正項目だった。

東海道新幹線では、終日「３－３ダイヤ」を実施。この数字には季節列車も含まれるので、日中は「ひかり」「こだま」とも定期列車が40分間隔になる場合も生じるが、多客期に臨時列車の設定が容易であるほか、以後の増発にも対処できるなどのメリットもあった。

在来線では、まず列車名の統廃合に触れなければならない。国鉄の優等列車は東海道新幹線開業後も増える一方で、1968年6月には定期列車の愛称だけで360種に達したこともあって、寝台を含む指定席の増加でコンピューターが音を上げてしまう。当時のマルスは印字できる範囲が限られているうえに、駅名や列車名には活字棒を使ったりする超アナログなものだったので、処理能力を超えていたのである。そこで、列車名の統廃合が実施され、同じ系統で同じような性格をもつ優等列車は可能な限り総称愛称と号数番号を併用する方式に改め、列車名を266に整理する。大阪･新大阪･京都と天王寺の各駅に発着する該当列車についてを表－25に示すが、これにより特急では「いそかぜ」「しおかぜ」「ゆうなぎ」、急行は「大和」「はやとも」「夕月」「ななうら」「関門」「三瓶」「きのさき」「みささ」「加賀」「南紀」など、インパクトが強かったり、長年親しまれたりした列車名が惜しまれながら関西から姿を消す。

線区別に優等列車の動向について述べると、東海道本線では東京～大阪間電車急行「なにわ」「いこま」が全廃されるほか、東京～九州間急行も「霧島」と「高千穂」だけになり、それも本州内は併結運転とされ、単独になる九州内では鹿児島本線と日豊本線に分かれ、それぞれの経路で終点の西鹿児島を目指す。編成も「霧島」に食堂車が残る以外は座席車だけだが、関西からは安い値段で東京方面へ行ける列車として、エコノミー指向客から重宝にされた。また、東京～大阪間では客車による普通列車として143･144列車が1967(昭和42)年10月以後も残されており、東海道名物となっていたが、合理化により大阪口から撤退。東京～大垣（下りは当初、美濃赤坂）間は143M･144Mとして存続する。

山陽･九州方面昼行は列車名の変更や気動車特

表－25　1968年10月1日改正における関西発着優等列車の列車名変更

線区	運転区間	種別	改正前	改正後	備考
東海道	東京～宇野	急行	さぬき	瀬戸1-2号	寝台列車
	〃	〃	瀬戸	瀬戸2-1号	座席車を指定化。寝台列車に変更
	東京～大阪	〃	明星	銀河1-1号	寝台列車
	東京～姫路	〃	銀河	銀河2-2号	自由席を連結
	東京～湊町	〃	大和	紀伊	奈良（王寺）～湊町間廃止
山陽・九州	大阪～佐世保	特急	いそかぜ	かもめ	京都始終着に変更
	大阪～宮崎	〃	いそかぜ	日向	
	京都～西鹿児島	〃	かもめ	なは	大阪始終着に変更
	新大阪～広島	〃	第1・第2しおかぜ	しおじ 1～3号	列車名統合。1往復を廃止
	新大阪～下関	〃	第1・第2しおじ		
	大阪～宇野	〃	うずしお	うずしお 1～3号	列車名統合。1往復増設。 全車指定は2-2号
	新大阪～宇野	〃	ゆうなぎ		
	名古屋～博多	急行	はやとも	玄海	昼行電車列車
	新大阪～宮崎	〃	夕月	日南1-3号	寝台列車
	京都～都城	〃	日向	日南3-1号	
	京都～長崎	〃	玄海	雲仙2-2号	
	京都～佐世保	〃	平戸	西海2-1号	大阪始終着に変更
	京都～広島（呉線経由）	〃	ななうら	音戸2-1号	
	新大阪／大阪～下関	〃	第1・第2関門	ながと1・2号	
	新大阪／大阪～三原	〃	びんご1～2号	とも1～4号	1往復は季節列車
北近畿・山陰	大阪～益田・（大社）	急行	三瓶	だいせん1-2号	
	大阪～松江	〃	白兎	だいせん2-1号	京都始終着編成は「白兎」で存続
	大阪～出雲市	〃	おき	だいせん3-4号	夜行列車
	大阪～天橋立	〃	はしだて	丹波1-4号	福知山線急行「丹波」に統合
	京都～出雲市（～大社）	〃	だいせん	おき	
	京都～城崎	〃	きのさき	丹後3-6号	山陰線急行「丹後」に統合
	大阪～米子	〃	かいけ	伯耆1-2号	姫新・因美線経由
	大阪～上井	〃	みささ	伯耆2-1号	〃
北陸	大阪～青森	急行	日本海	きたぐに	
	大阪～新潟	〃	きたぐに	越後	気動車列車
	大阪～富山	〃	つるぎ	立山4-4号	電車列車
	大阪～富山	〃	金星	つるぎ	寝台列車
	大阪～金沢	〃	加賀	ゆのくに3-1号	「ゆのくに」は季節列車を含め 4往復に増強
	大阪～和倉（上り輪島）	〃	奥能登	ゆのくに2-3号	
関西・紀勢 1968	天王寺・難波～新宮	急行	南紀1～4号	きのくに 1～13号	列車名統合。 4往復は季節または臨時列車
	天王寺・難波～白浜／椿	〃	第1～第4きのくに		
	天王寺～白浜	〃	しらはま1～3号		
	京都～白浜	〃	はまゆう	しらはま1-2号	奈良・桜井・和歌山線経由

大阪・新大阪・京都・天王寺始終着で定期列車の愛称名を対象とする

急の系統立替えで、大阪～西鹿児島・宮崎間に「なは・日向」といった併結区間での複数ネーム特急が登場するなど、外見は賑やかだが、本数だけでは電車特急「はと」が季節1往復の増発なので、定期列車については現状維持だった。また、山陽本線では線路強化が完成したのに、「はと」の大阪～博多間所要は従前の8時間35分から8時間21分になっただけで、数字的に不満が残った。これは山陽本線が建設時におけるカーブが多い線形によるところが大きかった。カーブ区間をトンネルなどで直線化すれば、大幅なスピードアップが期待できるが、すでに山陽新幹線の建設工事も始まっているため、単に軌道強化だけでは120km/h運転を実施できる区間は限られていた。

昼行はさておき、利用客の多い夜行は583系寝台電車特急として新大阪～熊本間に「明星」、20系寝台客車特急では新大阪～西鹿児島・佐世保間に「あかつき2－1号」、同～宮崎間に「彗星」が新設される。これにより、関西から九州へは終点が電化区間なら電車、未電化なら客車といったパターンが出来上がった。寝台電車特急では関西での利用は困難だが、名古屋～博多間に「金星」が新設された関係で、昼行の「つばめ」「はと」は583系電車化される。逆にその運用から外れた「みどり」は車種が481系に戻る。関西～九州間を直通する電車特急で583系でないのは「みどり」だけで、583系は早くも同区間の覇権を握った感じだった。581系ではモノクラスだった編成も、583系では1等座席車・サロ581が加わる。1等寝台車については583系の2等寝台設備が、客車の2等寝台と段数の違いだけで、横になった場合の居住性に大差がないことで、製造は見送られた。

なお、581系は481系と同様60Hz専用車というだけで、583系と性能面では同一で併結も可能なため、583系と共通で運用される。したがって以後は特別な場合を除き583系と表記する。また、481系の50･60Hz両用車である485系については、この時点では関西に配置がないので、山陽･九州･北陸方面への運用を開始した時点で、485系としての表記を使用する。

急行列車については、これまた列車名の変更が激しかったが、大阪（上り新大阪）～博多間に寝

1968年10月改正で急行「びんご」は列車名の整理により「とも」に改名された。1967年6月13日　福山　写真：寺本光照

時代を駆けた名列車-40

急行「鷲羽」

新快速に転用予定の新塗色の153系を使った急行「鷲羽」。
1972年1月8日　新大阪　写真：福田静二

関西～宇野間に四国連絡をになう列車として「わしう」の愛称が登場するのは1959（昭和34）年９月のことで、一般客車による準急だった。1960（昭和35）年10月に山陽本線と宇野線の電化完成を受けた改正が行われ、153系電車による準急「鷲羽」となった。同時に、京都／大阪～宇野間で３往復に増発され、大阪～宇野間を３時間10分で結んだ。

1966（昭和41）年３月５日に急行「鷲羽」に格上げされたときは、下り６本、上り７本体制と、ほぼ１時間ヘッドで走った。さらに1968（昭和43）年10月の改正では、不定期列車を合わせると11往復体制となり、12両の車内は乗客が満員と、全盛を誇った。ただ、距離が200kmそこそこだったので、ビュフェ車は基本的に連結されなかった。

山陽新幹線が岡山駅まで開業した1972（昭和47）年３月改正で、急行「鷲羽」は定期列車１往復、不定期列車１往復の全車座席指定の夜行となる。しかし、夜行「鷲羽」は宇高連絡船との連絡時間帯が深夜になることや、他の交通機関との競合に敗れる形で乗車率不振が続き、結局1980（昭和55）年10月に廃止された。

台列車の「つくし3－3号」がかつての「海星」を思わせるダイヤで登場しただけだった。「では、鳴り物入りのダイヤ改正の割には大したことがないじゃないか」という声が聞こえそうだが、九州行の客車急行が改正後はすべて号数を名乗っているように、同一または類似区間に同名の季節列車が確保されていたのである。本書の時刻表には載せていないが、関西～宇野間の「鷲羽」も最大号数は11号であっても、うち3往復は季節列車である。この1968年10月改正では、利用率の低い関西～山陽・九州間電車急行は編成を12両から10両に減車したり、定期列車を季節列車に格下げしたりする一方、多客期には夜行を中心に季節列車を多数運転して、利用実績に合わせた柔軟性のあるダイヤが組まれたのも特徴の一つだった。

東海道・山陽本線の電車区間では快速電車が113系に統一され、同時に京都～西明石間が15分ヘッドになって利便性が向上する。しかし、普通電車は相変わらず旧形車オンリーだった。72系の勢力が圧倒的だが、クモハ51・54、クハ68といった3ドア・クロスシート車も残っており、大抵の編成では7両編成中に1～2両入っていた。1969（昭和44）年4月に大学生になり、大阪～摂津本山間が通学区間となった筆者にとって、時間に余裕があるときは戦前製クロスシート車に座るのも楽しみの一つだった。

京都発大社行の急行「おき」。出雲市までが急行。
1969年8月30日　新見～布原（信）　写真：寺本光照

●日本海縦貫線にブルートレイン「日本海」新設

関西から山陰へ入るには、京都から直接山陰本線で行くか、大阪から福知山線を経由するのが“メインルート”とされるが、播但線や姫新・因美線も神戸を経由できる点で重宝されてきた。さらに山陽本線で倉敷まで行き、伯備線で北上するルートも山陽本線でスピードを稼げる点が魅力だった。このように関西から山陰地方の鳥取県へは5つの経路で優等列車が運転されており、各ルートで鄙びた風景を眺めるのも旅の醍醐味でもあっ

時代を駆けた名列車-41
特急「日本海」

1968（昭和43）年10月の改正で関西～北海道間連絡の利便性向上を図るひとつとして、日本海縦貫線に寝台特急が設定された。列車名は「日本海」が使用された。この愛称は長らく急行に使われていたが、新たに設定された特急にスライドしたのである。

時刻は、大阪発19:30→青森着11:50、青森発16:30→大阪着9:26だった。当初の編成は20系9両と寝台列車としては異例の短編成だったが、1969（昭和44）年10月から13両に増強された。

1975（昭和50）年3月改正から、前年に開通した湖西線経由となり、寝台客車車両が14系にグレードアップされた。ただし、食堂車が連結されず、長距離特急としてはもの足りない印象があった。その一方で、牽引機が大阪～秋田間がＥＦ81、秋田～青森間がＥＤ75と、全区間の電気運転が実現した。また、この改正から不定期で14系座席車による「日本海1・2号」が増発されたので、従来の列車は「日本海2・1号」となった。

その後は、1976（昭和51）年3月に「日本海1・2号」が24系25形に置き換わって寝台列車の仲間入りを果たし、1978（昭和53）年10月に晴れて定期格上げされた。こうして、「日本海」は２往復体制となり、1987（昭和62）年の民営化を迎えるのである。

青森から大阪に到着した20系13連の特急「日本海」。
1970年6月29日　大阪　写真：寺本光照

た。しかし、1968（昭和43）年10月1日改正では関西～山陰間の優等列車は急行「だいせん」と「おき」の運転経路がそっくり入れ替わるなど、列車名の変更が激しかった。しかし、列車の増発となると京都～城崎間で「丹後」1往復が加わり、それに「きのさき」の改称でグループが下り6・上り7本の世帯になった。山陰本線京都口が意地を示した以外は、「白兎」の京都編成と大阪編成の分離が目につく程度で、小規模なものだった。そうした中において、特急「まつかぜ」はこの改正で、京都～米子間が12両編成になる。1961（昭和36）年10月の登場時には育つかどうか心配されたのが、徐々に編成両数を増やし、一流列車への仲間入りを果たしたわけである。

大阪～北陸間では、初の寝台特急として大阪～青森間に「日本海」が運転を開始する。大阪を夜に発てば、翌日夜には札幌に到着。したがって道内での仕事や観光はホテルで宿泊して翌々日からとなるが、丸一日を移動の車船中で潰すのは「白鳥」と同じだが、当時としては画期的なダイヤ設定だった。この「日本海」は列車名だけでは急行の格上げといった感じだが、実際には完全な新設列車だった。国鉄も利用見込みが立たないため、食堂車と電源荷物車を含めても9両という、当時のブルートレインでは九州内の末端区間を思わせる編成になるが、大阪からは庄内・秋田方面への旅行にも至便であるため、運転開始当初から高い利用率を誇った。特急「日本海」設定に伴い、従前の急行「日本海」は「きたぐに」に改称。玉突き式に大阪～新潟間気動車急行は上越線で親しまれた「越後」の列車名を名乗る。

電車特急「雷鳥」はこの改正で下り1号と上り3号が増発され、3往復体制になる。両列車が「白鳥」と設定時間帯が類似しているのは、「白鳥」の混雑緩和の狙いが強かったからだ。また、北陸本線の線路強化に伴い、「雷鳥」の大阪～富山間最速列車は従来より15分短縮の4時間15分となって表定速度も80km/hの壁を突破する。ちなみに、「白鳥」は気動車列車で最高速度は100km/hに抑えられるため、同区間の所要は速いほうの下りで4時間28分だった。急行は大阪～金沢間の「加賀」と、旧「きたぐに」に併結の七尾線直通「奥能登」が列車名統合で「ゆのくに」になる。七尾線直通列車に「加賀」はなじまないのか、両列車の共通項である「ゆのくに」に落ち着いたようだ。この「ゆのくに」は新設の電車列車と季節列車を仲間に

1962年4月から運転開始した「ゆのくに」は、1968年10月からは「加賀」「奥能登」も統合し4往復となる。
1971年4月26日　瀬田～草津　写真：寺本光照

入れ、同じように1往復の増発をみた「立山」と同様4往復体制になる。北陸本線急行は結果としてこの改正から1972（昭和47）年10月までが本数のうえで最盛期といえた。

天王寺～南紀間では、特急「くろしお」の号数番号は“全国共通”の表示法となり、上り（新宮方面行）が6号、下りは5号にまで数字を増やす。しかし、和歌山県内には県都を除いて人口10万以上の都市は存在せず、利用客の大半は観光客に絞られる路線であるがため、上り2本・下り1本は季節列車としての存在だった。天王寺発の急行は名古屋直通が「紀州」、白浜・新宮行は「きのくに」に統合される。改正前の白浜方面行は全車指定の「きのくに」がいち早くキハ58系の編成になるなど、準急時代から“急行扱い”だったが、列車名統合で雑居世帯となったため大半が自由席連結となり、温泉観光列車の主役を「くろしお」に譲った格好だった。

特急「くろしお」と急行「きのくに」が本数を増やす一方、前年に盟主「あすか」を失った関西本線の凋落には歯止めがかからず、この、1968年10月では「大和」が「紀伊」に改称され、王寺以東は辛うじて生き延びるものの、湊町・天王寺の両駅から姿を消す。また、「かすが」も湊町始発は上りの1本だけとなる。キハ55系を主体とする4両編成ながら1等車キロ25の存在が辛うじて伝統列車のプライドを維持しているような感じだった。このキロ25は1969（昭和44）年夏には冷房化のためキロ28に交替する。

阪和線では、1968年8月から9月にかけてブルーの103系電車6両4本が新製配置され、10月改正からおもに快速に運用される。電車で小単位のフリークエントサービスをモットーとしてきた同線では、6両対応は天王寺～鳳間の各駅と以南は和泉府中など快速停車駅だけだった。そのため、快速中心の運用はある意味致しかたなかったが、さすがに座り心地がよいとはいえないロングシートは、天王寺～和歌山間の直通旅客からは不評だった。しかし、「憎まれ子世にはばかる」の諺ではないが、103系は以後約半世紀にわたり阪和線の主として、形式消滅寸前まで活躍を続ける。

3　万国博、そして「DISCOVER JAPAN」

●モノクラス化で1等車に替わりグリーン車登場

1969（昭和44）年 5月10日、国鉄では運賃・料金の改訂が実施される。この改訂では、旅客運賃が平均13.3%値上げされることよりも、鉄道創業以来100年近くにわたって続けられてきた等級制が廃止され、旅客運賃を大多数の私鉄並に、旧2等運賃を基準としたモノクラス制を導入した大改革が、値上げ幅などを忘れさせるほどインパクトが強かった。これにより、旧1等車は特別車両（グリーン車）に、2等車は普通車に改称され、グリーン車には普通運賃のほかに、急行や特急料金並に地帯別に応じたグリーン料金を支払えば乗車できるようになる。1等寝台車については、“グリーン寝台”ではなくA寝台とし、2等寝台を改称したB寝台とともに、普通運賃プラス寝台料金で利用できるようになる。したがって、従来は特急1等車に乗る場合、1等運賃＋1等特急券が必要だったのが、普通乗車券＋特急券＋特急・急行用グリーン券となり、切符が3枚になる代わりに計算方法がわかりやすく便利になる。

これだけではグリーン車などは、すごく利用しやすくなったように思えるのだが、累積赤字が表面化しこのままでは破局をまぬがれない国鉄としては、旧1等車や旧1等寝台車の利用率が芳しくないといって簡単に値下げするようなことはしなかった。一例を挙げれば、特急・急行用グリーン料金は東京～大阪間に匹敵する401kmから600kmの地帯では2,000円、A寝台は乗車距離に関係なく下段で4,200円と高いことは変わらず、名称や制度が変更になっても庶民には簡単に利用できる設備ではなかったのだ。ちなみに同区間の普通運賃は2,230円だった。したがって、名称が変わったところでグリーン車やA寝台車の利用率はさほど好転しなかった。だが、どこでも例外はあるもので、普通列車用のグリーン料金は81km以上が一律300円とされ、しかも通用日は最大2日間で、グリーン車連結列車の設定区間が連続さえしていれば乗継ぎも可能だった。例えば、大阪からは15:40発の794M（京都までは快速電車扱い）で大垣へ行き、同駅で20:32発の東京行144Mに乗れば、東京まで少しの出費でリッチな旅ができた。144Mは大垣で約2時間の待ち時間があるが、グリーン車から先に乗車待ちの列ができるので、夏休みなどはそれでも座席確保が難しかった。144Mは時代が下って1982（昭和57）年以後は、“大垣夜行”の通称名で青春18きっぷの愛好者から親しまれるが、普通車はもちろん、グリーン車の混雑も相当なものだった。

モノクラス制移行直後の1969年6月、1970（昭和45）年3月から半年間にわたって大阪府千里丘陵で開催が予定される日本万国博覧会輸送も加味し、波動輸送対応用車両として12系客車のうち量産先行車といえる第1次車28両が落成する。座席客車の新製はナハ11最終増備車以来約10年ぶりだが、12系は165系など急行形電車に近いスタイルで、それまでの客車とは一線を画した車両となる。冷房などのサービス用電源は、20系のように高価でかつ1両分の定員をロスする電源車の代わりに、スハフ12にディーゼル発電装置を搭載した分散電源方式を採用。台車は優等列車への使用を前提とし空気バネを装備する。座席も急行形標準のボックス形クロスシートながら、シートピッチを在来車の1,470mmから1,580mmに拡大して居住性の向上を図るといった新機軸を満載したため、“急行形”には分類されないものの、急行用としては最高の水準の車両だった。

この12系客車は1969年7月26日から大阪～広島間で全車座席指定の臨時急行に使用される。急行形普通車の冷房も開始されたばかりの時期なので、好評で迎えられたことは記すまでもなかった。なお、12系客車は1970年度までに478両が登場。その後増備が再開され、最終的には1978年度までに603両が製造される。

●国鉄が大量輸送の進化を発揮した万国博輸送

第3次長期計画のうち1968（昭和43）年10月改正に間に合わなかった線増や電化の工事はそのまま継続され、本稿関係では1969（昭和44）年8月に赤穂線、9月に北陸本線の全線電化が完成する。北陸本線では同時に全線複線化が完成するが、新電化区間の糸魚川～直江津間は信越本線への直通を考慮して直流方式が採用されたため、結果的に田村～糸魚川間が“孤立した交流区間”となり、車両運用面で後々まで課題を残した。

こうしたプロジェクト完成や前述の万国博輸送への準備も織り込み、1969年10月1日にダイヤ改正が実施される。

東海道新幹線は期間中約5,000万人と試算される万国博見物客輸送の主役となるため、この改正では在籍車両数での運転が可能な「3－6ダイヤ」が導入される。全車座席指定の「ひかり」は1969年12月から順次16両編成に増強して座席数を増やす一方、自由席主体の「こだま」はピーク時には1時間当たり最大6本の設定とし、自由席での“立席承知客”も勘定に入れて大量輸送を乗り切る作戦だった。

在来線では山陽・九州方面行として新大阪～博

12系客車は優れた車内設備と冷房を備えていて、好評を得た。急行「八甲田」。1984年10月　写真:安田就視

多間に「はと2－1号」、同～下関間に「しおじ4－2号」各1往復が新設される。「はと」は季節列車の格上げで、これにより「はと」は2往復、「しおじ」は4往復運転になる。このほか急行では三原行の「とも」1往復の定期格上げが実施されるほか、全線電化の成った赤穂線へは「とも」「鷲羽」各1往復が経由する。

北陸本線では全線電化により大阪からは新潟まで、上野からは金沢方面への電気運転が可能になる。これに伴い、「白鳥」の分家列車の上野～金沢間特急「はくたか」はキハ80系7両から485系11両に置き換えられ、同時に輸送力の大きい上越線経由に変更される。この「はくたか」電車化に際しては向日町運転所に初配置された485系が使用されることで、基地への出入りを利用し大阪～金沢間に「雷鳥1－3号」が増発される。運転区間が金沢で二分されるものの、車両は大阪～上野間を通すので、動力や経由路線の違いはあっても1965（昭和40）年までの“信越白鳥”のリバイバルだった。北陸本線では寝台特急「日本海」が13両に増強されるほか、万国博輸送用として大阪～新潟間電車特急「北越」のスジが入れられ、10月9日から多客期の臨時列車として運転を開始する。運用の有効活用を図るため新大阪～宇野間の「うずしお3－1号」が485系化され、こちらは10月1日から実施された。

そして、日本万国博覧会開催を2週間後に控えた1970（昭和45）年3月1日、博覧会輸送に向けての“臨戦ダイヤ”が実施され、新幹線では「ひかり」編成のオール16両化が完了。在来線では新大阪～熊本間に寝台電車特急「明星2－2号」が増発されるとともに、特急「北越」も定期化される。これに伴い特急「白鳥」は新潟回転車の連結をとりやめ、13両全車が大阪～青森間を通す。なお、「明星2－2号」は車両検修の関係で、下りは木曜日、上りは水曜日が運休になる珍しい列車だった。このほか、南紀特急「くろしお」全列車の編成増強が実施され、名古屋直通列車は10両に、その他の列車も食堂車込みの7両になる。国鉄では全国各地から大阪へやって来る見物客を南紀の温泉に誘致するキャンペーンを行っていたため、食堂車連結は大ヒットだった。

横須賀線から転入した助っ人113系による「万博号」。1970年8月　吹田　写真：野口昭雄

日本万国博覧会は予定通り1970年3月14日から9月13日までの6カ月にわたり開催される。この間の入場者総数は予想をはるかに上回る6,422万人で、うち国鉄は2,200万人を運んだといわれる。前述の12系客車も1969年12月から1970年7月にかけて300両が大量増備され、大阪からはおもに山陽・九州・山陰・北陸方面への臨時急行として運転される。『時刻表』ではグリーン車のない全車座席指定の客車急行は12系であることがすぐに読み取れたが、『時刻表』1970年5月号の本文ページの新大阪～富山間「立山71号」や、大阪～浜田間「だいせん71号」（いずれも上下とも）などには（団体で満員になることがあります）の注釈がつけられていた。これは国鉄が万国博輸送の平均化を図るため、大口団体には12系急行を優先的に割り当てることで、着席サービスに努めたのだろう。また、12系ではないが、東京方面からは時間を有効に使える急行「銀河」2往復が重宝され、寝台車や指定席はプラチナチケットと化した。それでも夜行輸送力は不足したため、大阪～三島～東京間を上りに限り客車急行と新幹線特急で結ぶ「エキスポこだま」まで登場する。

国電区間も東海道本線茨木が“会場東口駅”と位置づけられ快速電車が臨時停車したほか、京都～西明石間の普通電車には旧形車の置換えとイメージアップを兼ね、1969年9月からブルー車体の103系が投入され、万国博開会直前には7両15本が揃う。103系についてはほぼ同時期に大阪環状線にも6両2本が投入されるが、本数の少なさとともに塗装が101系と同じオレンジ色であるため、ファンのみぞ知る存在だった。京阪神区間にはこのほか、横須賀線から転属してきたスカ色113系が茨木～河瀬、同～網干間の臨時快速「万博号」や、快速電車の増結用に使用され、京阪神近郊からの見物客輸送に一役買った。

万国博覧会は終盤には旧盆輸送も重なるため、国鉄としてはそのほうの輸送力も確保しなければならず大変だったが、大したトラブルもなく成功裏に終了する。筆者としても、半世紀前の暑かった夏を今も事あるごとに思い出すが、関西の国鉄が最も燃えた夏ではなかっただろうか。

●583系寝台電車特急、西鹿児島に進出

万国博の余韻醒めやらぬ1970（昭和45）年10月1日、鹿児島本線と呉線の全線電化が完成したこともあり、それをメインとしたダイヤ改正が実施される。

鹿児島本線電化関連では、京都～西鹿児島間に寝台電車特急「きりしま」が新設。それに伴い改正前まで「霧島」を名乗っていた東京からのロングラン急行は「桜島」に改称される。「きりしま」は全区間の運転距離が1004.9kmに及び、583系列車としては最長ランナーだが、さすがにこの距離ともなると、西鹿児島到着後は昼行で関西まで引き返すことができず、昼行の相方を九州島内特急の「有明」に求めた。寝台客車特急では「あかつき」の新大阪～西鹿児島間編成2往復が全区間電気機関車牽引となるが、大阪～西鹿児島間気動車特急「なは」は宮崎行「日向」との併結の関係もあり、キハ80系のまま架線の下を走り通した。

呉線電化では、長年呉線の代表列車として活躍を続けてきた東京～広島間急行「安芸」が、新設の同～下関間特急「あさかぜ3－1号」に道を譲る形で廃止される。急行時代の「安芸」は寝台列車とはいえ京阪神でも利用が可能な列車だったが、ここに関西とは縁が切れる。しかし、これとは別に大阪（上り新大阪）～三原間急行「とも2－1号」が、この改正で呉まで延長されたのを機に列車名が「安芸」に改称され、ネームだけは生き延びる。さらに、「安芸」は相生～東岡山間では赤穂線を経由するため、大阪～呉の全区間では計5線にまたがって走るといった変わり種列車になる。このほか、新大阪～広島間急行「宮島」も三原以西が呉線経由に変更され、8年4カ月ぶりに里帰りを果たすが、編成が153系10両から12両に増強されたのはいいとしても、「鷲羽」や「とも」と共通運用になったため、旧来からの電車急行のシンボルでもあるビュフェ車の連結は外されてしまった。

このほか、北陸本線では大阪～富山間で夜間の時間帯を使用して「雷鳥5－5号」が増発されるほか、立山・黒部・有峰（TKA）地区の観光開発に伴い、急行「立山」の一部が糸魚川と富山地方鉄道の立山に季節延長される。

紀勢本線では下り季節特急「くろしお4号」の増発で上下とも6本ずつ揃ったものの、天王寺～白浜間の1往復が季節列車に格下げされたため、6往復中定期列車は3往復になる。しかし、季節列車も食堂車の営業は継続されるという、まだまだ大らかな時代だった。

京阪神国電区間ではこの改正の目玉商品の一つとして、京都～大阪間ノンストップの32分運転をキャッチフレーズとする新快速電車が新設される。日中の10～16時台に京都～西明石間で1時間ヘッドの運転だが、新快速登場によりそれまで同区間で実施されていた快速と普通の15分ヘッドダイヤに乱れが生じたため、地元での評判は芳しくなかった。車両はスカ色の113系7両が使用されたので、万博応援隊の失業対策と揶揄された。

国鉄では、先の万国博輸送に際し新幹線電車や12系客車など車両を大量に増備したため、万博終了後の有効活用策を検討していた。そこで旅行

1970年10月、京都～西鹿児島間に新設された寝台特急「きりしま」。1971年11月7日　野洲　写真：宇都宮照信

誘致対策として「DISCOVER JAPAN」キャンペーンを立ち上げる。観光地やイベントなどを紹介するのではなく、旅行者が自分で行き先を見つけるといった逆転の発想だが、高度成長期の旅行ブームの後押しもあって、小京都と呼ばれる観光都市や宿場町が旅行客で賑わった。夏休みや春秋の旅行シーズンなどは、観光地を沿線にもつ路線は周遊券利用客で、どの急行も混雑が激しかった。

●伯備・中央西線直通気動車急行を特急に格上げ

国鉄の1971(昭和46)年春のダイヤ改正は、日を統一せず個々のプロジェクト完成や車両増備を待って、3月7日から4月26日まで計4回に分けて実施される。このうち関西地区がかかわるのは4月26日である。この日実施された改正では、京都～出雲市(～大社)間気動車急行「おき」と、大阪～長野間昼行気動車急行「ちくま1－1号」が特急に格上げされる。本来なら、先の1970(昭和45)年10月改正で実施されるべきところだが、財政事情の関係で特急形大出力気動車キハ181系の落成が遅れ、新年度にもちこされてしまったのである。「おき」の特急に格上げに際しては、列車名はそのまま横滑りし、運転区間が新大阪～出雲市間に改められる。時刻は新大阪発11:33→出雲市着17:36、出雲市発11:30→新大阪着17:34で、福知山線経由の特急「やくも」の同区間よりも下りは54分、上りは43分速かった。伯備線で1971年度末に予定される山陽新幹線岡山開業で、陰陽連絡特急が運転されることが決定しているので、「おき」のキハ181系化はその先行投資ともいえた。「おき」の特急格上げに伴い、急行時代の同列車に

京都～西明石間に新たに設定されたその名も「新快速」。運転開始日のスナップ。
1970年10月1日　西ノ宮～芦屋　写真：寺本光照

下りのみ併結されていた「みまさか1号」は独立し、大阪～中国勝山間での単独運転になる。

大阪～長野間急行は格上げに際しては中央西線気動車特急に合わせ「しなの2－2号」となり、時刻は大阪発9:50→長野着16:10、長野発12:45→大阪着19:15とされる。「おき」「しなの2－2号」とも車両配置基地は異なっても、編成はグリーン車と食堂車を含む10両で、全車座席指定とされた。両列車は大阪から伯備線方面や長野へは唯一の優等列車だが、エコノミー指向客の救済に昼行急行の設定がないのは、中・長距離の優等列車が今後特急として設定されることを示唆していた。ちなみに急行用車両もこの1971年4月の457系電車が最後の新製増備車なので、以後の改正で急行が新設される可能性は薄く、急行の崩壊はこのときから始まるのである。もっとも、当時は季節列車を含めると1,300本に近い急行が全国を走っていたので、誰も半世紀後には急行ゼロの時代が訪れようとは、夢にすら思っていなかった。

特急ではこのほか、「やくも」の新大阪～米子間が12両に増強される。これで大阪駅から発つキハ80系特急は九州・北陸・山陰各方面とも12または13両の長大編成になる。キハ80系の製造は1967(昭和42)年で打ち切られていたが、ここに西日本におけるクライマックスを迎えた。

京阪神の電車区間では、この日から新快速電車の上り方が草津まで延長される。113系の新快速用運用数が従前の4本から5本となったため、湘南色車の姿が見られるようになり、以後はスカ色車も湘南色に塗り替えられたため、先頭車のヘッドマークがなければ、新快速と快速との区別がつきにくかった。

1971年10月1日、奥羽本線秋田～青森間電化に伴うダイヤ改正が実施される。特急「日本海」と急行「きたぐに」がＥＤ75形電気機関車牽引となるほか、ネック区間の別線建設による複線も完成したので、気動車特急「白鳥」を含め大阪～青森間で5～45分のスピードアップが実現するが、青函連絡船の時刻変更はないので、その分青森での接続間合が長くなり、北海道行旅客にとって恩恵はないに等しかった。これにより、日本海縦貫線の未電化区間は新津・新潟～新発田～秋田間を

残すだけとなる。

ところで、寝台客車のB寝台は20系を含めベッド幅が52cmであるため、581系が登場してからはその狭さが指摘されるようになってきた。加えて、寝台車は就眠時間帯の前後は2～4人掛けの座席車としても使用するため、走行中のセット・解体は人手がかかるうえに作業内容も大変だった。そこで、20系に替わる特急形寝台客車として、B寝台のベッド幅を70cmに広げ、寝台のセット・解体をボタン一つで行えるよう自動化した14系寝台車を開発、量産先行車が1971年9月に落成する。この14系では分割・併合時の際の合理化対策として12系のようにスハネフ14の床下に発電セットを搭載し、分散電源方式を採用したのも特色の一つだった。14系先行車10両は9月30日から東京～宇野間急行「瀬戸2－1号」の③～⑥号車に連結される。乗務員の実地訓練も兼ねていたが、利用客から好評で迎えられたことは記すまでもなかった。この「瀬戸2－1号」は京阪神地区でも時間的に利用が可能だったので、情報を知っているビジネス客は東京出張などに愛用したのではないだろうか。

4 山陽新幹線開業と在来線優等列車の動向

●山陽新幹線開業で、関西発昼行優等列車は激減

1972(昭和47)年 3月15日、山陽新幹線新大阪～岡山間160.9kmが開業し、これを機に白紙ダイヤ改正が実施される。新幹線ではダイヤの枠組みが従来の「3－6ダイヤ」から「4－4ダイヤ」に見直され、新開業区間には東京から「ひかり」がそのまま岡山まで直通する。新大阪～岡山間は在来線の実績から日中は「ひかり」2往復の運転とされ、うち1本は同区間ノンストップまたは新神戸・姫路停車の速達タイプとなり、もう1本は各駅停車となる。これにより、「ひかり」は新大阪以西での停車駅が多様化したため、種別が超特急から特急に変更され、同時に自由席も設定される。しかし、種別のうえでは「こだま」と同格になっても東京～名古屋間での“こだま料金”は継続され、利用客の既得権は守られた。新大阪～岡山間所要はノンストップが58分、各駅停車は1時間17分になる。「こだま」については「4－4ダイヤ」化により臨時列車設定の枠が狭められ、多客期には定期列車の一部で混乱を招いたため、1972年6月と1973(昭和48)年3月からの2度に分けて16両化が実施され、1973年7月に全編成の増結が完成する。

新幹線岡山開業に伴い、山陽・九州・山陰・四国方面の昼行は岡山での接続が基本になるため、改正前に関西から発車していた列車のうち、宇野行の特急「うずしお」は全廃。「鷲羽」も夜行を除き廃止される。出雲市行「おき」は、新たに設定される岡山～出雲市／益田間特急「やくも」の一員となって関西から姿を消す。山陽・九州方面行は急行「とも」が全廃。特急「つばめ」「はと」、急行「玄海」「ながと」「宮島」「安芸」は全列車が、特急「しおじ」と急行「つくし」は一部が岡山始発に変更される。しかし、気動車特急「かもめ」と「なは・日向」、電車特急「しおじ」3往復と電車急行「つくし」は関西始終着のままで存続する。これは岡山周辺に大規模な車両基地が存在しないこともあるが、山陽新幹線岡山開業はあくまでも“暫定

1972年3月改正で登場した阪和線の新快速。ヘッドマークがユニーク。1973年12月　山中渓　写真：野口昭雄

時代を駆けた名列車-42

京阪神間新快速電車

113系からバトンを受けた153系の京阪神間新快速。
1974年11月　塩屋～垂水　写真：野口昭雄

1970（昭和45）年３月15日から９月13日まで大阪府千里丘陵で開催された万国博覧会は大盛況のうちに終了したが、開催期間中の国鉄京阪神区間の輸送には、80系の置換え用として新製投入された113系が大活躍した。10月１日、国鉄はダイヤ改正を実施、これには万博輸送用に投入された車両の再活用も考慮されていた。つまり、京都～西明石間に113系による“新快速”が新たに設定されたのである。データイム１時間ヘッドの６往復で、途中停車駅は大阪、三ノ宮、明石のみ。あくまでも京阪神三都駅の直結輸送が目的で、京都～大阪間は32分、大阪～三ノ宮間は23分という文字どおりの快速運転だった。先頭車にはヘッドマークが取り付けられた。

1972（昭和47）年３月15日に行われた全国規模の改正には、新快速の大増発が盛り込まれた。運転区間も延長され、京都～西明石間以外に、草津～西明石間、京都～姫路間が加わった。同時に車両もグレードアップされ、急行用の153系が使用された。塗色はグレー地に２本のスカイブルーの帯を配する清新なイメージに変わり、「ブルーライナー」と呼ばれた。ヘッドマークは153系急行で使用していたものと同じ形状で、あるいは転用だったか。

の部分開業”であるため、関西から山陽・九州・山陰方面行で大阪鉄道管理局持ちの優等列車は従来通り向日町運転所など管内の基地に残存したのが理由だった。そのため、「しおじ」は岡山始発列車と運用を共通にする必要から3往復が181系・485系・583系と異なる形式で運転された。またこれとは別に、多客時の臨時列車として大阪～広島／下関間に50番台の号数番号をもつ特急「しおじ」が、新大阪～熊本間には特急「あかつき」の50番台列車がいずれも12系客車で運転される。料金は100円引きとなるが、モノクラスで供食設備はもちろん、車内販売もないため、利用客からの評判はさすがに悪く、1972年11月以後は簡易リクライニングシートを有する14系座席客車に置き換えられた。

夜行列車については、東京～九州間のスピードアップを図るため、寝台電車特急「月光」2往復（うち1往復季節）が岡山始発となる以外は関西始発のままで残される。また、寝台特急は増発や列車名統合により、京都／新大阪～博多／熊本間電車「明星」は4往復、新大阪～西鹿児島／熊本・長崎／佐世保間客車「あかつき」は3往復、新大阪～都城／大分間客車「彗星」は2往復体制になる。京都～西鹿児島間電車「きりしま」は1往復のままだった。583系電車は、この改正で必要数が揃ったことと、昼夜兼用で運用しないと投資効果が薄いこともあって、増備は今回で打ち切られる。なお、「あかつき」のうち老舗格の新大阪～西鹿児島・長崎間列車（下り1号・上り3号）は、下り方の行先が同じである東京始終着の「はやぶさ」と共通運用になったため、編成中にA個室寝台の設備を持つナロネ22が連結される。

関西～山陽・九州間で利用が可能な定期夜行急行も「音戸」と「日南」が2往復のほか、「阿蘇」「雲仙」「つくし」「天草」「西海」がほぼ旧来の編成のままで存続する。「しろやま」については下り方地元の観光協会の意向もあり、「屋久島」に改称された。

東京始終着列車では西鹿児島行急行「桜島・高千穂」は食堂車の連結がとりやめられ、繁忙期の臨時急行的スタイルになるものの存続。「銀河」は2往復を維持するものの、1往復（上下とも1号）は東京～名古屋間で紀伊勝浦行「紀伊」を併結するため、関西へは8両だけという半人前のスタイルで乗り入れる。「出雲」と「瀬戸」は20系寝台特急に格上げされたうえに、関西は深夜通過（実際には大半が運転停車）などで利用が困難になってしまった。

●山陰方面は鳥取・倉吉までが守備範囲に

1972（昭和47）年 3月の山陽新幹線開業は、関西～山陽・九州間のみならず、関西～山陰間の輸送体系にも大きな影響を与える。新大阪～米子間は、新幹線「ひかり」と伯備線経由特急となった「やくも」との乗継ぎでは4時間以内での到達が可能となったため、“山かげの小径”と揶揄されるように、ほぼ全区間が単線の線路を走る福知山・山陰本線のルートは関西～山陰中央部間での幹線としての機能を失う。そのため、従前の「まつかぜ」は「まつかぜ1－2号」となって京都～博多間で残り、京都発車時は13両と威勢がいいが、6両の付属編成は鳥取で切り離されてしまう。新大阪～浜田間だった旧「やくも」は大阪～鳥取間に縮小され、列車名も「まつかぜ2－1号」に改称。編成も食堂車なしの6両に半減される。急行では「だいせん2－1号」が大阪～鳥取間運転に変更され、鳥取市内が終点では伯耆の国の「だいせん」は馴染まないのか、列車名は「いなば」に変更された。このほか、大阪～出雲市間夜行の「だいせん2－2号」は座席車が指定席化され寝台急行となる。

しかし、これだけでは関西～鳥取間は“現状維持”で、飛躍的に便利になる山陰中央部との格差が激しいため、新大阪／大阪～倉吉／鳥取間に特急「はまかぜ」2往復が播但線経由で新設される。スピード的には福知山線経由と変わらないが、姫路で新幹線と接続するほか、神戸や明石からの利用が可能なのも魅力だった。要は1972年 3月改正で関西から山陰へは、鳥取・倉吉（改正前の上井を改称）までは福知山または播但線、米子・松江・出雲市へは新幹線と伯備線利用がメインとなり、山陰本線は倉吉付近で運転系統が二分されてしまったわけである。

大阪～北陸間は特急「雷鳥」が2往復増発の7往復体制となる。しかも、急行「立山」と「ゆのくに」は4往復を維持しているので純粋な増発であり、利用客の伸びがいかに激しいかをもの語っていた。この改正では、上野～金沢間特急となった「白山」用に、信越本線横川～軽井沢間もＥＦ63との協調運転により12両編成化が可能となった489系が登場し、一部は「雷鳥」の運用にも入る。このほか大阪～富山間寝台急行「つるぎ」は新潟へ延長され、オール寝台車による編成になる。なお、「雷鳥」は6月4日に1往復増発の8往復となる。

天王寺～南紀方面は、白紙改正の利点を生かし、運転区間や運転日がマチマチだった「くろしお」が5往復運転に整理され、1往復の名古屋直通以外は天王寺～新宮間となり、それも3往復が定期化される。ここに天王寺から新宮へは特急、白浜へは急行といった図式ができた感じで、急行「きのくに」から全車座席指定列車は姿を消す。

関西本線では「大和」の流れを汲む「紀伊」の王寺編成が廃止されるが、急行「かすが」のうち奈良～名古屋間運転の上・下計6本は湊町～奈良間が快速または普通列車とされたため、全列車が湊町～名古屋間を直通する。同線としては久々に明るいニュースだった。

電車区間でもビッグな話題が続々登場する。京阪神電車区間では、新快速の運転区間が草津～姫路間に拡大され、京都～明石間では何と15分ヘッド運転となる。最高速度も従前の95km/hから110km/hにアップされたため、京都～大阪間は29分所要となり、京都・大阪の両駅では上下とも毎時00・15・30・45分発のわかりやすいダイヤが実現する。車両も関西～山陽間急行からの転用とはいえ冷房付の153系6両で、同じ153系でも山陽西部の急行用には非冷房車が交じっているので、料金不要列車としては破格の待遇だった。しかし、京都～大阪間を並走する私鉄2社はそれよりもグレードの高い特急車を運転しているので、勝負となると厳しかった。

阪和線にはこの改正から天王寺～和歌山間を途中鳳のみ停車の45分で結ぶ新快速が登場する。こちらは1時間ヘッド運転だが、京阪神新快速と同じグレー車体にライトブルーの帯を巻いた113系6両が使用された。阪和線もスピードではやっと戦前の水準に追いついたようだ。このほか、大阪環状線に休日の昼間に限り大阪～西九条～天王寺間で快速運転が実施される。途中停車駅は弁天町と新今宮だけで、大阪～天王寺間旅客の東側区

時代を駆けた名列車-43

急行「志摩」

キハ58系6連の京都発鳥羽行急行「志摩」。写真で後ろに連結のキハ20＋キハ35系の3両は回送扱い。1970年2月7日　中在家（信）～加太　写真：寺本光照

優等列車「志摩」の愛称は1961（昭和36）年3月改正で誕生した鳥羽～紀伊勝浦間の準急が最初である。1963（昭和38）年10月改正では京都～鳥羽間の準急となる。これに、1965（昭和40）年3月から姫路～鳥羽間快速のうちの京都～鳥羽間を格上げした準急を加えて、2往復体制になった。準急「志摩」の役割は、南近畿周遊券の発売などで観光地として脚光を浴びた南紀地区と京都とを連絡することだった。

準急「志摩」が急行に格上げになるのは1966（昭和41）年3月5日のことである。上り1号・下り2号はキハ58系6～7両、一方の上り2号・下り1号は併結運転でキハ55系3両だった。

ところが12月に、京都～鳥羽間でのライバルである近鉄が、京都～宇治山田間で特急の直通運転を開始する。近鉄特急は1970（昭和45）年3月になると、鳥羽を経て賢島へと足を延ばすようになった。こうなると、車内設備でも本数でも急行「志摩」は太刀打ち不能となって急速に客足が減少してしまう。そして以降は、廃止の1986（昭和61）年11月に至るまで細々と走る状態が続くことになる。

間（京橋経由）への集中を緩和するのが目的だった。

●日本海縦貫線全線電化により「白鳥」を485系電車化

1972（昭和47）年 8月5日、羽越本線新津～秋田間と白新線新発田～新潟間の電化完成により、米原～青森間とされる日本海縦貫線は全線で電気運転が可能になる。10月2日にはこのプロジェクト完成を中心とした全国的なダイヤ改正が実施される。改正日が区切りのいい1日にならなかったのは、日曜日である1日に改正を強行すれば、その前日から改正ダイヤで運転される夜行列車に発車時刻を間違える観光客が多数出るのが予想されるからで、そうした混乱を未然に防ぐのが理由だった。夜行列車が多数運転されていた時代ならではの措置といえよう。

日本海縦貫線をつないできた気動車特急「白鳥」だが、全線の電化完成をうけて1972年10月から電車化された。北海道仕様のクハ481-1500を暫定使用。
1974年7月22日　津幡～倶利伽羅　写真：寺本光照

さて、改正のメイン区間なる日本海縦貫線では大阪～青森間気動車特急「白鳥」が485系電車による運転となり、全区間で1時間短縮の13時間40分にスピードアップされるほか、大阪～富山間特急「雷鳥」も急行「ゆのくに」と「立山」からの格上げで2往復増発、10往復の大台に達するとともに、日中の一部時間帯では1時間ヘッド運転となる。485系はこれを機会に、正面スタイルはボンネット形からクハネ583を思わせるような貫通形にモデルチェンジされ、さらに1974（昭和49）年2月からは貫通扉を廃したような非貫通形に改められる。

列車増発とは別に、北陸方面への連絡改善のため、新幹線「ひかり」のうち3往復が米原に停車するほか、大阪～新潟間寝台急行「つるぎ」が同一列車名のまま20系特急に格上げされる。「ひかり」が東海道新幹線内で名古屋・京都以外の中間駅に停車するのが初めてなら、ブルートレインと呼ばれる寝台特急が全区間で食堂営業を休止するというのも最初だった。

日本海縦貫線電化で「白鳥」と上野～秋田間特

急「いなほ」から捻出された80系気動車は、おもに山陰本線京都口の特急新設と、紀勢本線特急「くろしお」の増発や編成増強に活用される。山陰特急「まつかぜ」が京都始発であっても、肝心の京都～福知山間で昼行特急の設定がなかった山陰本線では、この1972年10月改正を期して、それまでの不満をぶちまけるかのように気動車特急「あさしお」が計4往復設定される。しかし、一部は急行の格上げであるため、京都発列車では1号が城崎（舞鶴・宮津線経由）、以下2号が倉吉、3号が城崎（山陰本線経由）、4号が米子と、列車ごとに行先が異なるのが特徴で、これは「あさしお」の列車史が終焉をみるまで変わらなかった。編成は倉吉行が7両のほかは10両で、各列車ともグリーン車のほか食堂車が連結された。この「あさしお」登場に伴い、「まつかぜ」は大阪（上り新大阪）～博多間運転に変更されるほか、「はまかぜ」のうち新大阪～倉吉間列車も食堂車付の7両になる。

キハ81が先頭に立つことでファンの間から人気があった旧「いなほ」用車両は約半数が和歌山機関区に転出し、キハ81は天王寺～名古屋間「くろしお2－5号」の先頭車に限定使用されるほか、天王寺～白浜間「くろしお1－2号」の増発に充てられる。キハ81は非貫通で定員がキハ82に比べて少ないため、起終点間を10両前後で通す長距離列車にしか運用できず、そうした条件を満たしている名古屋直通「くろしお」に白羽の矢が立ったのである。

関西～山陽・九州間では、大阪～下関間に電車特急「しおじ」、新大阪～熊本間に客車特急「あかつき」各1往復が増発される。関西始終着の寝台客車特急には、1965（昭和40）年以来20系が使用されてきたが、1972年3月改正で東京～九州間特急3往復に投入された14系が好評を博しているため、この改正で4往復になった「あかつき」のうち増発分を含む3往復が14系に置き換えられる。「あかつき1－4号」となった老舗列車だけが、「はやぶさ」との運用関連で20系のままで残されたのは皮肉だった。さらに同列車に連結されていたナロネ22は利用状況が芳しくなかったのか、改正前の7月に「はやぶさ」ともども編成から外されてしまい、まさに踏んだり蹴ったりだった。

20系に続く新時代の特急形寝台客車として一時代を築くものと期待された14系だが、11月6日、北陸トンネル内で青森行急行「きたぐに」が列車火災を起こし、死者30名、重軽傷者714名を出す大惨事になる。これにより、出火元でもある旧形機構の食堂車オシ17の連結が解かれるとともに、分散電源方式の14系寝台車も1列車中に電源装置が数箇所も存在するのは危険とされ、自動消火装置が開発されるまでは製造が中止される。大事故が起きた場合は責任者（車）を特定しないと世間は納得しないが、この惨事ではオシ17が責任車となり、14系寝台車がとばっちりを受けたわけである。

ところで、この改正では、設定本数が多く、主要駅での発車時刻がラウンド化している自由席連結特急に「エル特急」の愛称がつけられる。「エル特急」の「エル」には特別な意味はなく、特急を表すLimited Expressのほか、定期長距離列車のLiner、大量のLarge、可愛らしさのLovelyの頭文字になっていて、語感がいいことで命名されたという。山陽本線では「つばめ」「はと」「しおじ」がエル特急の制定を受けるが、大阪駅に姿を見せるのは「しおじ」だけだった。また、「雷鳥」は本数的には条件を満たしているが、すべての列車が全車座席指定で運転されているため、制定の対象とはならなかった。

●181系電車特急、大阪駅から姿を消す

1973（昭和48）年 3月1日には、山陽本線と北陸本線で特急の増発が実施される。山陽関係は岡

山陽本線の特急「しおじ」は1972年10月当時、大阪駅に姿を見せる唯一のエル特急となる。
八本松～瀬野　写真：長谷川 章　所蔵：山口雅人

山始終着の電車列車だけで、大阪に姿を見せるのは新潟行の「北越2－2号」だけだった。この日に設定された列車は同年10月にダイヤ改正が控えているせいか、毎日運転ながら8000番台の列車番号が示す臨時列車としての扱いだった。

1972（昭和47）年3月以後、山陽・北陸本線特急用電車は運転路線の特殊性もあって交直流の485系が増備されてきたが、それにより181系電車は置換えの対象となり、上越線など東日本の車両基地に転属する。そして1972年11月以後に山陽区間で残る181系特急は「しおじ1－4号」だけとなるが、それも1973年5月26日の運転を最後に485系に置き換えられ、大阪駅では1958（昭和33）年11月の151系「こだま」運転開始以来14年半にわたって続いた歴史にピリオドが打たれた。181系は法定耐用年数をやっと過ぎた車齢でまだまだ仕業に耐えられるため、新しい職場を求めて旅立つが、若い時代を東海道本線で酷使されたせいか、傍目にも車体が傷んでいるような感じだった。

1973年7月10日、中央西線の全線電化が完成し、名古屋～長野間ではカーブ区間もスピードを落とさずに走ることができる381系振子式特急形電車が戦列に加わり、同時に特急「しなの」は7往復に増発される。しかし、予算との関係もあってか大阪始終着を含む2往復は気動車特急のままで残されたため、関西では381系電車のユニークなスタイルにお目にかかることができなかった。

●特急「なは」電車化と24系寝台客車登場

国鉄では新幹線岡山開業後も1972（昭和47）年10月と1973（昭和48）年3月にダイヤ改正が実施されてきたが、新幹線と在来主要幹線では特急を中心とする優等列車利用客の伸びは予想以上であった。そのため、1973年10月1日には全国規模のダイヤ改正が実施される。山陽本線では、列車番号の付与基準も一新されているあたりから“白紙改正”だった。

関西～山陽・九州間昼行特急では、鹿児島本線全線電化後も気動車のままで残されていた「なは」が電車化され、485系11両の編成になる。485系が西鹿児島に進出するのはこれが初めてだった。「なは」の電車化に伴い、大阪～宮崎間特急「日向」は気動車のままで単独運転となり、「日向」の列車名では初めて食堂車を連結するとともに、始発の大阪駅での編成はキハ80系の10両となる。このほか新大阪～下関間に「しおじ」1往復が増発される。これにより、「しおじ」は新大阪／大阪～広島／下関間で5往復体制になり、4往復を485系、1往復を583系が受けもつ。

寝台特急では、新大阪～長崎間に「あかつき」、同～大分間に「彗星」、同～佐世保・大分間に「あかつき・彗星」の併結列車が各1往復新設されるほか、熊本止りだった「あかつき」1往復が西鹿児島へ延長される。これにより、号数番号だけでは「あかつき」は6号、「彗星」は4号にまで達する。この改正からは14系寝台客車に替わって集中電源方式の24系が登場し、「あかつき」「彗星」各2往復に投入される。24系はスタイル的には14系寝台客車に電源車マヤ24をつけたような感じだが、そのマヤ24は全長が17mと短いばかりか、非貫通式とされたため、スマートさが感じられないデザインとなったのは残念だった。さらに24系では新大阪～長崎間の「あかつき3－1号」と新大阪～大分間の「彗星3－4号」は、それまでの東京／関西～九州間ブルートレインの“常識”を打ち破る食堂車抜きの12両編成になる。食事時間帯が制限されるため食堂車の連結は無理としても、ビュフェタイプの供食設備は欲しいところだった。電子レンジの普及で調理という行為はなくても、簡単な料理の提供は可能なだけに残念だった。

12系客車は、一般形客車の普通車よりも格段に優れた設備をもつにもかかわらず、1969（昭和44）年の登場以来定期運用をもたなかったが、この改正から急行「きたぐに」と京都～広島間の「音戸2－1号」に投入され、同時に列車全体の冷房化を完成させる。しかし、九州行の夜行列車の普通車は指定席や自由席の区別なしに、すべて非冷房・手動ドアの一般形客車のままだった。

このほか、三重県内の津～四日市間で伊勢線（現・伊勢鉄道）が開通。10月1日改正を機に名古屋直通「くろしお」が同線を経由し、亀山でのスイッチバックは解消する。

この改正では、大都市近郊にもかかわらず未電化で残されていた関西本線も湊町～奈良間が電化される。そして20分ヘッドの快速には113系、

10～20分ヘッドの普通電車には101系が投入される。113系は横須賀線、101系は大阪環状線からの転入ですべて中古車だが、旧形車が多数残る関西地区にあって全車両を新性能車で揃えたことだけは“快挙”だった。快速電車は休日には西九条経由で大阪へ直通するが、線路配線の関係で東側の大阪～京橋～天王寺間は各駅停車で走る。京阪神随一の通勤路線に、グレー地に朱色のラインを施したクロスシートの113系は違和感があるのか、当初は団体列車と見間違えて乗車を見過ごす客も少なくなかった。その大阪環状線だが、JR化後には西側区間が全国でも有数の特急走行路線となり、東側区間でも日中はクロスシート車のほうが乗車機会が多く、2018年度中に快速や普通を問わず3ドア車に統一されてしまうとは、当時の誰が思ったことだろうか。なお、関西本線湊町～奈良間電化に伴い同区間は電車だけの運転となるため、急行「かすが」全列車は奈良～名古屋間運転とされる。

このダイヤ改正直後の1973年10月16日、第4次中東戦争のあおりで、OPEC加盟国は原油の大幅値上げを宣言。第1次石油危機（オイルショック）が世界中を襲い、エネルギーを中東の石油に依存するわが国も、企業が設備投資を抑えたため、1974年度には国民総生産はマイナスに転じ、ここに高度経済成長は終焉を告げる。国民も無駄と思われる出費を控える傾向に転じたため、国鉄に与える影響も大きかった。

●日豊本線宮崎電化と2段B寝台車の登場

1974（昭和49）年4月13日、日豊本線幸崎～南宮崎間電化が完成する。それに伴うダイヤ改正は4月25日に実施され、関西からは特急「日向」が485系電車化されるほか、「みどり」2往復のうち上り2号も宮崎～新大阪間の運転となる。

寝台特急の増発は今回も客車で実施。新大阪～宮崎間に「彗星1－5号」、新大阪～熊本間に「あかつき6－2号」が新設されるほか、新大阪～大分間の「彗星3－4号」が宮崎まで延長される。これにより、「あかつき」の最大号数番号は7号、「彗星」は5号になり、列車としてのクライマックスを迎える。特に「あかつき」は20系・14系・24系、それに後述する24系25形と、当時の寝台形式がすべてかかわる華やかさだった。だが、挿入式ダイヤであるため、寝台電車特急の「明星1－4号」が臨時列車に格下げされてしまったのは残念だった。

14系登場以来、B寝台車の進化はとどまるところを知らないのか、この改正を前に24系の設備を2段化した24系25形（以下、25形と略す）が落成し、前述の「あかつき6－2号」と新大阪～長崎間の「あかつき3－1号」、それに新大阪～大分間の「彗星5－1号」に使用される。2段式B寝台と開放形A寝台とは設備に大差がないからか、これら3列車にA寝台車は連結されなかった。

こうして一見華やかそうな南宮崎電化だが、宮崎を中心とする南九州は新婚旅行先としての地位を維持していたものの、この頃には航空機への移行も始まっており、鉄道も1970（昭和45）年前後の勢いに翳りを見せているのは気がかりだった。

7月20日に、東海道本線山科と北陸本線近江塩津を短絡する湖西線が開通する。新快速電車が京都～堅田間に延長運転されるが、あくまでもローカル開業の位置づけであるため、関西～北陸間優等列車の運転は見合わされた。関西本線快速電車の大阪環状線乗入れも、同日から毎日運転になる。

山陽新幹線博多延伸は、オイルショックによる総需要抑制の影響で先送りが懸念されたが、何とか1974年度末開業の目途が立つ。そうなると東京～博多間を乗り通すには6時間30分以上かかり食事時間帯も挟むため、0系に食堂車36形と食堂従業員用付帯設備のほか、バリアフリー設備を設けた普通車27形が連結される。この27形は車椅子使用者にとっては必ずしも満足できるものではなかったが、わが国の鉄道車両としては初めて

大阪～長野間の特急「しなの」は1973年7月の中央西線電化後も一部列車にキハ181系が残った。
1971年4月26日　瀬田～草津　写真：寺本光照

移動制約者の利用に配慮した車両として特筆されよう。新幹線食堂車は落成時期との関係もあって、1974年9月4日から東京～新大阪／岡山間「ひかり」で営業が開始される。料理の値段は一般のレストランや在来線食堂車より割高だったが、もの珍しさもあって概ね好評だった。

大阪～長野間特急「しなの5－4号」は同区間の電化後も181系気動車で運転されていたが、381系増備車の登場により、1975（昭和50）年2月21日から電車での運転となる。新幹線博多開業時にダイヤ改正が予定されているので、従来通りの時刻で運転された。

図－12　4章関連の著名優等列車の編成

1964（昭39）年10月1日　東海道新幹線　超特急「ひかり」、特急「こだま」（東海道新幹線開業当時の編成）

←新大阪行　　　　東京行→

①	②	③	④	⑤	⑥	⑦	⑧	⑨	⑩	⑪	⑫
2等	2等	2等	2等	2等/ビュフェ	2等	1等	1等	2等/ビュフェ	2等	2等	2等
21	26	25	26_2	35	26_2	15	16	35	26	25	22

1964（昭39）年12月25日　特急「雷鳥」（北陸本線電車特急は初の交直流電車481系で運転開始）

←2002M 大阪行　　　　2001M　富山行→

①	②	③	④	⑤	⑥	⑦	⑧	⑨	⑩	⑪
2等	2等	2等	1等	1等	食堂	2等	2等	2等	2等	2等
クハ481	モハ480	モハ481	サロ481	サロ481	サシ481	モハ480	モハ481	モハ480	モハ481	クハ481

1965（昭40）年10月1日　特急「あかつき」（関西に“初めて”やってきたブルートレイン、⑦号車はなぜか座席車）

←11レ西鹿児島行　←11～2011レ長崎行　　　　12レ・2012～12レ新大阪行→

	①	②	③	④	⑤	⑥	⑦	⑧	⑨	⑩	⑪	⑫	⑬	⑭
電源・荷物	1寝B	2寝	2寝	2寝	2寝	食堂	2等	1寝B	2寝	2寝	2寝	2寝	2寝	ハネフ
マニ20	ナロネ21	ナハネ20	ナハネ20	ナハネ20	ナハネ20	ナシ20	ナハフ21	ナロネ21	ナハネ20	ナハネ20	ナハネ20	ナハネ20	ナハネ20	ナハネフ20

電源・荷物～⑦：新大阪～西鹿児島　⑧～⑭：新大阪～長崎

1965（昭40）年10月1日　急行「夕月」（別府・宮崎方面へのハネムーン客から人気のあった寝台急行。編成中1等が3両を占める）

←203レ宮崎行　　　　204レ新大阪行→

	①	②	③	④	⑤	⑥	⑦	⑧	⑨	⑩	⑪
荷物	2寝	1寝B	指1等	2寝	2寝	指2等	指2等	1寝B	2寝	2寝	2寝
※	ナハネフ10	マロネ41	スロ54	オハネ17	オハネ17	スハ44	スハフ43	オロネ10	オハネ17	オハネ17	ナハネフ10

⑧～⑪：新大阪～大分

※下り　新大阪～岡山　上り　門司～新大阪

1965（昭40）年11月1日　特急「くろしお」（観光ルートの南紀特急は10両に増結。うち3両が1等車の豪華編成）

←1D 天王寺行　　　　2D　名古屋行→

①	②	③	④	⑤	⑥	⑦	⑧	⑨	⑩
2等	1等	1等	食堂	2等	2等	2等	1等	2等	2等
キハ82	キロ80	キロ80	キシ80	キハ80	キハ80	キハ82	キロ80	キハ80	キハ82

⑧～⑩：天王寺～新宮

1968（昭43）年10月1日　特急「月光」「明星」（ヨン・サン・トオ最大のスター寝台電車特急。1等寝台並の広いベッドが大好評）

←11M「明星」熊本行　←13M「月光」博多行　　　　12M「明星」・14M「月光」　新大阪行→

①	②	③	④	⑤	⑥	⑦	⑧	⑨	⑩	⑪	⑫
2寝	2寝	1等	2寝	2寝	食堂	2寝	2寝	2寝	2寝	2寝	2寝
クハネ581	サハネ581	サロ581	モハネ580/582	モハネ581/583	サシ581	モハネ580/582	モハネ581/583	サハネ581	モハネ580/582	モハネ581/583	クハネ581

1972（昭47）年10月2日　特急「あかつき」下り4号・上り1号（寝台特急「あかつき」は1972年10月改正で4往復に増発。うち本列車を含む3往復14系で運転）

←27レ熊本行　・27・～4027レ長崎行　　　　28レ・4028～28レ新大阪行→

①	②	③	④	⑤	⑥	⑦	⑧	⑨	⑩	⑪	⑫	⑬	⑭
B寝	A寝	B寝	B寝	食堂	B寝	B寝	B寝	B寝	B寝	B寝	B寝	B寝	B寝
スハネフ14	オロネ14	オハネ14	オハネ14	オシ14	オハネ14	オハネ14	スハネフ14	スハネフ14	オハネ14	オハネ14	オハネ14	オハネ14	スハネフ14

①～⑧：新大阪～熊本　⑨～⑭：新大阪～長崎

5章

電化幹線は優等列車の特急一極化進む

(1975〜1987)

京阪神新快速 117 系　1980 年 9 月　姫路付近　写真：野口昭雄

1 山陽新幹線全通と湖西線全面開業

●本数不足で不満が残った新幹線博多開業

山陽新幹線岡山～博多間392.8kmは1975（昭和50）年3月10日に開通。新大阪～博多間が全通するとともに、東京からは1,000km以上に及ぶ太平洋ベルトが強大な高速鉄道で結ばれた。同日には新幹線博多開業をメインに据えた全国的なダイヤ改正が実施される。

新幹線は東海道区間での本数は従来通り1時間あたり「ひかり」「こだま」とも4本だが、近い将来の増発に速やかに対応できるよう、運転間隔は両列車とも12分ヘッドとされる。つまり、「5－5パターン」の枠の中での「4－4パターン」という変則的なダイヤになり、ピーク時であっても24分間隔の発生は避けられず、利用客への配慮という点では疑問が残った。それはともかくとして、山陽新幹線区間へ東京から「ひかり」がそのまま直行する運転方式はこの改正でも継続され、新大阪以西には片道あたり博多行2本と岡山行1本が入る。博多行のうち1本は岡山・広島・小倉にのみ停車する速達列車で、新大阪からの所要は3時間44分（東京からは6時間56分）、もう1本は新神戸・姫路と岡山以西が各駅停車になる「ひかり」+「こだま」のような列車で、所要は4時間36分（東京からは7時間48分）とされた。博多開業により「ひかり」の停車駅パターンがさらに多様化したため、東京～名古屋間で適用されていた“「こだま」料金”は、これを機会に「ひかり」料金に統合のうえ一本化される。

新幹線は東海道区間よりも山陽区間のほうが線形もよくスピード運転にも適しているが、三原以西には路盤が不安定な区間があるため、全区間で7時間を切るのがやっとだった。さらに2つの新

表－26　1975（昭和50）年3月10日改正時の関西～山陽・九州間夜行列車の時刻

改正日	1975（昭和50）年3月10日											
列車番号	23M	3003M	201	25	27M	41	203	3005	33	205	35M	43
種別	特急	特急	急行	特急	特急	特急	急行	特急	特急	急行	特急	特急
列車名	明星1号	彗星1号	雲仙・西海	明星2号	明星3号	あかつき1号	阿蘇	彗星2号	明星5号・ あかつき2号	くにさき	なは	あかつき3号・ 明星6号
使用車両	583系	583系	14系座	25形	583系	14系	14系座	25形	25形	14系座	583系	14系
特殊設備	※	※	Gなし			A寝	Gなし			Gなし		A寝
始発	新大阪 17 55	新大阪 18 28	新大阪 18 12	新大阪 18 42	京都 18 20		新大阪 19 15	新大阪 19 31	新大阪 20 27		新大阪 20 41	新大阪 21 27
大阪　発	18 04	18 36	18 40	18 51	19 06	19 10	19 44	19 39	20 36	20 44	20 56	21 37
岡山　〃	20 40	21 08	22 25	21 25	21 43	21 45	22 31	22 12	23 11	23 45	23 25	0 13
広島　〃	23 03	23 35	0 45	23 55	0 08	0 14	1 27	0 39	↓	2 25	↓	↓
下関　着	↓	↓	4 36	↓	↓	↓	5 21	↓	4 51	6 16	5 08	5 52
終着	西鹿児島 8 36	宮崎 8 26	長崎 9 39 佐世保 9 17	西鹿児島 9 43	西鹿児島 9 57	長崎 7 41 佐世保 7 14	熊本 9 07	都城 11 54	熊本 8 06 長崎 9 01	大分 9 38	西鹿児島 11 44	佐世保 9 36 熊本 9 55
記事			全車指定				全車指定			全車指定		「明星」は 筑豊線経由
列車番号	1002	38M	42	26	44	3012M	204	32	24M	3006	206	3004M
種別	特急	特急	特急	特急	特急	特急	急行	特急	特急	特急	急行	特急
列車名	安芸	明星1号	あかつき1号	明星2号	あかつき2号・ 明星3号	彗星1号	阿蘇	明星4号・ あかつき3号	なは	彗星2号	くにさき	彗星3号
使用車両	20系	583系	14系	25形	14系	583系	14系座	25形	583系	25形	14系座	583系
特殊設備	A寝	※	A寝		A寝	※	Gなし				Gなし	※
始発		博多 20 05	長崎 17 23	西鹿児島 15 04	佐世保 18 31	大分 19 56	熊本 17 10	熊本 19 15	西鹿児島 16 50	都城 15 28	大分 18 42	宮崎 19 06
下関　発	20 05	21 10	21 37	21 57	22 11	22 17	21 04	22 38	22 56	23 12	22 02	0 57
広島　〃	23 29	0 27	0 50	↓	↓	↓	1 05	↓	↓	↓	2 11	4 16
岡山　〃	↓	↓	↓	3 41	3 57	4 00	4 19	4 22	4 42	4 56	5 15	6 41
大阪　着	5 29	5 38	5 59	6 14	6 32	6 46	7 07	6 59	7 22	7 39	7 49	9 25
終着	新大阪 5 36	新大阪 5 46	新大阪 6 10	新大阪 6 23		新大阪 6 54	新大阪 7 18	新大阪 7 08	新大阪 7 35	新大阪 7 47		新大阪 9 36
記事	呉線経由		佐世保発 17 44		熊本発 18 20 「明星」は 筑豊線経由		全車指定	長崎発 18 28			全車指定	

寝台特急はすべてB寝台車を連結しているためB寝の表記は略。※は座席指定の普通車連結（寝台セットなし）。583系電車はG連結。

大阪～博多間「ひかり」は所要が大きく異なるため、山陽区間では「ひかり」が「ひかり」を追い抜くといった現象が発生する。当時は博多へは大阪からはもちろんのこと、東京からも鉄道が航空機よりも高いシェアを握っていたため、直通旅客は速達「ひかり」に集中。特に新大阪での自由席確保は難しく、朝夕の列車では博多まで立ちづめといったケースも常態化していた。“山陽新幹線初乗り”などの旅客は“鈍行ひかり”でもいいとしても、急ぎの旅客となるとそうはいかず、開業当初から速達「ひかり」の増発が叫ばれていたが、車両数や乗務員運用、それにダイヤの枠組みなど複雑な問題が多く、臨時列車での増発もままならなかった。そうした背景もあって、同年のゴールデンウィークの山陽新幹線は列車によっては、ラッシュ時の通勤電車以上の混雑まで呈した。

新大阪から東京へは昼間時間帯でも毎時3本の定期「ひかり」が確保されているのに、博多へは実質1本だけである。そのため、せっかくの山陽新幹線が全通しても、こと関西での評判は必ずしもよいとはいえなかった。

●関西～九州間昼行は全廃、夜行は過半数が存続

山陽新幹線全通により、前日まで昼間の在来線を我がもの顔に走っていた関西・岡山始発の山陽・九州方面行優等列車は1列車たりとも残ることなく全廃される。過去の東海道新幹線や山陽岡山開業時は、諸々の事情で昼行列車もまとまった本数が競合区間に残されたが、今回は容赦がなかった。『時刻表』1975年3月号は青い表紙が特徴だが、山陽本線本文ページをめくると、優等列車を示す太文字は大阪から姫路を経て播但・姫新線に入る特急「はまかぜ」や急行「みささ・みまさか」、それに山陽西部では山陰本線に直通する気動車急行ぐらいで、あとは新快速を含め細数字の普通列車ばかりなので、それこそ“巨大なローカル線”である。山陽昼行列車の全廃は鉄道情報誌で知らされていたが、『時刻表』で現実を目の当たりにしたときは、その表紙以上に真っ青になったものだった。

そのような山陽在来線だが、関西～山陽・九州間の夜行優等列車は、定期だけで寝台特急が改正前の15往復から12往復に、急行は9往復から3往復に削減されるものの、まだまだ勢力を維持する。中でも特急「明星」は14系座席車による季節列車を含めると最大号数番号は7にまで膨らむ。しかし、これは関西始発の博多・熊本・西鹿児島行を電車・客車の区別なく列車名を「明星」に総称したがために生じたもので、逆に長崎・佐世保行の「あかつき」と、日豊本線に入る「彗星」は3号にまで縮小される。このほか、新大阪～西鹿児島間電車特急1往復は「明星」に統合されることなく「なは」の列車名を名乗る。沖縄の本土復帰はすでに1972（昭和47）年5月に実現しているが、1968（昭和

1975（昭和50）年3月10日		
3011M	37M	1001
特急 彗星３号	特急 明星７号	特急 安芸
583系	583系	20系
※	※	A寝
新大阪 21 43	新大阪 22 28	新大阪 22 58
21 51 0 28 ↓ 6 04	22 37 1 10 ↓ 6 52	23 09 ↓ 5 15 8 38
大分 8 27	博多 8 05	
		呉線経由
202	28M	36M
急行 雲仙・西海	特急 明星６号	特急 明星７号
14系座	583系	583系
Gなし		※
長崎 19 08	西鹿児島 19 19	西鹿児島 19 50
23 55 3 52 6 52 9 44	1 13 4 24 6 55 9 34	↓ 5 24 8 04 10 32
新大阪 9 58	京都 10 22	新大阪 10 46
佐世保発 19 31 全車指定		

山陽新幹線が全通し、東海道区間での「ひかり」「こだま」はピーク時には12分ヘッドとなる。
京都付近　写真：安田就視

表－27　1975（昭和50）年3月10日改正時の北陸線優等列車時刻

年月日	1975（昭和50）年3月10日													
列車番号	501M	4005M	4011M	4013M	501D	4501D	4001M	4015M	4017M	4019M	4021M	503M	4023M	4007M
列車種別 列車名	急行 立山 1号	特急 北越 2号	特急 雷鳥 1号	特急 雷鳥 2号	急行 越後	急行 ゆのくに 1号	特急 白鳥	特急 雷鳥 3号	特急 雷鳥 4号	特急 雷鳥 5号	特急 雷鳥 6号	急行 立山 2号	特急 雷鳥 7号	特急 北越 3号
使用車両	475系	485系	485系	489系	58系	58系	485系	485系	485系	485系	485系	475系	489系	485系
大阪　発	7 25	7 35	8 05	9 05	10 06	10 06	10 20	10 35	11 05	12 05	13 05	13 26	14 05	14 35
京都　〃	8 02	8 12	8 41	9 43	10 42	10 42	10 52	11 11	11 40	12 40	13 42	14 03	14 40	15 12
福井　〃	10 17	9 53	10 23	11 23	13 32	13 32	12 35	12 53	13 23	14 23	15 23	16 14	16 23	16 53
金沢　〃	11 31	10 46	11 18	12 16	14 54	14 59	13 29	13 48	14 18	15 16	16 18	16 31	17 16	17 48
富山　着	12 23	11 34	12 04		15 50	‖	14 16	14 34	15 04		17 04	18 22		18 36
終着		新潟 14 52			新潟 19 27	穴水※① 17 10	青森 23 50							新潟 21 55
記事					金沢まで併結		白新線経由							
列車番号	4006	502	4002	1502M	4012M	4014M	502M	4016M	4018M	4020M	4006M	4022M	4502D	502D
列車種別 列車名	特急 つるぎ	急行 きたぐに	特急 日本海 1号	急行 ゆのくに 1号	特急 雷鳥 1号	特急 雷鳥 2号	急行 立山 1号	特急 雷鳥 3号	特急 雷鳥 4号	特急 雷鳥 5号	特急 北越 1号	特急 雷鳥 6号	急行 ゆのくに 2号	急行 越後
使用車両	20系	12＋一般	14系	475系	485系	489系	475系	485系	489系	489系	485系	489系	58系	58系
始発	新潟 22 25	青森 12 58	青森 16 25								新潟 8 30		輪島※② 10 31	新潟 8 55
富山　発	↓	2 00	2 58		6 50	8 20	9 00	9 20		10 50	11 50		‖	12 33
金沢　〃	↓	3 13	4 01	7 15	7 37	9 07	9 53	10 07	10 37	11 37	12 37	13 07	13 40	13 40
福井　〃	↓	4 27	5 07	8 20	8 34	10 04	11 10	11 04	11 34	12 34	13 34	14 04	15 06	15 06
京都　着	6 42	7 45	7 10	10 49	10 17	11 47	13 18	12 48	13 23	14 18	15 18	15 48	17 32	17 32
大阪　〃	7 22	8 27	7 49	11 25	10 53	12 25	13 53	13 25	13 58	14 54	15 54	16 25	18 08	18 08
記事	寝台列車	白新線経由	寝台列車										金沢から併結	

定期列車のみ記載　　「きたぐに」使用車両の　12+一般＝12系+一般形客車　　※①穴水以遠普通列車 輪島着18 08、

1975年3月改正から、急行「音戸1－2号」格上げの特急「安芸」が新大阪～下関間で運転を開始する。1977年8月2日　本由良～厚東　写真：寺本光照

表－28　1975（昭和50）年3月10日改正時の京都・大阪

年月日	1975（昭和50）年3月10日					
列車番号	5D	11D	13D	21D	701D	7D
種別 列車名	特急 まつかぜ 1号	特急 あさしお 1号	特急 あさしお 2号	特急 はまかぜ 1号	急行 だいせん 1号	特急 まつかぜ 2号
使用車種	80系	80系	80系	80系	701D	80系
京都　発		8 52	9 20			
新大阪　〃		‖	‖	9 25		
大阪　〃	8 00	‖	‖	9 32	9 50	12 10
三ノ宮　〃	‖	‖	‖	9 54	‖	‖
福知山　〃	9 57	‖	10 52	‖	12 00	14 07
城崎　〃	11 00	12 26	11 57	12 31	13 18	15 14
鳥取　〃	12 12		13 12	13 44	14 45	16 30
倉吉　〃	12 48		13 53	14 26	15 29	
米子　〃	13 34			15 16	16 28	
松江　〃	14 01				17 03	
出雲市　着	14 30				17 42	
終着	博多 20 51				浜田 19 24	
備考		舞鶴・宮津線経由			一部　大社着 *18 01*	
列車番号	24D	18D	806D	702D	16D	8D
種別 列車名	特急 はまかぜ 1号	特急 あさしお 1号	急行 白兎	急行 いでゆ	特急 あさしお 2号	特急 まつかぜ 1号
使用車種	80系	80系	58系	58系	80系	80系
始発			大社 *6 07*			
出雲市　発			*6 24*			
松江　〃			*7 16*			
米子　〃		7 00	*8 03*			
倉吉　発		7 49	9 11			
鳥取　〃	6 20	8 27	9 58	9 58		12 44
城崎　〃	7 33	9 38	11 18	11 18	12 55	14 06
福知山　〃	‖	10 52	12 40	12 38	14 12	15 12
三ノ宮　〃	10 24	‖	‖	‖	‖	‖
大阪　着	10 49	‖	‖	15 08	‖	17 07
新大阪　〃		‖	‖		‖	
京都　〃		12 22	14 14		15 47	
備考			倉吉まで普通	鳥取～福知山間「白兎」に併結		

*斜字体*は普通列車としての時刻を示す

43）年10月改正時に“県民の総意”として特急列車名に採用されている経緯があり、特別な理由でもない限りは廃止することができなかったのだろう。本州内では新大阪～下関間に客車特急「安芸」が加わる。従前の急行「音戸1－2号」からの格上げで、律儀にも呉線を経由した。なお、各列車の最大号数（号数番号なき列車は1号として計算）の合計が15であるのに対し、運転本数が12往復なのは、前述の季節列車のほか、「明星」と「あかつき」の本州内併結列車が2往復設定されているのが理由である。そのうちの「明星」1往復は急行「天草」廃止の見返りに黒崎～原田間が筑豊本線経由で運転される。

寝台特急は、定期12往復中583系電車が「明星」3往復と「彗星」2往復と「なは」で6往復、客車は「明星」「あかつき」合計で4往復、それに「彗星」と「安芸」が各1往復で、583系と勢力を分けあう。583系は関西～九州間の昼行運用が消滅したため夜行が主体となり、昼行としては九州内や名古屋～富山間特急に使用される。開発当初のコンセプトにブレが生じた感じだった。

客車特急は、関西～九州間において改正前は20系から14系、24系、そして2段寝台の25形とすべての現役キャストが入る華やかさだったが、この改正では24系が東京始発の九州・山陰行に転出。20系は「安芸」に使用されるものの、九州行としての運用は消滅する。したがって25形3往復と14系2往復で勢力を分けあう。しかし、14系の編成から食堂車が抜き取られたことで、関西発で食堂を営業する寝台特急は見られなくなる。利用客の減少や食堂従業員の勤務先が新幹線に移行したこと、それとオシ14の一部がオシ24 100番台に改造されたことなどが理由だった。

このような関西～山陽・九州間寝台特急だが、

1975（昭和50）年3月10日									
4025M	1501M	4027M	4029M	4031M	4033M	4001	4005	501	505M
特急 雷鳥 8号	急行 ゆのくに 2号	特急 雷鳥 9号	特急 雷鳥 10号	特急 雷鳥 11号	特急 雷鳥 12号	特急 日本海 2号	特急 つるぎ	急行 きたぐに	急行 立山 3号
489系	475系	489系	485系	489系	485系	14系	20系	12＋一般	475系
15 05	15 23	16 05	17 05	18 05	19 05	20 15	21 55	22 10	23 15
15 41	16 01	16 42	17 42	18 43	19 43	20 56	22 38	22 57	0 02
17 23	18 16	18 23	19 23	20 23	21 23	22 55	↓	1 55	3 23
18 18	19 29	19 18	20 18	21 16	22 18	0 01	↓	3 20	5 00
19 04		20 04	21 04		23 04	0 58	↓	4 16	5 50
						青森 11 45	新潟 6 48	青森 17 11	
						寝台列車	寝台列車	白新線経由	
4024M	4002M	4026M	4028M	504M	4030M	4008M	4032M	4034M	506M
特急 雷鳥 7号	特急 白鳥	特急 雷鳥 8号	特急 雷鳥 9号	急行 立山 2号	特急 雷鳥 10号	特急 北越 2号	特急 雷鳥 11号	特急 雷鳥 12号	急行 立山 3号
485系	485系	485系	485系	475系	485系	485系	489系	485系	475系
	青森 4 50					新潟 13 23			
13 20	14 23		15 20	16 00	16 20	16 50		18 20	22 40
14 07	15 10	15 37	16 07	16 52	17 07	17 37	18 07	19 07	23 40
15 04	16 04	16 34	17 04	18 11	18 04	18 34	19 04	20 04	0 45
16 47	17 48	18 17	18 48	20 15	19 46	20 19	20 48	21 47	4 35
17 28	18 25	18 56	19 25	20 52	20 25	20 57	21 26	22 24	5 15
	白新線経由								

珠洲着18 47　※②編成の一部珠洲発9 49

～山陰間優等列車時刻

1975（昭和50）年3月10日					
15D	805D	703D	17D	23D	705
特急 あさしお 3号	急行 白兎	急行 いでゆ	特急 あさしお 4号	特急 はまかぜ 2号	急行 だいせん 2号
80系	58系	58系	80系	80系	一般形
13 08	14 38		16 33		
‖	‖		‖		
‖	‖	13 53	‖	18 00	21 32
‖	‖	‖	‖	18 24	‖
14 40	16 21	16 21	18 12	‖	0 35
15 56	17 49	17 49	19 20	21 11	1 56
	19 14	19 09	20 38	22 22	3 32
	20 07		21 15		4 19
	21 18		21 59		5 24
	22 31				6 04
	23 20				6 52
					大社 *7 19*
	倉吉から 普通	福知山～鳥取間 「白兎」に併結			
704D	14D	12D	22D	6D	706
急行 だいせん 1号	特急 あさしお 3号	特急 あさしお 4号	特急 はまかぜ 2号	特急 まつかぜ 2号	急行 だいせん 3号
58系	80系	80系	80系	80系	一般形
益田 8 20				博多 8 15	
11 09				14 30	21 06
11 45				15 01	21 55
12 19			14 30	15 31	22 36
13 17	14 14		15 16	16 20	23 35
14 03	14 58		15 54	17 00	0 26
15 35	16 13	16 27	17 06	18 09	2 00
16 57	17 21	‖	‖	19 17	3 53
‖	‖	‖	19 46	‖	‖
19 20	‖	‖	20 11	21 09	6 39
	‖	‖	20 24	21 17	
	18 53	20 00			
一部　大社発 *10 46*		宮津・舞鶴線 経由			

時代を駆けた名列車−44

特急「はまかぜ」

特急「はまかぜ」は関西～山陰間の特急として、福知山線経由ではなく、播但線経由で設定された。この措置は、「はまかぜ」が走り始めた1972（昭和47）年３月に山陽新幹線が岡山まで開業したことをうけて姫路での新幹線接続などを考慮したからであろう。当初の運転区間は、下り１号・上り２号が新大阪～倉吉間で行楽客向けの全車座席指定、下り２号・上り１号が大阪～鳥取間でビジネス客向けと、運転時刻により用途を分けたためである。キハ80系６両の運転で、10月からは1・2号に食堂車が連結された。このころが「はまかぜ」の全盛期といえる。

キハ181系８連の特急「はまかぜ」。
1984年1月15日　須磨～塩屋　写真：寺本光照

1975（昭和50）年３月改正で1・2号は下り方が米子まで延長された。その代り、食堂車が外され自由席が設けられた。また、1976（昭和51）年10月改正では、1・2号の運転区間が再び新大阪～倉吉間に戻される。車両は2往復とも1982（昭和57）年7月にキハ181系になるが、配置区の違いで１－４号が8両、３－２号が6両編成だった。

分割・民営化目前の1986（昭和61）年11月改正では、旧特急「まつかぜ3・2号」が播但線経由に改められて「はまかぜ」に加えられたため、「はまかぜ」は新大阪～倉吉の1・6号、新大阪～鳥取の3・5号、大阪～米子の2・4号の３往復になり、大阪から鳥取以西に向かう福知山線経由特急が全廃されたこともあって、関西ー山陰接続という重い使命を一身でになうこととなる。

新幹線の全通で改正前のような勢いは影を潜めるが、関西から博多を除く県都駅へは昼行での到達時分や乗換などを考慮するとまだまだ便利な点も多く、広島付近での時刻がきつい「安芸」以外は好調な利用率を誇った。

夜行急行は、関西から熊本、大分、長崎・佐世保の3方向への「阿蘇」「くにさき」「雲仙・西海」に再編される。改正前のように列車ごとに組成内容が異なるバラエティに富んだ編成は姿を消し、3往復とも14系座席車11～12両に置き換えられる。グリーン車や寝台車の連結はなくオール普通車の編成だが、波動輸送時の臨時特急が持ち場だった14系が定期急行として運用されるのは、これが最初だった。しかし、国鉄は「特急用車両を急行に使うのだから割増料金を貰おう」とばかり、全車座席指定列車として運用する。改正前は急行の自由席で実質的に料金ゼロで旅行していた周遊券利用客にとっては、指定料金以外に急行料金も徴収されるため、この措置はたまったものではなかった。そのせいか3列車とも普段はガラガラの状況だったため、1年後の1976（昭和51）年3月からは自由席が設けられた。

大阪と佐世保・長崎を結ぶ14系15形13連の特急「あかつき」。
1974年10月10日　須磨～塩屋　写真：寺本光照

関西から東京方面は「桜島・高千穂」の廃止で昼行急行は姿を消し、夜行も「紀伊」併結列車の特急格上げと区間変更により、ついに「銀河」1往復だけの運転となる。編成は13両中、A寝台は1両だけだが、それでも座席指定車にはかつての特急用スハ44＋スハフ43が連結され、座席には白い袋状の布製カバーがかけられていて、牽引機ＥＦ58とともに東海道栄華の時代を伝えているかのようだった。

●北陸特急「雷鳥」は湖西線経由のエル特急になる

1975（昭和50）年3月10日改正では、どうしても話題が山陽新幹線とその並行在来線に偏りがちだが、1974（昭和49）年7月にローカル開業した

時代を駆けた名列車-45
寝台普通列車「山陰」「南紀→はやたま」

寝台車オハネフ12を1両連結した12系の編成で運転された普通列車「山陰」。
1984年3月29日　宍道　写真：寺本光照

列車に愛称名がつくのは優等列車と相場が決まっている、と思いきや、普通列車に愛称名がついたケースが関西発の列車に2例ある。山陰本線を走る京都～出雲市間の夜行普通列車「山陰」と、阪和線～紀勢本線の天王寺～新宮間の夜行普通列車「南紀→はやたま」である。ちなみに、「山陰」という名の定期優等列車はない。

「山陰」は1975（昭和50）年3月に列車名がつけられた定期普通829列車で、寝台車1両（オハネフ12）を連結していたため、寝台券をコンピュータで発売する必要から名前がつけられた。時刻は京都発22:02→出雲市着9:50、出雲市発19:09→京都着5:25で、深夜帯の主要駅以外の途中駅は停車しない快速運転だった。廃止は1985（昭和60）年3月改正である。

「南紀」はもと天王寺～名古屋間を走り通す普通924・921列車で、1968（昭和43）年10月改正から寝台車を1両連結するようになった。この寝台車をつないだことから、1974（昭和49）年8月に上記の理由で列車名をつける必要が生じ、急行経験の「南紀」の名がつけられた。1978（昭和53）年10月の新宮電化にともない、紀伊勝浦～名古屋間に新設特急を走らせることになり、「南紀」の名前がコンバートされた。924・921列車は代わりに「はやたま」と命名される。ちなみに「はやたま」の愛称は熊野速玉大社にちなむ格調高い列車名で、天王寺～新宮間準急や、新宮～名古屋間急行にも使われた。普通列車「はやたま」は1984（昭和59）年2月改正で廃止となった。

湖西線も本開業を果たす。山科～近江塩津間の距離は湖西線経由のほうが19.5km短く、この区間だけで15分程度の短縮が可能なので、大阪～北陸間の優等列車は、米原経由で残る急行「きたぐに」と「ゆのくに」計3往復を除き、湖西線経由に変更される。

寝台特急「日本海」は14系座席車からなる季節列車が増発されたため、号数番号つきの「日本海2－1号」となり、車両は従前の青森運転所の20系から、何と早岐客貨車区の14系に変更され、関西～九州間特急と共通運用される。佐世保・熊本から「あかつき2号・明星3号」として夜を徹して大阪へやってきた車両が、宮原客車区で整備後、下り「日本海2号」で青森へ行き、上り「日本海1号」で大阪へ戻ってきたあとは、夜に長崎・佐世保行の「あかつき1号」となって車両基地のある九州へ旅立っていくわけである。九州の車両が、大阪発の夜行列車になって北海道へ行く旅客も乗せて、津軽海峡目前の青森まで行くというのだから、全国規模の国鉄であっても類例をみない広域運用だった。そのため、厳冬期の大阪駅では、床下に雪がこびりついた状態で発車していく下り「あかつき1号」の姿が見られることもあった。だが、旅客にしてみれば車両基地などどうでもいい話であり、ベッド幅が広くなったのはいいとしても、食堂車の連結がなくなったことには不満を漏らす向きも少なくなかったようだ。

昼行特急はすべて湖西線経由となり、特に「雷

関西発着ではないが、名古屋と北陸を結ぶ特急「しらさぎ」も「雷鳥」とともに北陸本線特急時代を築く。
1975年7月22日　近江塩津～新疋田　写真：安田就視

鳥」は2往復増の12往復運転となって自由席を連結。関西に出入りする特急としては1972(昭和47)年10月の「しおじ」、1973(昭和48)年10月の「しなの」に続き“エル特急”に制定される。湖西線の恩恵もあり、大阪～富山間では最速列車は3時間59分で結んだ。しかし、同じ電車特急でも青森行特急「白鳥」と新潟行特急「北越」は、運転距離との関係もあり全車座席指定のままだった。

大阪・京都から山陰方面への列車は、1972年の2度の改正でそれまでの福知山線に加え、播但線や山陰本線京都口にも気動車特急が入ったため、ほぼ現状維持のダイヤのまま推移する。しかし、東京～米子間に第2寝台特急「いなば」が新設されたことで、従前の大阪～鳥取間急行は「いでゆ」に改称される。列車の血統からはビジネス急行「白兎」の一員であるため、運転時刻からは「いでゆ」のネームは馴染まなかった。このほか特急では「あさしお」「はまかぜ」から食堂車が外される。利用客数の減少というよりは、食堂従業員の新幹線への異動が理由だった。何せ新幹線「ひかり」に連結される食堂車36形はこの時点で86両という大世帯で、国鉄～ＪＲを通じても1形式でこれほどまでの両数が製造された食堂車はほかにない。こうしたあおりを受けて、この改正で大阪駅に発着する気動車特急で食堂営業を行う列車は「まつかぜ1－2号」だけになってしまった。このほか、山陰本線では京都～出雲市間の夜行普通に「山陰」の列車名が命名される。同列車に連結されるB寝台車の切符をマルスに収めるための措置なので、「山陰」のサボは①号車のオハネフ12にだけつけられた。

381系9連の特急「しなの」。撮影の1974年当時、塩尻ではスイッチバックが行われていた。
1974年4月2日　塩尻　写真：寺本光照

紀勢本線は、オイルショック後は観光旅客の伸びが止まっていることや、1974年3月から和歌山～新宮間の電化工事が開始されていることもあり、こちらも現状維持だった。国電区間はこれといった話題はなく、京阪神間の普通電車や片町線、阪和線にはまだ72系をはじめとする旧形電車が残り、サービス面で問題が指摘されていた。

2 国鉄運賃・料金大幅値上げと1978年10月改正

●急行「銀河」20系化と関西国電から旧形車消滅

寝台客車特急は1975(昭和50)年3月改正後も20系、14系、24系、25形の4形式が使用された。1976(昭和51)年1月当時におけるB寝台の料金は、2段式の25形が3,000円、それ以外の車両つまり3段寝台は2,000円とされていた。となれば、ベッド幅の狭い20系が利用客から嫌われるのは自明の理であり、老朽化が進んでいる車両も在籍することで、国鉄では25形を増備し、順次20系と置き換える方針が出される。そのトップを切って1976年2月20日から大阪～新潟間特急「つるぎ」の編成が25形化されるが、「つるぎ」に使用されていた20系の中で比較的経年の浅い車両は廃車されることなく、同日から急行「銀河」で運用される。この20系の急行格下げ転用は一般形寝台車で運転されている夜行急行のグレードアップにつながることで、以後も全国各地で実施される。筆者も、20系化後の「銀河」を大阪駅で見かけたが、ナハネフ22の愛称表示部分には「銀河」の文字はなく、“白”のままだった。傍目にもみっともない姿なので、ホームにいたベテランの駅員に「なぜ、『銀河』の文字を入れないんですか」と尋ねると、「特急用のハコを使ってるだけでも大サービスやのに、急行にそれ以上のサービスはできへん」とのことだった。先の九州行14系座席急行の

時代を駆けた名列車-46

急行「銀河」

1968(昭和43)年10月改正以来、急行「銀河」は東海道夜行の総称として2往復の設定となる。1972(昭和47)年3月改正からは大阪〜東京間の寝台列車に統一される。ただ、「銀河1－1号」は東京〜名古屋間が急行「紀伊」との併結だったため、大阪へは半人前の8両編成での出入りだった。その「銀河1－1号」は1975(昭和50)年3月改正で特急「いなば」に置き換えられて消滅、残った「銀河」は唯一の大阪〜東京間の東海道夜行急行として以後も活躍を続けることになる。

1976(昭和51)年2月、さすがの10系軽量寝台客車も陳腐化が著しく、かつて九州寝台特急として“走るホテル”といわれた20系寝台客車が投入される。特急用客車が初めて急行に使われたわけで、名門列車「銀河」ならではの処遇だった。以後寝台急行の体質改善が進められるきっかけにもなった。

その後、「銀河」の使用車両はグレードアップが進められ、1985(昭和60)年3月改正では14系が導入され、1986(昭和61)年11月改正では2段式寝台の25形に替わるなど、特急並の装備をもつ急行だった。

ＥＦ58牽引の20系12連急行「銀河」。ナハネフ23に列車表示がない。1977年3月26日　大阪　写真：寺本光照

全車座席指定制といい、国鉄の官僚的な一面が垣間見られるような感じだった。まぁ、当時は大阪駅に発着する寝台客車特急も、東京〜九州間列車を除き機関車のヘッドマークは姿を消していたので、急行転用の20系に趣味者の立場から大きなことを望むのは無理だったかもしれない。

寝台客車特急の25形化は、このほか1976年3月15日に大阪〜青森間季節列車「日本海1－2号」、1977(昭和52)年9月1日に新大阪〜下関間「安芸」で実施され、関西を始終着とする寝台特急から20系は姿を消す。しかし、25形で運用される列車はB寝台モノクラス編成に電源を賄うカニ24かカヤ24がくっついているだけで、“華のある車両”がないため、見た目にも今ひとつもの足りなかった。

またこれとは別に、1976年3月1日からそれまで全車座席指定で運転されていた関西発着の「まつかぜ」「はまかぜ1－2号」「北越」「くろしお」に自由席が設置される。景気の低迷により利用客数が伸び悩んでいるため、近距離客の利用を促進するのが狙いだった。

国電区間では、関西に残る70・72系や戦前製の40系など旧形電車の新性能車への置換えが1975年3月改正以後積極的に実施される。そして、東海道・山陽本線普通の103系化は1976年2月に、片町線の101系化と阪和線の103・113系化は1977年3月までに完了し、関西の国電は一気に全営業車両が新性能化された。

●利用客の国鉄離れが加速した50%の大幅値上げ

1976(昭和51)年7月1日、長崎・佐世保線電化を柱とするダイヤ改正が実施され、関西からは寝台特急「あかつき」の全区間電気機関車牽引が実現すると同時に、開業時から列車本数の少なさが

大阪〜新潟間の特急「つるぎ」。25形使用で、牽引機はＥＦ81。1977年3月26日　大阪　写真：寺本光照

指摘されていた山陽新幹線にも改善が加えられる。これにより新幹線は東京口で「5－5ダイヤ」が実施され、東京～広島間「ひかり」が設定されたことで、1時間あたり4本の「ひかり」が山陽区間に直通するが、岡山と広島で1本ずつが回転となるので、博多直通は速達と広島以西各停の各1本だけだった。この改正で新幹線東京方面へは1往復ながら「ひかり」の新横浜・静岡への停車が実現する。

ところで、国鉄の赤字問題は第3次長期計画終了後の1969年度から発足する“第4次計画”が再建計画に改められたあたりから表面化し、経営悪化は年々深刻さを増していた。そうした中にあっても、国鉄は新幹線の延伸のほか、幹線の複線化や電化、新形車両投入などの輸送力増強に力を注いでいたが、累積する赤字額だけはいつまでも放置するわけにはいかず、増収政策として1974（昭和49）年10月1日に運賃・料金の平均23.3%、1975（昭和50）年11月20日に特急、急行、グリーン、寝台など料金の平均32.2%、そして1976年11月20日には運賃・料金の平均50%強における三段跳びの値上げを実施する。

1974年までの国鉄運賃・料金は公共交通機関の中でも比較的安く抑えられていたので、“2ステップ”段階で適正化された感があったが、さすがに仕上げの50%値上げだけはあまりにも経済原則に反するもので、利用客にも大きな打撃を与えた。特に影響が大きかったのは関西から九州方面で、大阪～博多間を特急「あかつき」の25形B寝台で旅行する場合、1974年9月なら5,190円だったのが、2年間のうちに11,200円に跳ね上がり、大阪～福岡間の航空機運賃の10,300円より高くなってしまった。ちなみに新幹線普通車指定席だと、9,300円である。しかも、当時の国鉄は労使間の対立が激しく、スト権奪還ストなど、言葉の理解に苦しむような名目でのストライキが繰り返され、国民の信頼を失いかけていたため、この大幅値上げを機に、長距離旅客の航空機への移行が進み、一挙に国鉄離れが加速してしまった。

大阪～新潟間の特急「北越」。485系12連。
1975年4月5日　青海川～鯨波　写真：寺本光照

特に見る影もなかったのは関西～九州間の寝台特急で、普段は空き寝台が目立ち、新幹線博多開業前の旅客はどこへ行ってしまったのかといった感じだった。京阪神など私鉄が並走する路線は、旅客が値段の安い並行私鉄を利用するため、国鉄自慢の新快速も日中の大阪～京都間ではボックスを1人で占領することができるほどだった。当時、すでに社会人になっていた筆者は値上げ後の11月下旬の休日を利用して、学生時代から世話になっていた関西某主要駅に勤務する助役さんを訪ねたが、人けがさほど感じられないホームに立ちながら、「去年の今頃は行楽のお客さんでごった返していたのに、今年は見ての通り、誰も乗ってくれへん。こんな大値上げだけはしたらあかへんわ。ほんまに情けない」と、さびしく語っておられた。

こうした背景があったせいか、関西では以後1977（昭和52）年3月15日に阪和線新快速電車に熊取と和泉砂川が停車駅に追加されたくらいで、1978（昭和53）年10月までは目立ったダイヤ改正は実施されなかった。

●和歌山～新宮間電化で「くろしお」381系電車化

紀勢本線和歌山～新宮間の電化は1978（昭和53）年10月2日に完成。この日には1975（昭和50）年3月以来3年半ぶりとなる全国ダイヤ改正が実施される。高度経済成長は過去のものとなり、国鉄も値上げがたたって利用客が落ち込むなど、鉄道をとりまく状況が厳しさを増す中での“改正”なので、歴代の白紙改正を含む大改正のような華やかさはなかった。しかし、この改正では列車の号数番号が新幹線並に下り奇数、上り偶数とされたほか、583系や381系、それにボンネット形以外の485・489系のように、可変式列車名表示

時代を駆けた名列車-47
特急「くろしお」

南紀白浜行の温泉特急「くろしお」は、1972（昭和47）年10月改正で6往復にまで本数を増やしていた。しかし、キハ80系気動車のスピードが遅いこともあり、速達化の要望が出されていた。また、紀勢本線の電化は1950年代後半から強く要望され続けていた。

紀勢本線の和歌山～新宮間電化は1978（昭和53）年10月にようやく完成し、早速待望の「くろしお」天王寺～新宮／白浜間の電車特急化が実施された。使用車両は、日本初の自然振子式を採用した381系による9両編成である。スピードアップはもちろん、定期7往復へと増発も行われた。その一方で、名古屋直通の廃止、観光特急に不可欠である食堂車の連結がなくなるなど、不満もあった。なお、未電化の紀伊勝浦～名古屋間はキハ80系特急「南紀」がうけもつ。

「くろしお」に使用された381系は、中央西線の特急「しなの」での好成績、高人気もあり、カーブの多い紀勢本線に導入されたのだが、高コストゆえ車両の絶対数が要求に追いつけず不足していた。そのため、紀勢本線では急行「きのくに」の格上げによる「くろしお」増発もあり、1985（昭和60）年3月改正では485系の編成も登場する。その後、1986（昭和61）年11月改正では車両の転配により、不定期3往復を含む15往復すべての編成を381系で揃えて、ＪＲ化を迎えている。

振子式電車381系9連の特急「くろしお」。
1979年12月27日　冷水浦～加茂郷　写真：寺本光照

をもつ特急形電車の先頭車にイラスト入りのヘッドマークがとりつけられ、40年以上を経た現在にまで引き継がれている点では、インパクトが強かった。「サンロクトオ」や「ヨンサントオ」と呼ばれる1961（昭和36）年10月改正や1968（昭和43）年10月改正が国鉄史上で燦然と輝き記録に残る改正なら、この1978年10月は、実施内容はともかくとして鉄道ファンの“記憶に残る改正”としてピカイチの存在だった。

関西では何といっても紀勢本線電化が話題の中心で、特急「くろしお」用として381系電車90両が日根野電車区に新製配置され、天王寺～白浜／新宮間に定期列車だけで7往復が設定、同時にエル特急になる。振子式の機能を生かし、天王寺～新宮間は改正前の気動車特急の4時間24分を3時間53分に短縮するが、名古屋直通列車は姿を消し食堂車の連結もなくなるなど、スピードアップと引換えに旅の楽しさが半減したのは残念だった。

この改正で、「くろしお」が新宮止めとなったことで、東側の紀伊勝浦～名古屋間には気動車特急「南紀」のほか急行「紀州」が運転されたため、紀勢本線は運転系統的には紀伊勝浦～新宮間を境に東西に分断される。全通前の紀勢西線と紀勢東線とが復活したような感じだった。なお、西側区間の急行「きのくに」と「しらはま」は定期上り9本・上り10本がすべて気動車のままで残る。一部に未電化間を走る列車もあるが、電車化が見送られたのは財政不足のためと、まだまだ使用が可能なキハ58系を引き続き在籍させるというのが理由だったようだ。また、特急「南紀」設定に伴い、1974（昭和49）年8月以来天王寺～名古屋間のB寝台車連結夜行普通列車に命名されていた「南紀」のネームは「はやたま」に改称される。

紀勢本線電化で、阪和線快速電車も毎時1往復が和歌山以南を紀伊田辺まで乗り入れるようになり、これを機に新快速は快速に統合され、天王寺～和歌山間では紀勢直通を含め30分ヘッドに改められた。

時代を駆けた名列車-48

特急「雷鳥」

米原回りだった当時の485系11連の大阪発富山行「雷鳥3号」。
1971年9月1日　米原～坂田　写真：寺本光照

1974(昭和49)年7月、関西と北陸を短絡する湖西線（山科～近江塩津)が開業した。これにともない、1975(昭和50)年3月改正から特急「雷鳥」は湖西線経由になる。大阪～富山間の所要時間は、4時間15分から3時間59分に短縮され、同時に大阪～金沢間に2往復が増発された。これで「雷鳥」は12往復運転となる。なお、「雷鳥」は設定以来全車座席指定の格調の高さを誇ってきたのだが、この改正を機に自由席が設定されて、エル特急の仲間に加えられた。

ちなみに、日本海縦貫線は1972(昭和47)年8月5日に全線電化が完成したが、「雷鳥」が走る大阪～永原間が直流1,500V、永原～富山間が交流60Hz・20,000Vなので、交直流両用の481系、485系、489系により運転された。編成は、ロ×2、ハ×8または9、シ×1の11～12両編成である。

1978(昭和53)年10月改正では、増発列車と特急「北越」(大阪～新潟間)の一部を仲間に加えて16往復運転になる。そして、485系グループだけでなく、寝台特急電車583系4往復が加わった。こうして本数が増えても高い乗車率を誇る「雷鳥」は北陸特急の王者の風格を備え、国鉄時代には最大18往復もの仲間を擁した。列車本数の多さでは、上野発の特急「ひばり」「ひたち」「あさま」や新宿発の特急「あずさ」、九州特急の「有明」「にちりん」などとならび称され、「雷鳥」の名は北陸特急の代名詞ともいえよう。

●特急「雷鳥」18往復に増発

関西では381系化された紀勢本線特急「くろしお」が脚光を浴びるが、華やかだったのは同線だけで、関西～山陽・九州間寝台特急は利用率が芳しくない「明星」が西鹿児島直通を中心に3往復削減されるほか、「安芸」が廃止される。これにより、定期列車は「明星」と「彗星」が各3往復、「あかつき」は新大阪／大阪～長崎・佐世保間併結の2往復、それに「なは」が1往復に整理される。「彗星」のうち1往復は583系から25形客車に変更。

14系座席車を連ねた大阪～熊本・大分間の急行「阿蘇・くにさき」。1980年7月23日　西ノ宮～芦屋　写真：寺本光照

「あかつき」は新製車の14系15形（以下15形と記す)による運用となり、寝台客車特急5往復の2段寝台化が完成する。しかし、このことは関西～九州間寝台特急からA寝台車が姿を消したことでもあった。関西～九州間夜行急行も乗車率が芳しくないせいか、「阿蘇」と「くにさき」が併結運転になり、「雲仙・西海」と合わせ2往復体制になる。

関西～北陸間は、「日本海」季節列車の定期格上げで「日本海」は定期2往復体制になるが、旧「日本海2－1号」で実施されていた九州所属車による広域運用は、運用が複雑なうえに、北陸・東北地方が大雪で遅延や運休が生じた場合は九州行特急の運転にも支障が出るなどデメリットが多いため、「日本海4－3号」への改称を機に青森運転所の24系に交替する。大阪駅に発着する寝台客車特急では唯一の3段寝台で、かつA寝台連結列車となる。

同区間の昼行は、青森運転所の485系13両の威容を誇っていた「白鳥」が12両に削減された結果、大阪始発特急はすべて12両に統一される。動きが目まぐるしかったのは「雷鳥」で、大阪～新潟間特急「北越」と同区間の気動車急行「越後」

格上げ列車を編入したことで16往復運転となり、最大号数番号がエル特急としては最大の32号にまで膨れ上がる。さらに、485(一部489)系に交じって583系も大阪〜富山／金沢間の4往復に入る。こちらは大阪〜九州間での運用が減少した583系の救済措置だった。この改正では長距離の「白鳥」に自由席が連結されるなど、新幹線を含む全国の定期特急列車に自由席が設けられる。「白鳥」は青森・北海道への直通客がめっきり減ったため、全車座席指定にしてまで青函連絡船への乗換客を制限する必要性がなくなったのである。

急行「越後」の格上げで、併結の七尾線直通「ゆのくに」は廃止され、大阪駅から能登半島行は15年半の歴史に幕を閉じる。「越後・ゆのくに」の夜行運用となる大阪〜長野間急行「ちくま5−4号」はこれを機に客車化され、20系寝台車＋12系座席車の編成になる。この方式は半年前の1978(昭和53)年3月15日から九州夜行急行「かいもん」「日南」で採用されていたが、20系を急行に転用する場合は、列車によっては座席利用客を無視することができず、すべて「銀河」のようにすんなりとはいかなかった。

福知山・山陰線では、大阪〜鳥取間気動車急行「いでゆ」の列車名が1972(昭和47)年3月以前の「だいせん3−2号」に改称されるほか、夜行の「だいせん5−8号」が20系編成にグレードアップされる。こちらは「ちくま」と異なり座席利用客の比率が低いため、20系10両の編成ながら普通車はナロネ21改造のナハ21が組み込まれる。伝統だったA寝台車が編成から姿を消したのは、もはや新婚旅行先が海外に移ったことを示していた。

4代目大阪駅の北口。1982年8月28日　写真：安田就視

このほか、車両塗装及び標記基準規定改正により、通勤・一般形気動車の塗装が首都圏色と呼ばれる朱色に変更されるほか、グリーン車の窓下に入れられた淡緑色の帯も省略される。塗装合理化の一環だが、帯のない急行用のグリーン車はさすがにしまりがなかった。また、電車特急に採用されたイラスト入りヘッドマークは、マグカップやTシャツの図柄にも使用されるほどの大人気だったため、1979(昭和54)年7月1日からは20系を除く寝台客車特急のテールマークにも導入される。当時の大阪駅は写真撮影がしやすいこともあり、多くの年少鉄道ファンがホームに集まり、一大ブームをまき起こした。

ところで、戦災も乗り切った大阪駅第3代駅舎は1970年代も半ばになると老朽化に加え狭隘ぶりが目立ってきたため、4代目駅舎が3代目駅舎とは反対側の11番線ホームに沿う形で完成し、1979年12月18日から営業を開始する。新駅舎は「北ビル」と呼ばれ、鉄骨造りの4階建てで長さはホーム長の250mに及んだ。この北ビル完成に伴い、3代目駅舎は解体される。

3 国鉄の窮状を浮き彫りにした減量ダイヤ

●新快速は転換クロスの117系でグレードアップ

国鉄の電車・気動車の普通車座席形態は1950年代後半から、特急形は回転クロスシート、急行形はボックス式クロスシート、普通用は通勤形がロングシート、近郊形はセミ・クロスシートで製造されてきた。京阪神新快速には1972(昭和47)年3月改正以来、急行形の153系電車が使用されてきたが、1970年代も後半に入ると老朽化が目立ち、車両更新は避けられない情勢になってきた。そこで、新快速用としては初の新車投入が計画されるが、京阪間を並走する阪急・京阪の特急電車が、料金不要とは思えないレベルの転換クロスシート車を走らせているとあっては、国鉄新快速も対抗する上で同程度の設備をもつ車両が必要となり、1979(昭和54)年9月に2ドア・転換クロスシートの117系電車が落成する。両開きのドアやデッキ・洗面所の省略から近郊形式を名乗ったが、座席形態や乗り心地のよさからは特急形と急行形の中間的なレベルで、優等列車に使用しても恥ずかしくない車両だった。この117系は1980(昭和55)年1月22日から新快速運用に入り、7月9日には新快速全列車を置き換える。利用客から好評で迎えられたことは記すまでもなかった。

1980年3月3日には草津線と桜井線、それに和歌山線王寺〜五条間の電化が完成。いずれも113系電車が投入される。電車は線内運転が中心だが、ラッシュ時を中心に湊町〜高田〜奈良／五条間と京都〜柘植間に直通電車が設定される。湊町始終着電車は関西本線内が快速としての運転だった。

●減量ダイヤ、寝台特急はもちろん新幹線にまで及ぶ

1980(昭和55)年は関西では117系電車の登場や関西本線系支線区の電化など明るい話題もあったが、国鉄全体では一層の利用客離れが目立ち、収支はさらに悪化していた。国鉄では1978(昭和53)年3月31日から国鉄運賃法定制緩和法施行により、運賃値上げは運輸大臣の認可制となったことから、同年7月から1980年4月にかけて計3度の値上げを実施するが、かえって悪循環を招く結果になっていた。そうしたことで、1980年10月1日の全国ダイヤ改正では、旅客の利用状況に基づき旅客列車が改正前に比べ約3万km減少する

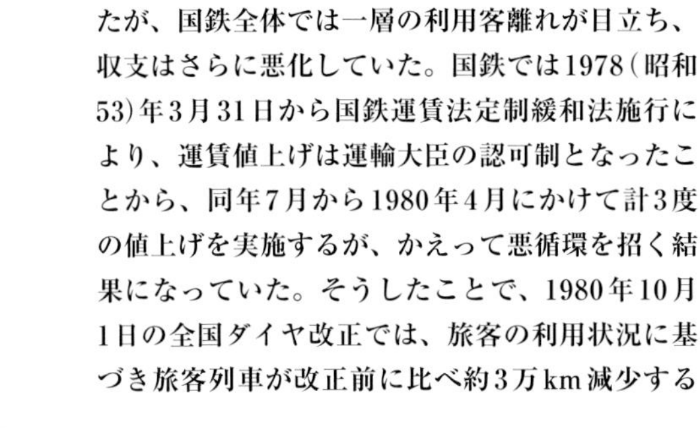

583系10連に減車された特急「彗星」。1984年1月15日 須磨〜塩屋　写真：寺本光照

という減量ダイヤが実施される。戦中・戦後の混乱期を除いては例がなく、“改正”の文字からはほど遠い不名誉な時刻変更だった。

赤字に喘ぐ国鉄では、黒字続きの孝行息子である新幹線も1975年度には50%だった東京〜博多間の輸送シェアが1974年度には30%に激減したことや、短距離客のクルマへの移行が進んでいることで、減量ダイヤの対象となり、特に東海道区間の「こだま」季節列車が大幅に削減される。しかし、そうした中にあっても、東京〜博多間速達「ひかり」は徐行区間の解消で当初予定の6時間40分（大阪〜博多間3時間28分)にスピードアップされたほか、「ひかり」ではビジネス向時間帯の増発や、停車駅の拡大で、熱海と三島を除く東海道区間の各駅には何らかの形で「ひかり」が停車するなど、改善が図られた。また、1982年度に開業する東北・上越新幹線用200系電車の普通車の座席がリクライニングシート装備で落成するため、それに合わせ0系普通車の座席も転換クロスシートから200系と同タイプのものに取り替えられる。

在来線では相変わらず利用客離れが深刻な関西〜九州間寝台特急のうち「明星」と「彗星」が1往復ずつ削減される。これにより、両列車と「あかつき」は各2往復運転となり、うち583系電車の運用は「明星」「彗星」「なは」の計3往復となる。このほか、関西〜九州間急行2往復は廃止され、関西から九州への周遊券利用客は普通列車の乗継で行かない限りは、新幹線か寝台特急しか選択肢がなくなり、高額の特別チャージが必要となる。急行ではこのほか1972(昭和47)年3月改正以後、夜行だけが残されていた「鷲羽」も廃止される。北陸本線だけは今回は無風だが、24系「日本海3－2号」からA寝台車の連結が解かれたため、関西始終着の寝台客車特急はすべてB寝台車のみのモノクラス編成になる。

南紀方面では381系の増備により、「くろしお」が天王寺〜白浜間列車を中心に増発され、定期だけで10往復体制になる。うち上り6号と下り9号は同区間を途中和歌山のみ停車の1時間59分で結ぶが、利用客は白浜温泉行の観光客に限定されるため、平日でも600人以上の輸送力が必要なの

時代を駆けた名列車-49

京阪神間新快速電車「シティライナー」

117系による新快速、京都発姫路行。
1982年11月28日　高槻～山崎　写真：寺本光照

京阪神間の新快速用153系は、1980(昭和55)年が近づくと車齢20年を超えて随所に老朽化が目立ってきた。一方、競合私鉄を見ると、新性能の京阪3000系や阪急6300系など、153系では走行性能も車内設備もとうてい対抗するに能はず、といった状況だった。能天気な国鉄でもさすがに対策を講じないわけにゆかず、昭和54年度に新車置換えの計画が立てられる。

国鉄には車両規範があり、全国標準であること、地域限定の豪華車両は認めないこと、などが守られてきたが、新快速用の新車に関してはそうもいっていられない。2ドア・転換クロスシート、6両固定編成、正面流線形・高運転台・非貫通、特急型同等のDT32系台車装備という117系を製造した。分類上は近郊型に収められた。塗装はクリーム地にマルーンの帯を入れるという美しいいでたちで、ファンの間で"戦前の流電の現代版"とか"急電の再来"と称賛された。

117系の先行第1編成は1979(昭和54)年9月に落成、1980年1月22日から新快速の運用に就く。7月9日には増備車も揃い、全新快速が117系に統一された。ゆったりしたシートピッチ、静かな乗り心地など、利用客からの好評を得たのはいうまでもない。117系の登場で国鉄はようやく設備面で私鉄看板電車と対等に競うことができるようになったといいえる。

か疑問を感じたものだった。「くろしお」増発により急行「きのくに」は号数番号だけでは最大24号と威勢がいいが、定期列車は4往復に削減される。また京都～白浜間急行「しらはま」は紀勢本線内が廃止され、京都～和歌山間気動車急行「紀ノ川」として残るが、経由ルートの実態からは区間旅客の利用も見込めず、グリーン車つきの5両では空気輸送に徹している感じだった。京都発では、草津線経由の紀伊勝浦行「くまの」が廃止されたが、「紀ノ川」と「くまの」なら「くまの」を残したほうがよさそうな感じだった。

北陸と山陰方面はほぼ無風状態のままでこの改正を乗り切る。

1981(昭和56)年4月1日、福知山線塚口～宝塚間の複線電化が完成し、大阪～宝塚間に103系電車が運転を開始する。黄色の塗装は関西では初めてなので、大阪駅でも人目を引いた。

●関西本線名古屋口と伯備線電化は関西発列車に飛び火

1982(昭和57)年は国鉄にとって東北・上越新幹線開業により本格的な新幹線時代到来を迎えるが、その一方で一向に進まぬ国鉄改革に業を煮やした第2次臨時行政調査会が、国鉄の分割民営化を内容とする基本答申を時の総理大臣に提出するなど、鉄道史上でもいろいろな意味でインパクトのある年になる。

また、この年度の上半期には6月23日の東北新幹線先行開業を挟み、5月17日に関西本線名古屋(八田)～亀山間、7月1日には伯備線全線と山陰本線伯耆大山～知井宮(現・西出雲)間の電化が完成する。本稿の主要駅とは直接のかかわりはないが、同時に行われたダイヤ改正では多少なりとも影響を受けるため、それについて記述して

関西本線の大阪発奈良行快速電車。113系6連。
1974年9月16日　河内堅上～王寺　写真：寺本光照

時代を駆けた名列車-50

特急「あさしお」

京都発の昼行特急「あさしお」。キハ181系8連。
1985年3月30日　下夜久野～上夜久野　写真：寺本光照

京都から直接山陰本線に入る特急は、1972（昭和47）年10月改正で登場したこの「あさしお」が最初になる。1・4号が京都～城崎間（舞鶴線・宮津線経由）、2・3号が京都～倉吉間、3・2号が京都～城崎間、4・1号が京都～米子間と、一挙に4往復の設定だった。ただし、特急とはいえ、スピードは遅かった。ほとんどの区間が単線であるのも理由だが、1・4号のように綾部、西舞鶴、豊岡でそれぞれスイッチバックする運転のせいでもある。おもしろいのは、下り1号が豊岡で再び山陰本線にもどると、本来後続の2号が先に行ってしまった後なのだ。まるで鉄道ミステリーにネタを提供する列車みたいではないか。

車両は特急「白鳥」で使用していたキハ80系の転用だった。1往復は7両編成だったが、あとの3往復は堂々の10両編成。しかも4往復とも食堂車を営業していて、短距離運転にしては充実した内容だった。

1975（昭和50）年3月改正から、食堂車が外される。しかも、山陰本線急行群のキハ58系にも車内冷房が完備するようになると、スピードの遅い特急「あさしお」に高い料金を払って乗る人は減り始める。ただ、「あさしお」の走行区間は当時の高速道路網から遠く外れていてクルマに対しての競争には有利な面があり、利用客は少なからずあった。並走の国道9号がしょっちゅう込んでいたのも幸いした。

1982（昭和57）年7月にキハ80系からキハ181系に置き換えられる。せっかくの強力型気動車投入だったが、山陰本線京都口の線路改良の遅れもあり、性能が生かせなかった。ＪＲ化を目前に、東舞鶴、鳥取始終着の2往復の増発を行い国鉄最後の日を迎えている。

おこう。

まず、1982年5月17日改正では電化と引換えに名古屋口の気動車急行「かすが」と「紀州」の本数見直しが実施されるが、紀勢本線特急「くろしお」もその対象となり、先の1980（昭和55）年10月改正で登場したばかりの「くろしお6－9号」が季節列車に格下げされる。これにより、「くろしお」の定期列車は9往復になる。急行「きのくに」は定期列車の本数に変更はなかった。

7月1日改正では、伯備線特急「やくも」の381系化により捻出されたキハ181系が「まつかぜ3－2号」と「はまかぜ」「あさしお」の全列車に転用される。「まつかぜ3－2号」は車両基地との関係で大阪～米子間の運転となるほか、キハ181系特急の編成も6または8両に変更される。博多直通「まつかぜ4－1号」は編成が9両に縮小されるもののキハ80系で残されたため、本州では唯一食堂車を連結する気動車特急になる。このほか気動車急行「だいせん」の編成見直しや「白兎」の米子打切りが実施されるあたり、中国自動車道の西進に喘ぐ列車の姿が浮き彫りにされているような感じだった。

4　分割民営化案に揺れ動く関西国鉄

●北の新幹線開業、関西では優等列車の見直し続く

1982（昭和57）年11月15日、東北・上越新幹線大宮暫定開業を柱とした全国ダイヤ改正が実施される。関西始発列車は上越新幹線との接続により、「白鳥」が新潟から酒田・秋田方面へ、「白鳥」と新潟「雷鳥」が長岡から富山・金沢方面への輸送に

時代を駆けた名列車-51

特急「なは」

「なは」という愛称は、沖縄県の県庁所在地である那覇市にちなむ。一般に列車名は、利用客に行き先がわかるよう列車の走る地区名からとられることが多いが、那覇は例外といえる。「なは」の名が列車名につけられた1968（昭和43）年ころは、沖縄がアメリカ施政から離れ日本復帰の機運が高まった時期で、沖縄の新聞社から「なは」を愛称名にとの話が国鉄に持ち込まれた経緯がある。ちなみに、1972（昭和47）年５月15日が沖縄の日本復帰の日である。

1975（昭和50）年３月の山陽新幹線博多開業により、在来線の関西・山陽～九州間昼行特急は消滅したが、「なは」という愛称名は特別に残された。そして、ダイヤ改正によって設定された京都／新大阪～博多／熊本／西鹿児島間の定期７往復の寝台特急の一員として、新大阪～西鹿児島間の寝台特急電車にこの名が使われたのである。本来であれば、同一系統の類似列車には統一した愛称をつけるのがルールだったが、下り「明星６号」、上り「明星５号」と名づけられるべき列車に「なは」の名をつけるという異例の措置がとられたわけである。

583系の寝台電車時代もあった特急「なは」。
1983年11月23日　西ノ宮～芦屋　写真：寺本光照

キハ80系で運転されていたときの特急「なは」。
1969年4月2日　上田浦～肥後二見
写真：宇都宮照信

583系12両（食堂車は営業休止）による特急「なは」は、他の関西～九州間特急同様苦戦を強いられる。当時の社会情勢と国鉄の輸送方針との間にギャップが存在したことが原因といえよう。ただ、ここでも「なは」は特別扱いで、特急「明星」が以後のダイヤ改正で本数を減らしていっても、「なは」は温存されている。1984（昭和59）年２月改正では25形の寝台特急列車に置き換えられて存続、国鉄最後のダイヤ改正である1986（昭和61）年11月改正以後は、「なは」が唯一残る関西～鹿児島地区直結の夜行特急となる。

かかわる。しかし、こと東北・上越新幹線が関西地区に与える影響となれば、東京以北への鉄道旅行が便利になった程度で、さほど大きなものではなかった。

この改正で関西～九州間寝台特急は本数的には「明星」1往復が廃止され、1975（昭和50）年3月当時は季節列車を含めると上下とも7号まで揃っていた同列車はついに号数番号を失う。この区間の夜行列車の衰退ぶりを象徴しているかのようだった。しかし、「なは」「あかつき」「彗星」の本数は従来通りだったため、関西から鹿児島、宮崎、長崎各方面への2往復体制は維持される。しかし、583系使用列車は「なは」と「彗星1－4号」だけとなり編成も10両に減車された。

関西～北陸間寝台特急は3往復のままだが、「日本海3－2号」は車種が25形に変更されたことで、すべて25形12両編成に統一される。大阪～青森間急行「きたぐに」は新潟で列車が二分され、以北が新たに上越新幹線連絡のエル特急「いなほ」の一員となったため大阪～新潟間運転となるが、車両は14系寝台車＋同座席車の編成にグレードアップされる。この改正では、東京以北での寝台特急削減により14系にも余剰が出たため、3段寝台ということで急行転用が始まったのである。もっとも、14系の場合は「きたぐに」のように寝台・座席の両車種を併結して運転するのが本来の姿かもしれない。また、この改正で夜行だけが季節列車として残ることになった急行「立山」は

583系の編成となり、うち①〜③号車は寝台車として使用される。

昼行列車は孤高の存在だった「白鳥」が福井〜青森間での弟分の誕生により初めて号数番号付の「白鳥3－2号」になる。「雷鳥」は本数だけでは16往復なので見かけでは現状維持だが、昼行急行の「立山」と「ゆのくに」が廃止されているため、実質的にはマイナス成長だった。ともあれ、これにより大阪〜北陸間では昼間の直通優等列車は特急に統一される。在来線では東北本線や上越線ともども最高水準の線路条件を誇る北陸本線だが、1980（昭和55）年4月には北陸自動車道も米原JCT〜富山間が全通しており、特急「雷鳥」もドル箱である温泉への団体客を観光バスに奪われ、高度経済成長時代の勢いを失っていたのだ。「雷鳥」のうち2往復は583系の運用で残る。この改正で東北本線の「はつかり」は盛岡〜青森間列車とされたため、583系は「雷鳥」だけが食堂車営業列車になる。昼夜兼用電車の機能をフルに生かした運用とはいい難いので、583系の本来の活躍はこの改正で終わったも同然だった。

山陰と南紀方面は5月と7月にダイヤ改正を終えているので、無風のまま推移。東海道・山陽新幹線は東北・上越に遠慮してか、ダイヤ改正はなかった。

大阪駅では解体された3代目駅舎の跡地に地上27階、地下4階建てのターミナルビル「アクティ大阪」が1983（昭和58）年4月に開業。百貨店やホテル、店舗などが入る複合商業ビルで、大阪市の中心駅にふさわしい姿になる。

●ヤード系貨物輸送全廃の荒療治断行

国鉄分割民営化問題は1983（昭和58）年6月になって総理府に「国鉄再建監理委員会」が設置さ

表－29
1985（昭和60）年3月14日改正時の関西〜山陽・九州間優等列車時刻

改正日	1985（昭和60）年3月14日			
列車番号	21	41	3001	45
種別 列車名	特急 なは	特急 明星・ あかつき1号	特急 彗星	特急 あかつき3号
使用車両	25形	15形	25形	15形
始発	新大阪 19 10	新大阪 20 28	新大阪 20 37	新大阪 21 30
大阪 発 岡山 〃 広島 〃 下関 着	19 18 21 30 23 54 ↓	20 36 23 01 ↓ 4 24	20 45 23 05 ↓ 4 34	21 38 23 59 ↓ 5 21
終着	西鹿児島 9 49	西鹿児島 10 59 長崎 8 43	都城 11 31	長崎 9 33 佐世保 9 04
列車番号	3002	44	22	40
種別 列車名	特急 彗星	特急 あかつき2号	特急 なは	特急 明星・ あかつき4号
使用車両	25形	15形	25形	15形
始発	都城 16 17	長崎 19 31	西鹿児島 17 13	西鹿児島 18 34
下関 発 広島 〃 岡山 〃 大阪 着	23 10 ↓ 4 56 7 08	23 41 ↓ 5 12 7 37	23 56 ↓ 5 21 7 46	↓ ↓ 6 53 9 34
終着	新大阪 7 17	新大阪 7 45	新大阪 7 55	新大阪 9 43
記事		佐世保発 18 34		長崎発 21 13

特急（寝台列車）はすべてB寝台のみ。
583系電車はグリーン車連結。

表－30　1985（昭和60）年3月14日改正時の北陸線優等列車時刻

年月日	1985（昭和60）年3月14日									
列車番号	4011M	4003M	4013M	4015M	4017M	4001M	4019M	4005M	4021M	4023M
種別 列車名	特急 雷鳥1号	特急 雷鳥3号	特急 雷鳥5号	特急 雷鳥7号	特急 雷鳥9号	特急 白鳥	特急 雷鳥11号	特急 雷鳥13号	特急 雷鳥15号	特急 雷鳥17号
使用車両	485系	485系	485系	485系	485系	485系	485系	485系	485系	485系
始発	大阪 7 05	大阪 7 35	大阪 8 05	大阪 9 05	大阪 10 05	大阪 10 30	大阪 11 05	大阪 11 35	大阪 12 05	大阪 13 05
福井 発 金沢 〃 富山 着	9 18 10 13 10 58	9 47 10 43 11 32	10 12 11 04	11 19 12 15 13 00	12 17 13 11	12 38 13 34 14 20	13 17 14 11	13 47 14 43 15 29	14 17 15 13 16 01	15 17 16 13 16 58
終着		新潟 14 38				青森 23 51		新潟 18 45		
記事						白新線経由				
列車番号	502	4006	4002	4012M	4004	4014M	4016M	4018M	4020M	4022M
種別 列車名	急行 きたぐに	特急 つるぎ	特急 日本海2号	特急 雷鳥2号	特急 日本海4号	特急 雷鳥4号	特急 雷鳥6号	特急 雷鳥8号	特急 雷鳥10号	特急 雷鳥12号
使用車両	583系	25形	25形	485系	25形	485系	485系	485系	485系	485系
始発	新潟 21 37	新潟 22 25	青森 16 25		青森 19 23					
富山 発 金沢 〃 福井 着	2 11 2 51 3 57	↓ ↓ ↓	2 58 3 56 4 58	5 24 6 11 7 06	6 03 6 57 8 00	6 49 7 38 8 36	 8 12 9 06	8 25 9 12 10 07	9 25 10 12 11 07	10 25 11 12 12 07
終着	大阪 7 30	大阪 7 18	大阪 7 37	大阪 9 22	大阪 10 43	大阪 10 52	大阪 11 17	大阪 12 22	大阪 13 22	大阪 14 22
記事		寝台列車	寝台列車		寝台列車					

れたことで、分割民営化に向けての作業が進められる。分割がどのような形で実施されるかは別としても、民営化は内定したも同然だった。その第1段階ともいうべきダイヤ改正は1984（昭和59）年2月1日に実施される。厳冬期での改正は異例だが、国鉄再建の命運を掛けたもので、時代遅れで“お荷物”になったヤード系の貨物輸送を一気に全廃し、コンテナなど拠点間輸送だけを残すといった大掛かりなものだった。

この改正では小規模ながら旅客輸送の見直しも実施され、関西～九州間寝台特急では583系電車特急2往復が姿を消すとともに、「あかつき」も佐世保行のうち1往復が西鹿児島行に変更され、残存の長崎行編成と併結される。本来ならここで「なは」の列車名は消滅するところだが、25形客車特急「明星」のスジに入ることで、ネームが維持される。こうしたやり繰りにより関西～九州間寝台特急は客車による4往復だけが残り、25形と15形がそれぞれ2往復ずつ勢力を分けあう。列車名では「なは」「明星・あかつき1－4号」「彗星」「あかつき3－2号」の布陣である。583系の山陽・九州線からの撤退で、前述の大阪～金沢間「雷鳥」2往復が西日本における最後の583系定期列車となる。在来線特急の多客時の増結や閑散期の編成削減は、以前からも非公式に実施されていたが、この改正からは本格的に導入され、『時刻表』編成欄ページの当該列車にその旨の案内が記される。

このほか、大阪～名古屋間で1980（昭和55）年10月以降は1往復だけが残っていた急行「比叡」が廃止。末期は165系8両での運転だった。紀勢本線の寝台車つき普通「はやたま」は車両が12系にグレードアップされるが、寝台車が外されたため、愛称は自動的に消滅。山陰夜行の「山陰」は普通車部分が12系の編成となるも寝台車の連結が継続されたため、列車名はそのまま残された。東海道新幹線では利用客が減少をたどる「こだま」の12両化が4月から順次実施される。

ダイヤ改正後、操車場としての機能を終えた吹田と竜華の広大なヤードは、どこからともなく集められたワラ1などの貨車で所狭しと埋め尽くされた。そうした留置貨車が姿を消すまで1年以上がかかるが、貨物列車の運転を担当する車両基地が統廃合されたほか、それを牽引する機関車もか

季節列車として北陸本線市振～親不知間を走る、475系で運転されていたときの急行「立山」。
1979年2月20日　市振～親不知　写真：安田就視

1985（昭和60）年3月14日

4027M	4007M	4031M	4033M	4001	4035M	4037M	4039M	4003	4005	501M
特急 雷鳥21号	特急 雷鳥25号	特急 雷鳥27号	特急 雷鳥29号	特急 日本海1号	特急 雷鳥31号	特急 雷鳥33号	特急 雷鳥35号	特急 日本海3号	特急 つるぎ	急行 きたぐに
485系	485系	485系	485系	25形	485系	485系	485系	25形	25形	583系
大阪 14 05	大阪 15 05	大阪 16 05	大阪 17 05	大阪 17 20	大阪 18 05	18 35 20 42	19 05 21 17	大阪 20 20	大阪 22 00	大阪 23 20
16 17 17 13 17 58	17 17 18 13 18 59	18 17 19 13 19 59	19 18 20 13 20 58	19 55 20 55 21 49	20 17 21 13 21 58	21 34	22 14 23 01	23 07 0 04 0 59	↓ ↓ ↓	3 08 4 14 5 07
	新潟			青森 8 40				青森 11 47	新潟 6 47	青森
				寝台列車				寝台列車	寝台列車	
4004M	4006M	4026M	4028M	4002M	4030M	4032M	4008M	4034M	4036M	4040M
特急 雷鳥14号	特急 雷鳥18号	特急 雷鳥20号	特急 雷鳥22号	特急 白鳥	特急 雷鳥24号	特急 雷鳥26号	特急 雷鳥28号	特急 雷鳥30号	特急 雷鳥32号	特急 雷鳥36号
485系	485系	485系	485系	485系	485系	485系	485系	485系	485系	485系
新潟 8 14	新潟 9 05			青森 4 50			新潟 13 15			
11 25 12 12 13 07	12 15 13 02 13 57	12 55 13 42 14 37	14 42 15 37	14 19 15 06 16 01	14 55 15 42 16 37	16 12 17 07	16 23 17 12 18 07	17 42 18 36	17 25 18 12 19 07	18 25 19 12 20 08
大阪 15 22	大阪 16 12	大阪 16 52	大阪 17 52	大阪 18 12	大阪 18 52	大阪 19 22	大阪 20 22	大阪 20 47	大阪 21 12	大阪 22 22
				白新線経由						

時代を駆けた名列車-52

新幹線特急「ひかり」(100系)

山陽新幹線が博多までの全通を迎えた1975（昭和50）年３月改正では、特急「ひかり」は０系による６時間56分運転で、食堂車、移動制約者対応設備車を連結した長距離を走るにふさわしい充実した編成だった。しかし、博多開業前に製造された16〜19次車でさえ車両更新の時期を迎え、０系に代わる新形式の開発が望まれていた。

1985（昭和60）年３月になって、新車両100系の試作車が登場した。普通車の座席のシートピッチが広げられ、リクライニング角度も大きくなり、居住性が格段に改善された。しかも、新幹線では初めての２階建て車両を２両組み込み、１両の２階部分に食堂設備を設け、もう１両はグリーン車で２階を解放室、１階を個室とした。100系は10月１日から「ひかり3・28号」として最初の営業運転につく。

1986（昭和61）年６月から広窓を復活させたX編成の量産が始まり、国鉄最後のダイヤ改正となる11月１日から東京〜博多間「ひかり」４往復を担当するようになる。この改正では最高速度がそれまでの210km/hから220km/hにアップされ、新大阪〜東京間の所要が３時間の壁を切った。

100系「ひかり」は一般乗客にも鉄道ファンにも好評をもって受け入れられ、好印象のまま５カ月後の分割・民営化へとつなぐ役割を果たした。

ダブルデッカー168と179にニュー新幹線のNSマークをつけた100系X編成の特急「ひかり」。
1986年12月　相生〜岡山　写真：安田就視

なりの数が除籍された。1984年2月1日は貨物輸送にとっては、国鉄史上最大でかつ大きな犠牲を払ったダイヤ改正だった。

そうした中、1984年9月1日には関西発の通勤ライナーとして天王寺〜日根野間に381系使用の「ホームライナーいずみ」が新設され、1986（昭和61）年11月1日には和歌山直通の「はんわライナー」に発展する。さらに1984年10月1日には奈良・関西線の京都〜奈良間と、和歌山線全線、それに紀勢本線和歌山市〜和歌山間の電化が完成するが、新電化区間に快速電車の設定はなく、国鉄財政の関係で投入車両も103系改造の105系が主体とあって、地元の盛り上がりも大きいものではなかった。

●東海道新幹線約20年ぶりのスピードアップ

1985（昭和60）年3月14日、東北・上越新幹線が上野乗入れを果たしたことで、これを機に全国ダイヤ改正が実施される。国鉄の分割民営化はすでに決定したも同然なだけに、民営化後も鉄道として航空機や高速バスなどライバル交通機関に対抗できる力を備えるべく、新幹線や主要幹線ではスピードアップや列車増発が実施される。だが、その一方で過剰戦力となっている列車や設備は大幅な見直しが断行されたのが改正の特色といえた。

東海道・山陽新幹線では「6－4ダイヤ」を採用し、ピーク時間帯の「ひかり」の増発を可能にするとともに、余裕時分の見直しにより、新大阪からは東京まで3時間08分、博多までは3時間16分に短縮。これにより、東京〜博多間最速「ひかり」は6時間26分所要になる。東海道区間では「ひかり」枠の増大に伴い、停車駅パターンも多様化し、新横浜停車の「ひかり」が増発されるとともに、熱海・三島への停車も実現したため、全駅に何らかの形で「ひかり」が停車する。「こだま」

時代を駆けた名列車-53

急行「丹後」

「丹後」という愛称名は、京都府北部にあたる旧丹後国、あるいは丹後半島にちなむ。この名を冠した列車の最初は、1959(昭和34)年9月改正で東舞鶴/天橋立〜京都間に登場した準急である。当時の車両はキハ20系（キロハ25を含む）と、普通列車並だった。その後、京都〜西舞鶴〜豊岡間などが増発され、1966(昭和41)年3月に急行に格上げされる。編成は徐々に急行用のキハ58系主体に替わった。同年10月改正で福知山発京都行の準急にも「丹後」の名前が使われて混乱した時期もあったが、1968(昭和43)年10月改正では京都〜城崎間の増発なども仲間に取り込んで、一挙に7往復に発展した。このうちの京都〜城崎間の4・4号と天橋立〜京都間の上り5号は全車座席指定急行として運行された。急行「丹後」が山陰本線京都口における特急の代わりを務めたわけである。

1972(昭和47)年3月改正で、京都〜城崎・東舞鶴間に1往復の増発があって8往復体制となる。このころが急行「丹後」の全盛期であった。しかし、これ以降は特急「あさしお」が「丹後」の運転線区へ入り込んだり、逆に「丹後」が「あさしお」に格上げされたりと、本数の削減が続いた。それでも、国鉄の分割・民営化を迎える1987(昭和62)年3月には、下り6本、上り5本という運行本数だった。

京都発の山陰本線経由城崎・敦賀行急行「丹後」。キハ58系9連。
1977年3月20日　船岡〜殿田　写真：寺本光照

については12両化が完成する。

また、東海道・山陽新幹線用特急車は開業以来0系の一枚看板で運転されてきたが、フルモデルチェンジ車として2階建ての食堂車やグリーン車を連結した100系が改正直後の3月27日に落成。10月1日から東京〜博多間「ひかり」として営業に就く。

在来線では大阪〜北陸間の「雷鳥」のスピードアップに力が注がれ、大阪〜金沢間の最速列車は2時間59分所要になる。しかし、最大号数は36号になっても、うち2往復は季節列車なので定期の本数には変化がないばかりか、列車設定以来つねに連結されていた食堂車は外され、編成も485・489系の10両に削減される。食堂車の連結廃止については、国鉄の全電車特急を対象に実施されたため、この改正で1往復運転に戻った「白鳥」も例外ではなかった。「雷鳥」については定期5往復に食堂車改造の和風車「だんらん」が連結され、金色の帯が目を引いた。夜行では季節列車で残されていた「立山」が廃止され、替わって「きたぐに」が583系12両の編成になる。同列車ではA寝台常連客の利用があるため、サハネ581を2段寝台化したようなサロネ581が連結される。「きたぐに」の583系化により捻出された14系寝台車は急行「銀河」に転用される。

関西〜九州間寝台特急については「あかつき3−2号」佐世保編成が筑豊本線経由から博多経由に変更されただけで、4往復とも存続する。関西からは1950(昭和25)年10月以来続いた直方・飯塚地区への直通もピリオドが打たれた。またこの改正からは、関西〜九州間はもとより、全国を走る寝台客車特急の牽引機にヘッドマークが復活する。大阪駅でも「あかつき」「日本海」「つるぎ」のように復活組もあれば、「なは」のような電車当

南紀方面多層建て列車の元祖「はまゆう」をルーツにもつ急行「しらはま」が桜井線を行く。
1980年8月21日　柳本〜巻向　写真：安田就視

時のイラストを円形の中に収まるようアレンジしたものもあり、好評で迎えられた。「明星・あかつき」併結列車は何とそれを合体させたマークが製作されるなど、一昔前には考えられないような配慮だった。

関西～山陰間は京都～東舞鶴間に「あさしお」1往復が増発され5往復体制となるものの、大阪～博多間の「まつかぜ1－4号」はキハ181系化と同時に、運転区間が米子で打ち切られ、以西の運輸は米子～博多間特急「いそかぜ」が担当する。山陰地区では、特急・急行とも1982(昭和57)年7月に続き編成の見直しが実施されたため、最長の編成は京都口の急行「丹後1・2・9号」の9両、特急は「まつかぜ1－4号」の8両と、輸送実態に合わせたスリムなものに変更される。また、京都～出雲市間の夜行普通列車「山陰」は廃止され、国鉄線上から寝台車連結の普通列車が姿を消す。

紀勢本線では、天王寺口優等列車の特急一本化に伴い、気動車急行「きのくに」は全廃され、南海からの乗入れもこれを機に終了する。これにより「くろしお」は定期だけで13往復に膨れ上がるが、381系の絶対数との関係で、増発分というべき4往復には485系が投入される。和歌山以南では揺れが少ないという利点はあるが、天王寺～新宮間では381系に比べ40分前後も遅いほか、車両が古いうえにグリーン車の連結もないことで、利用客からの評判はよくなかった。

1985年7月20日、国鉄再建監理委員会が1987(昭和62)年4月に「6分割民営化」の実施を答申。1986(昭和61)年2月21日には国鉄改革法に盛り込む分割民営化後の新旅客鉄道会社名も内定し、分割民営化はいよいよ現実のものとなる。1982(昭和57)年7月の第2次臨調の答申提出以来、わずか3年半というスピードだった。

●国鉄最後のダイヤ改正で幹線のスピードアップ実施

1986(昭和61)年11月1日、全国ダイヤ改正が行われる。先の1985(昭和60)年3月改正が大規模で質的に充実したものなので、その1年半後の実施は異例といえた。しかし、分割民営化が1987(昭和62)年4月1日に決定し、旅客6社の管轄範囲も線引きされた以上、複数の会社にまたがって走る列車は国鉄対私鉄間で実施されているような乗入れの形態になることは免れなかった。そこで当該の列車や車両については、運転区間や車両の配置基地、乗務員の運用を予め決定しておく必要があった。つまり、1987年4月の民営化への移行をスムーズに実施するためには白紙改正は不可欠で、当然のことながら国鉄としては最後のダイヤ改正になる。ちなみに関西地区の在来線は西日本会社の管轄となり、その範囲は西側が山陽本線下関、東側が東海道本線米原、北陸本線直江津、関西本線亀山と紀勢本線新宮とされる。そのため、列車によっては東海、東日本、九州の各社に乗入れとなる。新幹線に関しては東海道が東海、山陽が西日本に分割される。東京～博多間「ひ

「雷鳥」「白鳥」などが並んだ向日町運転所。1977年9月　写真：野口昭雄

かり」は相互直通となるわけである。
この改正で、東海道・山陽新幹線では最高速度が220km/hに引き上げられた結果、新大阪からの最速所要は東京が2時間52分、博多が2時間59分に短縮され、東京～博多間最速「ひかり」は5時間57分になる。先の1985年3月以来、こんな短期間に東京～博多間で開業時より1時間のスピードアップができるのなら、なぜもっと早期に実現できなかったのか、不思議な感じだった。注目の100系は量産車の登場で東京～博多間「ひかり」4往復に投入される。この改正では0系12両の新大阪～博多間「ひかり」も定期5往復が設定されるが、山陽区間完結の「こだま」は輸送実績から0系モノクラスの6両とされる。
在来線では福知山線全線と山陰本線福知山～城崎間電化が完成。新大阪～城崎間を中心に電車特急「北近畿」定期8往復が新設されるが、福知山線昼行優等列車は「北近畿」に統一されたため、特急「まつかぜ」と急行「丹波」「だいせん」は廃止される。このため、播但線経由の「はまかぜ」1往復が設定され、城崎～鳥取間の特急ルート確保にあたった。「北近畿」用の車両には運転区間や線路の特性から381系が望ましいところだが、国鉄の緊縮財政の影響で485系が充てられた。山陰本線京都口では鳥取行の「あさしお」が増発され、グループは6往復になるが、それと引換えに急行「白兎」が姿を消す。夜行では「だいせん」用20系の陳腐化もあって定期運用から外れ、大阪～長野間の「ちくま」ともども14系寝台車+12系座席車の編成に取り替えられる。
天王寺～南紀間の「くろしお」は、季節や曜日によって旅客流動が激しいため、定期列車は11往復に整理されると同時に、季節・臨時も含め全列車が381系の編成に戻される。「くろしお」並びに伯備線特急「やくも」の基本編成を6または7両に短縮するとともに、車両の一部を出雲電車区からの転入により実現したものだった。南紀方面では京都～伊勢市間急行「志摩」が廃止されたため、京都始発の南紀方面行は消滅する。
関西～北陸間特急「雷鳥」は増発により定期で17往復の運転となる。スピードアップは今回も実施され、大阪から金沢までは2時間52分、富山までは3時間38分となり、双方とも表定速度は90km/hを超える。しかし、「だんらん」を連結しない列車は「白鳥」ともども9両となったので、編成面でのもの足りなさは隠せなかった。
関西～九州間寝台特急は「明星・あかつき1－4号」が廃止され、西鹿児島、長崎・佐世保、都城へと、必要最小限の3往復だけが残される。ここまで削減されれば当分は安泰とはいえ、何とも情けない限りだった。東海道夜行「銀河」については25形にオロネ24を加えた12両編成になる。特急で走らせても十分に通用する組成内容だった。
さて、分割民営化問題は、1987年2月20日に新会社の略号がＪＲに決定、シンボルマークとイメージカラーが発表される。そして、分割民営化に際し、ＪＲ西日本が定期の優等列車用として国鉄から引き継いだ車両は、電車では583系が60両、以下485・489系435両、381系189両、気動車ではキハ181系が94両、キハ65を含むキハ58系が122両だった。新幹線車両はＪＲ西日本が722両を、ＪＲ東海が1,458両を継承する。こうした車両を持ち駒として、以後ＪＲ時代での列車変遷史が展開される。

山陽路をゆく特急「明星・あかつき4号」。
1985年5月　金光～新倉敷　写真：安田就視

1985年3月改正で7連化された381系特急「くろしお」。
1986年4月10日　藤並～紀伊宮原　写真：安田就視

図－13　5章関連の著名優等列車の編成

1975（昭50）年3月10日　東海道・山陽新幹線　特急「ひかり」、特急「こだま」（東海道新幹線開業当時の編成）

←博多行　　　　東京行→

①	②	③	④	⑤	⑥	⑦	⑧	⑨	⑩	⑪	⑫	⑬	⑭	⑮	⑯
自	自	自	自	指	指	指	食堂	指/ビュフェ	指	G	G	指	指	指	指
21	26	25	26_7	25_7	26_7	27	36	35	26_2	15	16	25_5	26	25	22

1975（昭50）年3月10日　特急「彗星」下り2号・上り2号（1975年3月改正で3往復に整理された「彗星」だが、1往復には2段寝台の25形を使用）

←3005レ都城行　　　　3006レ新大阪行　→

	①	②	③	④	⑤	⑥	⑦	⑧	⑨	⑩	⑪	⑫
電源	B寝	B寝	B寝	B寝	B寝	B寝	B寝	B寝	B寝	B寝	B寝	B寝
カヤ24	オハネフ25	オハネ25	オハネ25	オハネ25	オハネ25	オハネフ25	オハネフ25	オハネ25	オハネ25	オハネ25	オハネ25	オハネフ25

新大阪～都城（電源～⑥）　新大阪～大分（⑦～⑫）

1976（昭51）年2月20日　急行「銀河」（一世を風靡した流麗な20系客車もついに急行に転用）

←103レ大阪行　　　　104レ東京行→

	①	②	③	④	⑤	⑥	⑦	⑧	⑨	⑩	⑪
電源	A寝	B寝	B寝	B寝	B寝	B寝	B寝	B寝	B寝	B寝	B寝
カヤ21	ナロネ21	ナハネ20	ナハネ20	ナハネ20	ナハネ20	ナハネフ23	ナハネ20	ナハネ20	ナハネ20	ナハネ20	ナハネフ22

1973（昭53）年10月2日　特急「くろしお」（紀勢本線新宮電化で「くろしお」は381系振子式電車化される。組成内容は中央西線の「しなの」と同じ）

←白浜/新宮行　　　　天王寺行→

①	②	③	④	⑤	⑥	⑦	⑧	⑨
指	指	指	G	指	指	指	自	自
クハ381	モハ380	モハ381	サロ381	モハ380	モハ381	モハ380	モハ381	クハ381

1973（昭53）年10月2日　急行「しらはま3-2号」「きのくに17-12号」（“紀勢西線”が電化されても、急行は相変わらず気動車で運転）

←511D・4511D～511D 白浜行　　　　512D京都行・512D～4512D天王寺行→

①	②	③	④	⑤	⑥	⑦	⑧	⑨	⑩	⑪
指	G	指	自	自	自	G	自	自	自	自
キハ58	キロ28	キハ28	キハ65	キハ58	キハ58	キロ28	キハ28	キハ58	キハ28	キハ58

京都～白浜（①～⑤）　天王寺～白浜（⑥～⑪）

1980（昭55）年10月1日　急行「きたぐに」（12系座席車と10系寝台車で組成された急行「きたぐに」。当時大阪駅に発着する唯一の一般形客車連結優等列車だった）

←502レ大阪行　　　　501レ青森行　→

		①	②	③	④	⑤	⑥	⑦	⑧	⑨	⑩	⑪
荷物	郵便	自	自	自	自	自	指	B寝	B寝	A寝	B寝	B寝
マニ37	オユ10	スハフ12	オハ12	オハ12	オハ12	スハフ12	オハフ13	オハネフ12	オハネフ12	オロネ10	オハネフ12	オハネフ12

大阪～富山（荷物・郵便）　大阪～新潟（⑦～⑪）

1985（昭60）年3月14日　特急「まつかぜ1-4号」（山陰老舗特急「まつかぜ1-4号」も米子で2列車に分断。キハ181系化なるも食堂車の連結なし）

←5D米子行　　　　6D 新大阪行→

①	②	③	④	⑤	⑥	⑦	⑧
指	指	指	指	G	自	自	自
キハ181	キハ180	キハ180	キハ181	キロ180	キハ180	キハ180	キハ181

1985（昭60）年3月14日　特急「雷鳥」（北陸特急「雷鳥」活性化を狙い、定期16往復中5往復に食堂車改造の和風車「だんらん」を連結）

←大阪行　　　　金沢/富山行→

①	②	③	④	※⑤	⑥	⑦	⑧	⑨	⑩
指	指	指	G	G	指	指	自	自	自
クハ481	モハ484	モハ485	サロ481	$サロ481_5$	モハ484	モハ485	モハ484	モハ485	クハ481

※⑤号車は和風車「だんらん」

1986（昭61）年11月1日　東海道・山陽新幹線　特急「ひかり」下り1・3・5・23号、上り10・12・26・28号
（新幹線は開業21年を経てフルモデルチェンジ車100系が登場。設備で利用客を魅了する）

←博多行　　　　東京行→

①	②	③	④	⑤	⑥	⑦	⑧	⑨	⑩	⑪	⑫	⑬	⑭	⑮	⑯
自	自	自	自	自	指	指	食堂	G（上）／G個（下）	G	指	指	指	指	指	指
123	126	125	126	125	126	125_5	168	149	116	125_7	126	125	126	125	124

6章

JR化後の関西発名列車

（1987～　）

特急「オーシャンアロー」283系。2001年6月　新大阪　写真：野口昭雄

1 新幹線は個性あふれる車両と列車揃い

●新幹線は「ひかり」から「のぞみ」の時代へ

国鉄の解体は発展的解消ではなく、財政破綻であったことは今さらながら記すまでもない。したがって、分割･民営化して再出発したところで、果たしてうまくいくかどうか心配する声が少なからずあったことは確かである。だが、そうした周囲の不安を一掃したのが国鉄最末期からＪＲ化後の1992（平成4）年にかけて登場した100系新幹線電車である。100系にはX･V･Gの3タイプの編成があり、X･G 編成は16両中2両、V編成は4両が2階建て車両で組成される。各編成とも2階部分はグリーン室のほか､X編成と「グランドひかり」ことV編成には展望食堂車が設けられる。また階下部分はX編成とG 編成にグリーン個室が、G編成にはさらにテークアウト方式の供食設備としてカフェテリアが設置される。これに対しV編成は2&2座席と三者三様の工夫がなされていた。平屋建て部分になる普通車もシートピッチが広く、0系とは一線を画すほどの居住性を誇った。

ＪＲ化の前後は後に“バブル”と呼ばれる好景気の追い風が吹きまくっていたが、こうした100系の素晴らしさは、国民にＪＲに対する信頼感を大いに与えたことだろう。1993（平成5）年までの東海道･山陽新幹線は100系「ひかり」の時代といってよく、展望レストランで流れる景色を眺めながら食事をしたり、乳幼児がいれば、多少値段が張ってもグリーン個室を使ったりと、ゆとりある旅が楽しめるよき時代だった。

2階建て4両の100系「グランドひかり」。
1992年4月7日　姫路　写真：寺本光照

しかし、そうした100系もスピードとなるとV編成の山陽区間での230km/hが最高で、航空機との競争で優位に立つためには新大阪からは東京、博多両方向とも2時間30分前後のスピードが要求される。そして、最高速度270km/h運転を可能とする300系量産車落成により、1992年3月14日から東京～新大阪間に「のぞみ」が運転を開始する。列車名が新設されたのはスピード的に「ひかり」より上位列車になるため、別体系の料金を徴収するためだった。この「のぞみ」は1993年3月18日からは東京～博多間での1時間ヘッド運転となり、同区間を5時間04分で結ぶことで、王座を100系「ひかり」と交替する。300系には売店でもあるサービスコーナーが設置されたため、本格的な供食設備は見送られる。乗車時間が短くなったことや駅構内やその周辺で飲食物が簡単に手に入るようになったこと、それに多客期での収容力を高めるのが理由で、1999（平成11）年に量産が開始された700系からはサービスコーナーも省略され、車内での飲食物はワゴンでの販売のみになる。

新幹線品川駅開業の2003（平成15）年10月1日改正では、「7－2－3ダイヤ」を導入。東海道新幹線は「のぞみ」主体の列車設定となり､「ひかり」は主要駅停車タイプに使命を変える。

その後、東海道･山陽新幹線では「のぞみ」主導の傾向はますます強まり、2007（平成19）年7月からは最高速度300km/hに加え、車体傾斜装置を有するＮ700系が登場。2012（平成24）年3月17日改正では「10－2－3ダイヤ」になる時間帯が設定され、さらに2015（平成27）年3月14日からは270km/hが聖域だった東海道新幹線内でも最高速度285km/h運転が可能となり、東京～新大阪間所要は2時間22分に短縮されるなど着実な歩みをみせている。

開業からすでに半世紀以上が経過した新大阪駅

時代を駆けた名列車-54

新幹線特急「ウエストひかり」→「ひかりレールスター」

山陽区間向けに2＆2座席を採用した0系による「ウエストひかり」。1992年4月7日　姫路　写真：寺本光照

山陽新幹線区間を速達運転する「ひかり」のうち、"Rail Star（レールスター）"の愛称をもつ700系7000番台で運行される列車を示す。列車名は「ひかり」だが、駅や車内では「ひかりレールスター」として案内される。最盛期は1時間に1～2本運転されたが、九州新幹線との直通運転によって「さくら」への置換えが行われ、激減。2016（平成28）年11月現在、下り1本、上り2本のみで、近く消滅も予想される。

山陽新幹線では民営化直後からJR西日本による積極的な改善施策が行われた。例えば、座席が3＋2列だった0系電車をゆったりした2＋2列に改装、1988（昭和63）年から「ウエストひかり」として運転を開始。さらに独自のビュフェ車やシネマカーなども連結している。また、新大阪～博多間の所要時間も当時最速の2時間59分とした。

山陽新幹線で300系「のぞみ」が走るようになった1993（平成5）年以降も「ウエストひかり」の運転は続いたが、後継として開発された700系を元に8両編成とした7000番台が造られ、2000（平成12）年3月から「ひかりレールスター」として活躍を始めた。「ウエストひかり」と共に活躍した時期もあるが、ほどなく全列車が「ひかりレールスター」に置き換えられている。新大阪～博多間の所要時間も平均2時間45分と短縮された。

700系を山陽区間向けに8連化した「ひかりレールスター」。2000年3月28日　西明石　写真：寺本光照

700系7000番台は、自由席は3＋2列だが、指定席は「ウエストひかり」を踏襲した2＋2列、さらに大型テーブルや電源コンセントを備えたオフィスシートも設定している。このほか、8号車の一部には4人用のコンパートメントも設けているが、すべて普通扱いでグリーン席はない。普通指定席がグリーン席並のサービスとなっていたのだ。700系7000番台は「ひかりレールスター」運用が激減したため、現在は「こだま」としての運転が中心になっている。

も、列車の増発で5面8線のホームを有し、8万人に近い乗客数を誇っている。

●山陽新幹線のサービス列車「ウエストひかり」

JR化当時、東海道新幹線に対し弱体ぶりを隠すことができなかったのがJR西日本が管轄する山陽新幹線である。国鉄最後となる1986（昭和61）年11月改正では、「こだま」の編成を思い切ってモノクラス6両に縮小する代わりに、新大阪～博多間の全駅に1時間当たり2本の乗車チャンネルが確保されるダイヤが構築された。

JR化に伴い東海道新幹線と別会社になったことは、山陽新幹線にとっては独創性を発揮できるチャンスでもある。そこで、JR化後最初の1988（昭和63）年3月13日改正では新大阪～博多間に「ウエストひかり」4往復が運転を開始する。既存の0系狭窓車を改造したモノクラス6両編成だが、座席はグリーン車並の2&2シート。ビュフェも立食の簡素なものではなくラウンジ風にまとめられ、カレーライスや和風セットも出されるなど、メニューも充実していた。

「ウエストひかり」は大好評で迎えられたのはいいが、あまりの人気で指定席は切符の入手難を呈したため、翌年にはグリーン車付の12両編成列車も登場し、一部の編成には車内でビデオ鑑賞ができる「シネマカー」が連結される。そして、1994（平成6）年12月には8往復すべてが12両と

時代を駆けた名列車-55

新幹線特急「500系のぞみ」

日本で最初に300km/h営業運転を行った列車。登場時、新大阪〜博多間を2時間17分で結び、表定速度は242.5km/hに達した。また、広島〜小倉間は途中停車なしの44分となり、その平均速度は261.8km/h。共に「始発駅から終着駅までの世界最速」「隣接停車駅間世界最速」としてギネスブックに認定されている。

「のぞみ」は1992（平成4）年に300系電車によって運転を開始している。300系は最高270km/h運転可能な性能をもち、東海道・山陽新幹線（当初の運転は東海道新幹線のみ）の高速化に貢献した。「のぞみ」という列車名も300系導入時に新設されている。300系はＪＲ東海の開発によるものだったが、ＪＲ西日本も並行して高速車両を開発。これが500系電車だ。営業運転での最高速度は、東海道区間で270km/h、山陽区間で300km/hとなっていたが、320km/h運転をめざした性能をもっている。

500系デビュー時の1997（平成9）年3月では新大阪〜博多間定期1往復、臨時1往復の運転だったが、車両の増備が進んだことで同年11月から東海道新幹線にも足を延ばし、東京〜博多間を当時最速の4時間49分で結んでいる。その後も500系は勢力を伸ばし、1998（平成10）年10月には東京〜博多間7往復、新大阪〜博多間1往復の運転となった。この体制は2008（平成20）年まで続くが、後継のＮ700系への置換えも始まり、同年3月改正から東京〜博多間2往復と大幅減便された。さらに2年後の2月いっぱいで「500系のぞみ」の定期運用はなくなった。

なお、「のぞみ」運用から離脱した500系は、大半が8両編成に組み替えられ、現在では山陽新幹線内の「こだま」として運転されている。

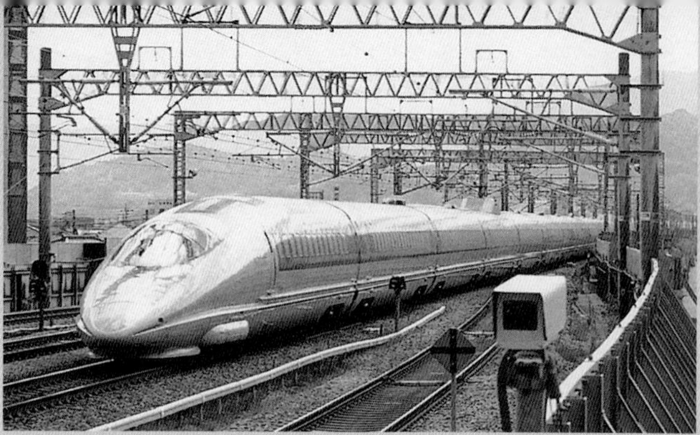

ジェット機を思わせる500系新幹線「のぞみ」だが、後進の700系やＮ700系に押されて本数が減り始めた。2007年6月2日　新富士　写真：寺本光照

なって全盛期を迎える。中古の0系による編成ながら、100系「グランドひかり」とともに山陽新幹線の看板列車とすべく、窓下には100系同様の細いラインが添えられていた。

しかし、山陽新幹線にも300系やそれに続く500系「のぞみ」が進出すると、陳腐化と足の遅さだけはどうすることもできず、2000（平成12）年4月21日に運転を終了。車両は改造のうえ「こだま」に転用される。また、「ウエストひかり」の運転期間中、旧盆や年末年始の繁忙期を中心に山陽新幹線では全車座席指定の「ファミリーひかり」が運転される。0系6両編成だが、子供向けにビュフェ車を改造したプレールームを設けたのが特色で、親子連れから重宝された。

山陽新幹線では「ウエストひかり」の引退により、2000年3月13日から700系8両からなる「ひかりレールスター」19往復が新大阪〜広島／博多間に登場する。最高速度285km/h運転が可能なので、新大阪〜博多間を最速2時間43分で結んだ。700系はＪＲ東海・西日本両社の共同開発であるため、種々の制約があったが、それでも8両中指定席の④〜⑧号車は2&2シートであるほか、⑧号車には4人用個室が4室設けられるなど、ＪＲ西日本車両ならではの独創性を打ち出している。

「ひかりレールスター」用700系7000番代も、九州新幹線全通後の2011（平成23）年3月12日改正からは、熊本・鹿児島中央直通のＮ700系7000・8000番代からなる「さくら」に押され、「こだま」に運用される機会が増えているが、「さくら」用Ｎ700系も指定席部分の車両が2&2シートとされているのは、700系7000番代と同じ思想である。

こうしてＪＲ化後における山陽新幹線のサービスぶりを見るにつけ、1世紀以上も前になる官民並立時代の山陽鉄道を思い浮かべるのは筆者だけだろうか。

●新幹線300km/h運転の先駆者500系

ＪＲ化後、新幹線を管轄する各社はそれぞれの路線の特性に応じた車両を開発する。東海道・山陽新幹線では当初は国鉄から引継ぎの0系や、国鉄設計の100系を使用していたが、高速化が叫ばれ出した1990年代からはＪＲ東海が300系、ＪＲ西日本が500系とそれぞれ独自に開発・設計した車両を「のぞみ」に投入する。その後は1995(平成7)年に発生した阪神・淡路大震災の影響もあり、700系からはＪＲ東海とＪＲ西日本との共同開発の形態がとられ、現在にいたっている。

こうしたＪＲ化後の東海道・山陽新幹線列車の中で、最もインパクトが強いのは1997(平成9)年3月22日改正で登場した500系「のぞみ」だろう。500系は新大阪〜博多間で航空機との熾烈な競争に打ち勝つため、営業時の最高速度300km/h運転を目指して開発された車両で、騒音や振動波による環境問題をクリアすべく、先頭車はそれまでの新幹線車両にはない15mに及ぶロングノーズに、戦闘機のようなキャノピー形の運転台を装備。車体断面も円筒状とされたため、スピード感に溢れたスマートなスタイルをもつ車両が出来上がった。落成当時は16両1本しかなかったため、新大阪〜博多間「のぞみ」に限定運用されたが、増備車が登場した1997年11月29日には東海道区間に進出し、東京〜博多間を最速4時間49分（新大阪〜博多間2時間17分）で結んだ。1999(平成11)年3月13日には東京〜博多間で7往復ながら2時間ヘッドのわかりやすいダイヤとなる。500系はその“格好よさ”から鉄道ファン以外の人々からも愛され、休日や行楽シーズンには500系を目当てに切符を求める旅客が多く、特急券は入手難だった。

しかし、そのような500系も車両数が16両9本の小世帯であることや、300系や700系とは定員が異なって共通運用が難しいこと、それに「のぞみ」に自由席が設定された2003(平成15)年10月改正後はドアが1カ所しかない①号車は乗降に手間がかかるなどの理由で、N700系登場後は漸次東京〜博多間「のぞみ」から撤退し、2010(平成22)年2月28日の運転を最後に「のぞみ」運用を退く。

500系の処遇については、車齢が若かったこともあって、2007年度から8両化への改造が開始され、0系が新大阪〜博多間から撤退した2008(平成20)年12月1日からは「こだま」の運用に入る。そして、「のぞみ」運用とは縁が切れた現在では、廃車された1本を除き8本すべてが山陽区間の「こだま」に活躍中である。「のぞみ」時代の華やかさは影を潜めたが、それでも新大阪〜博多間の1往復にはジョイフルトレインを兼ねた「500 TYPE EVA車両」が使用される日があるほか、大阪方先頭車の客室運転室寄りには子供用の運転台がとりつけられるなど、急ぎでない家族連れ利用客からは、相変わらずの人気を博している。

ＪＲ東海が開発した270km/h運転可能の300系。2000年10月7日　豊橋　写真：安田就視

2 関西で利用できる夜行列車はほぼ全廃

●利用客から好評だった豪華特急「トワイライトEXP」

分割民営化への流れが決定しつつあった1984(昭和59)年頃、鉄道ファンの間でもっとも関心があったのは、民営化後におけるブルートレインなど長距離夜行列車の去就である。特にブルートレインは関西～九州間だけにとどまらず、一部の例外的列車を除いては乗車率が低迷していたため、民営化を契機に全廃されるのではないかなど、まことしやかな噂が流れた。その点では、国鉄が1986(昭和61)年11月1日に民営化後にも引き継がれるダイヤ改正を行い、当時運転されていた夜行優等列車の大部分を存続させた意義は大きかった。続いて行われた新会社の略称をＪＲ、全体をＪＲグループとする発表も、「国鉄が分割民営化されても、全体ではひとつ」ということで、利用客を一安心させた。

当時は好景気であったほか、国民の新生ＪＲにかける期待も大きかったため、会社によっては寝台特急を看板商品の一つとして育てようとする動きがあり、国鉄時代にはなかったＢ個室寝台車やシャワールームを備えた車両の整備、それに食堂車のリニューアルが実施される。その最たる例は1988(昭和63)年3月13日の青函トンネルを含む津軽海峡線開業により、上野～札幌間で運転を開始した寝台特急「北斗星」である。25形や485系電車からの改造ながら、それまでの寝台列車の常識を打ち破ったようなシャワー室付きＡ個室寝台「ロイヤル」や、フリースペースとしてのロビーカー、フルコース料理を提供する食堂車を連結し、世間をあっといわせた。「ロイヤル」も一般庶民が少し背伸びをすれば利用が可能な値段だけに、切符の入手難は大変なものだった。「北斗星」運転と同じ日、ＪＲ西日本持ちの「日本海1－4号」も大阪～函館間運転となるが、Ｂ寝台だけの編成のため、「北斗星」とは格差だけが目立った。

そこで、ＪＲ西日本は北海道行寝台特急として1989(平成元)年7月から「トワイライトエクスプレス」を大阪～札幌間に運転する。こちらも25形の改造ながら、大阪方最後尾に展望室を兼ねた2人用Ａ個室寝台「スイート」を配したほか、「ロイヤル」やサロンカー、食堂車を連結した豪華列車だった。この「トワイライトエクスプレス」は当初こそセット旅行用の団体列車としての設定だったが、第2編成とＢ個室寝台車が戦列に加わる同年12月3日からは週4日運転の臨時列車となり、さらに1991(平成3)年3月からは第3編成が加わって、ピーク時には毎日運転も可能となる。しかし、その後は景気の低迷に加え、改造種車捻出の問題もあって第4編成の増備は見送られ、定期列車に昇格することができなかったのは残念だった。

鉄道で本州と四国が結ばれた瀬戸大橋線。下津井港より見る。
1990年5月26日　写真：安田就視

鉄道で本州と北海道が結ばれた青函トンネルの津軽海峡線。
1992年11月24日　竜飛海底～津軽今別　写真：安田就視

時代を駆けた名列車-56

寝台特急「トワイライトエクスプレス」

大阪～札幌間を結ぶ寝台特急。走行距離は1,500km余り、運行当時は日本最長の旅客列車となっていた。

青函トンネル開通の翌1989(平成元)年7月21日から運行を開始。当初は1編成のみで、団体専用の臨時列車とされた。大阪発は火・金曜日、札幌発は水・土曜日という週2往復運転。時刻表には掲載されない幻の列車でもあった。同年暮れには、第2編成が完成したことで週4往復の臨時特急となり、時刻表にも掲載されるようになった。さらに2年後には第3編成も造られ、毎日運転も可能になった。しかし、それ以上の予備編成は造られず、運転終了まで臨時列車に終始している。

車両は、前年に誕生した「北斗星」同様、国鉄から引き継いだ25形客車を改装したものだったが、その内容は「北斗星」を上回り、2人用A個室寝台スイート、1人用B個室寝台シングルツイン、2人用B個室寝台ツイン、4人用B個室寝台Bコンパートも加えて、個室寝台中心の編成となっている。さらにレストランカー「ダイナープレヤデス」やサロンカー「サロン・デュ・ノール」も連結。車体も深緑を基調した塗色で装い、もはや“ブルートレイン(青い列車)”とは一線を画した列車となっている。

「トワイライトエクスプレス」のレストランカーで供されるディナーは、「北斗星」などと同様、事前予約制のフランス料理フルコースとされたが、価格はやや上回り、運転終了時で「北斗星」「カシオペア」が8,500円だったのに対し、「トワイライトエクスプレス」では1万2,300円。ここでは朝食や昼食(下り列車のみ)のサービスも行われ、長い旅路に楽しみを添えている。

北海道新幹線開業後、青函トンネルを通過する旅客列車が制約されることもあり、大阪～札幌間を結んできた「トワイライトエクスプレス」の運行は2015(平成27)年3月で終了となった。5月から団体専用列車『特別な「トワイライトエクスプレス」』としてJR西日本管内をメインに運行されたが、これも2016(平成28)年3月で終了している。

札幌発大阪行の特急「トワイライトエクスプレス」。25形10連。1995年　高槻～山崎　写真：寺本光照

「トワイライトエクスプレス」は好調な乗車率を維持するが、25形車両の老朽化に加え、北海道新幹線建設に伴う青函トンネル通過の問題も絡み、2015(平成27)年3月改正で引退する。北海道新幹線が開業し、本州内も北陸本線金沢～直江津間が第三セクター鉄道となった現在、関西から北海道への直通寝台特急が伝説となる日もそう遠くない。

●当初10往復半の定期夜行列車はすべて消滅

JR化直後、関西で利用が可能な定期夜行列車は、特急では九州行の「なは」「彗星」「あかつき」、北陸方面行の「日本海」2往復と「つるぎ」。急行では東京・北陸・山陰・長野へ行く「銀河」「きたぐに」「だいせん」「ちくま」。普通では「はやたま」の血統を受け継ぐとともに、1986(昭和61)年11月改正で165系電車化され、上りのみの運転となった

時代を駆けた名列車-57

急行「きたぐに」

北陸本線の急行として半世紀にわたって活躍した列車だ。晩年は583系電車唯一の定期運用列車として注目を受けながら大阪～新潟間を結んでいたが、その運転区間は時代と共に変動している。

誕生は1961(昭和36)年10月改正。このときに特急「白鳥」も登場しており、それを補完する列車の一つとして金沢～新潟間で運転を始めている。当時、この程度の運転区間なら準急とするのが一般的だったが、「きたぐに」にはデビューしたばかりのキハ58系気動車を投入、急行としている。2年後には金沢から大阪まで延長、大阪～新潟間列車となった。

1968(昭和43)年10月改正では大阪～青森間に北海道連絡の寝台特急「日本海」が登場。これに伴い、旧「日本海」は「きたぐに」として運転を継続することになった。当時の日本海縦貫線は非電化区間も多く、時刻は大阪20:45発→青森18:32着、青森11:51発→大阪9:22着と所要時間は長かった。1972(昭和47)年11月には北陸トンネル内で火災を起こしたため、食堂車連結を打ち切り、さらに翌年には新鋭の12系客車を導入して改善が図られた。

1982(昭和57)年11月改正で運転区間は大阪～新潟間に短縮。このとき車両は特急形の14系客車に一新されているが、3年後にはさらに583系電車に置き換えられた。この形で国鉄からＪＲに引き継がれたが、2012(平成24)年3月改正で定期列車としての運転を終了。翌年まで臨時列車として運転されることもあったが、車両老朽化によって廃止された。

大阪と新潟を結ぶ583系急行「きたぐに」。1990年9月23日　高槻～山崎　写真：寺本光照

天王寺発新宮行の922Mがあり、今にして思えば、結構な本数が残されていた。いずれも1976(昭和51)年以来の度重なる国鉄運賃・料金値上げにも耐え、生き延びてきた“強者”ばかりだった。

当時これらの夜行列車は、最盛期の夢を求めるのは無理としても、固定客などでまずまずの利用があるため、1992(平成4)年7月までの間に九州行の「なは」と「あかつき」には、グリーン車並の3列式リクライニングシートを装備した「レガートシート」(普通車指定席扱い)と1人用B個室寝台「ソロ」が、「なは」にはこのほか2人用B個室寝台「デュエット」が連結される。また、関西での始発駅も「あかつき」は京都、阪和線内快速の新宮行は新大阪に変更され、利用客への便宜

関西と東北・北海道地方間の輸送を長く支えた寝台特急「日本海」。1994年4月29日　北小松～近江高島　写真：安田就視

時代を駆けた名列車-58
新幹線特急「みずほ」「さくら」

N700系7000番代の新幹線「さくら」、8連。2011年3月27日　姫路　写真：寺本光照

山陽新幹線と九州新幹線を直通運転する列車である。「みずほ」は停車駅の少ない、いわゆる"のぞみタイプ"、「さくら」は"ひかりタイプ"の愛称として使い分けられている。

九州新幹線は2004（平成16）年に新八代～鹿児島中央間で先行開業。このときは全列車とも「つばめ」で運転されていたが、2011（平成23）年3月12日に博多～新八代間が開通して、鹿児島ルートが全通した。同時に、山陽新幹線と九州新幹線の直通運転も行われるようになり、「みずほ」「さくら」が新設されている。

「みずほ」の列車愛称は、日本の美称でもある「瑞穂（みずほ）の実る国」にちなむもの。列車名としての起用は1961（昭和36）年に東京～熊本間で運行を開始した不定期特急が最初。翌年定期化、さらにその1年後には"ブルートレイン"化を果たし、1994（平成6）年まで同区間で運転されていた。

また「さくら」の列車愛称は、大正時代から東京～下関間を結んでいた特急に漢字の「櫻」で起用されたのが最初だ。戦時体制で運行が途絶えるが、戦後、ひらがなの「さくら」となって東京～大阪間の臨時特急として復活。さらに1959（昭和34）年からは東京～長崎間などの"ブルートレイン"となり、2005（平成17）年まで運行を続けていた。

「みずほ」「さくら」共に九州なじみの列車名ということで、山陽・九州新幹線に再起用された。

が図られた。

だが、このように順調なスタートを切ったかのように思われた夜行列車だが、体質改善進行とほぼ時を同じくして起きた"バブル"崩壊による不況が訪れると客足が遠のき、1994（平成6）年12月3日改正では大阪～新潟間特急「つるぎ」が廃止される。高速バスに旅客を奪われたことや同区間には急行「きたぐに」が設定されているので、2列車では輸送力が過剰というのが廃止理由だった。その後、1999（平成11）年10月2日に新宮行は紀伊田辺以南が季節列車に格下げされ、夜行列車としての使命を終える。高速道路網の南下で、常連の太公望が南紀方面の釣場までクルマで直行するようになっては、使命を断たれたも同然だった。

残る列車は幸い21世紀まで生き延びるが、急行のうち「ちくま」は1997（平成9）年10月に383系電車に、「だいせん」は1999年10月に「エーデル」タイプのキハ65に置き換えられていた。いずれも客車の老朽化と車両運用の合理化によるところが大きかった。また、ＪＲ化後の在位が10年を超えるといっても、比較的安定した乗車率を保っているのは北陸系統と東海道夜行の「銀河」だけで、九州特急は3列車とも苦戦していた。「あかつき」には1998（平成10）年10月からA・B寝台の個室車両が増結され、その設備は利用客から好評だったものの、個室の切符をとれなかった旅客は一般のB寝台を手配するのではなく、乗車をあきらめて他の交通機関を利用するため、自らが首を絞めている感じだった。これは「なは」も同様だった。

夜行列車の本格的な廃止は2003（平成15）年から開始され、2004（平成16）年にかけ、急行「ちくま」と「だいせん」が姿を消す。そして、特急

新大阪～浜坂間を走った特急「エーデル北近畿」。夜行急行「だいせん」にも使用されたキハ65系。
1998年3月29日　写真：寺本光照

形寝台客車が車両更新期に差しかかった2005(平成17)年からは、その動きが急ピッチになり2008(平成20)年3月までに、「彗星」「なは」「あかつき」「日本海3－2号」「銀河」が廃止される。そして残った「日本海」と「きたぐに」も2012(平成24)年3月17日改正で引退し、関西始発の定期夜行列車はその姿を消す。九州行はともかく、「日本海」や「銀河」は改善次第では利用率の向上も十分に見込まれた列車で、特に「日本海」は他に代替交通機関のない区間を利用する客も存在するので、単に車両の老朽化だけで廃止していいものかと、疑問が残った。

国鉄時代の1970年代前半には、大阪駅からは各地に向かう夜行列車が矢継ぎ早に発っていったが、現在では有効時間帯を過ぎる東京行特急「サンライズ瀬戸・サンライズ出雲」を除き、長距離列車の姿は見られない。2011(平成23)年3月の九州新幹線開業で、新大阪駅で「みずほ」や「さくら」の行先表示器に鹿児島中央や熊本行の文字が見られるようになったことが、わずかな救いである。

3 電車特急はJRオリジナル車に代替り完了

●北陸特急は「雷鳥」から「サンダーバード」に変身

JR化直後の関西地区で最も列車本数の多い優等列車は、記すまでもなく「雷鳥」である。1987(昭和62)年4月1日時点での本数は定期だけで17往復で、うち3往復が新潟まで直通した。ここで問題となるのは大阪～新潟間列車では、直江津以北はJR東日本区間を走るということである。そのため、「白鳥」を含む大阪～北陸間特急のうち「白鳥」と新潟「雷鳥」の2往復は、JR東日本上沼垂運転区の485系を使用することにより、走行距離の調整が実施される。「白鳥」用485系が運転区間の中間にあたる新潟市内の上沼垂を車両基地としたのもJR化により生じたわけである。

このような「雷鳥」だが、国鉄時代の登場から早23年が経ったにもかかわらず、食堂車の連結がなくなったこと以外ほとんど姿が変わっていないので、陳腐化だけはどうしようもなかった。そこで、活性化の一環として1989(平成元)年3月11日改正からは、485系をグレードアップ改造のうえ、パノラマグリーン車を連結した「スーパー雷鳥」4往復が神戸／大阪～富山間で運転を開始する。途中停車駅を新大阪・京都・福井・金沢・高岡の5駅に精選したこともあって、大阪～富山間の所要は3時間23分。表定速度も96.7km/hを記録する。塗装も国鉄色から脱し、白をベースに窓下にブルーとピンクの帯が添えられたため、パノラマグリーン車側からは新車と見間違える旅客も多かった。

JR東日本上沼垂区の特急「白鳥」485系は新塗装に塗り替え、イメージチェンジが図られた。
1990年10月17日　北長岡～押切　写真：安田就視

「スーパー雷鳥」はスピードと居住性が好評を博し、1991(平成3)年9月からは電化がなった七尾線和倉温泉にも進出。さらに1992(平成4)年3月には7往復運転になる。当時485系をうけもつ車両基地では、特急のイメージチェンジのため新塗装を採用する例が多く、JR東日本上沼垂区では、アイボリー地を基調にブルーとグリーンの太帯を巻いた車両が登場し、当然のことながら大阪駅にも姿を見せた。もっとも車両の塗装は、新製時に熟考して決定されるので、塗り替えたところで「なぁーんだ」と思われる例が多いが、「スーパー雷鳥」や「白鳥」は成功のほうの部類だった。

だが、1990年代も半ばに近づくと、「スーパー雷鳥」用485系はJR化後次々に登場する他社の

時代を駆けた名列車-59

特急「サンダーバード」

683系9連の特急「サンダーバード」。
2015年6月29日　山崎～長岡京　写真：寺本光照

大阪～金沢・和倉温泉間を結ぶ特急である。

大阪と北陸エリアを結ぶルートは需要が多く、特急運行も半世紀以上の歴史がある。最初の特急は1961（昭和36）年10月に運行を開始した「白鳥」。この列車は大阪～青森・上野間を結んでいたが、北陸エリアへの区間利用も多かった。北陸本線の電化が進み、1964（昭和39）年10月には交直流両用の481系電車によって大阪～富山間の「雷鳥」が誕生。当初はわずか1往復の運転だったが、その後はダイヤ改正ごとに増発される勢いで、民営化時には定期17往復体制となっている。

「雷鳥」はＪＲ西日本の管轄となったが、同社にとってもドル箱列車のひとつで、さらなる活性化を図っていく。1989（平成元）年3月には485系グレードアップ車を使った「スーパー雷鳥」を運転開始。この列車は車内サービスの改善だけでなく、停車駅も見直して速達性を重視。大阪～金沢間は2時間39分、同～富山間は3時間23分とした。表定速度も大阪～金沢間で100km /hを超え、大きな話題を呼んでいる。

こうした運行と並行してＪＲ西日本は485系の後継車両の開発も進め、1992（平成4）年に681系電車が完成する。この車両は将来的な構想を見込んで160km /h運転可能な性能をもち、車両愛称は「サンダーバード」とされた。当初、試作編成を臨時「雷鳥」として営業試運転を重ね、1995（平成7）年4月から「スーパー雷鳥（サンダーバード）」として本格的にデビューした。所要時間は大阪～金沢間で2時間29分、同～富山間で3時間07分となり、681系の性能を見せつけた。2年後には681系使用列車の愛称を「サンダーバード」に改め、485系による「雷鳥」「スーパー雷鳥」との差別化を明確にしている。

2001（平成13）年3月には681系の改良版である683系も登場、これによって老朽化した485系の置換えを進めていく。485系の完全引退は2011（平成23）年3月改正で、以後は681系および683系による「サンダーバード」に統一された。なお、2015（平成27）年3月14日の北陸新幹線金沢開業にともない、金沢（津幡）以東の「サンダーバード」運転はなくなった。

新形特急車に比べると、性能やスピード面での見劣りが目立つようになり、阪神・淡路大震災後の1995（平成7）年4月20日から量産化が開始された681系電車に置き換えられる。681系には「サンダーバード」の車両名がつけられたため、当初は「スーパー雷鳥（サンダーバード）」として運転されるが、長ったらしいこともあり、1997（平成9）年3月からは「サンダーバード」として独立。この時点で関西～北陸間昼行特急は「白鳥」「雷鳥」「スーパー雷鳥」「サンダーバード」の4本建ての24往復となる。しかし、2001（平成13）年3月3日改正で683系が登場したのを機に、関西～北陸間は681／683系の「サンダーバード」の時代に突入。485系は「白鳥」と「スーパー雷鳥」の廃止で「雷鳥」だけが残り、それも大阪～金沢間定期8往復だけの運転となる。その後も「雷鳥」は活躍を続けるが、経年には打ち勝てず、2011（平成23）年3月12日改正で引退する。

現在の大阪～北陸間は「サンダーバード」の天下で、北陸新幹線開業の2015（平成27）年3月14日からは1往復が和倉温泉まで直通するだけで、残る列車は金沢回転で運転されている。最速の列車は表定速度100km/hを超えるなど充実した運転だが、大阪～金沢間の輸送量からは、新幹線の建設が待たれるところである。

●南紀方面への玄関口は天王寺から新大阪に交替

紀伊半島の海岸線に沿って走る紀勢本線が全国でも有数の観光路線であることは昔も今も変わら

時代を駆けた名列車-60

特急「はるか」

京都と関西国際空港を結ぶ281系9連の特急「はるか」。
1995年5月4日　高槻～山崎　写真：寺本光照

関西国際空港のアクセス特急である。1994（平成6）年9月4日、開港と同時に運転を開始した。列車名は一般公募により「はるか世界各国へ……」といった夢や願いが込められたものとして命名された。

車両は専用に開発された281系電車を使用。クハ281には荷物室も設けられ、同時に京都駅に開設された京都シティエアターミナル（京都CAT）でチェックインサービスを行い、ここで預けた荷物を空港へ別送する「はるかレールゴーサービス」も行われた。鉄道としては画期的な試みだったが、2001（平成13）年の同時多発テロによって空港以外での荷物検査ができなくなり、京都CATは閉鎖、荷物別送サービスもなくなった。

当初は京都発着で、早朝と夜間を除き30分ヘッドの運転。一部の列車は京都～新大阪間が不定期または臨時列車の扱いとなっていたが、2年後には全列車とも定期化されている。なお、「はるか」は新大阪から通称“梅田貨物線”経由で大阪環状線に入るため、大阪駅には発着しない。

運転開始後の「はるか」は順調に推移、編成も5両から6両、今では最大9両での運転もある。また、米原や草津まで足を延ばす列車も設定、途中の停車駅も増やされる工夫がなされている。

ない。だが、大阪市内と南紀地区を結ぶ列車は歴史上での経緯や線路配線との関係もあって、天王寺駅高架の阪和線ホームから発車していた。そのため、新幹線から南紀へ出かける場合は天王寺に着くまでに新大阪と大阪の両駅で乗り換えなければならず、時間がかかるうえに、階段の上下移動などで不便がつきまとった。また、南紀特急「くろしお」も国鉄末期から伸び悩みが目立ち、“カンフル剤”が欲しいところだった。そこでＪＲ西日本は、発足以来「くろしお」の新大阪乗入れを検討する。

その第1段階として、1988（昭和63）年4月24日から奈良市内で開催される「シルクロード博」の期間中、湊町～奈良／木津間快速電車の始発駅を新大阪に変更して運転する。新大阪から大阪環状線に合流する西九条までは梅田貨物線を経由した。新幹線からの見物客に便宜を図るのが目的だが、「くろしお」運転とアーバンネットワーク構築の下準備も兼ねていた。そして、第2段階では、地平の関西本線ホームと高架の阪和線を結ぶ急勾配の短絡線を建設する。また、工事と並行するように381系電車の一部が、パノラマグリーン車を連結の「スーパーくろしお」用に改造される。

381系9連の特急「スーパーくろしお」。先頭車はパノラマグリーン車のクロ380.
1992年1月5日　下津～初島　　写真：寺本光照

施設・車両双方の工事完成に伴う1989（平成元）年7月22日にはダイヤ改正が行われ、「スーパーくろしお」を含む定期特急15往復中7往復が新大阪または京都始終着として運転。また、この改正を機に従来紀勢本線の上下に合わせていた列車番号や号数番号を輸送実態に合わせ、新宮方面行を奇数に変更されたため、すっきりしたものになる。

ところで、当時「スーパー」の接頭語がつく特急としてはＪＲ東日本に「スーパーひたち」、ＪＲ九州に「スーパー有明」が運転されていたが、ＪＲ西日本の「スーパー雷鳥」や「スーパーくろしお」と根本的に異なるのはＪＲ東日本とＪＲ九

時代を駆けた名列車-61

特急「オーシャンアロー」

振子式283系6連の京都発新宮行特急「オーシャンアロー」。
2008年4月25日　浅香　写真:寺本光照

京都・新大阪と紀勢本線を結んでいた特急である。現在は「くろしお」に統合され、列車名はなくなってしまった。

大阪エリアと紀勢本線を結ぶ列車は、戦前から「黒潮号」などが運転されていたが、特急となるのは1965(昭和40)年3月からで、ひらがなの「くろしお」とされた。当時は気動車を使用、名古屋～天王寺間の運転だったが、1978(昭和53)年の新宮電化を機に東西分割。天王寺側は381系電車による「くろしお」、名古屋側はキハ80系気動車の「南紀」となった。電車特急となった「くろしお」は急行「きのくに」の格上げ吸収などで仲間を増やしていく。一時は381系ではまかないきれず、485系も戦列に加わっているが、国鉄最後の大改正となった1986(昭和61)年11月改正で381系に統一、不定期3往復を含む15往復体制で民営化を迎えている。

ＪＲ発足後、381系改装車による「スーパーくろしお」なども導入してサービスアップ。1996(平成8)年夏には新鋭の283系電車を導入して「スーパーくろしお　オーシャンアロー」の運転も開始した。「オーシャンアロー」というのは、283系の車両愛称だったのである。翌年3月からは車両愛称をそのまま列車愛称に起用することになり、「オーシャンアロー」として運転されるようになった。

こうして紀勢本線西部では「オーシャンアロー」「スーパーくろしお」「くろしお」と3つの特急が走ることになったが、これは車両の違いを示すうえでも必要だったのである。しかし、国鉄から引き継いだ381系の後継として287系が開発され、2012(平成24)年3月から置換えが始まった。これによりサービスレベルの均一化が図られることになり、このダイヤ改正から全列車の愛称を「くろしお」に統一している。「オーシャンアロー」の愛称で親しまれた283系は今も活躍しているが、列車名は消えてしまった。

州が651系や783系といった新車を投入しているのに、ＪＲ西日本は“中古車”の改造で済ませている点である。これは、ＪＲ東日本やＪＲ九州の「ひたち」「有明」用485系には高齢車の配置が多く新車への取替えが急を要するのに対し、ＪＲ西日本の485系と381系は経年がまだ浅く、以後の使用にも十分に耐えられると考えられたのが理由だった。

1994(平成6)年6月15日、阪和線日根野と関西空港を結ぶ関西空港線が開業。この時点では空港自体は未開業だったので、空港職員輸送を目的とした先行開業だったが、開港に伴う9月4日の全面開業では空港アクセス列車として京都～関西空港間に特急「はるか」が日中30分ヘッドの29往復、京橋／天王寺／ＪＲ難波～関西空港間に223系の関空快速が1時間あたり3往復設定される。「はるか」はその輸送目的の特殊性で281系が投入されるが、ＪＲ西日本としては、民営化後に新形式車が定期優等列車に入るのはこれが初めてだった。この「はるか」は大阪環状線の西側区間を経由するため、同線の西九条～天王寺間は先の「くろしお」を合わせると1時間当たり特急が3往復通過するという、全国でも有数の特急運転路線に成長する。そのほか、関空快速や奈良方面への大和路快速も入るので、写真を撮っていても飽きがこないほどに車両はバラエティに富む。大阪環状線のヌシである103系が小さくなっている感じだった。なお、湊町駅はこの改正を機にＪＲ難波駅に改称され、1996(平成8)年3月にはＪＲ西日本としては初の地下駅になる。

関空特急「はるか」の登場で、南紀特急も「くろしお」の見劣りが目立ってきたため、1996年7

月31日からは新型振子式電車283系が戦列に加わる。当初は「スーパーくろしお オーシャンアロー」なるネームを名乗るが、1997（平成9）年3月8日からは車両名だけの「オーシャンアロー」に変更。さらに2012（平成24）年3月17日改正では「スーパーくろしお」ともども「くろしお」に改称される。また、この間2004（平成16）年10月16日からは、天王寺を始終着とする南紀特急が季節または臨時のみに変更される。天王寺駅では自由席利用客が好きな座席を確保するのが難しくなった以外に駅や利用客に実害はないが、南紀方面への玄関口としての地位が薄れたのは気になるところである。

現在の「くろしお」は、旧「オーシャンアロー」の283系は現役だが、電車化以来の381系は姿を消し、非振子車の287系や289系が主力になっている。高速道路が南紀田辺を経てすさみ南にまで達している現在、観光客のクルマへの移行にはなかなか歯止めが利かないのか、天王寺駅で見る限りでは、行楽シーズン以外は和歌山までのビジネス・用務客や、通勤・帰宅客の利用割合が増えているようだ。

●北近畿地方も電車特急時代に突入

国鉄最末期に何とか電化区間の仲間入りを果たした福知山線だが、電車特急「北近畿」が走りだしたのはいいとしても、雄大な列車名とは裏腹に各地から寄せ集められた“売れ残り”485系のモノクラス編成で、しかも鳥取や舞鶴方面への直通はなくなるはで、沿線は踏んだり蹴ったりだった。しかし、ＪＲ化前後に①号車が半室ながらグリーン車に改造されるほか、不便を強いられた城崎以西や舞鶴・天橋立方面へは1990（平成2）年までに宮福鉄道が開通したほか、直通気動車特急が設定されるなど、改善のメスが入れられる。485系も1991（平成3）年には交流電気機器を外して183系に編入され、同時に座席も座り心地のよいものに取り替えられるなど、面目を一新した。

1996（平成8）年3月16日には山陰本線京都～福知山間と北近畿タンゴ鉄道福知山～宮津～天橋立間電化が完成。それまで、一本線だった電化区間は福知山でX形に交わることになり、ここに「北近畿ビッグXネットワーク」が形成される。京都から城崎へは「きのさき」、天橋立へは「はしだて」、それに福知山止めの「たんば」が、新大阪からは既設の「北近畿」のほか、天橋立行「文殊」と、電車特急が各区間で運転を開始する。北近畿地方は、それまでの京阪神からは遠くて不便、といったイメージを払拭。183系電車は丹後半島とXの文字をイラスト化し、運転区間を図示したヘッドマークと、先頭車乗務員室寄りの側面に貼られた「ビッグX」のステッカーも誇らしげに丹波路を快走した。1999（平成11）年10月2日には舞鶴線綾部～東舞鶴間電化が完成し、京都～東舞鶴間に電車特急「まいづる」が設定される。

こうして、遅ればせながらも電車特急時代を迎えた北近畿地方だが、特急に使用される183系は485系として1970年代前半から半ばにかけて製造されているため、21世紀になって数年が経つ

2011年に設定された新大阪と城崎。福知山を結ぶ特急「こうのとり」。紀勢本線特急「くろしお」から転用の381系を使用。
2011年3月　写真：野口昭雄

京都と城崎・東舞鶴を結ぶ特急「きのさき・まいづる」。手前3両が「まいづる」。183系7連。
2004年5月2日　写真：寺本光照

と老朽化が深刻になる。そこで、2011（平成23）年3月12日改正で新形直流電車287系が投入されるのを機に、「北近畿」は「こうのとり」に改称されるほか、「たんば」は「きのさき」に統合、「文殊」は廃止により姿を消す。現在は287系に加え683系を直流専用化改造した289系が入り、「ビッグX」は白い特急車の活躍場になるとともに、「こうのとり」の一部に使用されていた381系は、南紀特急「くろしお」ともども2015（平成27）年10月末で引退し、旧国鉄形を使用する特急は関西から姿を消している。一抹の淋しさはあるが、これもＪＲ化後30年という時代の流れだろう。

4 気動車列車もスピード時代に突入

●気動車特急の高速化は三セク鉄道車両から

国鉄末期には分割民営化に先駆け、経営改善対策として赤字ローカル線の廃止が実施される。廃止対象路線は利用客数を基準として定められ、対象に認定された路線は部分廃止などは考慮せず、全区間の営業を打ち切るといった荒療治だった。この場合、鉄道廃止後はバスに転換されるが、沿線住民が鉄道の存続を希望する場合に限り、地方自治体等の援助による第三セクター会社での存続という“逃げ道”も用意された。

当時の国鉄線といえば、そのほとんどが赤字路線だが、京阪神三都駅と天王寺駅から直通列車が出ている路線で廃止の対象となったのは、西舞鶴〜豊岡間の宮津線だけである。しかし、宮津線には通勤・通学のほか観光客の利用もあるため、ＪＲ化後の1990（平成2）年4月1日、先に開業している宮福鉄道とともに北近畿タンゴ鉄道（現・京都丹後鉄道）に転換される。ＪＲ化当初の宮津線には京都から気動車特急「あさしお」、同急行「丹後」の一部が直通していたが、三セク鉄道化されれば両列車はＪＲ西日本からの乗入運転となるため、北近畿タンゴ鉄道側も走行距離調整のため、特急用気動車を用意する必要に迫られ、KTR001形3両1本を新製。転換当日から京都〜久美浜／網野間などに特急「タンゴエクスプローラー」2往復の運転を開始する。KTR001形は旧国鉄特急形気動車の枠を打ち破り、全編成が眺望のいいハイデッカーになるほか、大出力機関を搭載して性能の向上も図ったハイテク車両で、1991（平成3）年にも第2編成が増備される。

さらに、北近畿タンゴ鉄道では大阪〜天橋立間直通や自社線内特急用として1996（平成8）年にKTR8000形2両5本を新製し、「タンゴディスカバリー」のネームで運転する。こちらは利用客数に応じて2〜6両の編成を組むため、正面は貫通形とされた。

現在では、KTR8000形が「はしだて」「まいづる」の一員となり、京都〜綾部間を併結で豊岡／宮津・東舞鶴行として運転。電車特急だけではカバーしきれない天橋立以西直通列車として重宝されている。一方、先輩格のKTR001形は新大阪〜久美浜間で使用された時期もあったが、残念ながら2013（平成25）年3月以後は定期運用から外されている。

京阪神と鳥取地区を短絡する上郡〜智頭間の智頭急行は、国鉄智頭線として着工されたものの、国鉄財政悪化により建設半ばで工事が中断。その後、第三セクター会社の設立により1994（平成6）年12月3日に開業を迎える。未電化ながら最高速度130km/h対応の高規格路線であり、開業に

播但線を走るキハ181系の特急「はまかぜ」。
2002年10月31日　鶴居〜新野　写真：安田就視

時代を駆けた名列車-62

特急「タンゴディスカバリー」

北近畿タンゴ鉄道（現在、運行は京都丹後鉄道）のKTR8000形気動車を使用、京都～宮津間などを結んでいた特急である。

山陰本線園部～綾部間、北近畿タンゴ鉄道福知山～天橋立間の電化が完成した1996（平成8）年3月16日、北近畿エリアの特急は「北近畿ビッグXネットワーク」として再編成された。このとき、「きのさき」「たんば」「はしだて」「文殊」などとともに新設されている。KTR8000形そのものもこのダイヤ改正に合わせて開発された。

当初は新大阪～久美浜間（福知山線経由）1往復のほかは北近畿タンゴ鉄道線内をメインにした運転だった。KTR8000形は併結運転も可能な構造で、新大阪～福知山間は183系電車による特急「北近畿」と併結運転されている。1999（平成11）年10月2日の舞鶴線電化で「タンゴディスカバリー」とKTR001形気動車による「タンゴエクスプローラー」の運転区間を入れ換え、京都～北近畿タンゴ鉄道2往復と北近畿タンゴ線内運転になった。

「タンゴディスカバリー」という列車名は、2011（平成23）年3月改正で「はしだて」「まいづる」に統合されて廃止。その後、KTR8000形はリニューアル改装され、京都丹後鉄道線内の特急「たんごリレー」として運転を再開した。現在では特急「はしだて」「まいづる」にも起用され、再び京都駅まで顔を見せている。

北近畿タンゴ鉄道のKTR001形3連、特急「タンゴエクスプローラー」
2008年9月7日　下滝～谷川　写真：寺本光照

未電化の北近畿タンゴ鉄道宮津線対応の気動車KTR8000形を使った特急「タンゴディスカバリー」。2002年11月3日　木津温泉～網野　写真：安田就視

際し智頭急行が振子式気動車HOT7000系を投入したこともあって、開業当日から運転を開始した特急「スーパーはくと」は大阪～鳥取間を2時間30分台の高速で結ぶ。特急「はまかぜ」は同区間を播但線経由で4時間以上を要するので勝負にならず、阪神地区と兵庫県北部の城崎・浜坂を結ぶ列車に使命を変える。「スーパーはくと」は1996年3月改正からは、始発駅を京都に変更。京都～鳥取間も約3時間での運転となり、「あさしお」を引退に追い込む。

こうして、関西から山陰への在来線特急が力を発揮できる鳥取・倉吉方面は、今や「スーパーはくと」の一人舞台といってよく、現在では京都～鳥取／倉吉間で7往復が設定され、一昔前のエル特急を思わせる活躍ぶりである。

ＪＲ化後、東海・四国・北海道の各社は発足後すぐに新形特急用気動車の開発に乗り出すが、ＪＲ西日本所属車としては2001（平成13）年に登場したキハ187系が最初の形式である。つまり、ＪＲ西日本では三セク鉄道所属の気動車が未電化区間の活性化に大きな貢献を果たしたわけである。なお、ＪＲ西日本では2010（平成22）年3月13日改正を機に「エル特急」の称号は廃止されている。

●急行形車両が特急用に変身したキハ65形「エーデル」

大阪～城崎間では、国鉄最後の1986（昭和61）年11月改正から電車特急「北近畿」が設定されるが、それと入れ替わりに、福知山線経由で浜坂・鳥取方面に直通していた特急「まつかぜ」と急行「だいせん」昼行列車は全廃された。鳥取方面への見返りは播但線経由の「はまかぜ」1往復の増発だけなので、城崎～鳥取間は大阪からのアプロー

時代を駆けた名列車-63

特急「スーパーはくと」

智頭急行HOT7000系による京都発鳥取行特急「スーパーはくと」。
2015年6月29日　島本～山崎　写真：寺本光照

山陽本線・智頭急行経由で京都～鳥取・倉吉間を結ぶ特急である。智頭急行は国鉄が陰陽連絡線のひとつとして計画した路線だったが、国鉄再建のあおりを受けて工事凍結。ただし、地域輸送だけでなく関西～山陰の短絡ルートにもなりうると判断され、第三セクター方式で工事再開された。1994（平成6）年12月3日には上郡（山陽本線に接続）～智頭（因美線に接続）間56.1kmの開業にこぎ着けた。

同日から智頭急行経由で新大阪～鳥取／倉吉間4往復の特急運転を開始。車両は1往復がＪＲ西日本のキハ181系気動車、3往復は智頭急行が特急用に準備したHOT7000系気動車を使用している。HOT7000系はカーブに強い振子式構造で、最高速度も130km/hとキハ181系を上回るものだった。そこで列車名も差別化することになり、キハ181系使用列車は「はくと」、HOT7000系は「スーパーはくと」とされた。

「スーパーはくと」は大阪～鳥取間を最短2時間30分台で結び、大きな話題を呼んだ。しかし、運転開始から1カ月余りで阪神・淡路大震災が発生。「スーパーはくと」はしばらく姫路発着での運転となった。復旧後、臨時で大阪から京都まで延長運転も行い、これが好評だったことから京都発着が基本となった。

その後、HOT7000系の増備を受けて1997（平成9）年11月末から全列車が「スーパーはくと」となった。また、増発も行われ、現在は京都～鳥取・倉吉間7往復の運転となっている。なお、東海道・山陽本線内でのスピードアップもあり、大阪～鳥取間最短2時間20分台の列車も登場している。

チが不便になり、沿線からは気動車特急の復活を願う声がＪＲ本社に寄せられたことは記すまでもなかった。

ＪＲ西日本としてはそうした要望に応えたいところだが、キハ181系特急車は94両しかなく、しかも山陰本線全線で使用されているため、大阪～鳥取間特急1往復分の車両を捻出することすら叶わなかった。そうした折、1988（昭和63）年7月16日の宮福鉄道開通を機に、新大阪～天橋立間で運転を開始した臨時特急「エーデル丹後」用のキハ65形改造車が、展望車付の充実した設備で利用客から好評で迎えられていたため、1989（平成元）年3月11日改正から同様の車両を投入し、大阪～倉吉間に「エーデル鳥取」のネームで運転を開始する。

急行形の内装を特急形と遜色のないレベルにまでグレードアップ改造した車両はあっても、そのまま特急に充てるというのは国鉄時代にも例がないが、前面展望を楽しむことができるほか、座席の居住性は485系「北近畿」よりも良好のため、利用客からの受けはよかった。そして、1990（平成2）年3月改正では、これに続けとばかり大阪～浜坂／福知山間に「エーデル北近畿」1往復半が登場する。本数が半端なのは上り1本を篠山口～大阪間の「ほくせつライナー」にも運用するからである。

こうした「エーデル」車だが、致命的な“欠点”があった。つまり、足回りはこれといった改造が施されていないので、最高速度が95km/hに抑え

キハ189系に替わった特急「はまかぜ」。
2013年2月20日　立花～甲子園口　写真：寺本光照

時代を駆けた名列車-64
急行「たかやま」

東海道本線経由で大阪～高山間を結んでいた列車である。

京阪神と高山本線沿線との結びつきはさほど強くなかったようで、直通列車の設定は戦後のこととなった。昭和30年代、下呂などの沿線温泉が注目されるようになり、繁忙期には大阪～下呂間で臨時準急「くろゆり」などが運転された。1966(昭和41)年10月には大阪～高山間の不定期急行に格上げされたが、このとき、乗鞍岳などの登山客も需要に見込んで列車名を「のりくら」に改称している。1968(昭和43)年10月改正で「のりくら」は名古屋～金沢間急行の愛称に転じ、大阪～高山間不定期急行は「くろゆり」とされた。さらに1971(昭和46)年10月改正で「たかやま」と改称されている。

ちなみに「たかやま」の愛称は1965(昭和40)年から運転を開始した名古屋鉄道～高山本線の直通準急に使われている。翌年には急行に格上げ、1970(昭和45)年夏には富山地方鉄道の立山まで足を延ばすようになり、これをＰＲするため「北アルプス」に改称。空き家となっていた「たかやま」を大阪～高山間不定期急行に起用したわけだ。

不定期急行として運行を開始した「たかやま」だが、京阪神の乗客にとっては目的地を明瞭に示していると好評で、1972(昭和47)年3月改正に定期化されている。その後、飛騨古川まで延長され、民営化を迎えた。

ＪＲ発足1年後の1988(昭和63)年夏から北陸本線経由で大阪～高山間に臨時特急「ユートピア高山」も運転されるようになったが、急行「たかやま」は国鉄引継ぎのキハ58系による運行が続いた。翌年にはＪＲ東海が新型気動車キハ85系を高山本線の特急「ひだ」に導入。急行「たかやま」も座席をリクライニングシートに替えるなどグレードアップ化をはかった。しかし、キハ58系の耐用年数が上限に近づいてきたこともあり、1999(平成11)年12月改正でキハ85系化、列車も急行から特急に格上げされて「ひだ23･34号」となり、「たかやま」は廃止された。

キハ58系で運転される大阪発飛驒古川行急行「たかやま」。
1999年8月10日　大阪　写真：寺本光照

られたことである。ＪＲグループの中には表定速度が100km/hに達しようとする特急が現れようとしているのに、この速度で特急運用をこなすのはさすがに難しかった。特に「北近畿」用の485系が183系化と同時に内装もグレードアップされると、大阪～福知山間の到達が電車特急より15分程度遅い「エーデル」車の人気はガタ落ちで、さらに1994(平成6)年12月の智頭急行開業による「スーパーはくと」の登場がとどめをさした感じだった。

そして、登場から10年目の1999(平成11)年10月改正で、「エーデル」タイプ特急は元の新大阪～城崎間電車特急に戻される格好で、特急としての活躍に幕を降ろす。この頃になるとキハ181系も経年から老朽化が目立つようになるが、関西で最後までキハ181系特急として残った「はまかぜ」がキハ189系に置き換えられるのは、それから10年を経た2010(平成22)年11月7日のことである。

●気動車急行は21世紀を見ることなく運転終了

ＪＲ化当時、京阪神三都駅を起終点とする幹線では、山陰本線京都～福知山間が未電化であるほか、東海道本線や山陽本線から分岐する路線の中にも未電化区間が残されていた。そのため、大阪や京都を始終着とする気動車急行が健在だった。列車名を列挙すると「みささ」「みまさか」「但馬」「たかやま」「丹後」「わかさ」の6種で、併結列車の付属編成になる「みまさか」と「わかさ」以外の列車はグリーン車を連結。中でも山陰本線京都口の「丹後」は下り6本･上り5本(うち1本は「わかさ」併結)の本数を誇り、日中は特急「あさしお」を合わせると1時間ヘッドになる時間帯も存在す

時代を駆けた名列車-65

急行「かすが」

75形気動車による急行「かすが」。運転最終日に近い2006年3月15日撮影。奈良　写真：野口昭雄

関西本線経由で長年名阪間を結んでいた大阪ミナミでもなじみの列車である。「かすが」の愛称を掲げるようになったのは、1958（昭和33）年10月改正からだが、直接のルーツは1949（昭和24）年6月から名古屋～湊町間で運転を開始した臨時準急である。3往復設定され、同年9月からは全列車とも定期化されている。上下列車とも始発駅を7時、12時、17時台に出発、後のエル特急を先取りしたような設定だった。所要時間は3時間40分台で、名阪間では東海道本線経由の急行より速く、相応の人気を得たと思われる。

ちなみに関西本線では明治の関西鉄道時代から名阪間輸送に熱心で、東海道本線経由の官設鉄道と乗客誘致合戦を繰り広げたことでも知られている。国有化によって関西本線となった後は、主に名阪から伊勢方面へのルートとして活用されていたが、昭和初期に現在の近畿日本鉄道が名阪間の電車運転を計画。関西本線ではそれに対抗すべく名阪間の快速列車を設定している。戦時体制で一時中断するが、これが戦後に準急として復活したのである。

「かすが」となった準急は、当初、蒸気機関車牽引の客車列車だったが、1955（昭和30）年3月から気動車を試用、翌年には全列車を気動車化、所要時間も2時間47～54分となった。1966（昭和41）年3月に急行へと格上げされたが、この間には「はやたま」「平安」「はまゆう」などの新設列車との併結や体制見直しもあって一部列車は名古屋～奈良間に短縮された。その後、増発などの活性化もはかられ1980（昭和55）年10月には下り3本・上り5本となったが、全列車とも名古屋～奈良間運転とされていた。これが運転本数上のピークで、2年後には2往復に減便、さらに国鉄末期の1985（昭和60）年3月改正でわずか1往復となり、ＪＲに引き継がれている。

民営化当時の急行「かすが」はキハ58＋キハ65という2両編成。かつてはグリーン車も連結していた列車だったが、極めてシンプルな姿になっていた。2年後には座席をリクライニングシート化するなどのサービスアップがはかられ、さらに1999（平成11）年12月から快速「みえ」として活躍していたＪＲ東海のキハ75形に置き換えられたが、2006（平成18）年3月改正で廃止されてしまった。

る充実した運転ぶりだった。

だが、これらの急行群に使用される車両は経年20年以上になるキハ58系で、老朽化が指摘されるとともに、表定速度が50km/h前後というスピードの遅さも問題視されていた。それでも、利用客の減少で1989（平成元）年3月改正をもって廃止された大阪～鳥取・中国勝山間の「みささ・みまさか」を除き、その後も運転が続けられた。スピードや車内設備は時代遅れもいいところだが、どの列車も当該の路線や区間ではなくてはならない存在のうえ、他形式の車両に置き換えるにしても後継車の目途が立たなかったからである。

こうした気動車急行も、山陰本線や北近畿タンゴ鉄道の電化がなった1996（平成8）年3月16日改正で運命は一変する。「北近畿ビッグＸネットワーク」構想により京都～城崎間に電車特急が進出するなど運転体系が一新されたため、「丹後」は特急「あさしお」とともに電車特急に統合。播但線急行「但馬」はキハ181系により特急「はまかぜ」の一員となるほか、「わかさ」は小浜線内の運転となって京都乗入れをとりやめる。つまり、この日を機に、北近畿の気動車急行は発展的解消という形で一掃されてしまったのである。

この結果、本稿関係で残るのは、大阪～飛騨古川間の「たかやま」だけとなる。大出力でスピードも速いＪＲ東海のキハ85系で組成されるエル特急「ひだ」の中にあって、そのままでは料金の差以上に見劣りがするため、「たかやま」用キハ

表－31　ＪＲ西日本　関西発在来線優等列車の本数変遷

	列車名	JR化または設定当時の運転区間	年・月・日	87・4・1	88・3・13	89・3・11	90・4・1	91・3・16	92・3・14	93・3・18	94・12・3	95・4・20	96・3・16	97・3・22	97・11・29	99・12・4	01・3・3	02・3・22	03・10・1	04・10・16	06・3・18	08・3・15	10・3・13	11・3・12	12・3・17	14・3・15	15・3・14	16・3・26	記事
特急	日本海	大阪～青森	下り	2	2	2	2	2	2	2	2	2	2	2	2	2	2	2	2	2	2	1	1	1	…	…	…	…	寝台特急
			上り	2	2	2	2	2	2	2	2	2	2	2	2	2	2	2	2	2	2	1	1	1	…	…	…	…	
特急	つるぎ	大阪～新潟	下り	1	1	1	1	1	1	1	…	…	…	…	…	…	…	…	…	…	…	…	…	…	…	…	…	…	〃
			上り	1	1	1	1	1	1	1	…	…	…	…	…	…	…	…	…	…	…	…	…	…	…	…	…	…	
特急	なは	新大阪～西鹿児島	下り	1	1	1	1	1	1	1	1	1	1	1	1	1	1	1	1	1	1	…	…	…	…	…	…	…	〃
			上り	1	1	1	1	1	1	1	1	1	1	1	1	1	1	1	1	1	1	…	…	…	…	…	…	…	
特急	あかつき	新大阪～長崎･佐世保	下り	1	1	1	1	1	1	1	1	1	1	1	1	1	1	1	1	1	1	…	…	…	…	…	…	…	〃
			上り	1	1	1	1	1	1	1	1	1	1	1	1	1	1	1	1	1	1	…	…	…	…	…	…	…	
特急	彗星	新大阪～都城	下り	1	1	1	1	1	1	1	1	1	1	1	1	1	1	1	1	1	…	…	…	…	…	…	…	…	〃
			上り	1	1	1	1	1	1	1	1	1	1	1	1	1	1	1	1	1	…	…	…	…	…	…	…	…	
特急	白鳥	大阪～青森	下り	1	1	1	1	1	1	1	1	1	1	1	1	1	…	…	…	…	…	…	…	…	…	…	…	…	
			上り	1	1	1	1	1	1	1	1	1	1	1	1	1	…	…	…	…	…	…	…	…	…	…	…	…	
特急	雷鳥	大阪～富山ほか	下り	17	18	17	18	17	16	16	16	11	11	11	11	9	8	8	8	8	8	8	1	…	…	…	…	…	
			上り	17	18	17	18	17	16	16	16	11	11	11	11	9	8	8	8	8	8	8	1	…	…	…	…	…	
特急	スーパー雷鳥	神戸／大阪～富山	下り	…	…	4	4	5	7	7	7	4	4	4	4	7	…	…	…	…	…	…	…	…	…	…	…	…	485系パノラマグリーン車連結
			上り	…	…	4	4	5	7	7	7	4	4	4	4	7	…	…	…	…	…	…	…	…	…	…	…	…	
特急	スーパー雷鳥（サンダーバード）	大阪～富山／和倉温泉	下り	…	…	…	…	…	…	…	…	8	8	…	…	…	…	…	…	…	…	…	…	…	…	…	…	…	
			上り	…	…	…	…	…	…	…	…	8	8	…	…	…	…	…	…	…	…	…	…	…	…	…	…	…	
特急	サンダーバード	大阪～富山／和倉温泉	下り	…	…	…	…	…	…	…	…	…	…	8	8	8	15	15	15	15	15	15	22	23	23	23	23	24	
			上り	…	…	…	…	…	…	…	…	…	…	8	8	8	15	15	15	15	15	15	22	23	23	23	23	24	
特急	くろしお	天王寺～白浜／新宮	下り	11	11	15	11	10	10	10	10	10	10	7	7	6	6	7	7	7	7	7	7	7	16	16	16	16	
			上り	11	11	15	11	10	10	10	10	10	10	7	7	6	7	7	7	7	7	7	1	7	16	17	17	17	
特急	スーパーくろしお	京都～新宮ほか	下り	…	…	…	4	5	5	5	5	5	5	5	5	5	5	5	5	6	6	6	6	5	…	…	…	…	381系パノラマグリーン車連結
			上り	…	…	…	4	5	5	5	5	5	5	5	5	5	5	5	5	6	6	6	6	6	…	…	…	…	
特急	オーシャンアロー	京都／新大阪～新宮	下り	…	…	…	…	…	…	…	…	…	…	3	3	3	3	3	3	3	3	3	3	4	…	…	…	…	1996.7.31～1997.3.8は「スーパーくろしお オーシャンアロー」
			上り	…	…	…	…	…	…	…	…	…	…	3	3	3	3	3	3	3	3	3	3	3	…	…	…	…	
特急	はるか	京都～関西空港	下り	…	…	…	…	…	…	…	29	30	30	30	30	30	30	30	30	30	30	30	30	24	24	24	24	30	関西空港アクセス特急
			上り	…	…	…	…	…	…	…	29	30	30	30	30	30	30	30	30	30	30	30	30	24	24	24	24	30	
特急	びわこエクスプレス	大阪～米原	下り	…	…	…	…	…	…	…	…	…	…	…	…	…	…	…	1	1	1	1	1	1	1	1	1	1	
			上り	…	…	…	…	…	…	…	…	…	…	…	…	…	…	…	1	1	1	1	1	1	1	2	2	2	
特急	はまかぜ	新大阪～倉吉など	下り	3	3	3	3	3	3	3	2	2	3	3	3	3	3	3	3	3	3	3	3	3	3	3	3	3	
			上り	3	3	3	3	3	3	3	2	2	3	3	3	3	3	3	3	3	3	3	3	3	3	3	3	3	
特急	スーパーはくと	新大阪～鳥取／倉吉	下り	…	…	…	…	…	…	…	3	3	3	5	6	6	6	6	7	7	7	7	7	7	7	7	7	7	智頭急行車両使用
			上り	…	…	…	…	…	…	…	3	3	3	5	6	6	6	6	7	7	7	7	7	7	7	7	7	7	
特急	はくと	新大阪～倉吉	下り	…	…	…	…	…	…	…	1	1	3	1	…	…	…	…	…	…	…	…	…	…	…	…	…	…	
			上り	…	…	…	…	…	…	…	1	1	3	1	…	…	…	…	…	…	…	…	…	…	…	…	…	…	
特急	北近畿	新大阪～城崎ほか	下り	8	8	7	6	6	6	6	7	7	7	7	7	8	8	8	10	11	11	11	11	…	…	…	…	…	
			上り	8	8	7	7	7	7	7	7	7	6	6	6	8	8	8	10	10	10	10	10	…	…	…	…	…	
特急	こうのとり	新大阪～城崎ほか	下り	…	…	…	…	…	…	…	…	…	…	…	…	…	…	…	…	…	…	…	…	14	14	14	14	14	
			上り	…	…	…	…	…	…	…	…	…	…	…	…	…	…	…	…	…	…	…	…	13	13	13	14	14	
特急	エーデル鳥取	大阪～倉吉	下り	…	…	1	1	1	1	1	1	1	1	1	1	…	…	…	…	…	…	…	…	…	…	…	…	…	キハ65形パノラマ車連結
			上り	…	…	1	1	1	1	1	1	1	1	1	1	…	…	…	…	…	…	…	…	…	…	…	…	…	
特急	エーデル北近畿	大阪～浜坂／福知山	下り	…	…	…	2	2	2	2	2	2	2	2	2	…	…	…	…	…	…	…	…	…	…	…	…	…	キハ65形パノラマ車連結
			上り	…	…	…	1	1	1	2	2	2	2	2	2	…	…	…	…	…	…	…	…	…	…	…	…	…	
特急	文殊	新大阪～天橋立	下り	…	…	…	…	…	…	…	…	…	1	1	1	1	1	1	1	1	1	1	1	…	…	…	…	…	
			上り	…	…	…	…	…	…	…	…	…	2	2	2	1	1	1	1	1	1	1	1	…	…	…	…	…	
特急	あさしお	京都～米子ほか	下り	6	6	6	6	6	6	6	6	6	…	…	…	…	…	…	…	…	…	…	…	…	…	…	…	…	
			上り	6	6	6	6	6	6	6	6	6	…	…	…	…	…	…	…	…	…	…	…	…	…	…	…	…	
特急	タンゴエクスプローラー	京都～久美浜ほか	下り	…	…	…	2	2	2	2	2	2	2	2	2	2	2	2	2	2	2	2	2	…	…	…	…	…	北近畿タンゴ鉄道KTR001形使用
			上り	…	…	…	2	2	2	2	2	2	2	2	2	2	2	2	2	2	2	2	2	…	…	…	…	…	
特急	タンゴディスカバリー	新大阪～久美浜	下り	…	…	…	…	…	…	…	…	…	1	1	1	2	2	2	2	2	2	2	2	…	…	…	…	…	北近畿タンゴ鉄道KTR8000形使用
			上り	…	…	…	…	…	…	…	…	…	1	1	1	2	2	2	2	2	2	2	2	…	…	…	…	…	
特急	きのさき	京都～城崎	下り	…	…	…	…	…	…	…	…	…	5	5	5	3	3	3	3	3	3	3	3	9	9	9	10	10	
			上り	…	…	…	…	…	…	…	…	…	6	6	6	5	5	5	5	5	5	5	5	10	10	10	10	10	
特急	はしだて	京都～天橋立	下り	…	…	…	…	…	…	…	…	…	4	4	4	4	4	4	4	4	4	4	4	5	5	5	5	5	
			上り	…	…	…	…	…	…	…	…	…	4	4	4	4	4	4	4	4	4	4	4	5	5	5	5	5	
特急	たんば	京都～福知山	下り	…	…	…	…	…	…	…	…	…	3	3	3	2	2	2	5	5	5	5	5	…	…	…	…	…	
			上り	…	…	…	…	…	…	…	…	…	2	2	2	…	…	…	3	4	4	4	4	…	…	…	…	…	
特急	まいづる	京都～東舞鶴	下り	…	…	…	…	…	…	…	…	…	…	…	…	3	3	3	5	6	6	6	6	8	8	8	8	8	
			上り	…	…	…	…	…	…	…	…	…	…	…	…	3	3	3	4	5	5	5	5	7	7	7	7	7	
特急	しなの	大阪～長野	下り	1	1	1	1	1	1	1	1	1	1	…	…	…	…	…	…	…	…	…	…	…	…	…	…	…	
			上り	1	1	1	1	1	1	1	1	1	1	…	…	…	…	…	…	…	…	…	…	…	…	…	…	…	
特急	（ワイドビュー）しなの	大阪～長野	下り	…	…	…	…	…	…	…	…	…	…	1	1	1	1	1	1	1	1	1	1	1	1	1	1	…	列車は名古屋～長野間で現役
			上り	…	…	…	…	…	…	…	…	…	…	1	1	1	1	1	1	1	1	1	1	1	1	1	1	…	
特急	（ワイドビュー）ひだ	大阪～高山	下り	…	…	…	…	…	…	…	…	…	…	…	…	1	1	1	1	1	1	1	1	1	1	1	1	1	
			上り	…	…	…	…	…	…	…	…	…	…	…	…	1	1	1	1	1	1	1	1	1	1	1	1	1	
急行	銀河	大阪～東京	下り	1	1	1	1	1	1	1	1	1	1	1	1	1	1	1	1	1	1	…	…	…	…	…	…	…	寝台急行
			上り	1	1	1	1	1	1	1	1	1	1	1	1	1	1	1	1	1	1	…	…	…	…	…	…	…	
急行	きたぐに	大阪～新潟	下り	1	1	1	1	1	1	1	1	1	1	1	1	1	1	1	1	1	1	1	1	1	…	…	…	…	夜行列車
			上り	1	1	1	1	1	1	1	1	1	1	1	1	1	1	1	1	1	1	1	1	1	…	…	…	…	
急行	だいせん	大阪～倉吉（～出雲市）	下り	1	1	1	1	1	1	1	1	1	1	1	1	1	1	1	1	…	…	…	…	…	…	…	…	…	〃
			上り	1	1	1	1	1	1	1	1	1	1	1	1	1	1	1	1	…	…	…	…	…	…	…	…	…	
急行	ちくま	大阪～長野	下り	1	1	1	1	1	1	1	1	1	1	1	1	1	1	1	…	…	…	…	…	…	…	…	…	…	〃
			上り	1	1	1	1	1	1	1	1	1	1	1	1	1	1	1	…	…	…	…	…	…	…	…	…	…	
急行	たかやま	大阪～飛騨古川	下り	1	1	1	1	1	1	1	1	1	1	1	1	…	…	…	…	…	…	…	…	…	…	…	…	…	
			上り	1	1	1	1	1	1	1	1	1	1	1	1	…	…	…	…	…	…	…	…	…	…	…	…	…	
急行	丹後	京都～網野／城崎など	下り	6	6	6	6	6	6	6	6	6	…	…	…	…	…	…	…	…	…	…	…	…	…	…	…	…	
			上り	5	5	5	5	5	5	5	5	5	…	…	…	…	…	…	…	…	…	…	…	…	…	…	…	…	
急行	わかさ	敦賀～西舞鶴～京都	下り	…	…	…	…	…	…	…	…	…	…	…	…	…	…	…	…	…	…	…	…	…	…	…	…	…	列車は東舞鶴～敦賀間で1999.10.2改正まで残存
			上り	1	1	1	1	1	1	1	1	1	…	…	…	…	…	…	…	…	…	…	…	…	…	…	…	…	
急行	みささ	大阪～倉吉	下り	1	1	…	…	…	…	…	…	…	…	…	…	…	…	…	…	…	…	…	…	…	…	…	…	…	
			上り	1	1	…	…	…	…	…	…	…	…	…	…	…	…	…	…	…	…	…	…	…	…	…	…	…	
急行	みまさか	大阪～津山（～中国勝山）	下り	1	1	…	…	…	…	…	…	…	…	…	…	…	…	…	…	…	…	…	…	…	…	…	…	…	大阪～津山間「みささ」に併結
			上り	1	1	…	…	…	…	…	…	…	…	…	…	…	…	…	…	…	…	…	…	…	…	…	…	…	
急行	みやづ	大阪～福知山（～天橋立）	下り	…	…	1	1	1	1	1	1	1	…	…	…	…	…	…	…	…	…	…	…	…	…	…	…	…	
			上り	…	…	1	1	1	1	1	1	1	…	…	…	…	…	…	…	…	…	…	…	…	…	…	…	…	
急行	但馬	大阪～豊岡	下り	1	1	1	1	1	1	1	1	1	…	…	…	…	…	…	…	…	…	…	…	…	…	…	…	…	姫路～豊岡（～鳥取）間に1往復設定
			上り	1	1	1	1	1	1	1	1	1	…	…	…	…	…	…	…	…	…	…	…	…	…	…	…	…	

大阪･新大阪･京都･天王寺駅を始終着とする定期優等列車（毎日運転の臨時列車を含む）のみを掲載。「くろしお」系統は白浜･新宮方面を下りとする

58系は普通車がリクライニングシートに取り替えられるほか、塗装も上半クリーム、下半ピンクに変更されて、高山本線における急行の孤塁を守った。しかし、その運転も1999（平成11）年12月4日改正で終了し、以後は特急「ひだ」に活躍の舞台を譲る。結果、関西における気動車急行は21世紀を見ることなく、消え去ってしまったのである。

ただし、関西を本稿関係外に広げると、国鉄末期の1985（昭和60）年3月以後は、奈良～名古屋間1往復となった「かすが」が1999年12月改正でＪＲ東海のキハ75形の運用となり、21世紀も現役を続ける。だが、利用客の減少だけはどうにもならないのか、2006（平成18）年3月18日をもって60年近い列車史に幕を降ろす。気動車急行はこの時点で、全国でも芸備線の「みよし」4往復と、津山線の「つやま」1往復が残るのみだったが、それも2008（平成20）年3月までに快速格下げの形で廃止されている。「かすが」「みよし」「つやま」の3列車は、晩年が2両というのが変に共通している。列車が“長生き”するのも、必ずしもいいことばかりではないようだ。

なお、JR化後の関西発在来線優等列車の本数変遷については表－31に記した。

5 大阪駅を中心に快速電車網を形成

●新快速は押しも押されもせぬ名列車

発足当時のＪＲ西日本は京阪神という人口集中地帯を沿線に擁しながらも、列車（電車）の運転頻度やサービスのうえで並走私鉄に大きく遅れをとっていた。新快速を含む快速の設定も東海道・山陽本線京阪神区間（実際には彦根～姫路間）、阪和線、関西本線と大阪環状線だけで、それも私鉄に対抗できるだけの高頻度運転を行っているのは京阪神区間と阪和線だけだった。福知山線や奈良線は全線電化されているものの普通だけ、全線電化に向けて工事中の片町線や京都口が未電化の山陰本線では、快速運転など望むべくもなかった。

しかし、ＪＲ西日本としては京阪神を中心とする近郊区間の整備こそが、会社の基盤固めの重点課題と位置づけ、ＪＲ化後最初の全国ダイヤ改正が実施された1988（昭和63）年3月改正では、路線のイメージアップと利用客への親しみやすさをアピールするため、近郊電車運転区間の一部にＪＲ京都線やＪＲ神戸線、人和路線、学研都市線など路線の実態に即した愛称名を命名。さらに1989（平成元）年3月改正では、近郊電車運転全体を「アーバンネットワーク」と名づけ、ＪＲ西日本では初の新製電車である221系を京阪神区間と関西本線に投入する。国鉄時代はもちろん、ＪＲとしても初となる3ドア・転換クロスシートのレイアウトは先の117系並の座り心地であるほか、通勤時間帯での乗降にもさほどの不便がないとあって利用客から絶賛され、以後ＪＲ西日本では快速用電車のプロトタイプになる。1991（平成3）年3月までには、未電化で残されていた片町線長尾～木津間と山陰本線京都～園部間の電化も開業し、片町線、福知山線、山陰本線、奈良線にも快速が設定され、ＪＲ化後４年にしてアーバンネットワークの全線に快速電車が運転された。

その後1994（平成6）年6月に関西空港線、1997（平成9）年3月には片町線京橋と東海道本線尼崎を結ぶＪＲ東西線が開通し、大阪環状線京橋から天王寺を経て関西空港、木津から片町・ＪＲ東西

ＪＲ東海のキハ85系による特急「（ワイドビュー）ひだ」。
2000年3月30日　関ケ原～垂井　写真：寺本光照

223系12連の京阪神間新快速。写真は網干発草津行。1999年8月10日　高槻～山崎　写 真：寺本光照

線経由で福知山線宝塚までといった、新しい快速ルートが形成される。いずれもネットワークの要となる大阪（ＪＲ東西線は北新地）駅を経由するのが共通しており、軌間や電化方式が共通しているＪＲの強みといえた。関空快速には221系のモデルチェンジ車223系、ＪＲ東西線経由の快速には4ドア・ロングシート車の207系が投入される。なお、223系は京阪神間の新快速にも投入され、全列車が223系で揃った2001（平成13）年3月改正では新快速電車の最高速度が130km/hに引き上げられ、大阪からは京都まで27分、三ノ宮までは19分で結ぶ。

このほか、京阪神区間の新快速と快速のように複数の快速電車が設定される路線では昼間を中心に運転され、標準的な停車駅パターンを有する列車には「大和路快速」「紀州路快速」「丹波路快速」「みやこ路快速」といった“愛称”がつけられているのも、ＪＲ西日本の快速電車ならではの特徴といえよう。

2006（平成18）年10月には北陸本線電化の直流化で新快速は敦賀まで進出し、2008（平成20）年3月に開通した放出～久宝寺間のおおさか東線では、線内ノンストップながら朝夕に尼崎～奈良間を結ぶ直通快速が設定されている。

現在アーバンネットワークの名称は使用されていないが、その代表列車といえる米原～姫路間の新快速電車は途中の野洲からは日中15分ヘッドで運転され、198.4kmの全区間を2時間27分で結ぶ。表定速度は何と81.0km/hである。北海道から九州までが新幹線時代に入った現在では、新快速電車の運転距離は在来線特急の中でも標準的なものなので、そのスピードや設備からすれば、“料金不要の特急”が次々にやって来るようなものだろう。昭和戦前の“流電”からつながる急行電車の血統を今に受け継ぐ新快速電車は、その伝統や実績から、押しも押されもせぬ「関西発の名列車」の一つである。

そうした新快速電車が発着する京都駅は、1997（平成9）年7月12日に高さ60m、東西の長さ470mに及ぶ巨大な駅ビルが完成。大阪駅も「アクティ大阪」をリニューアルした「サウスゲートビルディング」と北ビル跡地に建てられた28階建ての「ノースゲートビルディング」とを結ぶ橋上駅舎の一式が2001（平成13）年5月4日に開業する。一方、大和路快速や関空快速がメインとなる天王寺駅も、従前の駅ビルを残しながらも1995（平成7）年9月14日に新駅ビル「天王寺MiO」が開業し、いずれも巨大商業施設として賑わっている。その中にあって、神戸駅だけは、幾度もリニューアル工事が行われているものの3代目駅舎が開業後90年近くを経た現在も使用されているのとは対照的である。

221系4連の京都～奈良間の「みやこ路快速」。2009年5月2日　桃山～六地蔵　写真：寺本光照

●さほど長続きしなかった通勤ライナー

国鉄末期に登場した列車運転形態の一つに「通勤ライナー」がある。1984(昭和59)年6月1日に、上野行特急としての運転終了後、東大宮の車両基地に回送される189系電車を300円の乗車整理券方式で上野～大宮間旅客に開放したもので、「コーヒー1杯の値段で特急用の座席が保証され、車内で快適なひとときを過ごせる」とばかり、東京都内の職場から帰宅する旅客から大好評で迎えられた。この列車は7月7日から「ホームライナー大宮」と命名される。

国鉄としてもこうした「通勤ライナー」は投資金額ゼロで、増収が見込める魅力的な商品であるため、同年9月1日からは阪和線天王寺～日根野間で「ホームライナーいずみ」として下り2本が18時と20時台に設定される。「くろしお」用381系の日根野電車区への回送を客扱いした列車だった。この「ホームライナーいずみ」は、運転開始直後に利用客の間から、朝の時間帯での設定や和歌山への延長の要望が出されていたため、1986(昭和61)年11月1日改正には天王寺～和歌山間の「はんわライナー」に発展。下りは夕方から夜間に4本、上りは早朝に2本の運転になる。「はんわライナー」運転のためには、日根野電車区から和歌山へ正真正銘の回送列車を運転する必要が生じ、通勤ライナー本来の設定思想からは外れるが、利用客にとって快適通勤は魅力だった。

「はんわライナー」の好評に続けとばかり、JR西日本は1988(昭和63)年3月改正までに、米原～大阪間に「びわこライナー」、大阪～篠山口間に「ほくせつライナー」、大阪～加茂間などに「やまとじライナー」を新設する。「やまとじライナー」が加茂行2本、湊町行1本である以外は1往復の設定だった。これらの列車はJR西日本の期待どおり好調な乗車率を維持し、特に優等列車のない天王寺口の関西本線では、381系の「やまとじライナー」は看板列車そのものだった。

このような関西地区の通勤ライナーだが、JR西日本では、紀伊田辺～新大阪間に特急「くろしお2号」が新設された2001(平成13)年3月改正後は、新大阪や大阪に発着する特急の運転時刻を通勤時間帯にも拡大し、通勤ライナーを特急に統合する方針が出される。これにより、「ほくせつライナー」は2002(平成14)年10月に「北近畿」に統合。大阪～米原間については、2003(平成15)年6月に関空特急「はるか」の米原延長と「びわこライナー」の特急「びわこエクスプレス」への格上げ、そして2004(平成16)年10月「はんわライナー」1往復の特急「スーパーくろしお」への置換えが実施される。特急格上げの見返りとして自由席回数特急券や指定席特急料金定期券が発売された。

この時点で、通勤ライナーとしては「はんわライナー」下り（和歌山行)4本・上り3本、「やまとじライナー」上り（加茂行）2本・下り1本が残り、おもに旧国鉄塗装の381系6両が専用車の形で運用されるが、それも2011(平成23)年3月12日改正で全廃され、関西というよりはJR西日本から通勤ライナーが姿を消す。廃止の理由は381系の老朽化によるものだが、その後も沿線から復活に対する目立った動きがないのは、阪和・関西の両線とも快速電車は、ライナーまではいかなくとも221系以後の転換クロスシート車で、ある程度の快適通勤（帰宅)が維持できるからだろう。京阪神三都駅で、終日にわたりクロスシート車を特別料金なしで利用できるのは、関西の鉄道ファンにとって誇りでもある。

関西本線の「大和路快速」。221系8連。
2011年10月19日　高井田～河内堅上　写真：寺本光照

図－14　6章に関連の著名優等列車の編成

1989(平元)年3月11日　山陽新幹線　特急「ひかり」(通称「ウエストひかり」。2&2シートの普通車とラウンジ風ビュフェで山陽区間旅客におもてなし)

←博多行　　　新大阪行→

①	②	③	④	⑤	⑥	⑦	⑧	⑨	⑩	⑪	⑫
自	自	自	自	自/ビュフェ	自	自/ビデオカー	G	指	指	指	指
21_{70}	26_{70}	25_{70}	26_{72}	37_{73}	26_{72}	25_{39}	16_{20}	25_{70}	26_{70}	25_{70}	22_{70}

1990(平2)年7月20日　特急「トワイライトエクスプレス」(観光客輸送に特化した寝台特急。⑧⑨号車も4人利用では個室になる。サロンカー付で車内も「旅」の一部)

←8002レ大阪行　　　8001レ札幌行→

①	②	③	④	⑤	⑥	⑦	⑧	⑨	
SA1/SA2	SA1/SA2	食堂	サロンカー	B1/B2	B1/B2	B2	B寝	B寝	電源
スロネフ25	スロネ25	スシ24	オハ25	オハネ25_{5}	オハネ25_{5}	オハネ25_{5}	オハネ25	オハネフ25	カニ24

1991(平3)年3月16日　特急「スーパーくろしお」(紀勢本線特急「くろしお」活性化のため、①号車をパノラマグリーン車改造でイメージアップ。⑦～⑨号車は多客時に白浜まで連結)

←新宮行　　　京都/新大阪/天王寺行→

①	②	③	④	⑤	⑥	⑦	⑧	⑨
G	自	自	指	指	指	指	指	指
クロ381	モハ380	モハ381	モハ380	モハ381	クハ381	モハ380	モハ381	クハ381
						多客時のみ		

1995(平7)年7月15日　特急「はるか」(新幹線連絡の関西空港アクセス特急。編成は5両から6両に増強された当時のもの。自由席設置は1998年12月1日から)

←京都行　　　関西空港行　→

①	②	③	④	⑤	⑥
指	指	指	指	指	G
クハ281	モハ281	サハ281	サハ281	モハ281	クロ280

1997(平9)年3月22日　特急「サンダーバード」(北陸特急にもJR西日本オリジナルの681系が登場。6両＋3両で旅客の波動にも対応。当時8往復中3往復は2階建て列車だった)

←大阪行　　　富山・和倉温泉行→

①	②	③	④	⑤	⑥	⑦	⑧	⑨
G	指	指	指	自	自	自	指	指
クロ681	サハ680	モハ681	サハ681	サハ680	クモハ681	クハ680	モハ681	クハ681
大阪～和倉温泉						大阪～富山		

1997(平9)年11月29日　東海道・山陽新幹線　特急「のぞみ」(流線形を超越したロングノーズの500系が東京～博多間「のぞみ」を担当)

←博多行　　　東京行→

①	②	③	④	⑤	⑥	⑦	⑧	⑨	⑩	⑪	⑫	⑬	⑭	⑮	⑯
指	指	指	指	指	指	指	G	G	G	指	指	指	指	指	指
521	526	527	528	525	526	527_{4}	518	515	516	527_{7}	528_{7}	525	526	527	522

1997(平9)年11月29日　特急「スーパーはくと」(大阪～鳥取間を智頭急行のHOT7000系で、振子式機能を生かし最高速度130km/hの2時間30分台で運転)

←倉吉/鳥取行　　　京都行　→

①	②	③	④	⑤
自	自	指	G/指	指
HOT7010	HOT7030	HOT7040	HOT7050	HOT7000

2005(平17)年10月1日　特急「なは・あかつき」(関西～九州間寝台特急の末期の姿。編成は2列車で10両だが、うち個室車両は5両でなかなか魅力のある編成だった)

←31レ「なは」熊本行・31～33レ「あかつき」長崎行　　　32レ「なは」・34～32レ「あかつき」　京都行→

①	①	②	③	④	⑤	⑥	⑦	⑧	⑨	⑩
荷物	B寝	B寝	B1	B2	B寝	A1	B1/B2	B1	B寝	指
カニ24	オハネフ25	オハネ25	スハネ25 21	オハネフ25 21	スハネフ15	オロネ14 3	オハネ14 3	オハネ15 3	スハネフ15	オハ14 3
京都～熊本「なは」					京都～長崎「あかつき」					

2011(平23)年3月12日　山陽・九州新幹線　特急「さくら」(「さくら」の列車名は山陽・九州新幹線で復活。N700系ながらコンパクトな編成。普通車指定席は2&2シート)

←鹿児島中央/熊本行　　　新大阪行→

①	②	③	④	⑤	⑥	⑦	⑧
自	自	自	指	指	G/指	指	指
781_{70}	788_{70}	786_{70}	787_{70}	787_{75}	766_{70}	788_{77}	782_{70}

国鉄〜JR関西圏運輸関連略年表

年	元号	月日	現線名	鉄道運輸、ならびにそれに関連する事項
1872	明治 5	9.12	(東海道)	(太陽暦10月14日)わが国初の鉄道が新橋〜横浜間で開業
1874	明治 7	5.11	東海道	わが国第二の鉄道として大阪〜神戸間開業
1877	明治10	2. 6	東海道	大阪〜京都間開業。京都〜神戸間直通運転開始
1888	明治21	11. 1	山陽	山陽鉄道兵庫〜明石間開業
1889	明治22	5.14	関西	大阪鉄道湊町(現・JR難波)〜柏原間開業
		7. 1	東海道	官設鉄道〔東海道線〕新橋〜神戸間全通。同区間に直通列車運転
		9. 1	山陽	山陽鉄道神戸〜姫路間全通。官鉄に接続
		12.11	(鹿児島)	九州鉄道博多〜千歳川(仮)間開業
1892	明治25	2. 2	関西	大阪鉄道、亀瀬(大阪・奈良府県境)付近開業により湊町〜奈良間全通
1894	明治27	6.10	山陽	山陽鉄道広島まで開通。
		10.10	山陽	山陽鉄道神戸〜広島間3往復中1往復を急行として運転(長距離急行のはじまり)
1895	明治28	8.22	片町	浪速鉄道片町〜四条畷間開業
		10.17	大阪環状	大阪鉄道天王寺〜梅田(1900年6月、大阪に統合)間開業
		10.21	山陽・官鉄	山陽鉄道神戸〜広島間急行を京都始発で運転(関西における直通乗入れのはじまり)
1896	明治29	3.11	東海道	大阪〜神戸間全線複線化完成
		4.18	奈良・関西	奈良鉄道京都〜奈良間全通
		9. 1	東海道	新橋〜神戸間4往復中1往復を急行として運転
1897	明治30	2. 9	片町	関西鉄道、浪速鉄道を買収
		11. −	…	官鉄の客車等級を上・中・下等から1・2・3等に改め、客車外側窓下に等級別塗装を行う
1898	明治31	1. −	関西	関西鉄道の客車にランプ灯に代わり電灯を設置(列車電灯のはじまり)
		4. 1	関西など	官鉄、関西鉄道、参宮鉄道経由の京都〜山田間直通列車運転
		8. 1	東海道	新橋〜神戸間急行を2往復とし、昼行・夜行各1往復で運転
			山陽	京都/大阪〜三田尻(現・防府)間急行を2往復とし、昼行・夜行各1往復で運転
		9.16	片町	関西鉄道木津〜新木津間(現・廃止)開通により、木津〜片町間全通
		9.22	山陽	山陽鉄道が客室乗務員(列車ボーイ)を採用
		11.18	関西	関西鉄道加茂〜新木津間、寝屋川〜網島間開業により、名古屋〜網島間全通。同区間の昼行1往復、夜行上り1本を急行として運転
		11.27	(九州)	九州鉄道門司(現・門司港)〜長崎(現・浦上)間全通
1899	明治32	5.21	関西	関西鉄道、大仏(現・廃止)〜奈良間開業により名古屋〜柘植〜奈良間全通
		5.25	山陽	京都〜三田尻間昼行急行に食堂付1等車を連結(食堂車のはじまり)
		7.15	福知山	阪鶴鉄道、柏原〜福知山南口(現・福知山)間開業により、尼崎(後の尼崎港、現・廃止)〜福知山間全通
		8.15	山陰	京都鉄道京都〜園部間全通
		8.24	山陽	山陽鉄道、夏季に限り夜行列車の1・2等客に蚊帳を貸与
1900	明治33	4. 8	山陽	京都〜三田尻間急行1往復に寝台付1等食堂合造車を連結(寝台車のはじまり)
		5.15	阪鶴	阪鶴鉄道大阪〜福知山間6往復中1往復を京都始終着で運転
		6. 6	関西など	関西鉄道、大阪鉄道を合併
		9. 1	関西	名古屋〜湊町間(大仏経由)を本線に変更。急行も本線経由に変更
		10. 1	東海道	新橋〜神戸間急行117・118レに1等寝台車を連結
		12. 1	東海道	東海道線客車に蒸気暖房を設置
1901	明治34	5.27	山陽	山陽鉄道神戸〜馬関(現・下関)間全通。京都〜馬関間に最急行303・316レ運転
		12.15	東海道	新橋〜神戸間急行2往復に食堂車導入。連結区間は新橋〜国府津、沼津〜馬場(現・膳所)、京都〜神戸間
1902	明治35	7. −	東海道	東海道線の寝台車と食堂車に扇風機を設置
1903	明治36	1.20	山陽	京都〜下関間に最大急行305・318レのほか急行3往復運転
		3.21	(南海)	南海鉄道難波〜和歌山市間全通。急行運転。蒸気機関車牽引
		5. 1	山陽	京都〜下関間急行1往復に2等寝台車(簡易構造)連結
		7. 1	山陽	最大急行305・318レの運転区間を大阪〜下関間に変更
1904	明治37	2.14	東海・山陽	日露戦争開戦により、東海道線・山陽鉄道は軍事輸送のため、戦時ダイヤに移行(7月26日普通運行に戻る)
		8.21	(中央)	甲武鉄道、飯田町〜中野間で電車運転開始(客車列車と併用)
		11. 3	舞鶴	官鉄舞鶴線福知山〜新舞鶴(現・東舞鶴)間開業。阪鶴鉄道が運営
1905	明治38	8. 1	東海・山陽	新橋〜下関間急行1・2レ運転
1906	明治39	3.31	…	鉄道国有法公布。山陽・関西鉄道を含む全国幹線系私鉄17社の買収を指定
		4.16	東海道	新橋〜神戸間最急行1・2レを含む急行3往復に急行列車券を発売。急行料金を徴収
		12. 1	山陽	山陽鉄道(神戸〜下関間ほか)と西成鉄道が国有化される

年	元号	月日	現線名	鉄道運輸、ならびにそれに関連する事項
1907	明治40	8. 1	山陰・福知山	京都鉄道・阪鶴鉄道が国有化される
		10. 1	関西	関西鉄道（名古屋～湊町、京都～奈良間ほか）と参宮鉄道が国有化される。
		11. 1	…	旅客運賃を改定。買収線の各種賃率を統一し、全線に適用する
1909	明治42	4. 1	関西	湊町～柏原間に蒸気動車運転開始
		9.25	関西	関西線の運転系統を湊町～山田間輸送主体に変更。同区間に急行（料金不要）1往復設定
		10.12	…	線路名称の導入により、一例として新橋～神戸間が東海道本線、神戸～下関間が山陽本線、名古屋～湊町間が関西本線になる
		11.21	（九州）	鹿児島本線門司～鹿児島間人吉経由で全通
		12.16	（山手）	烏森（現・新橋）～品川～上野間、池袋～赤羽間で電車運転開始
1910	明治43	6.12	宇野	宇野線岡山～宇野間全通
		8.25	山陰	舞鶴線園部～綾部間開業により京都～福知山・新舞鶴間全通
		9.21	東海道	新橋～神戸間1・2等急行3・4レに2等寝台車を連結
1911	明治44	1.16	…	車両称号規定を制定
		5. 1	（中央）	中央東・西線昌平橋～名古屋間全通
		7.21	参宮	参宮線山田～鳥羽間開通
1912	明治45	3. 1	山陰	香住～浜坂間開業により、山陰本線京都～出雲今市（現・出雲市）間全通
		6. 1	大社	大社線出雲今市～大社間開通
		6.15	東海・山陽	新橋～下関間に特急1・2レ（1・2等寝台車、洋食堂車、展望車連結）運転開始
1913	大正 2	4. 1	北陸	北陸本線米原～直江津間全通
		8. 1	東海道	東海道本線全線複線化完成
1914	大正 3	12.20	（東海道）	東京駅開業。
1919	大正 8	10. 1	…	1等客車は主要幹線の急行など主要列車を除き連結廃止
1921	大正10	8. 1	東海道	東山・新逢坂山トンネル開通により、東海道本線京都～大津（現・膳所）間の新線開業。奈良線京都～桃山間線路変更工事完成（京都～稲荷間は旧東海道本線の線路を流用）
				東海道・山陽本線時刻改正。京都～大津間新線開通とC51形機関車使用により神戸～東京間で最大1時間のスピードアップ
1922	大正11	3.15	北陸	急行列車網拡大の一環として神戸～富山間に急行1往復（2等寝台連結）運転
		10.28	山陽	神戸～岡山間複線化完成
1923	大正12	7. 1	東海道	東京～下関間に3等特急３・４レ（和食堂車連結）を新設。東京～下関間急行２往復の所要を2時間短縮
		9. 1	…	関東大震災発生
		12.26	山陰	山陰本線京都～石見益田間全通。山口線連絡で京都～下関間のレールがつながる
1924	大正13	2.28	山陰	紀勢西線和歌山～箕島間開業
		7.31	北陸	羽越本線新津～秋田間全通により、米原～青森間の日本海縦貫線完成。神戸～青森間に急行503・504レ（急行区間は富山まで）設定
1925	大正14	5.15	東海道	東京～下関間の特急３・４レに一方向き座席の専用客車使用
		7. 1	…	客車・機関車・貨車の連結器を自動連結器に取替え
		8.30	山陽	山陽本線広島までの複線化完成
		12.13	（東海道）	東京～国府津／横須賀間電化完成。電気機関車による運転開始（幹線電化のはじまり）
1926	大正15	8.15	北陸	東海道本線の震災復旧工事完成をメインとした全国ダイヤ改正。神戸～青森間急行運転
1927	昭和 2	10.17	（鹿児島）	肥薩線八代～川内～鹿児島間全通により、鹿児島本線に編入。門司～鹿児島間の急行や直通列車は新線経由に変更
1928	昭和 3	10.25	伯備	伯備線倉敷～伯耆大山間全通
		11.15	（近鉄）	奈良電気鉄道、京都～西大寺（現・大和西大寺）間全通。京都付近は旧奈良線の線路跡を使用
1929	昭和 4	4. 21	紀勢	紀勢西線、紀伊由良～御坊間開業。和歌山～御坊間全通
		7.18	阪和	阪和電気鉄道阪和天王寺～和泉府中、鳳～阪和浜寺（現・東羽衣）間開業
		9.15	東海道	全国ダイヤ改正。東京～下関間特急１・２レに「富士」、3・4レに「櫻」の愛称を命名
		11. 7	東海道	特急「富士」「櫻」のトレインマーク制定
1930	昭和 5	3.15	（東海道）	東海道本線・横須賀線、東京～横須賀間で電車運転開始（電車による長距離運転開始）
		3.26	東海・山陽	京都～明石間に区間列車増発。京都～大阪、大阪～神戸間などに高速度列車運転。最短所要京阪間36分、阪神間32分。
		6.16	阪和	阪和電気鉄道、和泉府中～阪和東和歌山（現・和歌山）間開業により、阪和間全通。急行電車運転（鳳のみ停車所要65分）
		10. 1	東海道	全国ダイヤ改正。東京～神戸間に各等特急11・12レ「燕」新設。所要９時間。各線に列車増発
1931	昭和 6	2. 1	東海道	東京～神戸間急行2往復に3等寝台車の連結開始
		7. 9	阪和	天王寺～東和歌山間に特急電車運転。同区間ノンストップ。6往復所要48分。
		9. 4	東海道	特急「燕」にスイテ37020（スイテ48）形展望車の連結開始
1932	昭和 7	3.15	東海道	特急「燕」の停車駅に静岡を追加。水槽車の連結を廃止
		12. 1	片町	四条畷～片町間で電車運転開始（国鉄大阪付近での電車運転のはじまり）
1933	昭和 8	2.16	大阪環状	城東線天王寺～京橋～大阪間高架化、並びに電化工事竣工。電車運転開始

年	元号	月日	現線名	鉄道運輸、ならびにそれに関連する事項
1933	昭和 8	11. 4	阪和	紀勢西線紀伊田辺直通の「黒潮号」を運転（週末運転）
		12.20	阪和・紀勢	紀勢西線紀伊田辺～紀伊富田間開業。「黒潮号」を白浜口まで延長。天王寺～東和歌山間に超特急電車運転。ノンストップ運転。所要45分。
1934	昭和 9	6. 1	東海道	大阪駅高架工事完成
		7.20	京阪神	吹田～須磨間電化完成。電車運転開始。大阪～神戸間に急行運転。所要28分
		9.20	京阪神	須磨～明石間電化完成。電車運転を吹田～明石間に延長
		12. 1	東海・山陽	丹那トンネルを含む熱海～沼津間、高水経由の麻里布（現・岩国）～櫛ケ浜間新線開業を主体とした全国ダイヤ改正。特急「燕」の東京～大阪間を8時間に短縮。特急「富士」を各等、同「櫻」を2・3等列車に変更。大阪からの優等列車は東京方面が10往復、下関方面が5往復になる
			北陸	大阪～青森間急行501・502レの北陸本線内を昼行に改め、従前より２時間以上短縮。速い方の上りの所要は21時間０５分になる
1935	昭和10	3.15	山陰	大阪～大社間に急行401・402レ運転開始
		7.15	東海・山陽	東京～下関間特急「富士」の1等寝台車の一部でシャワーバスの使用開始
		12. 1	関西	湊町～名古屋間に快速２往復新設。所要3時間08 ～ 10分
1936	昭和11	3.31	京阪神	大阪～神戸間急行用にモハ52系流線形電車登場
		8.19	東海道	特急「燕」の食堂車スシ37850（マシ38）で冷房装置の使用を開始
1937	昭和12	7. 1	東海・山陽	東京～神戸間に各等特急1031・1032レ「鷗」運転開始。東京～大阪間夜行急行1033・1034列車新設ほか既存急行の運転区間延長
		10.10	京阪神	京都～吹田間電化完成。京都～神戸間に急行電車運転
		12.15	紀勢ほか	日中戦争勃発により「黒潮号」など、各地のレジャー向き快速列車を運休または廃止
1938	昭和13	5.19	東海・山陽	特急「富士」のシャワーバスを廃止
1939	昭和14	10.15	おおさか東	片町線貨物支線放出～八尾間（通称・城東貨物線）開業
		11.15	東海・山陽	内地大陸往来旅客増加により、東京～大阪間昼行1021・1022レなど急行４往復増発
			北陸	上野～金沢間急行（信越本線経由）601・602レを北陸本線内昼行で大阪まで延長
1940	昭和15	8. 8	紀勢	紀勢西線和歌山（現・紀和）～紀伊木本（現・熊野市）間全通
		10.10	東海・山陽	東京～下関間に急行1035・1038レを増発。
		12. 1	阪和	阪和電気鉄道が南海鉄道に合併され、南海鉄道山手線になる
1941	昭和16	2.15	東海・山陽	東京～下関間1037・1036レを増発。優等列車は大阪から東京方面へ16往復、下関方面へは10往復に達し、戦前では最大の本数となる
		5. 1	環状・桜島	西成線大阪～桜島間電化完成。電車運転開始
		7.16	…	3等寝台車の連結廃止。食堂車連結列車の本数を削減
		12. 1	阪和	超特急・特急電車を廃止。急行（阪和間所要63分）に統合
1942	昭和17	11.15	東海・山陽	関門トンネル単線で開通。戦時陸運非常体制の実施に伴うダイヤ改正。本州～九州間直通優等列車として東京～長崎間特急「富士」、東京～鹿児島間急行７・８レ（「櫻」の格下げ）など計5往復運転。東京～神戸間特急「燕」と「鷗」の列車番号を100番台に変更
			京阪神	戦争の激化により、京都～神戸間の急行電車運転休止
1943	昭和18	2.15	東海・山陰	臨戦ダイヤ実施。優等列車を大幅削減。東京～神戸間103・104レ「鷗」廃止。同101・102レ「燕」を大阪打切り。大阪～大社間急行401・402レ廃止。
		7. 1	東海・山陽	急行制度を改正。特別急行と普通急行の別を廃し、急行列車を第1種急行と、第２種急行に改正。第1種急行を「富士」「燕」と東京～熊本間7・8レの計3列車とする。
		10. 1	東海・山陽	決戦ダイヤ実施。急行列車削減と速度低下、貨物列車増発を実施。第1種急行「燕」廃止。7・8レを第２種急行東京～鹿児島間3・4レに統合。
1944	昭和19	4. 1	東海・山陽	決戦非常措置要綱実施に伴うダイヤ改正。第1種急行「富士」廃止により、特急が姿を消す。残存の第２種急行は全国で８往復（うち東京以西が6往復）となる
		5. 1	阪和	国鉄が南海鉄道南海天王寺～南海東和歌山間、鳳～山手羽衣間を買収。阪和線とする
		9. 9	山陽	関門トンネルでの複線運転開始
		10.11	山陽	柳井線岩国～柳井～櫛ケ浜間複線化。柳井線が山陽本線に復帰し、高水経由の路線は岩徳線に改称
1945	昭和20	3.20	東海・山陽	空襲激化による輸送対策実施で、急行は東京～下関間１往復のみとなる
		8.15	…	戦争終結により、運輸省に復興対策本部設置
		9. 1	阪和	駐留軍専用車の増結運転開始（以後、東海道線西ノ宮～神戸間、城東線でも実施）
		9. 8	…	米軍第3鉄道輸送指令部、連合軍輸送を担当
		11.20	東海・山陽	ダイヤ改正。東海道・山陽本線で急行4往復運転
1946	昭和21	1.31	東海・山陽	東京～門司間に駐留軍専用列車「Allied Limited」運転開始
		3.13	東海・山陽	東京～博多間に駐留軍専用列車「Dixie Limited」運転開始
		4. 3	…	関西地区の駐留軍専用電車に白帯を標記（東海道・山陽線7両、阪和線3両、城東線1両）
		5. 1	阪和	準急復活。電車状態不良のため、電気機関車による牽引
		8. 8	阪和	電気機関車牽引による運転を廃止。電車運転復活
		11.10	東海・山陽	ダイヤ改正。東海道・山陽本線で急行5往復設定（うち2往復運休）。準急（有料）列車運転開始
1947	昭和22	1. 4	…	石炭事情悪化により急行全廃。2等車連結停止

年	元号	月日	現線名	鉄道運輸、ならびにそれに関連する事項
1947	昭和22	2.15	阪和	阪和線電車の休車増に伴い、はじめて省形電車を配置
		4.24	東海・山陽	急行および2等車復活。東京～早岐間などに復員臨時列車運転
		6.29	東海・山陽	各幹線に急行・準急を復活。大阪～大社間に準急運転
		7. 5	北陸	大阪～青森間に急行507・508レ運転
		9. 3	…	関西地区の駐留軍専用電車に2等車の標示
1948	昭和23	4.20	阪和	天王寺～新宮間に準急運転開始。阪和線内をEF51牽引
		7. 1	東海・山陽	ダイヤ改正。急行の速度低下、準急の増発。東海道・山陽線急行4往復。準急2往復設定。紀勢線天王寺・和歌山～新宮間に準急運転
		11.10	東海道	東京～大阪間急行11・12レに特別寝台車連結開始（12.15には東京～鹿児島間1・2レにも連結）
1949	昭和24	3.25	阪和	天王寺～東和歌山間に急行1往復復活。5駅停車所要75分
		4.10	東海道	京都～大阪間に急行復活。2往復。所要42分
		6. 1	…	公共企業体「日本国有鉄道」発足。大阪～神戸間に急行電車復活。湊町～名古屋間に準急３往復設定
		9.15	東海・山陽	ダイヤ改正。特急「へいわ」運転開始。展望車・食堂車復活。東海道・山陽線急行8往復設定。15・16列車に「銀河」と命名
			京阪神	急行電車。京都～神戸間30分ヘッド運行に復す。京都～大阪間所要40分
			阪和	急行電車。混雑時30分ヘッド、日中60分ヘッドで運転。阪和間所要60分
		10.22	北陸	上野～金沢間急行601・602レを大阪まで延長
		12.17	東海道	東京～大阪間急行17・18レに2等寝台車連結
1950	昭和25	1. 1	東海道	東京～大阪間特急「へいわ」を「つばめ」に改称
		3. 1	（東海道）	東京～沼津間に80系湘南形電車運転開始（列車スタイルの長距離電車の登場）
		4. 1	東海道	特急「つばめ」の1・2等に座席指定を実施。特別２等車連結開始
		5.11	東海道	東京～大阪間に特急「はと」を増発
		6. 1	東海道	特急「つばめ」「はと」に女性客室乗務員を採用
		8.29	京阪神	京都～神戸間急行に80系電車使用開始
		10. 1	東海・山陽	ダイヤ改正。列車増発とスピードアップ。特別２等車指定券発売
			京阪神	急行電車の所要を京都～大阪間36分、大阪～神戸間28分とする。これにより速度も戦前の水準に復す
			阪和	特急電車新設。阪和間ノンストップ2往復。所要55分。急行30分ヘッド。モハ52系や半流43系が戦列に加わる
		11. 2	…	国鉄本庁で急行に列車名命名。大阪駅発着列車では「明星」「彗星」「阿蘇」「きりしま」「雲仙」「筑紫」「安芸」「日本海」「北陸」が該当（鉄道公報では11月8日にその旨を通達）
		11.18	東海道	京都駅火災のため本屋全焼
1951	昭和26	8. 1	東海道	急行電車の5両運転開始。80系電車に大型ヘッドマークを取付け
		9.15	東海・山陽	東京～広島間急行「安芸」に併結の宇野行を分離。東京～宇野間急行3039・3040列車として運転
		11.25	東海・山陽	京都～博多・都城間準急の都城行を急行「たかちほ」に格上げ。東京始発とし、本州内を「阿蘇」に併結。大阪～大社間準急を急行「いずも」に格上げ。編成の一部を東京始発とし、東京～大阪間を宇野行急行に併結。
		12. 2	東海・山陽	東京～宇野間急行に「せと」、同～大社間急行を「いずも」と命名
1952	昭和27	4. 1	…	連合国軍の日本占領終了に伴い、駐留軍専用列車を「特殊列車」として運転。急行券の発売駅や発売枚数を制限して一般旅客に発売
		5.20	東海道	京都駅3代目駅舎竣工
		9. 1	東海・山陽	大阪～博多間に急行「げんかい」、大阪～名古屋間に準急3406・3405列車新設。
			阪和	竜華操車場～杉本町間の貨物支線（阪和貨物線）開業。天王寺駅の客貨を分離。
1953	昭和28	3.15	東海・山陽	京都～博多間に特急「かもめ」新設。大阪～博多間急行「げんかい」を東京始発とする。
		9. 1	東海・山陽	急行電車を終日20分ヘッド、普通電車を10分ヘッドに増強
		11.11	東海道ほか	稲沢電化完成。東京～大阪間に急行「月光」新設。大阪～広島・四国行準急を分離。天王寺～白浜口間に準急「南紀」運転
1954	昭和29	5.21	山陰	急行「いずも」の一部を出雲今市～浜田間快速として延長運転
		10. 1	東海・山陽	特殊列車のうち東京～佐世保間列車に「西海」、同～博多間列車に「早鞆」の列車名命名。東京～長崎間急行「雲仙」を大村線から長崎本線経由に変更
1955	昭和30	3.22	関西	湊町～名古屋間準急3往復のうち1往復を気動車化。（気動車準急のはじまり）
		5.11	宇野	宇高連絡船紫雲丸が濃霧のため第3宇高丸と衝突し沈没。死者156名、行方不明13名。これにより、宇高連絡船の航送を中止。四国行き準急は宇野止りになる。
		7. 1	…	1等寝台車を廃止。2等寝台AB室とし、従来の2等寝台車を同C室とする。
		7.20	東海・北陸	東海道本線稲沢～米原間電化完成。大阪～金沢間臨時準急「ゆのくに」を定期に格上げ
		12. –	阪和	70系が入線。阪和急行色を採用。
1956	昭和31	3.20	東海道	3等寝台車が軽量客車ナハネ10で復活。東海道急行「銀河」「明星」「彗星」「月光」に各2両連結。ナハネ10は5月末までに100両が新製され、全国の夜行優等列車に連結
		7.15	関西	湊町～名古屋間準急3往復すべてを気動車化。スピードアップ

年	元号	月日	現線名	鉄道運輸、ならびにそれに関連する事項　、
1956	昭和31	11.19	東海・山陽	東海道本線東京～神戸間全線電化完成。全国ダイヤ改正実施。東京～大阪間特急「つばめ」「はと」は全区間電気機関車牽引。東京～博多間に寝台車を中心とする特急「あさかぜ」新設。京阪神を深夜に通過。東京～大阪間に急行「なにわ」新設（東海道本線内完結としては戦後初の昼行急行)。京都～熊本間臨時急行「天草」を定期化。同～長崎間に急行「玄海」設定。東京始発急行の「きりしま」「たかちほ」「いずも」「せと」の列車名を漢字で表記のほか、併結列車を単独運転化。米原～京都間の客車列車を80系電車に置換え、米原～神戸間で運転（京都～神戸間は急行電車）
			山陰	京都～松江間に準急「白兎」運転開始（山陰本線京都口初の優等列車）
			福知山	尼崎～塚口間電化（特急列車の転向のため）
			北陸	急行「北陸」を系統分割し、大阪～富山間に急行「立山」設定
1957	昭和32	9.11	京阪神	80系電車の塗装を大阪色から湘南色に変更
		9.25	京阪神	急行電車を快速電車に改称。高槻・芦屋に停車。電車の内側線集中運転を実施
		10. 1	東海・山陽	東京～大阪間急行「彗星」を寝台専用列車として運転（寝台列車のはじまり)。京都～長崎間急行「玄海」を鹿児島行とし、列車名を「桜島」に変更。大阪～名古屋間に電車準急3往復運転（80系使用)。
			北陸	木ノ本～敦賀間に近江塩津経由の新線開業。田村～敦賀間で交流電化方式を導入
1958	昭和33	4.10	東海・山陽	山陽本線姫路電化に伴い、西明石～姫路間で電車運転開始。京都から山陽本線に直通する客車列車は姫路までが電気機関車牽引となり、東海道本線からは支線への乗入れを除き蒸気機関車が姿を消す
		10. 1	山陽・阪和	京都～広島・大社間急行「宮島・だいせん」設定。阪和線特急電車を快速電車に、急行電車を直行電車に改称
			…	急行の特別2等料金を廃止、座席指定制にする
		11. 1	東海道	東京～大阪／神戸間に電車特急「こだま」2往復新設（電車特急のはじまり）
		12. 1	紀勢	天王寺～白浜口間に気動車準急「きのくに」（座席指定）新設
1959	昭和34	4.20	東海道	155系専用電車による修学旅行専用列車「ひので」「きぼう」運転開始。東海道新幹線起工式挙行
		7.15	紀勢	紀勢西線新鹿～紀勢東線三木里間開通により、紀勢本線全通。天王寺～名古屋間に準急「熊野」、天王寺・難波～白浜口間に準急「きのくに」増発。南海電鉄から南紀直通開始
		9.22	東海道ほか	京都～大分間に急行「くにさき」、神戸／大阪～名古屋間に座席指定電車準急「伊吹」2往復、山陰本線京都～天橋立間などに気動車準急「丹後」2往復新設。姫路～上郡間電化完成。快速電車の一部ローカル延長運転
1960	昭和35	6. 1	東海道・山陽	東京～大阪間特急「つばめ」「はと」を電車化。列車名を「第1・第2つばめ」とし、パーラーカー・クロ151を連結。客車特急の展望車は引退。東京～大阪間に電車急行「せっつ」新設。京都～大分間急行「くにさき」を都城へ延長し、列車名を「日向」に改称
		7. 1	…	列車等級の1等を廃止。2・3等をそれぞれ1・2等に格上げし、2等級制とする
		10. 1	山陽	山陽本線上郡・倉敷間、宇野線全線電化完成。京都／大阪～宇野間に電車準急「鷲羽」3往復運転
		10.28	大阪環状	城東線に101系配置
1961	昭和36	3. 1	東海道	東京～大阪間急行「なにわ」を電車化。同区間急行「せっつ」「金星」とともにリクライニングシートの1等車とビュフェ車連結の編成になる。
			紀勢	天王寺～名古屋間準急「くまの」を気動車化し、急行「紀州」に格上げ
		3.30	赤穂	相生～播州赤穂間電化。大阪から快速電車の一部が延長運転
		4.25	大阪環状	西九条～天王寺（境川信号場）間開業。城東線天王寺～大阪間、西成線大阪～西九条間を合わせて大阪環状線とし、西成線西九条～桜島間は桜島線に改称。西九条～桜島間で逆「の」の字運転開始
		10. 1	東海・山陽	全国ダイヤ改正。山陽本線倉敷～三原間電化完成。特急を従前の18本から52本とするなど優等列車大増発。東海道本線東京～大阪間に「はと」1往復、同～神戸／宇野間に「富士」2往復、大阪～宇野間に「うずしお」1往復の電車特急を新設。特急「かもめ」を京都～長崎・宮崎間に延長のうえ気動車化。気動車特急はこのほか大阪～博多間に「みどり」（運休)、同～広島間に「へいわ」を新設。東京～大阪間電車急行「六甲」「やましろ」「いこま」「よど」を新設、6往復とし、夜行電車急行3往復を運転。夜行客車急行5往復はすべて寝台列車化する。東京～九州間直通急行は夜行を含め4往復に削減。大阪～広島間に「音戸」、同～熊本間に「ひのくに」を寝台急行として新設。大阪～広島間急行「宮島」を気動車化。
			山陰	京都～松江間（大阪・福知山線経由）気動車特急「まつかぜ」新設。準急「白兎」を気動車急行に格上げ、京都・大阪～松江間運転とする。東京～浜田間急行「出雲」を山陰本線経由に変更。大阪～浜田・大社間に急行「三瓶」設定。
			北陸・中央	大阪～青森・上野間に気動車特急「白鳥」新設。大阪～富山間に夜行準急「つるぎ」設定。大阪～長野間準急「ちくま」を気動車化し、急行に格上げ
		12.15	山陽	大阪～博多間気動車特急「みどり」運転開始
		12.20	関西	奈良～湊町間にキハ35形を投入。同区間に快速を30分ヘッド運転（一部蒸機牽引の客車快速列車あり）
1962	昭和37	6.10	東海・山陽	三原～広島間電化完成。東京から電車特急「つばめ」1往復、電車急行「宮島」2往復が直通。気動車特急「へいわ」、電車急行「やましろ」廃止
			北陸	敦賀～今庄間に北陸トンネル開通。敦賀～福井間電化完成。大阪～金沢間気動車急行「越前」新設
		8. 1	関西	亀山～湊町間旅客列車を全面気動車化。奈良～湊町間快速の一部を亀山まで延長（奈良以東各駅停車）
		9.21	関西	天王寺民衆駅開業
		10. 1	山陽・山陰	東京～大阪間寝台急行「あかつき」定期化。同～広島間急行「安芸」を寝台列車化。大阪～広島間急行「音戸」を下関延長。京都～大社間急行「だいせん」を気動車化
1963	昭和38	4.20	北陸	米原～金沢間電化完成。大阪～金沢間に電車急行「ゆのくに」「加賀」計4往復新設。大阪～新潟・和倉（上り輪島）間に気動車急行「きたぐに・奥能登」運転。大阪～富山間準急「つるぎ」を寝台急行に格上げ。

年	元号	月日	現線名	鉄道運輸、ならびにそれに関連する事項
1963	昭和38	4.20	東海道	東京～大阪間不定期電車特急「ひびき」を157系のまま定期に格上げ
		10. 1	東海・山陽	東京～大阪間に寝台急行「すばる」設定。これに伴い夜行電車急行「第2なにわ」廃止。大阪～西鹿児島間に急行「しろやま」新設
1964	昭和39	3.20	山陰	京都～松江間気動車特急「まつかぜ」を博多まで延長
		3.22	大阪環状	西九条付近の高架化完成により環状運転開始
		9.18	京阪神	113系電車の大鉄局配置により、快速用80系の一部を置き換える
		10. 1	新幹線・東海道	東海道新幹線東京～新大阪間開業。東京～新大阪間に超特急「ひかり」(所要4時間)、特急「こだま」(同5時間)、「1―1ダイヤ」で運転。東海道本線電車特急全廃。電車急行は夜行を含め4往復、寝台急行も4往復残存。快速電車新大阪に停車
			山陽	新大阪～博多間に電車特急「つばめ」「はと」設定。151系のため交流区間の九州へは電気機関車＋電源車で強行乗入れ。新大阪～下関間に「しおじ」、同～宇野間に「ゆうなぎ」をそれぞれ電車特急として運転。気動車特急「みどり」は新大阪～熊本・大分間になる。
			東海・山陽	京都～神戸間快速電車を西明石へ延長
		12.25	北陸	大阪～富山間に481系交直流電車による特急「雷鳥」新設
1965	昭和40	3. 1	関西・紀勢	天王寺～名古屋間(新宮経由)に気動車特急「くろしお」、東和歌山～名古屋間(阪和・関西本線経由)に気動車特急「あすか」新設
		5.20	新幹線	「こだま」を対象に新幹線自由席特急券発売開始
		10. 1	山陽	全国ダイヤ改正。新大阪～西鹿児島・長崎間に寝台特急「あかつき」新設。特急「つばめ」を名古屋～熊本間に延長。新大阪～広島間に電車特急「しおかぜ」2往復新設。大阪～宮崎間に気動車特急「いそかぜ」新設。「かもめ」を京都～西鹿児島・長崎間、「みどり」を新大阪～佐世保(筑豊本線経由)・大分間に変更。寝台急行として新大阪～博多間に「海星」、同～宮崎間に「夕月」を新設。大阪～博多間客車急行「つくし」を475系電車化。
			東海道	東京～大阪(一部姫路)相互間の急行は昼行が「なにわ」2往復、夜行は「銀河」と「明星」が残存。東京～九州直通急行は「霧島」「雲仙・西海」「高千穂」3往復が残る
			北陸	気動車特急「白鳥」を大阪～青森間単独運転とし、新潟・白新線経由に変更
		11. 1	新幹線	東京～新大阪間の所要を「ひかり」は3時間10分。「こだま」は4時間にスピードアップ
			山陰	新大阪～浜田間に気動車特急「やくも」運転開始
1966	昭和41	3. 5	…	運賃・料金改定で100km以上走行の準急を急行に格上げ。京阪神三都駅と天王寺駅から準急が姿を消す。
		10. 1	北陸	大阪～富山間に特急「雷鳥」1往復増発
1967	昭和42	10. 1	北陸・紀勢	昼夜兼用特急形寝台電車581系登場。新大阪～博多間に寝台特急「月光」、同～大分間に昼行運用で特急「みどり」設定。気動車特急「いそかぜ」は大阪～佐世保・宮崎間に変更。関西本線特急「あすか」廃止。天王寺～白浜／新宮間に特急「くろしお」2往復新設
1968	昭和43	3.28	阪和	旧阪和電気鉄道、南海鉄道から継承の社形電車が姿を消す
		10. 1	東海・山陽ほか	全国ダイヤ改正。在来線主要幹線の複線化、電化、線路強化進捗によりスピードアップ実施。列車名の統廃合を断行。東海道新幹線「3―3ダイヤ」実施。新大阪～宮崎間に寝台客車特急「彗星」新設。新大阪～西鹿児島・佐世保間に同「あかつき」増発。新大阪～熊本間に寝台電車特急「明星」新設。新大阪～宇野間に特急「うずしお」1往復増発。気動車特急を再編。大阪～西鹿児島・宮崎間に「なは・日向」、を京都～長崎・佐世保間に「かもめ」を設定。東京～大阪間急行「なにわ」全廃。東京～九州間直通急行は「霧島・高千穂」1往復だけとなる。
			北陸・紀勢	大阪～青森間に寝台特急「日本海」新設。同区間急行は「きたぐに」に改称。大阪～富山間特急「雷鳥」増発。紀勢本線特急「くろしお」は定期4往復に増発
			阪和	103系電車を天王寺～和歌山間快速を主体に投入。
1969	昭和44	5.10	…	列車等級制を廃止。旅客運賃を旧2等を基本とするモノクラス制とし、旧1等にはグリーン料金を収受。1等寝台をA寝台、2等寝台をB寝台に改称
		10. 1	新幹線・山陽	新幹線で「3―6ダイヤ」実施。新大阪～下関間特急「しおじ」1往復増発。同～博多間季節特急「はと」を定期に格上げ。「しおじ」は4往復、「はと」は2往復になる。赤穂線全線電化により電車急行「鷲羽」「とも」各1往復が同線を経由
			北陸	北陸本線全線複線電化完成。大阪～金沢間に特急「雷鳥」新設。「雷鳥」は4往復になる
1970	昭和45	2. 4	新幹線	0系「ひかり」用全編成の16両化完了
		3. 1	東海・北陸	新大阪～熊本間特急「明星」1往復増発。大阪～新潟間電車特急「北越」新設
		3.10	京阪神	万国博開催に伴い博覧会最寄の茨木に快速電車臨時停車
		10. 1	新幹線・山陽	鹿児島本線全線電化により京都～西鹿児島間に寝台電車特急「きりしま」新設。呉線電化により大阪／新大阪から電車急行「宮島」と「安芸」が呉線に入る。新大阪～広島間に特急「しおじ」、大阪～富山間に特急「雷鳥」各1往復増発。「しおじ」「雷鳥」とも5往復体制になる
			京阪神	京都～西明石間に新快速電車6往復運転開始。113系スカ色7両編成使用。
1971	昭和46	4.26	東海道・山陽	新大阪～出雲市間に気動車特急「おき」、大阪～長野間に同「しなの」各1往復運転開始(いずれも急行の格上げ)。新快速電車の上り方を草津に延長
		9.30	東海道・山陽	東京～宇野間急行「瀬戸」1往復に14系寝台車を連結
1972	昭和47	3.15	新幹線	山陽新幹線新大阪～岡山間開業。山陽区間に「ひかり」が東京から直通。「4―4ダイヤ」実施。「ひかり」に自由席を設置するとともに、種別を特急に変更

年	元号	月日	現線名	鉄道運輸、ならびにそれに関連する事項
1972	昭和47	3.15	山陽・山陰	山陽・九州行昼行優等列車は岡山始発を原則とし、関西始発として特急「しおじ」「みどり」「なは・日向」「かもめ」、急行「つくし・べっぷ」が残存。宇野線直通は「鷲羽」の夜行を除き全廃。新大阪／大阪～倉吉／鳥取間に気動車特急「はまかぜ」(播但線経由)2往復新設。新大阪～浜田間特急「やくも」を鳥取打切り。列車名を「まつかぜ」に変更。福知山線特急は「まつかぜ」に列車名統一。
			北陸	大阪～金沢／富山間特急「雷鳥」7往復に増発
			京阪神	新快速の下り方を姫路に延長。山陽新幹線岡山開業で捻出された153系「ブルーライナー」6両編成を投入。京都～西明石間で15分ヘッド運転
			大阪環状	休日データイムに限り天王寺～大阪間で快速運転実施。新今宮・弁天町に停車
			阪和	天王寺～和歌山間に新快速新設。113系冷房改造車を使用
		10. 2	北陸	日本海縦貫線全線電化完成。大阪～青森間気動車特急「白鳥」を電車化。大阪～富山／金沢間特急「雷鳥」2往復増発。大阪～新潟間急行「つるぎ」を特急に格上げ
			新幹線	北陸本線列車との連絡強化のため、「ひかり」3往復が米原に停車
			山陽	新大阪～熊本間に寝台客車特急「あかつき」増発。「あかつき」は4往復になり、うち3往復を14系で運転。大阪～下関間に特急「しおじ」増発(11月18日から運転)
			山陰	京都～米子／倉吉／城崎間に気動車特急「あさしお」4往復設定。うち城崎行1往復は舞鶴・宮津線経由で運転
			紀勢	天王寺～白浜間に特急「くろしお」増発。「くろしお」は定期5往復になる。名古屋直通特急の先頭車をキハ81に変更
			…	自由席連結・多本数などの特急を「エル特急」に制定。関西始発では「しおじ」が該当
1973	昭和48	3. 1	北陸	大阪～新潟間に特急「北越」1往復増発
		9.20	関西	湊町～奈良間電化完成(101・113系電車による試運転開始は8月13日から)
		10. 1	山陽	大阪～西鹿児島間特急「なは」を電車化。寝台客車特急「あかつき」と「彗星」を新大阪～長崎／佐世保／大分間に各2往復増発。うち1往復は本州内を併結。「あかつき」は6往復、「彗星」は4往復になる。新型客車として24系寝台車登場。「あかつき」「彗星」各2往復に投入。新大阪～下関間に特急「しおじ」増発。「しおじ」は5往復になる。大阪～長野間特急「しなの」に自由席を設定。「エル特急」とする。
		10. 1	関西	湊町～奈良間電化に伴うダイヤ改正実施。快速を日中20分ヘッドで運転。休日データイムの快速を大阪環状線に直通運転
1974	昭和49	4.25	山陽	日豊本線幸崎～南宮崎間電化に伴うダイヤ改正。大阪～宮崎間気動車特急「日向」を電車化。新大阪～熊本／宮崎間に寝台客車特急「あかつき」「彗星」増発。「あかつき」の最大号数番号は7、「彗星」は5になる。「あかつき」2往復、「彗星」1往復に2段寝台の25形を投入
		7.20	湖西	山科～近江塩津間開業。新快速の一部京都～堅田間延長運転
			関西・環状	関西線快速の大阪環状線直通を毎日運転とする
		9. 5	新幹線	新幹線「ひかり」で食堂車営業を開始
1975	昭和50	2.21	東海道	大阪～長野間気動車特急「しなの」を381系電車化
		3.10	新幹線	山陽新幹線岡山～博多間開業。東京～博多間全通。山陽区間に「ひかり」が東京から直通。「4-4ダイヤ」で12分間隔運転実施。東京～博多間に直通「ひかり」、毎時2往復運転。最速所要6時間56分
			山陽	関西～九州間寝台特急は車種に関係なく、線区ごとに「明星」「あかつき」「彗星」の総称列車名を採用。博多・熊本・西鹿児島行「明星」は定期6往復、大分・宮崎・都城行「彗星」と長崎・佐世保行「あかつき」は3往復運転。「彗星」「あかつき」各2往復は本州内併結。「彗星」に583系電車進出。新大阪～下関間(呉線経由)に寝台客車特急「安芸」設定。関西～山陽・九州間昼行優等列車は岡山始発を含め全廃。急行は夜行全座席指定の「阿蘇」「雲仙・西海」「くにさき」に整理
			北陸	湖西線全面開業により、関西～北陸間優等列車は急行「ゆのくに」「きたぐに」を除き湖西線経由に変更。特急「雷鳥」は12往復になるとともに自由席を設け、エル特急に制定
		12.14	(北海道)	蒸気機関車牽引の定期旅客列車が室蘭本線から引退
1976	昭和51	2.20	北陸	大阪～新潟間寝台特急「つるぎ」を25形化。捻出された20系を東京～大阪間急行「銀河」に使用。20系の急行格下げ転用開始
		7. 1	新幹線	東京～広島間「ひかり」13往復を設定し、山陽区間の輸送改善を図る。東京～新大阪間「ひかり」1往復を新横浜・静岡に停車
		11. 1	阪和	全区間で6両編成の運転開始
		11. 6	…	運賃・料金改定で平均50%強に及ぶ大幅上げ実施
1977	昭和52	12. 9	…	国鉄運賃法と国鉄法の一部改正法案成立(1978年3月31日施工)
1978	昭和53	10. 2	阪和・紀勢	全国ダイヤ改正。紀勢本線和歌山～新宮間電化完成。381系振子式電車投入により、気動車特急「くろしお」を電車化。天王寺～白浜／新宮間に定期7往復設定。名古屋直通を廃止。阪和線新快速廃止、快速に統合。快速の一部御坊・紀伊田辺へ延長(紀勢本線内は各駅停車)
			山陽・北陸	寝台特急のうち新大阪～広島間「安芸」廃止。新大阪～熊本／西鹿児島間「明星」を定期3往復、新大阪／大阪～長崎・佐世保間「あかつき」は「明星」との併結を取りやめ2往復に整理。熊本行「阿蘇」と大分行「くにさき」を併結運転とする。特急「北越」の大阪～新潟間列車を「雷鳥」に編入。「雷鳥」は16往復になる。
			…	在来線列車の号数番号を新幹線同様に下り奇数・上り偶数に変更。昼行の定期特急全列車に自由席設定。583系や183系など、可変式愛称表示を持つ特急型電車のヘッドマークにイラストを採用
1979	昭和54	10. 1	片町	四条畷～長尾間複線化。片町線電化区間(片町～長尾間)の複線化完成

年	元号	月日	現線名	鉄道運輸、ならびにそれに関連する事項
1980	昭和55	1.22	京阪神	新快速用に117系電車運転開始（置換完了は7月10日）
		3. 3	草津ほか	草津線・桜井線全線、和歌山線王寺～五条間電化完成。関西線快速の一部奈良（桜井線経由）・五条へ直通運転開始。和歌山・桜井線内各駅停車
		8.24	京阪神	快速電車のグリーン車廃止
		10. 1	新幹線ほか	全国ダイヤ改正。客貨輸送需要減少に伴い、減量ダイヤ実施。新幹線東京～博多間「ひかり」を6時間40分にスピードアップ。東海道区間の季節「こだま」を大幅削減。関西～九州間寝台特急「明星」「彗星」各1往復、同急行「阿蘇・くにさき」「雲仙・西海」を廃止。関西～九州間から急行撤退。天王寺～白浜／新宮間特急「くろしお」を定期10往復に増発。
1981	昭和56	4. 1	福知山	尼崎～宝塚間複線電化。大阪～宝塚間に103系電車運転開始
1982	昭和57	7. 1	山陰	大阪～鳥取間特急「まつかぜ3－2号」を米子へ延長のほか、「あさしお」「はまかぜ」全列車の車両をキハ80系からキハ181系に置換完了
		7.10	…	第2次臨時行政調査会が国鉄の分割民営化を柱とする基本答申を総理大臣に提出
		11.15	山陽	全国ダイヤ改正。関西～九州間寝台特急を新大阪～西鹿児島間「明星」「なは」各1往復、新大阪～宮崎／都城間「彗星」2往復、新大阪／大阪～長崎・佐世保間「あかつき」2往復の計6往復に整理。うち583系電車は「なは」「彗星3－2号」の2往復に残存。
			北陸	大阪～金沢／富山／新潟間特急「雷鳥」18往復に増発。大阪～北陸間の昼行急行全廃
1983	昭和58	6.10	…	「国鉄再建監理委員会」が正式発足。国鉄の分割民営化に向けての作業に入る
1984	昭和59	2. 1	…	全国ダイヤ改正。ヤード系貨物列車全廃。関連して車両基地を大幅に統廃合。
			東海・山陽	関西～九州間から寝台電車特急全廃。寝台客車特急「明星」を「なは」に改称。「明星」は「あかつき1－4号」と併結。関西～九州間夜行は前記のほか「あかつき3－2号」「彗星」の寝台客車特急4往復だけになる。大阪～名古屋間電車急行「比叡」廃止
		4. 1	…	運賃・料金改訂。幹線・地方交通線・東京大阪圏ごとに地域別運賃を導入
		9. 1	阪和	天王寺～日根野間に「ホームライナーいずみ」下り2本運転
		10. 1	関西ほか	奈良線全線、関西本線木津～奈良間、和歌山線五条～和歌山間、紀勢本線和歌山～和歌山市間電化。
1985	昭和60	3.14	…	全国ダイヤ改正。電車特急の食堂車全廃。気動車特急も北海道の一部を残し食堂車営業廃止。全国の寝台客車特急牽引機関車にヘッドマーク復活
			新幹線	「6－4ダイヤ」実施。「ひかり」の東京～新大阪間を3時間08分に短縮。「ひかり」の停車駅拡大で、東京～博多間のすべての駅に「ひかり」が停車。東海道内の「こだま」を12両化完了。
			東海・山陽	東京～大阪間寝台急行「銀河」を14系客車に置換え
			北陸	特急「雷鳥」に和風車「だんらん」連結（グリーン車扱）。大阪～新潟間急行「きたぐに」を583系電車に置換え。583系としては初のA寝台車サロネ581連結
			山陰	京都～東舞鶴間に特急「あさしお」増発。「あさしお」は5往復になる。大阪～博多間特急「まつかぜ」をキハ181系化。米子で系統分割。米子以西は「いそかぜ」で運転
			紀勢	特急「くろしお」を定期13往復とし、うち4往復に485系を使用。気動車急行「きのくに」全廃
		7.26	…	国鉄再建監理委員会が「6分割民営化」を答申
		10. 1	新幹線	2階建て車両連結の100系電車。東京～博多間「ひかり」で営業運転開始
1986	昭和61	2.21	…	国鉄改革法に盛り込む分割民営化後の新旅客鉄道会社名称が内定
		9.26	…	鉄道創業時から続く鉄道郵便を廃止
		11. 1	山陰	全国ダイヤ改正。福知山線・山陰本線宝塚～城崎間電化完成。新大阪／大阪～福知山／城崎間に電車特急「北近畿」定期8往復設定、485系を使用。気動車特急「はまかぜ」を3往復に、「あさしお」を6往復に増発。特急「まつかぜ」2往復と急行「白兎」「丹波」及び「だいせん」の昼行列車全廃。夜行「だいせん」は14系寝台車+12系に変更
			新幹線	新幹線特急の最高速度を220km/hに向上。「ひかり」は新大阪から東京まで2時間56分、博多まで2時間59分にスピードアップ。100系「ひかり」東京～博多間4往復設定。新大阪～博多間「こだま」を6両モノクラス編成で運転、
			山陽	新大阪～西鹿児島・長崎間寝台特急「明星・あかつき」廃止
			関西・紀勢	特急「くろしお」を定期11往復に削減。全列車を381系で運用。天王寺～和歌山間に「阪和ライナー」下り4本・上り2本運転。京都～鳥羽間急行「志摩」2往復廃止
			東海・山陽	急行「銀河」を25形客車に、同「ちくま」の寝台車を14系に置換え。新快速電車を複々線区間の外側線走行とし、上り方を彦根・近江舞子まで延長。117系100番代投入
		11.22	山陰	特急「北近畿」に半室グリーン車クロハ481連結開始
1987	昭和62	2.20	…	分割・民営化後の新会社の略称を「JR」、全体を「JRグループ」に決定
		3.31	…	公共企業体「日本国有鉄道」解体。国鉄115年の歴史に終止符
		4. 1	…	国鉄分割・民営化。JR各社発足。地方鉄道法に替わり鉄道事業法施行
		10.14	東海道	大阪～米原間に「びわこライナー」運転開始
1988	昭和63	3.13	新幹線	東京～新大阪間「ひかり」の最速列車2時間49分に短縮。「ひかり」用に食堂車に替わるカフェテリア付100系登場。山陽新幹線に「ウエストひかり」運転開始
			北陸	寝台特急「日本海1－4号」を函館まで延長
			JR 西日本	通勤電車運転の各線にJR京都線、JR神戸線、琵琶湖線など愛称命名
			関西	木津～加茂間電化。「やまとじライナー」新設。新今宮～奈良間で快速10分ヘッド運転開始
			片町	片町～長尾間に快速電車運転

年	元号	月日	現線名	鉄道運輸、ならびにそれに関連する事項
1988	昭和63	3.13	福知山	大阪〜篠山口間に「ほくせつライナー」新設
		4.24	関西	「シルクロード博」開催により、期間中湊町〜奈良／加茂間快速の下り方始終着駅を新大阪に変更（10月23日まで）。新今宮〜新大阪間では西九条にのみ停車
		7.16	福知山	宮福鉄道福知山〜宮津間開業。新大阪〜天橋立間臨時気動車特急「エーデル丹後」運転開始。福知山線内は電車特急に併結。同区間に気動車急行「みやづ」設定
1989	平成元	3.11	新幹線	「7-4ダイヤ」実施。100系に2階建て車4両の「グランドひかり」登場。山陽区間230km/hで東京〜博多間を5時間47分に短縮。
			北陸	神戸／大阪〜富山間にパノラマグリーン車連結の「スーパー雷鳥」を4往復運転。「雷鳥」の「だんらん」連結を廃止
			山陰	大阪〜鳥取間にキハ65形改造車による特急「エーデル鳥取」設定。大阪〜鳥取・中国勝山間急行「みささ・みまさか」廃止
			京阪神	大阪を中心とする都市近郊区間を「アーバンネットワーク」と命名。JR西日本発足後初の新車として3ドア・オールクロスシートの221系を京阪神電車区間に投入。
			片町	片町線長尾〜木津間電化（全線電化完成）。快速を木津まで延長
			関西	快速利用客の便宜を図るため、快速電車を「大和路快速」「区間快速」「快速」の3種とする
			福知山	大阪〜篠山口／福知山間に快速電車運転（速達区間は大阪〜三田）
		4.10	関西	大阪（環）〜奈良／加茂間の「大和路快速」に221系運転開始
		7.21	北陸	大阪〜札幌間にセット旅行用の臨時特急として寝台列車「トワイライトエクスプレス」運転開始
		7.22	関西・阪和	天王寺駅構内に短絡線を新設。関西本線〜阪和線間の直通運転が可能になる。京都〜新宮間などにパノラマグリーン車連結の「スーパーくろしお」4往復新設
		12. 2	北陸	寝台特急「トワイライトエクスプレス」が週4日運転の臨時列車として運転。特急券や寝台券を窓口で発売
1990	平成 2	3.10	山陽	高速バスへの対抗のため、寝台特急「あかつき」と「なは」に3列座席車レガートシート連結
			山陰	大阪〜浜坂間に気動車特急「エーデル北近畿」設定。山陰本線京都〜園部間電化。同区間に快速電車（下り3本）運転開始。
		4. 1	山陰	宮津線の経営を引き継ぐ北近畿タンゴ鉄道開業。京都〜久美浜間などに気動車特急「タンゴエクスプローラー」2往復運転開始
1991	平成 3	3.16	奈良	京都〜奈良間に快速電車新設
		4.30	片町	JR西日本初の通勤形電車ＶＶＶＦ制御の207系試作車を投入（量産車投入は12月16日から）
		9. 1	北陸	七尾線和倉温泉までの電化に伴い、大阪〜和倉温泉間に特急「スーパー雷鳥」3往復直通（金沢まで富山行と併結）
		9.14	北陸	田村〜長浜間の電化方式を直流に変更。新快速の一部を長浜まで延長
1992	平成 4	3.14	新幹線	「8−3ダイヤ」実施。東京〜新大阪間に「のぞみ」2往復運転。300系使用。最高速度270km/hで同区間所要2時間30分。
		4.25	山陽	寝台特急「あかつき」の長崎編成にB寝台1人用個室「ソロ」を連結
		6.3	JR 西日本	近畿圏車両基地の在籍車の完全冷房化達成を発表
1993	平成 5	3.18	新幹線	「1−7−3ダイヤ」実施。東京〜博多間に「のぞみ」毎時1往復設定。同区間所要5時間04分。新大阪〜博多間は2時間32分。
1994	平成 6	6.15	阪和	関西空港線日根野〜関西空港間開業。空港関係職員などの輸送。一般人の空港施設への立ち入りは禁止。天王寺〜関西空港間で223系電車による快速電車運転開始
		9. 4	阪和	関西空港線全面開業。京都〜関西空港間に特急「はるか」29往復新設。「関空快速」の上り方始終着駅を天王寺／JR難波／京橋とし、列車増発。湊町をJR難波に改称
		12. 3	山陰	智頭急行上郡〜智頭間開業。新大阪〜鳥取／倉吉間に気動車特急「スーパーはくと」3往復、「はくと」1往復運転開始。「スーパーはくと」には智頭急行HOT7000系を使用。大阪〜鳥取間最速所要2時間34分
			北陸	大阪〜新潟間寝台特急「つるぎ」廃止
1995	平成 7	1. 7	…	阪神淡路大震災発生。死者・行方不明者約6500人。神戸市を中心とする兵庫県南部の鉄道被害甚大
		4. 1	京阪神	東海道・山陽本線復旧。通勤時間帯を中心に新快速・快速を増発
		4.20	北陸	大阪〜富山／和倉温泉間特急「スーパー雷鳥」を7往復から12往復に増発。うち8往復に681系電車を使用。最高速度130km/hで運転。大阪〜金沢間最速所要2時間29分
			山陰	綾部〜福知山間電化完成。
			阪和	京橋〜関西空港間に「関空特快ウイング」下り7本・上り6本設定。座席指定車連結。
		8.12	京阪神	震災後の輸送力維持のため、新快速用に223系を投入
1996	平成 8	3.16	山陰	山陰本線園部〜綾部間、北近畿タンゴ鉄道福知山〜宮津〜天橋立間電化完成。京都〜城崎間に電車特急「きのさき」下り5本・上り6本、京都〜天橋立間に同「はしだて」4往復、京都〜福知山間に同「たんば」下り3本・上り2本、新大阪〜天橋立間に同「文殊」下り1本・上り2本を新設。気動車特急「あさしお」、同急行「丹後」「みやづ」「但馬」全廃。智頭急行線経由の「スーパーはくと」「はくと」を計6往復に増発。全列車を京都発として運転
			湖西	新快速の湖西線内を近江今津に延長増発。湖西線内で速達運転復活
		3.22	関西	JR難波〜今宮間立体化工事完成。JR難波地下駅化
		7.31	紀勢	制御振子式283系電車を投入。京都／天王寺〜新宮間に「スーパーくろしお オーシャンアロー」3往復設定
		12. 1	東海道	大阪〜長野間特急「しなの」を制御振子式383系に置換え。最高速度130km/hに向上

年	元号	月日	現線名	鉄道運輸、ならびにそれに関連する事項
1997	平成 9	2.27	福知山	新三田～篠山口間複線化完成
		3. 8	東西ほか	JR東西線京橋～尼崎間開業。片町線からJR東西線経由で東海道本線神戸方、福知山線に直通運転開始。木津／同志社前～宝塚／新三田間に快速電車運転。片町線片町駅廃止
			紀勢	283系電車特急を京都～新宮間3往復とし、列車名を「オーシャンアロー」に改称。新大阪～新宮間所要を最速3時間35分に短縮
		3.22	新幹線	500系電車が新大阪～博多間「のぞみ」で運転開始。所要2時間17分
			北陸	681系電車特急8往復を「サンダーバード」に改称
		8.10	山陰	京都～鳥取／倉吉間特急「スーパーはくと」5往復に半室グリーン車連結
		9. 11	東海道	京都駅ビル開業
		10. 1	東海道	大阪～長野間急行「ちくま」を383系電車に置換え
		11.29	新幹線	東京～博多間「のぞみ」3往復に500系投入。同区間所要4時間49分
			山陰	京都～鳥取／倉吉間特急6往復を「スーパーはくと」に統一
1998	平成10	3.14	新幹線	東京～博多間で500系「のぞみ」を5往復に増発（10月3日には7往復）
		10. 3	山陽	京都～長崎・佐世保間寝台特急「あかつき」の長崎編成に「シングルデラックス」「シングル・シングルツイン」を、佐世保編成に「ソロ」連結。「あかつき」に22年ぶりにA寝台車復活
		12. 8	北陸	大阪～函館間寝台特急「日本海1ー4号」に「シングルデラックス」連結
1999	平成11	3.13	新幹線	東京～博多間「のぞみ」3往復に700系投入。500系「のぞみ」は2時間間隔で運転
		5.10	京阪神	新快速の一部で130km/h運転開始。117系が新快速運用から撤退
			阪和	京橋～和歌山間に「紀州路快速」1時間当たり2本設定。223系を使用し「関空快速」に併結。「関空特快ウイング」廃止
		10. 2	新幹線	東京～博多間「のぞみ」に700系を追加投入。同区間の「のぞみ」は500系と700系で運用
			山陰	舞鶴線綾部～東舞鶴間電化完成。京都～東舞鶴間に電車特急「まいづる」3往復、気動車特急「タンゴディスカバリー」2往復（宮津方面行と併結）運転。「タンゴエクスプローラー」は新大阪～久美浜間など2往復に変更。「エーデル鳥取」「エーデル北近畿」の運転区間を短縮し、電車特急「北近畿」に統合。夜行急行「だいせん」を気動車化
		12. 4	東海道	大阪～飛騨古川間気動車急行「たかやま」を特急「ひだ」に格上げ。高山行に変更
			関西	奈良～名古屋間急行「かすが」をキハ75系に置換え
2000	平成12	3.11	新幹線	新大阪～博多間に700系8両の「ひかりレールスター」18往復新設。同区間最速2時間43分。東京～博多間直通「ひかり」は300系使用の3往復のみ残存。東海道・山陽新幹線から食堂・ビュフェの営業全廃。
			山陽	寝台特急「彗星」と「あかつき」を京都～南宮崎・長崎間併結列車として運転
			京阪神	新快速のオール223系化完成。米原～姫路間で終日130km/h運転開始
			福知山	大阪～篠山口間に「丹波路快速」運転。221系を使用
			阪和	天王寺～和歌山間快速に221系進出。日中の紀勢本線直通運転廃止
		4.22	新幹線	「ひかりレールスター」増発により、1往復だけ残っていた「ウエストひかり」廃止
		10. 1	新幹線	「のぞみ」定期全列車を500系と700系で運用
2001	平成13	3. 3	北陸	683系を投入。「サンダーバード」を15往復に増発。「雷鳥」は大阪～金沢間で8往復が残存。「白鳥」と「スーパー雷鳥」廃止
			奈良	京都～ JR藤森、宇治～新田間複線化完成。快速用車両を117系から221系に置換え。京都～奈良間に「みやこ路快速」と「区間快速」を新設
2002	平成14	5.20	新幹線	100系「グランドひかり」、東京～新大阪間「ひかり」1往復の運転を最後に引退
2003	平成15	6. 1	東海道	大阪～米原間特急「びわこエクスプレス」設定。京都～関西空港間特急「はるか」2往復を米原へ延長
		10. 1	新幹線	品川駅開業に伴うダイヤ改正。「のぞみ」を主体とした「7ー2ー3ダイヤ」導入。「のぞみ」に自由席新設。山陽区間ではすべての「ひかりレールスター」が姫路と福山に停車
			東海道	大阪～長野間夜行電車急行「ちくま」廃止
2004	平成16	10.16	山陰	大阪～米子間夜行気動車急行「だいせん」廃止
2005	平成17	3. 1	新幹線	「のぞみ」増発。東京～岡山間が概ね20分ヘッドになる。
		4.25	福知山	尼崎～塚口間で快速電車脱線転覆事故。死者107名。JR化後最大の惨事となる（6月19日復旧）
		10. 1	山陽	新大阪～南宮崎間寝台特急「彗星」廃止。「なは」と「あかつき」を併結運転とする。
2006	平成18	3.18	新幹線	東京～博多間「のぞみ」19本増発。同区間の「のぞみ」は毎時2往復運転になる。
			北陸ほか	大阪～函館間寝台特急「日本海1-4号」の青森～函館間を廃止。「日本海」は2往復とも大阪～青森間になる。奈良～名古屋間気動車急行「かすが」廃止
			電車区間	アーバンネットワークのダイヤ見直し。最高速度はそのままで、運転に余裕をもたせたダイヤに変更
		9.24	湖西・北陸	北陸本線長浜～敦賀間、湖西線永原～近江塩津間の電化方式を直流に変更
		10.21	湖西・北陸	新快速電車を近江塩津、敦賀へ延長運転開始
2007	平成19	7. 1	新幹線	N700系登場。東京／品川～博多間「のぞみ」4往復に使用
		10. 1	北陸ほか	特急「サンダーバード」「雷鳥」「スーパーくろしお」「くろしお」などに女性専用席設置
2008	平成20	3.15	新幹線	東京～博多間「のぞみ」の毎時1往復をN700系化。東京～広島間で「のぞみ」を毎時3往復運転。
			山陽ほか	京都～熊本・長崎間寝台特急「なは・あかつき」、大阪～青森間同「日本海3ー2号」、東京～大阪間急行「銀河」廃止

年	元号	月日	現線名	鉄道運輸、ならびにそれに関連する事項
2008	平成20	3.15	関西ほか	おおさか東線放出〜久宝寺間開業。奈良〜尼崎間に「直通快速」運転。天王寺駅構内の関西・阪和短絡線複線化
		11.30	新幹線	0系、山陽新幹線での定期運転終了。44年の歴史に幕
2009	平成21	3.14	新幹線	東海道新幹線で「9−2−3ダイヤ」設定。
		10. 1	北陸	683系4000番代落成。特急「サンダーバード」2往復に投入
2010	平成22	2.28	新幹線	500系「のぞみ」この日で運転終了。
		3. 7	山陰	京都〜園部間複線化工事完成。
		3. 13	新幹線	東海道〜山陽直通「のぞみ」定期列車はすべてN700系化
			北陸ほか	特急「サンダーバード」を22往復に増強。うち6往復が七尾線直通。「雷鳥」は大阪〜金沢間に1往復のみ残存。特急「はるか」30往復中、日中の6往復を臨時列車に格下げ
		11. 7	山陰	播但線経由特急「はまかぜ」3往復をキハ189系に置換え。キハ181系の定期運用終了
		12. 1	京阪神など	東海道・山陽新快速に225系、阪和線快速に225系5000番代が運転開始
2011	平成23	3.11	…	東日本大震災発生。死者・行方不明者2万人弱。各地の鉄道に甚大な被害
		3.12	新幹線	九州新幹線鹿児島ルート全通に伴い山陽新幹線と相互直通開始。新大阪〜鹿児島中央間に「みずほ」4往復、「さくら」11往復新設。
			北陸	関西〜北陸間特急を681・683系に統一。「サンダーバード」23往復運転。「雷鳥」廃止。これにより関西から485系特急が姿を消す。
			山陰	大阪／京都〜北近畿間特急に287系投入。8種類の列車名を「こうのとり」「きのさき」「はしだて」「まいづる」に集約。「北近畿」「文殊」「たんば」「タンゴエクスプローラー」「タンゴディスカバリー」の列車名を廃止。「こうのとり」下り14本・上り13本、「きのさき」下り9本・上り10本、「はしだて」5往復、「まいづる」下り8本・上り7本運転。
			阪和・紀勢	特急「くろしお」の京都始終着4往復を3往復に削減。「はるか」の80番台臨時列車廃止。日中の「関空・紀州路快速」と天王寺〜日根野間の「区間快速」を1時間当たり各4往復ずつ運転。「はんわライナー」廃止
			関西	日中の「大和路快速」とJR難波始終着の「快速」を1時間当たり各4往復ずつ運転。「やまとじライナー」廃止。JR東西線北新地駅ホームドア設置により、尼崎〜奈良間「直通快速」を207系化
		5. 4	東海道	大阪駅ビル「大阪ステーションシティ」グランドオープン
2012	平成24	3.17	新幹線	「のぞみ」定期全列車をN700系化。東海道・山陽新幹線から300系、山陽新幹線から100系引退。
			北陸	大阪〜青森間寝台特急「日本海」と大阪〜新潟間急行「きたぐに」廃止。583系の定期列車消滅
			紀勢	「くろしお」4往復に287系投入。紀勢本線電車特急の列車名を「くろしお」に統合
			阪和・ 大阪環状	「関空・紀州路快速」の大阪環状線一周列車の運転時間帯を拡大。これにより、日中の大阪環状線天王寺〜京橋〜大阪間はクロスシート車への乗車機会が拡大
2013	平成25	2. 8	新幹線	N700系A営業運転開始（在来のN700系と共通運用）
		3.16	山陰・紀勢	大阪／京都〜北近畿間特急から485系改造の183系引退。同区間の電車特急は287系と「くろしお」から転用の381系の2形式になる。紀勢本線特急の287系増備で381系はパノラマグリーン車連結編成を使用する「くろしお」4往復だけとなる。
			京阪神	京阪神区間の普通電車から205系撤退。同区間の普通は207系と321系のみになる。
2014	平成26	3.15	新幹線	東海道新幹線で「10−2−3ダイヤ」設定。「みずほ」の一部姫路に停車
			東海道	大阪〜草津間に「びわこエクスプレス」上り1本増発。キハ189系を使用
2015	平成27	3.14	新幹線	東海道新幹線内でN700系A、N700系改造車による「のぞみ」の一部で285km/h運転実施。東京〜新大阪間最速2時間22分。
			北陸	北陸新幹線開業に伴う金沢〜富山間の第三セクター鉄道移管により、「サンダーバード」の富山直通を廃止。23往復中和倉温泉直通1往復を除き、大阪〜金沢間運転になる。大阪〜札幌間臨時寝台特急「トワイライトエクスプレス」運転終了
		10.31	紀勢・山陰	「しらさぎ」用683系2000番代改造の289系を「くろしお」と大阪・京都〜北近畿間特急に投入。これに伴い、両系統から381系撤退。関西地区の特急はすべてJR化後の車両で運転
2016	平成28	3.26	東海道	特急「しなの」の大阪乗入れ廃止
			阪和	海外からの旅行客増加に伴い「はるか」30往復に増発（実質的には2010年3月13日廃止分の復活）。
			山陰	「きのさき」「はしだて」「まいづる」の使用車両を287系に統一。北近畿地区の289系は「こうのとり」だけで使用（287系と併用）

※線名欄で東海道・山陽本線電車区間（京都〜西明石）は、便宜上「京阪神」と記す

著者プロフィール

寺本光照【てらもと　みつてる】

鉄道研究家・鉄道作家。昭和25年１月大阪府八尾市生まれ。甲南大学法学部卒業。鉄道友の会会員。主な著書に「関西新快速物語」「時刻表でたどる新幹線発達史」「国鉄・JR悲運の車両たち」(JTBパブリッシング)、「永久保存版ブルートレイン大全」「国鉄遺産名車両100選」(洋泉社)、「国鉄・JR列車名大事典」(中央書院)などがある。

編集協力

㈲ヴィトゲン社（高橋　通、畑中省吾）、松本典久、福田静二

装丁・デザイン

アップライン㈱（上筋英彌、上筋佳代子）

《写真・資料提供》

佐竹保雄、野口昭雄、鹿島雅美、田中鎚一、長船友則、和気隆三、篠原 丞、林 嶢、湯口 徹、安田就視、三宅俊彦、小川峯生、福田静二、宇都宮照信、山口雅人、畑中省吾、寺本光照、ＲＧＧ

《参考文献》

・寺本光照『国鉄・JR列車名大事典』中央書院2001
・寺本光照『さよなら急行列車』JTBパブリッシング2016
・寺本光照『国鉄・JR関西圏近郊電車発達史』JTBパブリッシング2014
・寺本光照『時刻表でたどる新幹線発達史』JTBパブリッシング2013
・寺本光照『新・名列車列伝』JTB　2003
・寺本光照『増補改訂版・ブルートレイン大全』洋泉社　2012
・岡田誠一『国鉄鋼製客車Ⅰ』JTBパブリッシング2008
・石井幸孝『戦中・戦後の鉄道』JTBパブリッシング2011
・浅野明彦『昭和を走った列車物語』JTB　2001
・三宅俊彦『日本鉄道史年表』グランプリ出版2005
・池田光雅『鉄道総合年表1972～93』中央書院　1993
・猪口　信『懐かしの特急列車』新人物往来社1999
・臼井茂信『日本蒸気機関車形式図集成1・2』誠文堂新光社1968・1969
・沢　和哉『日本の鉄道100年の話』築地書館　1972
・星　晃『回想の旅客車』交友社1985
・須田　寛『須田寛の鉄道ばなし』JTBパブリッシング2012
・『JR特急の四半世紀』イカロス出版2012
・『大阪の国電』ジェー・アール・アール　1984
・日本の客車編さん委員会『日本の客車』鉄道図書刊行会1962
・『懐かしの東海道本線』新人物往来社 2001
・『100年の国鉄車両』交友社　1974
・『停車場変遷大事典』JTB 1998
・『日本鉄道旅行地図帳』(8号関西1・9号関西2)新潮社2008・2009
・『日本鉄道旅行歴史地図帳』(8号近畿・9号大阪)新潮社2010・2011
・『図説日本の鉄道クロニクル』(1～10)講談社　2010・2011
・『JR全駅・全車両基地』(No.02・06・09・16・26)朝日新聞出版　2012・2013
・『レイル　No.58』エリエイ　2006
・『鉄道ピクトリアル』『鉄道ファン』『ジェイ・トレイン』『JTB時刻表』(関係各号)

キャンブックス

関西発の名列車

山陽最急行からトワイライトエクスプレスまで

著　者　寺本光照

発行人　秋田　守

発行所　JTBパブリッシング
〒162-8446 東京都新宿区払方町25－5
http://www.jtbpublishing.com/

○ 内容についてのお問い合わせは
JTBパブリッシング
ＭＤ事業部
☎03・6888・7845

○ 図書のご注文は
JTBパブリッシング　出版販売部直販課
☎03・6888・7893

印刷所　JTB印刷

Printed in Japan 374430
ISBN 978-4-533-11362-8 C2065
◎落丁・乱丁はお取り替えいたします。
◎旅とおでかけ旬情報
http://rurubu.com/

CAN
374430

読んで楽しむビジュアル本

キャンブックス

鉄道

鉄道廃線跡を歩く Ⅰ〜Ⅹ 完結編
私鉄の廃線跡を歩く Ⅰ〜Ⅳ
全国歴史保存鉄道
台湾鉄道の旅
世界のLRT
世界のハイスピードトレイン
遙かなりC56／全国森林鉄道
地形図でたどる鉄道史 東日本編
地形図でたどる鉄道史 西日本編
時刻表でたどる鉄道史
時刻表でたどる特急・急行史
時刻表でたどる夜行列車の歴史
時刻表でたどる新幹線発達史
時刻表に見る〈国鉄・JR〉電化と複線化発達史
時刻表に見る〈国鉄・JR〉列車編成史
戦中・戦後の鉄道
東京駅歴史探見
札幌市電が走る街 今昔
山手線 ウグイス色の電車 今昔50年
中央線 オレンジ色の電車 今昔50年
都電が走った街 今昔 Ⅰ／Ⅱ
玉電が走った街 今昔
横浜市電が走った街 今昔
名古屋市電が走った街 今昔
京都市電が走った街 今昔
大阪市電が走った街 今昔
伊予鉄が走る街 今昔
土佐電鉄が走る街 今昔
広電が走る街 今昔
長崎「電車」が走る街 今昔
熊本市電が走る街 今昔
鹿児島市電が走る街 今昔

日本の路面電車 Ⅰ
東京 電車のある風景 今昔 Ⅱ
名古屋近郊 電車のある風景 今昔 Ⅰ／Ⅱ
関西 電車のある風景 今昔 Ⅰ
関西 鉄道考古学探見
東海道新幹線 Ⅱ 改訂新版
東海道線黄金時代 電車特急と航空機
山陽新幹線
山陽鉄道物語
ジョイフルトレイン図鑑
関西新快速物語
小田急の駅 今昔・昭和の面影
小田急ロマンスカー
箱根登山鉄道125年のあゆみ
伊豆急50年のあゆみ
総武線120年の軌跡
京成の駅 今昔・昭和の面影
京急電車の運転と車両探見
京急クロスシート車の系譜
京急の車両
京急1000形 半世紀のあゆみ
京急の駅 今昔・昭和の面影
東急の駅 今昔・昭和の面影
東急ステンレスカーのあゆみ
東急電鉄まるごと探見
西武鉄道まるごと探見
京王電鉄まるごと探見
武蔵野線まるごと探見
大手私鉄比較探見 東日本編／西日本編
関東私鉄比較探見
関西私鉄比較探見
名鉄 名称列車の軌跡
名鉄パノラマカー
パノラマカー栄光の半世紀

日本のパノラマ展望車
名鉄の廃線を歩く
名鉄600V線の廃線を歩く
名鉄電車 昭和ノスタルジー
名鉄昭和のスーパーロマンスカー
近鉄特急 上／下
近鉄の廃線を歩く
近鉄電車／阪急電車
阪神電車／南海電車
琴電-古典電車の楽園
琴電100年のあゆみ
キハ47物語／キハ58物語
キハ82物語
DD51物語
711系物語／415系物語
485系物語／103系物語
111・113系物語
115系物語／205系物語
国鉄特急電車物語 直流電車編
国鉄急行電車物語
寝台急行「銀河」物語
ブルートレイン
日本の電車物語 旧性能電車編
日本の電車物語 新性能電車編
九州特急物語
幻の国鉄車両／旧型国電50年 Ⅱ
ローカル私鉄車輌20年 東日本編／西日本編／路面電車・中私鉄編
全国鉄道博物館
国鉄鋼製客車 Ⅰ／Ⅱ
国鉄・JR 特急列車100年
国鉄・JR 悲運の車両たち
国鉄準急列車物語
鉄道連絡船細見／軽便鉄道時代

時刻表1000号物語
永遠の蒸気機関車 Cの時代
鉄道メカニズム探究
知られざる鉄道決定版
国鉄・JR 関西圏 近郊電車発達史
昭和30年代の鉄道風景
小田急 通勤型電車のあゆみ
相模鉄道
東海道新幹線50年の軌跡
西鉄電車 特急電車から高速バス・路線バスまで
京浜東北線100年の軌跡
上野発の夜行列車・名列車
最後の国鉄直流型電車
東武電車
さよなら急行列車
東海の快速列車 117系栄光の物語

〈キャンDVDブックス〉
京急おもしろ運転徹底探見
東急おもしろ運転徹底探見
小田急おもしろ運転徹底探見
黒岩保美 蒸気機関車の世界
①北海道編 ②本州編（其の壱）
③本州編（其の弐）・九州編
追憶 新幹線0系
SLばんえつ物語号の旅
西の鉄路を駆け抜けた
ブルートレイン&583系

交通

絵葉書に見る交通風俗史
横浜大桟橋物語
YS-11物語
747ジャンボ物語

EF 81 114
Twilight
Express